MINISTÈRE DE L'INTÉRIEUR.

MUSÉE NATIONAL
DU LOUVRE.

NOTICE
DES TABLEAUX

EXPOSÉS

DANS LES GALERIES

DU MUSÉE NATIONAL

DU LOUVRE

PAR

FRÉDÉRIC VILLOT,

CONSERVATEUR DE LA PEINTURE.

—

Ire PARTIE.

ÉCOLES D'ITALIE ET D'ESPAGNE.

2e ÉDITION.

PRIX : **1 FR. 50** c.

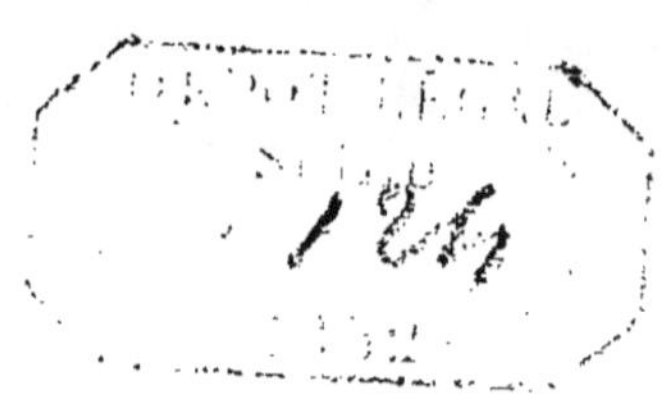

PARIS,

VINCHON, IMPRIMEUR DES MUSÉES NATIONAUX,

Rue J.-J. Rousseau, n° 8.

—

1852.

J'ai l'honneur de vous adresser les épreuves de la 2ᵉ édition de la Notice des tableaux italiens et espagnols exposés dans les salles du Louvre.

Cette première partie de la Notice générale, qui comprendra les autres écoles, contient :

1º Un *Avertissement* indiquant au public ce que renferme la Notice et la manière d'en faire usage ;

2º Une *Introduction*, ou histoire abrégée de la formation des collections royales, de la création du Musée et de ses vicissitudes jusqu'en 1852 ;

3º Une *Bibliographie* de toutes les notices publiées depuis 1793 jusqu'à celle-ci ;

4º La *Notice* proprement dite ;

5º La *Table chronologique* de tous les maîtres dont nous possédons des tableaux ;

6º La *Table alphabétique* des artistes cités dans les biographies ou dans les renseignements historiques, mais dont nous n'avons pas encore de peintures.

La 1ʳᵉ édition n'avait que 224 pages ; celle-ci en a 335. Toutes les biographies ont été refaites et notablement augmentées ; les attributions de beaucoup de tableaux ont été changées ; les recherches historiques ont reçu des modifications considérables ; enfin, l'introduction, la bibliographie des notices et la table alphabétique des artistes cités, chapitres importants qui n'existaient pas dans l'édition de 1849, constituent un livre nouveau, et donnent, j'espère, au Catalogue des tableaux du Louvre un intérêt scientifique qu'il n'avait pas eu jusqu'à présent, et qu'on regrette de ne pas trouver dans le plus grand nombre des livrets des galeries étrangères. Malgré tous les soins que j'ai apportés à ce pénible travail, je suis bien loin de le croire sans erreurs ; je tâcherai d'en diminuer le nombre à chaque nouvelle édition.

Après avoir pris connaissance des épreuves que je soumets à votre approbation, veuillez, je vous prie, Monsieur le directeur, m'accorder l'autorisation de faire faire le tirage de cette Notice.

Recevez, Monsieur le directeur général, l'assurance de ma haute considération et de mon dévouement.

Le Conservateur de la peinture,

F. VILLOT.

Approuvé :

Le Directeur général des Musées nationaux,

NIEUWERKERKE.

AVERTISSEMENT.

A une époque où des critiques éminents s'efforcent, par
des travaux remplis d'une saine érudition, de réfuter des
erreurs trop longtemps accréditées et de propager le goût
des études sérieuses, la Direction du Musée croirait man-
quer à ses devoirs en ne publiant qu'une aride nomenclature des tableaux exposés dans les galeries du Louvre.
Longtemps on a pensé que la seule indication des sujets,
accompagnée d'un numéro d'ordre, suffisait à la satisfaction de tous, artistes, amateurs ou curieux, et l'on n'a pas
réfléchi que l'absence, dans ces notices, de renseignements
à la fois piquants et utiles, était une des causes principales
qui concouraient à entretenir une coupable indifférence
à l'égard de chefs-d'œuvre si dignes pourtant d'intérêt et
d'admiration.

Un pareil laconisme, excusable peut-être alors, ne le
serait plus maintenant. Les temps sont changés; le public,
plus éclairé, est devenu plus exigeant. Des expositions fré-
quentes, des écoles nombreuses et habilement dirigées, répandent chaque jour le goût des arts du dessin. Des peintures,
des statues qui, il y a quelques années, attiraient à peine les
regards d'une foule distraite, fixent à présent son attention
et sont, de sa part, l'objet de réflexions judicieuses. L'in-
dustrie emprunte aux époques différentes des ornements,

des figures qu'elle reproduit souvent avec bonheur, et s'applique, par des recherches auxquelles elle ne s'était pas encore livrée, à ne pas confondre les styles divers qui caractérisent les âges et les maîtres. Encourageons de tout notre pouvoir ces heureuses tendances; venons en aide à ce besoin d'instruction en mettant dans les mains du peuple des livres où il trouve une érudition réservée habituellement à des publications d'un prix élevé et qui ne s'adressent qu'à un nombre restreint de lecteurs; racontons les traits saillants de la vie des grands peintres; faisons parler leurs œuvres muettes; en un mot, rendons autant que possible l'histoire de l'art familière, et tâchons de conduire insensiblement à l'intelligence des plus nobles productions du génie par le chemin de la curiosité.

Jusqu'ici un travail conçu dans un but si louable, mais si difficile à atteindre, n'avait été entrepris qu'en France, lorsque nos armées triomphantes envoyèrent, à plusieurs reprises, de Flandre, d'Allemagne et d'Italie, de nombreux chefs-d'œuvre, trophées de nos victoires. Les premières notices publiées alors témoignent d'un goût éclairé et d'une instruction solide; malheureusement elles ne comprennent que la description d'un nombre fort peu considérable de tableaux retournés maintenant à leur ancienne place. Les conservateurs du Musée central, sous la République et sous le Consulat, s'étaient engagés, il est vrai, à continuer une œuvre si bien commencée; mais des évènements imprévus les empêchèrent de tenir leur promesse, et leur exemple ne trouva pas d'imitateurs. Cette tâche, qu'ils léguèrent inachevée à leurs successeurs, nous l'avons reprise, et, tenant à honneur de suivre leurs traces, nous nous sommes engagé dans une route périlleuse que nous désirons vivement voir parcourir avec plus de succès par nos savants confrères des autres Musées. La réunion des catalogues raisonnés des galeries de l'Europe permettra seule d'écrire une histoire de l'art à la hauteur des connaissances actuelles, de dresser l'important inventaire des travaux exécutés par chaque artiste, et de rectifier les nombreuses erreurs dont un grand nombre de biographies sont encore remplies.

La notice des tableaux exposés dans les salles du Louvre est divisée en trois parties distinctes : la première est consacrée aux écoles italiennes et espagnoles ; la deuxième aux écoles allemande, flamande et hollandaise ; la troisième à l'école française.

Les renseignements relatifs aux artistes et à leurs ouvrages sont classés dans l'ordre suivant :

1. — Les noms du peintre, la date de sa naissance et celle de sa mort ; le nom des villes où il naquit, où il mourut ; l'école à laquelle il appartient.

Ce n'est qu'après une longue hésitation que nous nous sommes décidé à adopter, dans ce Catalogue, l'ordre alphabétique de préférence à l'ordre chronologique, plus raisonnable, plus savant, mais évidemment moins commode pour le grand nombre de visiteurs qui, peu versés dans l'histoire de l'art, n'ont pas le temps, en parcourant les galeries, de consulter des tables et des numéros de renvoi afin de trouver la description des peintures placées sous leurs yeux. Certes il serait à désirer qu'un même ordre régnât dans l'exposition et dans la description des tableaux ; mais des difficultés d'exécution presque insurmontables se sont opposées, du moins pour l'instant, à la réalisation d'un projet qui n'a été abandonné qu'à regret. Au surplus, pour concilier autant que possible tous les intérêts, nous avons dressé à la fin de chaque école une table chronologique des maîtres, qui suppléera à ce que la disposition alphabétique peut avoir de défectueux sous le point de vue scientifique..

L'orthographe italienne des noms de peintres a été scrupuleusement observée en tête des biographies, et si les noms altérés sous lesquels les artistes sont plus connus en France se trouvent également inscrits à leur rang alphabétique, ils renvoient toujours aux véritables dénominations, qui, par ce moyen, deviendront plus familières. Toutefois, afin d'éviter le reproche d'un rigorisme inutile, nous n'avons pas hésité à employer indifféremment dans la rédaction des renseignements historiques et les noms véritables et les noms vulgaires, nous soumettant en cela aux bizarres exigences de l'usage, qui fait également une loi d'altérer certains noms anciens, et de respecter l'orthographe ainsi que la prononciation des noms étrangers modernes.

Les dates ont été l'objet d'une vérification toute spéciale. Un grand nombre de dates fausses, et transmises comme exactes cependant par des historiens qui se copient sans critique les uns les autres, ont été rectifiées au moyen de l'examen attentif des signatures, de la confrontation des textes originaux, de preuves fournies par des actes contemporains, et surtout par le témoignage sans réplique des livres baptismaux et des nécrologes de paroisses.

2. — La biographie du peintre. — Cette biographie, quoique concise, renferme néanmoins un résumé complet de ce qui a été écrit de plus important sur la vie de l'artiste. Elle est toujours terminée, lorsqu'il y a lieu, par des renseignements historiques sur les autres membres de la famille qui ont cultivé la peinture, et par l'indication des principaux élèves. Nous avons consulté avec fruit pour ce travail les monographies nombreuses publiées jusqu'à ce jour, ainsi que les documents inédits renfermés dans les archives publiques et dans les bibliothèques particulières. — Nous ferons observer ici, qu'afin de faciliter les recherches, on a adopté les lettres capitales pour les noms des artistes dont les œuvres sont exposées dans les galeries; le caractère italique, pour désigner les surnoms; et enfin un caractère plus gros que celui du texte pour les peintres cités seulement et qui n'ont point encore de tableau au

Louvre. A la fin de la Notice, après la table chronologique dont il a été parlé précédemment, on trouvera une table alphabétique de ces artistes, avec l'indication des pages où il est parlé d'eux.

3. — L'indication du sujet.

4. — Les dimensions du tableau ; la matière sur laquelle il a été exécuté ; la grandeur des figures. — On comprend que cette dernière dimension ne peut guère être souvent qu'approximative, parce que dans beaucoup de tableaux il n'existe pas de figures debout. Cependant comme ce renseignement dans certains cas peut être utile, nous n'avons pas cru devoir le négliger. On a établi aussi la distinction des figures représentées en pied, en buste, à mi-corps, etc.

5. — La description du tableau. — Cette description est aussi abrégée que possible, mais nous nous sommes appliqué à mettre en relief, pour ainsi dire, les traits saillants de la composition et à indiquer la place occupée par les figures principales, afin qu'on ne soit pas trompé par des gravures infidèles où la disposition originale est intervertie. — Les signatures ont été relevées soigneusement, ainsi que les inscriptions qui offrent un intérêt quelconque. Nous avions d'abord l'intention de les transcrire en fac-simile ; mais leur dimension, souvent trop grande pour le format de cette Notice, s'y est opposée, et leur réduction eût présenté dans plus d'une circonstance de fâcheux inconvénients. Cette reproduction curieuse trouvera sa place dans une publication spéciale, où nous donnerons aussi une *bibliographie des biographies*, c'est-à-dire l'indication de tous les textes, soit imprimés, soit manuscrits, où l'on trouve des renseignements sur la vie et les œuvres des peintres qui ont des tableaux au Louvre.

6. — Les gravures qui ont été faites d'après le tableau. — Comme nous ne nous sommes pas proposé de décrire l'œuvre complet du peintre, nous n'avons cité que les es-

tampes principales. Cependant, toutes celles qui se trouvent dans le grand ouvrage du *Musée français*, publié par Robillard-Péronville et Laurent (an X-1803, 4 vol. in-fo), et dans le *Musée royal*, qui en est la continuation, par Henri Laurent (1816, 2 vol. in-fo), ont été mentionnées exactement. Nous avons aussi toujours donné le numéro des planches du *Musée Napoléon* de Filhol (an XII-1815-1828, 11 vol. in-8o) et des *Annales du Musée* de Landon (2e édit., 1823-1833, 24 vol. in-8o), recueils qui sont dans les mains de tous les amateurs, pour qu'on puisse se faire une idée plus nette de la composition en l'absence du tableau. Enfin, les gravures exécutées d'après les tableaux du Musée, et qui se vendent à la Calcographie nationale, au Louvre, sont indiquées par les abréviations *Calc. nat.*, placées à la suite du nom du graveur.

7. — L'histoire du tableau. — On a réuni dans ce paragraphe tous les renseignements qui peuvent servir à établir son originalité et sa provenance, c'est-à-dire sa présence dans les collections anciennes, son passage dans les ventes célèbres, l'époque où il a été donné ou acquis. Il est inutile d'insister sur l'importance de ces documents, qui seuls constituent la généalogie du tableau, établissent ses titres et fixent sa valeur. Voici comment ces documents ont été classés : *Collection de François Ier*, quand il est prouvé, par les pièces des archives, par des passages d'auteurs contemporains ou anciens, que le tableau lui a appartenu. — *Collection de Louis XIV*, lorsque le tableau est porté sur l'inventaire dressé en 1709-10, par Bailly, garde des tableaux de la couronne, d'après les ordres du duc d'Antin. — *Ancienne collection*, quand la peinture n'est pas enregistrée sur l'inventaire précédent, soit par oubli, soit parce qu'elle a été acquise depuis, et que sa provenance est ainsi désignée sur les inventaires postérieurs. — *Musée Napoléon :* sous ce titre sont compris tous les tableaux qui, entrés dans la collection depuis la

République jusqu'à la Restauration, ont été inscrits sur l'inventaire général de l'Empire, et figurent dans les livrets du Musée Napoléon. — *Collection de Louis XVIII, de Charles X, de Louis-Philippe* : les inventaires spéciaux de chaque règne ont fourni les renseignements relatifs à chacune de ces collections. — *Dons :* on s'est fait un devoir de rappeler les noms des personnes qui ont généreusement enrichi le Musée d'œuvres nouvelles et souvent capitales — *Acquisitions :* l'on a mentionné soigneusement les ventes où les tableaux ont été livrés aux enchères publiques, l'époque où ils ont été achetés, le prix qu'ils ont été payés et le nom de leurs différents possesseurs.

La question d'attributions d'auteurs est une des plus graves et des plus délicates. Un grand nombre de celles qui nous ont été léguées par la tradition et par les inventaires sont évidemment fausses ou douteuses. Dans notre premier travail de réorganisation de la galerie, réorganisation soumise à l'appréciation du public dès le 27 août 1848, nous n'avions pas voulu prendre encore sur nous la responsabilité de pareille rectification. Nous nous étions contenté alors de placer, les unes à côté des autres, les peintures qu'à tort ou à raison l'on attribuait au même artiste, afin qu'en étudiant et en comparant avec soin plusieurs tableaux d'un maître exécutés dans ses différentes manières, mais dont l'authenticité est établie incontestablement par la provenance, on puisse arriver à reconnaître d'une façon presque certaine si les œuvres voisines qu'on lui donne sont également sorties de son pinceau. Maintenant que notre classification, fondée sur la succession des temps et sur la réunion naturelle des tableaux par maître et par école, après plus de trois années d'épreuve, a été reconnue généralement logique et semble définitive, nous ne croyons plus devoir persévérer dans une pareille réserve. Nous n'avons donc pas hésité à substituer un nouveau nom à celui précédemment adopté, toutes les

**

fois que notre conviction, affermie par les opinions d'artistes et d'amateurs compétents, nous en a fait un devoir. Il est inutile d'ajouter que dans le doute, d'anciennes attributions, quoique peu satisfaisantes, ont été conservées, afin de ne pas hasarder des innovations qui ne seraient pas suffisamment justifiées.

8. — Enfin, comme dernier renseignement, on trouvera l'indication des restaurations principales et des changements de dimension que les tableaux ont eu à subir à différentes époques. Dans la précédente édition, nous avions donné les prix d'estimation des peintures par les experts officiels du Musée sous l'Empire et sous la Restauration; mais comme ces prix sont tout-à-fait arbitraires et la plupart du temps contradictoires, on les a généralement jugés inutiles, et nous les avons retranchés.

Si l'on compare cette seconde édition de la Notice des tableaux italiens et espagnols à la première, publiée en 1849, on verra que des changements importants et des additions considérables, surtout dans les biographies, en font un livre entièrement nouveau. Ce travail cependant est encore susceptible de bien des améliorations, nous le savons mieux que personne : aussi espérons-nous, à chaque édition, le rendre moins imparfait, grâce aux conseils d'une critique éclairée et à l'aide des précieux documents qu'il nous reste à examiner dans les archives publiques, ou que les amis des arts et des recherches historiques voudraient bien nous communiquer.

INTRODUCTION.

Indiquer rapidement les phases principales de la renaissance en Italie et en France; esquisser l'histoire de l'origine et de l'accroissement successif de la collection de tableaux du Musée national : tel est le but que nous nous sommes proposé dans cette introduction.

Isolée de celles des autres collections dont elle a partagé les vicissitudes, et privée surtout des nombreux documents peu connus ou inédits sur lesquels elle s'appuie, cette histoire perdra nécessairement une grande partie de son intérêt. Cependant, comme dans la Notice suivante, nous avons donné la biographie des artistes et des détails curieux sur les destinées de leurs ouvrages, nous croirions n'avoir rempli qu'une partie de la tâche que nous nous sommes imposée, si nous ne détachions pas d'un travail beaucoup plus complet quelques pages dont la place est naturellement marquée ici; si, en un mot, nous n'essayions pas de dire par qui et comment tant de chefs-d'œuvre, épars autrefois, se trouvent maintenant rassemblés au Louvre.

Jamais les traditions de l'art antique ne s'éteignirent entièrement en Italie. Les longues ténèbres du moyen-âge ne furent pas si épaisses qu'on ne vît apparaître, même pendant la grossière période du ix° au x° siècle, quelques monuments, témoignages irrécusables de sa vitalité. Au xi° siècle, l'esprit humain, engourdi durant tant d'années de barbare, paralysé par la crainte de la prochaine destruction du monde, se réveille enfin, et, délivré de la terreur qui l'oppressait, reprend sa marche avec un vif essor. Dès le xii° siècle, chaque province de l'Italie morcelée en petits états, chaque ville veut l'emporter sur ses rivales par la richesse et par la beauté de ses édifices. L'architecture, la première, enfante des prodiges d'élégance et de hardiesse ; bientôt après, la sculpture cherche à se modeler sur les restes précieux de l'antiquité. Nicolas de Pise, en 1213, imite le style d'un sarcophage représentant une chasse d'Hippolyte. Son fils Giovanni, son élève Arnolfo, puis Orcagna, Donatello, Ghiberti, se pressent sur ses pas, et ces nobles génies, tout en s'inspirant aux sources pures de l'art ancien, créent un art nouveau.

La peinture ne marcha pas aussi rapidement vers la perfection que la sculpture. Ses essais étaient encore timides et informes, lorsque les Grecs savants, cherchant un refuge contre la fureur des Mahométans, émigrèrent en Italie. La présence de ces étrangers eut une immense influence sur le goût national ; partout ils trouvèrent des protecteurs puissants, partout ils eurent des imitateurs fidèles. L'art s'élève promptement à une dignité inconnue jusque là. A Florence, les peintres italiens et grecs abandonnent les corporations de métiers dont ils faisaient partie, se réunissent aux architectes et aux sculpteurs, se donnent des statuts, et forment en 1349 une corporation isolée qu'ils placent sous la très haute protection de Monseigneur Saint-Luc, premier peintre chrétien. Les autres villes suivent à l'envi cet exemple, et des corporations semblables se fondent de toutes parts.

Les artistes se bornant presque toujours à la représentation de sujets sacrés, se conformèrent longtemps avec une stricte exactitude aux traditions immuables des Byzantins, et pratiquaient la peinture au moyen de recettes que l'on trouve encore en vigueur de nos jours dans les couvents du mont Athos. Cimabue vint, copia ses maîtres pendant quelques années ; puis, s'affranchissant de cette imitation servile, unique doctrine de l'école grecque, il consulte la nature, assouplit les lignes, groupe les figures, et, s'il n'arrive pas à la beauté, il imprime à ses têtes un caractère de fierté et de grandeur qui lui valut le surnom de Michel-Ange de son âge. Il était réservé à Giotto, son élève, de surpasser promptement ses prédécesseurs. Les statues antiques conservées à Florence et à Rome, les ouvrages des Pisans, lui enseignèrent le goût des poses nobles et simples, des draperies d'une disposition vraie et ample. Cimabue s'était arrêté devant l'expression et la grâce ; Giotto trouva l'une et l'autre. Précurseur de Raphaël, il charme par des airs de tête d'une beauté remarquable ; il s'affranchit des froides entraves hiératiques, commence à parler le langage des passions, donne le premier exemple de la peinture allégorique, anime le paysage de couleurs variées et justes, et crée l'art du portrait, essayé en vain par Tullio de Pérouse et quelques autres.

Si la Toscane ne fut pas le berceau de la peinture; si avant 1240, époque de la naissance de Cimabue, la race des artistes n'était pas éteinte comme l'a prétendu à tort Vasari, puisque l'on voit encore à Pise, à Sienne, à Venise, à Milan, à Bologne, à Parme, des œuvres de peintres antérieurs à Cimabue, que l'historien d'Arezzo veut faire passer pour l'Adam de la peinture, il faut convenir que dans ces temps reculés aucun peuple d'Italie ne contribua plus que les Florentins à préparer les prodiges de la renaissance qui devait éclater plus tard dans toute sa splendeur. L'école de Giotto fut nombreuse; mais les disciples, désespérant de surpasser le maître, se bornèrent pour la plupart à l'imiter, et il faut aller jusqu'à Masaccio, mort vers 1443, pour rencontrer un nouveau génie qui efface la gloire de ses devanciers.

Mais nous voici arrivés au milieu du xv° siècle, siècle à jamais mémorable dans l'histoire des beaux-arts. Les princes d'Italie se disputent avec une égale ardeur la prééminence temporelle et la suprématie intellectuelle. Les Médicis depuis Côme Ier, père de la patrie, et Laurent le Magnifique, père des muses, jusqu'à Léon X, à Florence et à Rome; les doges et le sénat, à Venise; la maison d'Este, à Ferrare; les Visconti, les Sforces, Louis le More, à Milan, attirent à leurs cours les plus hautes intelligences de l'époque. La langue d'Homère et de Virgile, la philosophie de Platon, la science d'Archimède, devient familière à tous ces grands seigneurs qui se plaisent à vivre sans cesse entourés de littérateurs et d'artistes. Le goût de l'archéologie se change en passion; de tout côté on fouille la terre, on exhume les monuments antiques. Les scholiastes, les commentateurs des textes anciens surgissent de toute part, traduisent en langue vulgaire les auteurs grecs et latins, soulèvent le voile qui cachait les usages, les mystères, les allégories d'une autre civilisation; les érudits poussent les peintres dans la voie qu'ils parcourent eux-mêmes, et leur dictent en quelque sorte les sujets qu'ils doivent reproduire; les statues, les vases peuplent les jardins, embellissent les demeures des particuliers; les auteurs classiques se pressent sur les rayons des bibliothèques; les savants, le compas à la main, étudient Archimède et Vitruve, enseignent aux artistes les lois de la perspective. L'alchimie, en poursuivant un but insensé, trouve une science nouvelle, fournit des matériaux perfectionnés aux peintres. La peinture à l'huile se propage de la Flandre en Italie. L'imprimerie, la gravure, multiplient à l'infini les chefs-d'œuvre enfantés par l'esprit humain. Les productions des arts deviennent des objets de première nécessité. On peint, on sculpte les armoires, les coffres, les panneaux de lit, les selles de chevaux. Les peintres abandonnent souvent la fresque pour travailler à des tableaux de petites dimentions, qui peuvent prendre place dans des habitations moins vastes que les palais somptueux des princes ou des rois. Les sculpteurs fondent et taillent des figurines ; les bijoux, ciselés avec une admirable perfection, luttent de science dans leur petitesse avec les prodiges de la grande sculpture. Enfin, pour que rien ne manque à ce siècle fortuné, Léonard de Vinci, Michel-Ange, Raphaël, Giorgion, Titien, Corrège, posent les limites de l'art que leurs disciples et leurs émules affermissent d'une main si puissante, qu'il n'est plus donné à personne de pouvoir désormais les reculer. En moins de cent ans tout est créé et porté au plus haut point de perfection.

Tels sont les miracles opérés par la Renaissance, qui n'est point une imitation servile et froide de l'antique, mais une protestation énergique contre les traditions conventionnelles et contre le mysticisme du moyen-âge. La Renaissance, tout en respectant l'art religieux, y ajouta quelque chose de plus humain, de plus individuel ; et si, de même que le paganisme, elle rendit un culte à la beauté physique, ce fut pour l'animer du souffle des passions et lui imprimer ce caractère méditatif et mélancolique dont il n'existe pas d'exemple avant l'établissement du Christianisme.

Pendant que l'Italie se livrait avec cette indicible ferveur à ces nobles études, la France ne restait pas indifférente au culte des beaux-arts. Déjà elle possédait des peintres, imitateurs habiles de Van Eyck et des maîtres flamands attachés à la cour des ducs de Bourgogne ; déjà même l'on voyait l'imitation étrangère disparaître et faire place à un style national, lorsque des événements imprévus arrêtèrent cette transformation. Au moment où nous cessions d'être tributaires de l'art flamand, le génie italien allait nous imposer des lois à son tour. Charles VIII, pour soutenir ses droits d'héritage à la couronne de Naples, s'élance sur cette terre qui nous servit tant de fois de champ de bataille et la soumet en moins de cinq mois. Malgré la rapidité de sa course troimphale, Charles et les seigneurs qui l'accompagnaient avaient été frappés de la beauté des édifices, du luxe de décoration de ces monuments, si nouveau pour des yeux français. De retour dans son royaume, il veut élever aussi un palais qui témoigne de son goût pour les arts. Il reconstruit le château d'Amboise, et trouve une mort prématurée, avant d'avoir accompli son œuvre, en se frappant la tête contre une porte trop basse. A peine ce prince est-il expiré, que, prétendant à son tour de ses droits sur le duché de Milan, Louis XII franchit les Alpes et fait en vingt jours la conquête de cette province. A cette époque, Léonard de Vinci avait déjà produit un grand nombre de chefs-d'œuvre en sculpture et en peinture. La statue équestre de François Sforce était très avancée et l'immortel cénacle de l'église de Santa-Maria delle Grazie venait d'être terminé. Malheureusement les vicissitudes de la guerre civile sur cette terre étrangère, prise et reprise alternativement par le roi de France et Louis Sforce, ne permirent pas à Léonard d'exercer une influence salutaire sur l'esprit de Louis XII, disposé cependant à apprécier toute l'étendue de son vaste génie. Au milieu de ces conflits, les ennemis de Sforce s'unirent aux Français pour détruire le palais du duc fugitif, palais décoré entièrement par la main de Léonard, et la statue équestre à laquelle ce grand homme avait travaillé plus de douze ans devint le but des traits d'arbalétriers gascons qui se portaient des défis d'adresse.

Il était réservé à François Ier de réaliser ce que ses prédécesseurs avaient peut-être tenté, mais en vain, et de naturaliser définitivement en France la passion des beaux-arts.

Maximilien Sforce s'était emparé du duché de Milan, dont l'Empereur avait investi François Ier; tout à coup ce prince paraît au-delà des Alpes, détruit la formidable armée des Suisses dans ce combat de géants qui se livre à Marignan, et fait son entrée solennelle dans la capitale du Milanais conquis. Léonard vient au devant du jeune roi à Pavie, le captive par sa grâce, son esprit et ses ingénieuses inventions. Au milieu d'un banquet, un lion mécanique s'avance vers François Ier, se dresse sur ses pattes, ouvre ses flancs et laisse voir l'intérieur de son corps rempli de fleurs de lys. Aussitôt le roi se déclare le protecteur de Léonard. Il l'emmène à Bologne, à son entrevue avec Léon X (1515), l'attache à sa personne, le nomme son peintre avec un traitement de

700 écus, et le décide à l'accompagner en France. Non content de posséder le grand artiste, il veut encore emporter avec lui son chef-d'œuvre. Il consulte les plus habiles architectes pour savoir si, par un procédé quelconque, il est possible de détacher la fameuse Cène des murs du couvent des Dominicains. Afin de ravir à l'Italie cette sublime composition, qu'il ne se lasse pas d'admirer, il ne reculera devant aucune dépense. Mais la science se déclare impuissante et l'immortelle peinture reste à sa place.

Léonard avait soixante-quatre ans lorsqu'il vint en France ; âgé et infirme, il ne put imprimer dans ce pays une réelle impulsion aux beaux-arts et répondre aux vœux du roi en fondant une école nouvelle. Il meurt après quatre ans de séjour sans avoir rien produit.

Mais le goût naturel de François Ier pour la magnificence s'était trop développé encore à la vue des merveilles de l'Italie, pour s'éteindre avec la vie de l'éminent artiste. Déjà, grâce à ses prodigalités, les lettres et les sciences étaient parvenues à un degré de prospérité que les autres nations pouvaient nous envier. Les universités et les imprimeries de France brillaient d'un éclat égal à celles de Pavie, de Venise et de Padoue. Le souvenir des palais élevés par Martini, Bramante, Sansovino, revenaient sans cesse à la mémoire du roi. Ce n'est plus un grand peintre qu'il veut avoir près de lui, ce sont tous les artistes célèbres qu'il convie à sa cour. Si Raphaël et Michel-Ange ne peuvent abandonner Rome, ils envoient des chefs-d'œuvre pour s'excuser, et d'autres artistes italiens viennent lutter avec les artistes français. L'architecte Serlio travaille en concurrence de Pierre Lescot ; Cellini, de Jean Cousin et de Barthélemi Prieur ; André del Sarte, le Rosso, le Primatice quittent leur patrie accompagnés de leurs plus habiles élèves. Une légion de peintres italiens, Niccolò dell'Abate, G. Pellegrini, Bart. Miniati, G. B. da Bagnacavallo, etc., se rangent sous leurs ordres pour décorer le palais de Fontainebleau que François Ier fait rebâtir, et partagent les travaux avec Louis Dubreuil, Jean Samson, Charles et Thomas Dorigni, les trois Lérambert, etc., peintres français dont l'histoire, peu soucieuse de nos gloires nationales, n'a conservé que les noms.

C'est à François Ier qu'il faut faire remonter l'origine des collections rassemblées maintenant au Louvre, collections qui eurent pour premiers joyaux des peintures italiennes, pour écrin le palais de Fontainebleau. Partout le monarque fait recueillir et acheter des objets d'art à grands frais : antiquités, médailles, camées, orfèvrerie, bijoux, peinture, sculpture, tout ce qui porte l'empreinte d'un beau style, il veut le posséder. Si André del Sarte se déshonore en dissipant les sommes qui lui furent confiées pour des acquisitions de tableaux et de statues, Primatice accomplit glorieusement sa mission de pourvoyeur du roi. Il rapporte d'Italie 124 statues antiques et une grande quantité de bustes ; il fond en bronze, avec l'aide de Vignole, les plus précieuses figures dont il ne peut se rendre possesseur, et moule la colonne Trajane. Si on ouvre les comptes de dépenses de François Ier pendant un espace d'environ 10 ans (de 1528 à 1539), on verra jusqu'à quel point il est curieux de peintures étrangères. Il donne « à Bartellemi Guetti, qui a peint ledit seigneur, pour forme de bienfait, 900 livres tournois ; » il achète « à Jehan Dubois d'Anvers 2 tableaux de la Passion de l'école flamande, faits à l'huile, 280 livres tournois. » Ce même Dubois lui vend « les Fantômes de saint Antoine, une Danse de paysans, un homme faisant un rubis de sa bouche, deux Enfants se baisant ensemble, un autre tenant une tête de mort, et une Dame d'honneur à la mode de Flandre, lesquels tableaux ledit seigneur destine à son cabinet des peintures. »

Les objets d'art ont été pendant longtemps enregistrés et surtout décrits avec si peu de soins, qu'il est fort difficile, même lorsqu'on a le bonheur de rencontrer des documents qui ne se contentent pas de les classer en bloc, de pouvoir les reconnaître et de suivre leur trace. Remarquons en passant que les tableaux portatifs ou de cabinet, consacrés principalement à la représentation de sujets pieux, ou à des portraits, étaient à cette époque beaucoup plus rares qu'ils ne le sont de nos jours. La grande peinture, la peinture murale principalement, avait seule le droit, avec les tapisseries, les boiseries et les sculptures, de décorer les vastes appartements habités par les rois et les seigneurs. Tous ces objets, tous ces meubles si usités depuis un siècle, ces glaces surtout si rares et si petites alors, si communes maintenant, et qui ont chassé impitoyablement la peinture de nos pièces étroites et sombres, n'étaient pas connus dans ces temps où le confortable et l'utile n'avaient pas encore détrôné l'art.

La collection de la couronne, commencée par François Ier, quoique la plus riche de France, était loin d'être nombreuse, et, jusqu'à Louis XIII, elle reçut peu d'accroissement. Les renseignements, que nous possédons sur sa composition se bornent à fort peu de chose, et le père Dan, qui écrivait son *Trésor des Merveilles de Fontainebleau* en 1692, est encore l'auteur qui nous donne l'idée la plus exacte de sa composition. Voici la liste des 47 peintures citées dans cet ouvrage :

« ANDRÉ DEL SARTE : La Charité, lequel tableau il fit en ce château, le roi François Ier y estant, qui fut la cause que lui agréant, il lui augmenta aussi sa pension et l'invita fort de ne pas quitter son service, ce qu'il lui jura sur la sainte Évangile ; — la Vierge avec Notre-Seigneur, sainte Élisabeth, saint Jean et deux anges. — FRA BARTHOLOMMEO : l'Annonciation. — BORDONE : le Christ avec Pilate et un juif qui tient Notre-Seigneur lié. — DEHOCY DE LEYDE, *peintre du roi* : l'Assomption ; — l'Église triomphante. — DUBOIS (AMBROISE) : Jugement de Pâris ; — la Résurrection ; — la Pentecôte ; — Flore ; — huit tableaux représentant l'histoire de Tancrède et de Clorinde ; — un grand portrait de Henri IV ; — idem de Marie de Médicis. — DUBOIS fils (JEAN) : la Nativité ; — le Crucifix. — JANET : portrait de François Ier ; — idem de François II. — LÉONARD DE VINCI : Notre-Dame avec un petit Jésus qu'un ange appuie, le tout dans un paysage fort agréable ; — saint Jean-Baptiste dans le désert ; — un Christ à mi-corps ; — un portrait d'une duchesse de Mantoue ; — portrait de Mona Lisa. — MICHEL-ANGE : Léda couchée (en très mauvais état). » Lépicié nous apprend que ce tableau fut apporté en France par Minio, élève de Michel-Ange, et que M. des Noyers, secrétaire d'État sous Louis XIII, donna le conseil de le brûler, conseil qui fut suivi. — « PÉRUGIN : un Christ, en forme de pélerin, qui apparaît à la Madeleine après la résurrection ; — Cléopâtre ; — saint Jérôme, à genoux devant un crucifix. — PONTORNO : portrait de Raphaël et de Pontorno. — PRIMATICE : les Forges de Vulcain ; — Joseph visité par ses frères en Égypte. — RAPHAEL : la Sainte-Famille ; — saint Michel ; — sainte Marguerite ; — portrait de Jeanne d'Aragon ; — une copie du temps de la Sainte-Famille. — SAVOLDI : grand portrait de Gaston de Foix à demi-couché, lequel est à l'opposite de plusieurs miroirs, et ainsi paraît de tous côtés. — SÉBASTIEN DEL PIOMBO : la Visitation (on croit que le visage de Notre-Dame a été fait par Michel-Ange); — portrait du pape Clément VII ; — idem de la sœur du même pape,

peint sur une ardoise, donné par le pape au roi Henri II. — TITIEN :
— une Madeleine à mi-corps. — VIGNOLE : un grand tableau
de perspective où se voient dépeints excellemment bien tous les
ordres d'architecture. »

On voit, en examinant cette liste, que sur les 47 tableaux qui y
sont portés, plusieurs ne peuvent appartenir au cabinet primitif de
François Ier ; mais cette liste elle-même est bien incomplète. Nous
en avons la preuve par le fragment du compte des dépenses, cité
plus haut, où figurent d'autres peintures dont il n'est pas fait mention dans l'ouvrage du père Dan. Nous savons aussi qu'André
del Sarte, pendant l'année qu'il passa en France, exécuta le portrait
du dauphin, un saint Jérôme acheté très cher par la reine-mère,
plusieurs vierges, saint Jean demi-nu, l'ange et Tobie, une Judith,
une Léda, une Lucrèce, et que de retour en Italie il envoya au
roi , dans l'espoir d'apaiser son ressentiment , un saint Jean-Baptiste, demi-figure, le sacrifice d'Abraham, le Christ mort soutenu
par des anges.

Quels sont donc les tableaux qui manquent à cette liste pour la
rendre plus complète ? Quel fut le sort de ceux que nous y voyons
inscrits et qui ont disparu du Louvre ? L'espace nous manque pour
jeter quelque lumière sur ces questions intéressantes ; nous esquis-
sons à grands traits l'histoire générale de la collection, et nous ne
devons pas nous laisser entraîner à des recherches minutieuses et
déplacées ici (1).

Le cabinet du roi de France, à l'avènement de Louis XIV au

(1) Comme dans ces notes rapides nous n'aurons plus occasion de
parler de Fontainebleau, nous croyons utile de rapporter ici le passage
suivant, qui constate l'heureuse influence exercée sur l'art par les
merveilles qu'on y voyait réunies :

« Peut-être même trouvera-t-on que j'ai moins augmenté que diminué
les éloges de ceux qui nomment Fontainebleau la petite Rome, et qui assu-
rent avec raison que, depuis le règne de François Ier, il y avait toujours
eu plus de trente peintres qui y étudiaient comme on fait à Rome ; qu'il
en est sorti un grand nombre de très habiles maîtres qui y étaient nés ,
et que le seul cabinet des peintures, dont on a tiré la plus grande partie
des tableaux qui ornent Versailles, et dont l'autre a été brûlée en 1702.
renfermait plus de peintures et de dessins originaux des grands maîtres
qu'aucun cabinet des peintres de l'Europe. » (Description historique des
château, bourg et forest de Fontainebleau, par M. l'abbé Guilbert, P. D. P.
du roy, t. 1, avertissement ; Paris, 1731.)

trône, ne renfermait pas 200 tableaux ; à sa mort, le nombre des peintures s'élevait à plus de 2,000. Colbert fut chargé de veiller à l'accroissement de cette collection, et il n'épargna ni soins, ni argent, pour répondre aux vœux du monarque qui s'était déclaré le protecteur des artistes et des savants.

Nous allons indiquer rapidement les principales sources où le ministre puisa à pleines mains.

Charles Ier, roi d'Angleterre, avait payé 80,000 livres sterling (2 millions) la collection des ducs de Mantoue, collection qui passait, à juste titre, pour la plus magnifique qui existât en Italie. De précieuses acquisitions vinrent encore augmenter ce trésor, et après la fin tragique du prince, on inventoria 1,387 tableaux, 399 statues, distribués comme ornements dans les châteaux royaux. Le parlement fit faire l'estimation de cette collection, et séduit par le chiffre de 49,903 livres sterling, auquel elle s'éleva, il en ordonna la vente publique au profit de l'État. Cette vente eut lieu de 1650 à 1653, et l'on peut trouver dans le catalogue contemporain, publié par Vertue, quelques renseignements sur l'origine, l'estimation des tableaux, sur les prix d'adjudication et les noms des acquéreurs. Au nombre de ces derniers figurèrent surtout le fameux Jabach, de Cologne, riche banquier résidant à Paris, rue Saint-Merry, qui acheta, entre autres peintures : l'Antiope, le Supplice de Marsyas et le Triomphe de la Vertu, tous deux en détrempe, du Corrège ; — la Vierge et l'Enfant-Jésus, du Giorgone ; — la Nativité, le Triomphe de Vespasien et de Titus, de J. Romain ; — la Mise au Tombeau, le Repos d'Emmaüs, Jupiter et Antiope, Tarquin et Lucrèce, Titien et sa maîtresse, du Titien ; — le Parnasse, de Perino del Vaga ; — le saint Jean-Baptiste, de Léonard de Vinci. Ces tableaux seuls lui coûtèrent 5,677 livres sterling passées, c'est-à-dire plus de 131,925 fr. Mais aucune dépense ne pouvait arrêter ce collecteur insatiable, dont le cabinet s'embellit des plus nobles dépouilles d'une foule de *curieux*. Cependant, après tant de prodigalités, l'heure des revers devait sonner pour le fastueux banquier. Forcé d'en venir à une liquidation, il vendit d'abord au cardinal Mazarin ses Corrège ainsi que la plupart des tableaux qui avaient appartenu à Charles Ier, et fit lui-même un inventaire de ses objets précieux, qu'il adressa à M. du Metz, trésorier du casuel, afin que celui-ci les proposât au roi.

Voici le résumé de cet inventaire et la propre estimation de Jabach :

2,631 dessins d'ordonnance, collés, à 100 liv...	263,100 fr.
1,516 idem non collés, à 25 liv.	37,900
1,395 idem figures, etc., à 5 liv.	6,975
101 tableaux reviennent à..................	155,450
101 restant chez nous.....................	32,300
Diamants.......................	22,000
Bustes, bas-reliefs en marbre.............	28,700
Grands bronzes.......................	6,500
Meubles de la maison, vaisselle...........	12,800
212 planches gravées (d'après ses dessins)......	15,300
	581,025 fr.

Cette estimation fut trouvée exagérée. On nomma un expert, qui, tout en reconnaissant qu'il n'existait pas en Europe de collection de dessins comparable à celle de Jabach, ni même qui en approchât, réduisit les prix de la manière suivante :

Les 2,631 dessins d'ordonnance, collés, à 60 livres.	157,860 liv.
Les 1,516 idem non collés, à 10	
ou 12 livres.......................	15,160
Les 1,395 dessins de figures à 3 livres la pièce....	4,185
Les 101 tableaux diminués d'un tiers restent à..	103,634
	280,839 liv.

Cette estimation parut encore trop élevée, car l'ordonnance de paiement, en date du 29 mars 1671, nous apprend que les 101 peintures et les 5,542 dessins livrés au cabinet suivant les ordres de Colbert, ne coûtèrent au roi que 200,000 liv. Malgré son besoin d'argent, Jabach aimait trop passionnément les dessins pour se défaire de tous ceux qu'il possédait. Il s'en réserva une certaine quantité, et, suivant Mariette, ceux qu'il garda n'étaient pas les moins beaux. Après sa mort ils passèrent dans le cabinet de

M. Crozat, puis dans celui de Mariette, et un certain nombre fut même encore vendu par un de ses petits-fils en Hollande.

Quelques années auparavant, Colbert avait eu occasion de reconquérir les peintures de Charles Ier, que Jabach avait cédées au cardinal Mazarin. En effet, le cardinal étant mort le 9 mars 1661, l'inventaire de ses biens-meubles fut dressé par ordre du roi, en présence de ses exécuteurs testamentaires. Commencé le 31 mars de la même année, il ne fut terminé que le 22 juillet suivant, et Louis XIV acquit immédiatement des héritiers les tableaux et les statues les plus remarquables de cette vaste collection qui renfermait des raretés et des chefs-d'œuvre en tout genre. Laissant de côté, pour ne nous occuper que des œuvres d'art, la nomenclature des joyaux, pierreries, médailles, vaisselle d'or et d'argent, tapisserie, etc, nous trouvons dans cet inventaire :

546 tableaux originaux ; 283 de l'école italienne ; 77 de l'école allemande et néerlandaise ; 77 de l'école française ; 109 de diverses écoles, y compris quelques dessins, miniatures et mosaïques; le tout prisé ensemble la somme de 224,573 livres tournois. Puis 92 tableaux copiés d'après les maîtres non désignés par l'inventaire et estimés par les experts 2,571 livres tournois. Enfin 241 portraits de papes, depuis *saint Pierre* jusqu'à l'époque de Mazarin, comptés 723 livres tournois. Les experts pour la peinture étaient : André Podesta, Pierre Mignard et Charles-Alphonse Dufresnoy. Le nombre des statues, placées maintenant pour la plupart au Musée, s'élevait à 130. Louis XIV acheta aussi 196 bustes antiques et modernes, qui figurent presque tous au Louvre. L'estimation des statues, faite par les sculpteurs Valpergues et Baudouin, s'éleva à 50,309 livres, et celles des bustes à 46,920 livres tournois. A ce compte il faut ajouter 17 petites figures de diverses matières, pour *mettre sur tables et cabinets*, jugées valoir 1,955 livres.

Quelque magnifique que fut la collection de Mazarin, Brienne, dans ses mémoires, remarque cependant que le cardinal ne possédait pas d'Albane, de Guerchin, de Paul Véronèse, de Claude Lorrain et de Poussin. Colbert avait comblé cette lacune en achetant les Poussin du duc de Richelieu, et en faisant rechercher en Italie des œuvres remarquables des maîtres qui n'étaient pas représentés dans les collections de Jabach et du cardinal. Aussi, par ses soins, Louis XIV se trouva possesseur d'une quantité considérable d'œuvres de la plus haute importance, qui constituaient ce qu'on appelait alors le *Cabinet du roi*. Le *Mercure Galant* du mois de décembre 1681 (pages 236 et suivantes) donne sur ce cabinet des détails fort curieux que nous croyons devoir reproduire ici.

« Le vendredy 5 de ce mois, le Roy honora Paris de sa présence, et vint au vieux Louvre voir son cabinet de tableaux. Il est dans un appartement neuf, à costé de la superbe galerie appelée *la Galerie d'Apollon*. L'or que l'on y voit briller de tous costez est ce qu'elle a de moins rare. C'est un chef-d'œuvre de peinture et de sculpture, qui, entre autres ornemens, a plusieurs tableaux de M. Le Brun d'une beauté achevée. Tout y est admirable, jusques aux serrures des portes et des fenestres qui sont ciselées et dorées, et dont rien ne peut égaler le travail. La galerie, qui estoit en cet endroit, fut brûlée quelque temps après le mariage du Roy, et Sa Majesté fit bastir au mesme lieu celle dont je viens de vous parler. On sauva quelques tableaux de cet embrazement, représentant plusieurs Roys de France, lesquels sont conservez parmy ceux du Roy. Ce que l'on appelle le cabinet des tableaux de Sa Majesté dans le vieux Louvre contient sept grandes salles fort hautes, et dont quelques unes ont plus de cinquante pieds de longueur. Outre cela, il y en a encore quatre au vieil hostel de Gramont qui joint le Louvre. Vous jugez bien qu'on ne peut voir tant de lieux remplis des tableaux du Roy, sans que le nombre en paroisse presque infiny. Les plus hauts apartemens en sont embellis jusqu'au-dessus des corniches. On voit d'ailleurs en plusieurs endroits des espéces de volets qui en sont tout couverts des deux costez ; de manière qu'estant couchez contre la muraille, cela fait trois rangs de tableaux. Voicy à peu près le nombre de ceux des plus grands maistres qui sont dans ces onze salles. Il y en a seize de Raphaël d'Urbin ; c'est le plus estimé de tous les peintres modernes. Comme il n'estoit âgé que de trente-six ans lorsqu'il est mort, le nombre de ses ouvrages ne peut estre grand. Ainsy l'on peut dire que le Roy en a la plus grande partie. Parmy les tableaux de ce grand maistre, il y en a trois qui sont sans prix : l'un représente la Transfiguration, et est à Rome ; Sa Majesté a les deux autres, qui sont un saint Michel de grandeur naturelle, et la Sainte-Famille. Ce dernier est le plus estimé de tous. Il est peint sur du bois de cèdre, et c'est par cette raison qu'il s'est mieux conservé que tous les autres. Raphaël le fit pour le roy François Ier en l'an 1518. Ce sçavant homme, qui mourut deux ans après, et à qui le Pape, qui gouvernait l'Église en ce temps-là, avait dessein de faire épouser sa nièce, estoit alors dans la vigueur de son âge, de sorte que son génie commençoit d'entrer dans toute sa force. Ce tableau a cinq pieds six pouces de haut, et quatre pieds trois pouces de large, et renferme cinq figures de grandeur naturelle et deux petites. Je ne m'étens point davantage sur ce chef-d'œuvre de l'art. Il est de Raphaël, c'est tout dire.

« Les autres tableaux sont : six du Corrège, — cinq de Jules Romain, — dix de Léonard de Vincy, — huit du Georgeon, — quatre du Vieux Palme, — vingt-trois du Titien, — dix-neuf du Carrache, — huit du Dominiquin, — douze du Guide, — six du Tintoret, — dix-huit de Paul Véronèse, — quatorze de Vandeik, — dix-sept du Poussin, — six de M. Le Brun, entre lesquels il y en a de quarante pieds de longueur.

« Ces tableaux sont accompagnez de quantitez d'autres, dont je ne sçay pas le nombre. Je sçay seulement qu'ils sont de Rubens, de l'Albane, du Valentin, d'Antoine More, et d'autres maistres aussi renommez. Outre tous ces tableaux, il y a dans le vieil hôtel de Gramont plusieurs groupes de figures et bas-reliefs de bronze, de marbre et d'yvoire. Il est difficile de se persuader, en voyant tant de chefs-d'œuvre où l'art semble en plusieurs avoir esté au-dessus de la nature, que la plupart ayent été assemblez dans un tems où le Roy a soutenu avec avantage et avec éclat les efforts de toute l'Europe liguée contre luy. Il est vrai que Sa Majesté en a eu plusieurs depuis que la paix est faite, mais on peut dire que ce temps de paix a été plus à charge à ses finances que la guerre mesme, à cause du grand nombre de fortifications que sa prudence et la seureté de ses États l'ont obligé de faire élever pour se garantir d'un monde entier d'ennemis de sa grandeur. Cependant tout va d'un pas égal depuis qu'il a pris luy-mesme le soin des affaires de l'État. Ses finances sont en de bonnes mains ; il jouit seul de tout ce qui luy appartient, et c'est par là qu'estant en état de soutenir en tout temps toutes sortes de dépenses, il luy a esté aisé de faire passer dans ses cabinets la plus grande partie de ce que les curieux de toute l'Europe avoient de plus rare et l'Italie de plus beau. Il n'est plus nécessaire de voyager pour voir les plus grandes raretés. L'amour du Roy pour les arts, et la vigilance de ceux qui les font fleurir sous luy, ont presque tout rasssemblé dans ses superbes maisons. Sa Majesté trouva tout en fort bon ordre par les soins de M. Le Brun, son premier peintre, dont je vous ay parlé plusieurs fois. Il est directeur de ses cabinets de tableaux et des manufactures des Gobelins, chancelier et principal recteur de l'académie de peinture et de sculpture, de laquelle j'espère vous entretenir au premier jour. Il ne faut pas s'estonner si tout estoit en si bon estat, malgré le nombre des ans et l'humidité qui ruine ces sortes d'ouvrages. M. Le Brun sçait la manière de les conserver et ne commet pour cela que d'habiles gens. Quoyque le Roy, outre ce grand nombre de tableaux, en ait déjà vingt-six à Versailles des sçavans maistres que je viens de vous nommer, il en choisit encore quinze pour en orner les appartements, et donna ordre qu'on les y fit transporter de son cabinet du Louvre. Ils sont de Paul Véronèse, du Guide, du Poussin et de M. Le Brun. Sa Majesté examina quelque temps les ouvrages de ce dernier, et, les regardant auprès de tant d'illustres, il luy dit obligeamment : *qu'ils se soutenoient bien parmi ceux de ces grands maîtres, qu'après sa mort ils seroient aussi recherchez, mais qu'il souhaitoit qu'il n'eût pas sitôt cet avantage, parce qu'il avoit besoin de luy.* On ne sçauroit en cela louer trop le goust du Roy.

« Sa Majesté, après avoir veu les tableaux des sept grandes salles du Louvre, alla voir ceux qui sont dans les quatre salles du vieil hôtel de Gramont. Sa Majesté sortit fort contente d'avoir veu tous ses tableaux en si bon état. Les plus anciens et les plus rares sont enfermez dans des manières d'armoires plates et dorées, dont tout le dessus est peint, et l'on pourroit dire que ce sont des tableaux qui en cachent d'autres. On est obligé de prendre ces précautions pour ceux qui, ayant été faits depuis un grand nombre d'années, peuvent être facilement gatez. »

Un autre document de la plus haute importance complète les renseignements fournis par le *Mercure* ; nous voulons parler de l'Inventaire général des tableaux du roi, fait en 1709-1710 par le sieur Bailly, garde desdits tableaux, suivant les ordres qui lui en furent donnés par Louis-Antoine de Pardaillan, duc d'Antin, surintendant des bâtiments et jardins du roi, arts et académies, et manufactures royales.

Cet inventaire manuscrit, si précieux malgré son laconisme, est trop souvent cité dans ce catalogue pour que nous n'indiquions pas au moins ses principales divisions et les chiffres des tableaux qu'il renferme. Voici ce résumé :

Écoles romaine et florentine...............	89	tableaux.
— vénitienne......................	102	
— lombarde.......................	178	
— allemande et flamande..............	179	
— française......................	930	
	1,478	
Le Brun : esquisses.....................	8	tableaux.
Verdier............................	3	
Mignard et autres : esquisses et copies........	869	
Miniatures et copies....................	22	
Par Poste : tableaux, vues des Indes.........	23	
Total général........	2,403	

Bailly, à chaque tableau , se contente d'indiquer sommairement le sujet, sans aucune description ; mais il ajoute la dimension de la toile et la grandeur des figures. Quelque critiquable que soit ce répertoire, c'est l'état le plus complet et le plus intéressant que nous possédions jusqu'à ce jour de la collection royale à la fin du règne de Louis XIV, et il mériterait à tous égards les honneurs de l'impression.

Louis XV ajouta de nouvelles richesses au trésor que lui avait légué son prédécesseur. Par son ordre, Rigaud fit un choix dans la superbe collection du prince de Carignan, dont la vente, annoncée pour le 30 juillet 1742 par le catalogue presque introuvable publié par de Poilly, n'eut pourtant lieu que le 18 juin de l'année suivante. Enfin , les peintres de l'académie furent chargés de l'exécution d'un grand nombre de tableaux pour les résidences royales , et nous leurs devons la représentation de ces scènes familières , de ces chasses, de ces fêtes galantes d'un goût si éminemment français, dont la mode inconstante exagère de nos jours la valeur, après en avoir longtemps trop déprécié le mérite incontestable.

Jusqu'à l'époque dont nous parlons, tant de chefs – d'œuvre rassemblés à grands frais étaient entièrement perdus pour le public et ne servaient que comme objets d'ameublement dans le palais de Versailles, lorsqu'ils ne gisaient pas abandonnés dans la poussière des greniers. On aurait peine à croire à une si coupable négligence d'objets recherchés avec tant d'ardeur, si l'on n'en avait pas les preuves les plus formelles.

Un homme dont le nom est peu connu, quoiqu'il soit un critique des plus distingués, et qu'il ait eu l'initiative de presque toutes les améliorations qui se sont réalisées plus tard, de La Font de Saint-Yenne, écrivait ces lignes dans son *Dialogue du grand Colbert :* « Vous vous souvenez sans doute, ô grand ministre, de l'immense et précieuse collection de tableaux que vous engageâtes Louis XIV de faire enlever à l'Italie et aux pays étrangers, avec des frais considérables, pour meubler dignement ses palais. Vous pensez (eh! qui ne le penserait comme vous!) que ces richesses sont exposées à l'admiration et à la joie des Français, de posséder de si rares trésors, ou à la curiosité des étrangers, ou enfin à l'étude et à l'émulation de notre école? Sachez, ô grand Colbert, que ces beaux ouvrages n'ont pas revu la lumière et qu'ils ont passé, des places honorables qu'ils occupaient dans les cabinets de leurs possesseurs, à une obscure prison de Versailles où ils périssent depuis plus de cinquante ans. » Dans un autre ouvrage publié précédemment par de La Font, on trouve ce passage remarquable : « Le moyen que je propose pour l'avantage le plus prompt et en même temps le plus efficace pour un rétablissement durable de la peinture, ce serait donc de choisir dans ce palais (du Louvre), ou quelque part, un lieu propre à placer à demeure les chefs-d'œuvre des plus grands maîtres de l'Europe, et d'un prix infini, qui composent le cabinet des tableaux de Sa Majesté, entassés aujourd'hui et ensevelis dans de petites pièces mal éclairées et cachées dans la ville de Versailles, inconnus ou indifférents à la curiosité des étrangers par l'impossibilité de les voir. Une autre raison pressante pour leur donner un logement convenable, et qui mérite une attention bien sérieuse, c'est celle d'un dépérissement prochain et inévitable par le défaut d'air et d'exposition. Quel serait aujourd'hui le sort des tableaux du Palais-Royal s'ils eussent été entassés pendant trente ou quarante ans dans l'obscurité et dans l'impossibilité d'être visités et entretenus par le défaut d'espace, tels que le sont depuis plus longtemps ceux du roi? Si les tableaux de Sa Majesté surpassent ceux-ci en nombre et en valeur, comme on le dit sans pouvoir l'assurer, n'y ayant jamais eu de catalogue public, quelle perte pour les talents de notre nation que leur emprisonnement! Avec quelle satisfaction les curieux et les étrangers les verraient en liberté, exposés dans une habitation convenable à des ouvrages dont la plus grande partie est sans prix! Telle serait la galerie que l'on vient de proposer, bâtie exprès dans le Louvre, où toutes ces richesses immenses et ignorées seraient rangées dans un bel ordre, et entretenues dans le meilleur état par un artiste intelligent et chargé de veiller avec attention à leur parfaite conservation. Par là elles seraient préservées de tomber dans la honteuse destruction de ceux du palais du Luxembourg, ce triomphe de la peinture, et dont la possession nous est enviée par tous les étrangers, qui donneraient des sommes considérables pour avoir chez eux ces ouvrages divins, et qui font le plus d'honneur au pinceau de l'immortel Rubens. Ils sont cependant du côté de la cour, presque détruits par la négligence des concierges, qui laissent les vitraux des croisées ouvertes dans les jours les plus brûlants, et dévorer à l'ardeur du soleil, depuis le midi jusqu'à ce qu'il soit entièrement couché, ces tableaux sans prix, ces beautés que toutes les richesses du souverain ne pourraient aujourd'hui remplacer..... Quel motif d'émulation serait plus piquant pour nos peintres d'à-présent que l'honneur d'obtenir des places dans cette galerie royale à côté de tant d'hommes illustres de tous les pays, et surtout d'Italie, qui composent l'immense et savante collection des tableaux des cabinets du roi?... Ce serait au titre seul d'une réputation décidée et appuyée sur plusieurs excellents ouvrages marqués au sceau d'un suffrage général et de l'admiration publique, que cette précieuse distinction serait accordée. » Encore une citation et ce sera la dernière : « Quelle fut la douleur de ce curieux (M. Van-Haggen) lorsque dans les jardins de Versailles il vit nos plus belles statues, et surtout les deux incomparables du célèbre Puget, le Milon et l'Andromède, égales aux plus parfaites de l'antique, qui méritaient bien l'honneur d'être dans les appartements à l'abri de la gelée et des outrages de l'air, que celles qu'on y conserve si précieusement.... lorsqu'il les vit, dis-je, écurer avec du gros sable et en enlever non seulement le poli, mais encore (ce qui est irréparable) cette peau, ce précieux épiderme où les rameaux des veines et toute la finesse de l'imitation se faisaient admirer! » (Réflexions sur quelques causes de l'état présent de la peinture en France, avec un examen des principaux ouvrages exposés au Louvre, ce mois d'août 1746). L'auteur de ces réflexions si judicieuses était traité de satyrique par les artistes privilégiés de l'époque Il plaidait la cause des vieux maîtres que l'on ne regardait plus alors; il reprochait aux peintres et aux sculpteurs de se soumettre aveuglément aux caprices éphémères de la mode et de négliger le culte de la grande peinture; il blâmait vigoureusement

les administrateurs de leur inertie ; il n'en fallait pas davantage pour
être détesté. Mais, telle est la force de la vérité, telle est la puissance
de la voix de la sagesse, que tout en traitant l'obscur auteur de
pamphlétaire, on finit plus tard, comme on va le voir, par se rendre
à ses conseils. Seulement, un autre plus puissant que lui eut les
honneurs de l'invention ; mais qu'importe, pourvu que le bien se
fasse. En 1750, le roi permit que les trésors jusque là enfermés
dans les appartements de la surintendance de Versailles fussent
transportés à Paris et livrés à l'admiration des amateurs et des
artistes. Le marquis de Marigny, directeur des bâtiments, ordonna
un nouvel arrangement de ces tableaux dans l'appartement qu'oc-
cupait la reine d'Espagne. Cet arrangement fut fait par les soins
de Bailly, garde des tableaux, et le cabinet s'ouvrit pour la première fois le 14 octobre de la même année. Le public y était admis
les mercredi et samedi de chaque semaine, le matin depuis le
mois d'octobre jusqu'au mois d'avril, et l'après-midi depuis avril
jusqu'en octobre, excepté les jours de fêtes. La galerie de Rubens
était visible les mêmes jours et aux mêmes heures. Le cabinet
renfermait 110 tableaux de maîtres italiens, flamands et français, choisis parmi les plus beaux de l'ancienne collection de la
couronne. On y admirait la Sainte-Famille de Raphaël, la Charité
d'André del Sarte, récemment transportée de bois sur toile par
Picaut, et dont les panneaux primitifs étaient placés à côté de la
toile où l'on avait fixé la peinture par un procédé inconnu avant
cette époque.

Jusqu'à Louis XVI les choses restèrent dans cet état, et la collection, que le roi avait accru considérablement par l'acquisition
de tableaux flamands, dont elle ne possédait encore que de rares
échantillons, continua à être divisée en deux sections principales :
l'une placée au Luxembourg, visible pour le public à certains
jours, et l'autre mise en réserve à Versailles, afin de renouveler la
décoration des appartements.

En 1775, M. le comte d'Angiviller succéda à M. de Marigny
dans la direction des bâtiments, et conçut à son tour le projet de
rassembler tout ce que la couronne possédait de beau en peinture
et en sculpture dans la grande galerie où étaient exposés alors
les plans et modèles des forteresses et des villes de France, cons-
truits par Jean Berthier et d'habiles ingénieurs. Ces plans, transportés aux Invalides, devaient faire place aux chefs-d'œuvre des

écoles anciennes et modernes , dont la réunion prendrait le nom de *Museum*. Une pareille conception fit beaucoup d'honneur à M. d'Angiviller. D'Argenville (Voyage pitt. dans Paris, 1778) et les contemporains le louèrent en prose et en vers. Une voix seulement prétendit que l'idée première de ce *Museum* appartenait à M. de La Condamine. Quant à La Font de Saint-Yenne, personne ne daigna penser à lui. Quoi qu'il en soit, il était dans les destinées du Muséum de rester à l'état de projet pendant plusieurs années encore, et le public allait être bientôt privé, même de la vue des tableaux offerts à son admiration au Luxembourg. En effet, vers 1785, un changement ayant été opéré par ordre du roi dans la distribution de ce palais, la collection de tableaux et toute la galerie de Rubens furent enlevées et réunies presque entièrement au dépôt de la surintendance de Versailles. Dès le 30 décembre 1784, Louis-Jacques Durameau, peintre ordinaire du roi, avait dressé de ce dépôt un nouvel inventaire divisé en deux parties, dont voici le dépouillement :

Ire PARTIE. Note (car il n'y a pas de description) des *tableaux de choix* composant le *Cabinet*, et disposés dans les appartements. Ils sont classés par écoles Florentine, Romaine, Vénitienne, Lombarde, Allemande, Flamande et Française. Leur nombre s'élève à 369.

IIe PARTIE. Tableaux et bordures en magasin ainsi répartis : *Tableaux originaux :* Sujets d'histoire, 83. — Batailles, 21. - Chasses, 16. — Pastorales, 15.— Portraits, 49.—Jeux d'enfants, 2. — Paysages, 18. — Marines, 5. — Vues, 26. — Fleurs, 41. — Vues d'architecture, 3.— Ornements et arabesques, 3. — Nature morte , 4. — Tableau mouvant, 1. — Total 287. — *Copies :* Sujets d'histoire, 166. — Fêtes de village, 7. — Portraits, 79. — Sujets d'enfants, 8. — Petits sujets, 9. — Figures grotesques, 3. — Fleurs, 13. — Vue, 1. — Total 237. — *Auteurs inconnus :* Sujets d'histoire, 57. — Portraits, 76. — Fleurs et fruits, 26. —Trophées et instruments de musique, 10. — Marines, 6. — Batailles, 3. — Animaux, 2. — Nature morte, 2. — Arabesques, 1. — Paysages, 36. — Total 179.

RÉCAPITULATION. *Cabinet*, 396.— *Magasin :* Originaux, 287.— Copies, 287. — Inconnus, 179. — Total général 1,122, plus 106 bordures dorées de diverses grandeurs.

Cet inventaire devait être le dernier de la royauté expirante.

La révolution éclate; l'aristocratie est détruite; la civilisation monarchique est dissoute; une nouvelle société doit s'élever sur les ruines de l'ancienne. La France à l'intérieur lutte contre le désordre; à l'extérieur, elle combat pour la défense de ses droits et de son honneur; seule elle soutient le choc des armées de l'Europe coalisée contre elle, et chaque fois que le combat s'engage, elle remporte une victoire. Chose merveilleuse et unique dans l'histoire des nations, les finances sont épuisées, l'ennemi assiège nos frontières, partout des armées sont sur pied pour les repousser, la vie et la fortune des citoyens sont en péril à chaque minute, et le culte des beaux-arts, loin de s'éteindre, est plus en honneur que jamais ! Ici les événements se succèdent si rapidement, les faits s'amoncèlent en telle quantité qu'il faudrait un volume pour enregistrer seulement les décrets rendus sur les sciences et les arts; pour énumérer les discours de la tribune, où l'on discute les projets de monuments, d'embellissements, d'organisation de musée, de commandes aux artistes; pour analyser les travaux des nombreuses commissions spéciales chargées de rassembler, conserver, classer les œuvres éparses dans les maisons royales et dans les temples supprimés. Puisque l'espace manque, abrégeons donc encore plus que nous ne l'avons fait jusqu'à présent; bornons-nous à enregistrer les dates des décrets relatifs aux arts, à partir des dernières années de la royauté.

Le 26 mai 1791, un décret constitutionnel fixe la liste civile pendant tout le règne de Louis XVI à 25 millions et le douaire de la reine à 4 millions. Le même décret assigne à la famille royale les Tuileries et le Louvre pour demeure, et ordonne que ce palais recevra le dépôt des monuments des sciences et des arts. Ce décret avait été rendu par l'Assemblée nationale sur la motion de M. Barrère de Vieusac, député qui, dans son rapport sur les domaines du roi, avait dit à la tribune : « Il faut que la galerie du Louvre, où sont tant de chefs-d'œuvre de peinture et de sculpture, devienne un Museum célèbre, et qu'on y déploie les nombreux tableaux de Rubens et d'autres peintres illustres. » Cette motion valut à M. Barrère, le 28 mai 1791, une lettre de M. Duplessis, peintre du roi, où l'on trouve cette phrase : « Ce projet d'un Museum a été conçu, si je ne me trompe, par feu M. de La Condamine. Si M. d'Angiviller n'en est pas l'inventeur, il a le mérite de l'avoir adopté et d'avoir commencé son exécution. Depuis environ dix ans, il travaille à remplir le désir que vous manifestez aujourd'hui. » On voit que de tout temps les véritables inventeurs ont bien de la peine à empêcher que de plus habiles ou de mieux placés ne se fassent honneur des projets qu'ils n'ont pas conçus.

L'Assemblée nationale, après avoir décrété que les biens du clergé appartenaient à la chose publique, chargea son comité d'aliénation de veiller à la conservation des monuments d'arts renfermés dans ces domaines. Le philanthrope Larochefoucault, président de ce comité, s'adjoignit des savants et des artistes, auxquels vinrent se réunir d'autres savants et d'autres artistes nommés par la municipalité de Paris. Cette réunion, connue d'abord sous le nom de *commission des savants*, prit ensuite celui de *commission conservatrice des monuments*. Ses premières opérations datent de 1790. Les membres se classèrent, suivant leurs goûts et leurs connaissances, par divisions correspondantes aux divers sujets qu'ils avaient à traiter; puis ils commencèrent, pour mieux parvenir à connaître les richesses de tout genre répandues sur le sol de la France entière, par se partager le dépouillement à faire des livres renfermant des renseignements historiques sur les provinces, des descriptions d'églises et de monuments, etc. Ils dressèrent ainsi les relevés indicateurs des ouvrages manuscrits ou imprimés, des marbres, des bronzes et des médailles sur des cartes particulières et distinctes. Leur but était de rassembler d'amples matériaux pour une topographie littéraire et artiste de la France, ouvrage si désirable et qui nous manque encore. On verra plus loin comment cette commission, enflammée au début d'une si belle ardeur, ne réalisa pas, surtout pour les arts, ce qu'on était en droit d'attendre de ses efforts, et par quelle autre commission elle fut remplacée. Ajoutons cependant qu'un des premiers soins du comité d'aliénation fut de chercher des emplacements convenables pour recevoir les trésors que l'on voulait préserver de la destruction. La maison des Petits-Augustins fut affectée aux monuments de sculpture et d'architecture, celle des Capucins, des grands Jésuites, des Cordeliers, aux livres, manuscrits, etc.

Un décret du 26 août 1791 consacre de nouveau le Louvre à la réunion des monuments des sciences et des arts.

Le 14 août 1792, l'Assemblée législative nomme une commission formée de plusieurs membres, pris dans son sein, pour le rassemblement des chefs-d'œuvre épars dans les maisons royales. Cette commission vient se fondre dans celle des monuments, et plus tard, un nouveau décret de la Convention, du 18 octobre 1792, porte le nombre de ses membres à trente-trois.

Le 27 septembre de l'an I (1792), la Convention, qui ne comptait encore que six jours d'existence, suspendit le décret ordonnant d'apporter à Paris les monuments d'art placés sous la royauté au palais de Versailles. Cette ville, naguère si florissante, était menacée d'une ruine complète. La cour n'existait plus; chaque jour la population diminuait et les rues devenaient de plus en plus désertes. Ne possédant aucun territoire, enclavé de bois et de promenades sans utilité agricole, Versailles, semblable à la Rome moderne, ne pouvait subsister privé du concours d'étrangers que la magnificence des monuments et la réunion des objets d'art attiraient sans cesse. L'enlèvement de ces objets fut un coup mortel pour la ville. Le citoyen Duval, au nom des sections du district, présenta, le 3 novembre 1792, une pétition à la Convention nationale, non seulement pour réclamer la restitution des tableaux des écoles anciennes, enlevés au commencement de septembre de la même année, mais encore de ceux exposés depuis plus de trente ans au Luxembourg, et qui faisaient partie intégrante de l'ancienne collection de la couronne. Suivant le citoyen Duval, il faut établir deux grands lycées, l'un à Paris, l'autre à Versailles. Celui de Paris sera le sanctuaire des arts nationaux et ne contiendra que les œuvres des maîtres français; celui de Versailles, au contraire, installé au château, renfermera les peintures italiennes, les statues antiques, les collections de pierres gravées, d'estampes, de médailles, une bibliothèque, etc. A celui-ci viendraient s'adjoindre une université, une école de musique, voire même d'équitation. Des représentations de pièces antiques seront données sur le théâtre du château, et des fêtes civiques dans l'orangerie, dont on convertira les escaliers en gradins d'amphithéâtre; des quadriges lutteront de vitesse sur les boulevarts. Une église sera transformée en panthéon, afin de recevoir les bustes des hommes qui ont bien mérité de la patrie. Tel est le projet du citoyen Duval; tels sont les vœux du district de Versailles. La Convention ne se montra pas favorable à la pétition; les choses en restèrent là pour l'instant, et lorsque, plus tard, on pensa à fonder un lycée à Versailles, ce fut précisément et avec raison un lycée de l'école française qui y fut décrété.

✱✱

Le 18 octobre 1792, an Ier de la République française, M. Roland, ministre de l'intérieur, écrit à M. David, peintre, député de la Convention, qu'un *Museum* aux galeries du Louvre est décrété; il lui annonce que, comme ministre de l'intérieur, il en est l'ordonnateur et le surveillant. Ce Museum doit être le développement des grandes richesses possédées par la nation en dessins, peintures, sculptures et autres monuments d'art. Il sera ouvert à tout le monde, et chacun pourra y travailler à son gré; le ministre ajoute que les arts seuls devant loger au Louvre, il accorde à David le logement occupé par M. Meniére, orfèvre.

Le 8 février 1793, Barrère présente, au nom du comité d'instruction publique et de la commission des monuments, un projet de décrets concernant les arts, les artistes et la formation d'un *Museum national*. Depuis près de trois ans, dit-il, une commission gratuite composée d'hommes de lettres, d'artistes, de savants et de membres des trois assemblées nationales que la France a formées, s'est occupée avec le soin le plus constant de rassembler dans plusieurs dépôts, au Louvre, aux Augustins, aux Capucins, les chefs-d'œuvre de sculpture, peinture, bibliographie, etc. Les recherches ont produit une riche et précieuse collection formée presque sans frais, puisque la nation n'a eu à payer que des frais de transport, de garde, de réparation et le salaire d'un commis unique pour l'écriture. Barrère propose d'affecter, sur le crédit annuel de 300,000 fr. accordé par l'Assemblée constituante (décret du 9 septembre 1791) pour l'encouragement des arts et des sciences, 15 à 20,000 fr. à la dépense de la commission des monuments pendant trois années consécutives. Il implore la sollicitude de l'assemblée en faveur des artistes découragés et manquant de travaux.

Dans la séance du 27 juillet 1793 de la Convention, Sergent reproduisit son projet de décret sur le Museam de la république. Il est adopté en ces termes :

ART. 1er. Le ministre de l'intérieur donnera les ordres nécessaires pour que le Museum de la république soit ouvert le 10 août prochain dans la galerie qui joint le Louvre au palais national.

ART. 2. Il y fera transporter aussitôt, sous la surveillance des commissaires des monuments, les tableaux, statues, vases, meubles précieux, marbres déposés dans les maisons des Petits-Augustins, dans les maisons ci-devant royales, tous autres monuments publics et dépôts, excepté ce que renferme actuellement le château de Versailles, les jardins, les deux Trianons, qui est conservé par un décret spécial dans ce département.

ART. 3. Il y fera également transporter les peintures, statues, bustes antiques qui se trouvent dans toutes les maisons ci-devant royales, châteaux, jardins, parcs d'émigrés et autres monuments nationaux.

ART. 4. Il sera mis à la disposition du ministre de l'intérieur par la trésorerie nationale, provisoirement, *une somme de* 100,000 *livres par an pour faire acheter dans les ventes particulières les tableaux ou statues* qu'il importe à la république de ne pas laisser passer dans les pays étrangers, et qui seront déposés au Musée, sur la demande de la commission des monuments.

ART. 5. Il est autorisé à faire les dépenses nécessaires pour le transport des tableaux et statues dans le Musée des dépôts particuliers où ils sont maintenant.

Le *Museum français*, appelé quelque temps après le *Musée central des arts*, ouvrit en 1793, conformément au décret du 27 juillet que nous venons de citer (1). L'avertissement du catalogue des objets contenus dans la galerie, nous apprend que « plusieurs raisons trop longues à déduire ont empêché qu'on ne classât les

---

(1) Le *Moniteur* se tait sur le jour précis de l'ouverture du Museum, du moins nous n'avons pu encore le trouver. Toutefois il est probable que l'inauguration n'eut pas lieu le 10 août, mais plutôt le 8 novembre, comme la pièce suivante, tirée de nos archives, permet de le supposer :

12 brumaire an II (2 novembre 1793).

Citoyen ministre,

Pour répondre au désir que vous marquez que le Museum français soit rendu public le plus promptement possible, nous installerons dès demain les quatre nouveaux gardiens que vous avez acceptés, et nous vous adressons le projet d'affiche que nous publierons si vous nous y autorisez. Dans cette supposition, citoyen ministre, nous vous prions de vouloir bien faire une prompte réponse, car la chose est urgente.

MUSEUM FRANÇAIS.

Les citoyens sont informés que, conformément à la décision du ministre de l'intérieur, le Museum français sera ouvert au public les trois derniers jours de chaque décade, à compter du 18 du présent mois de brumaire (8 novembre 1793).

Les artistes qui voudront étudier au Museum sont également pré-

tableaux par écoles... On n'offre pour l'instant qu'une disposition provisoire. Lorsqu'on sera en possession de la totalité qui doit former le Muséum, lorsque le projet d'éclairer cet immense vaisseau par le sommet sera réalisé, lorsque ces salles destinées à recevoir les statues, les dessins des grands maîtres, les morceaux précieux de l'antiquité, de physique, d'optique, etc., seront préparées, alors les discussions des artistes, des savants, des amateurs, auront répandu une masse de lumière plus que suffisante pour arrêter définitivement le mode d'arrangement qui réunira le plus d'avantages, et qui répondra par l'ensemble à la magnificence des détails. » On voit aussi par ce catalogue que la galerie se trouvait divisée en 17 travées de fort peu d'étendue, car chaque côté de ces travées ne contenait guère que 15 à 20 tableaux de petite ou de moyenne dimension. 537 tableaux de maîtres de toutes les écoles furent exposés. Leur description dans le catalogue était la plus succincte possible; en voici un échantillon pris au hasard : Le Titien, n° 28 : Le Concile de Trente, H. 4 pi. L. 5 pi. La même sobriété de détails et de renseignements règne dans le reste du Livret, Le nombre des bronzes, bustes, tables de marbre, porcelaines, pendules et autres objets de curiosités, s'élève à 124. Enfin le voilà donc fondé, le voilà donc ouvert même ce Musée si chaleureusement réclamé dès 1746 par le pauvre Lafont de Saint-Yenne; ce Musée dont tant de personnes se sont disputé à ses dépens l'honneur de l'invention. Il n'a fallu rien moins qu'une révolution pour opérer la réalisation des vœux du judicieux critique, et si les chefs-d'œuvre disséminés dans tant de résidences avec une coupable négligence ne s'étaient pas trouvés tout à coup sans asile, aucune main amie peut-être n'eût été assez forte pour les rassembler dans un même lieu.

Ainsi que nous l'avons déjà dit, la commission des monuments, après avoir débuté avec zèle, montra peu à peu une négligence préjudiciable aux travaux qu'on était en droit d'attendre d'elle; et son insuffisance surtout, ou son incapacité dans les questions

venus qu'il leur sera ouvert, à cet effet, depuis 9 heures jusqu'à 4 heures les cinq premiers jours de chaque décade, à compter du 21 de ce mois. Ils sont invités, d'après le règlement établi par le ministre de l'intérieur, à venir se faire inscrire les 18, 19 et 20 du même mois, depuis 1 heure jusqu'à 2.

relatives aux objets d'art, fut bientôt constatée. La Convention nationale ayant décrété, les 15 et 18 août 1793, que son comité d'instruction publique ferait dresser des inventaires des objets pouvant
servir à l'instruction, et veillerait à leur conservation , les membres
de ce comité s'adjoignirent des citoyens versés dans les différentes
parties des sciences et des lettres. Satisfaite des travaux de cette
commission, la Convention l'institua, par son décret du 28 frimaire an II, sous le nom de *Commission temporaire des arts*, en
remplacement de la commission des monuments supprimée. Cette
commission temporaire, adjointe au comité d'instruction publique,
séante à la même maison, était divisée en 14 classes. Voici les
noms des membres des classes concernant les beaux-arts
10ᵉ classe, peinture : Naigeon aîné, au dépôt national, rue de
Beaune ; Fragonard, Bonvoisin, Lesueur, Picault (au Conservatoire
du Museum. — 11ᵉ classe, architecture : Hubert; Lannoy, Le Roi
(David). — 12ᵉ classe, sculpture : Dupaquier, Dardel. Leurs fonc-
tions étaient de veiller à l'exécution de tous les décrets concernant la conservation des monuments et des objets des sciences et
des arts, leur transport et leur réunion dans des dépôts convenables ; d'en faire une description abrégée et de les classer pour
qu'on puisse les trouver au besoin, etc. (Voir le rapport de Mathieu, 28 frimaire an II, imprimé par ordre de la Convention.)

La première commission du Museum ne devait pas avoir une
longue durée; dès le 28 frimaire an II, David demande sa suppression
ainsi que celle d'une foule de commissions des arts qui avaient dé-
tourné, pour achat d'objets inutiles, des fonds fournis par la République. Il propose de réorganiser la commission du Museum, dont
les membres étaient, ou peintres qui n'en avaient que le nom, ou
artistes sans patriotisme, que la faveur des ministres précédents y
avait placés. Cette proposition fut adoptée le 27 nivôse. David fait
également adopter un projet de décret qui contenait l'organisation définitive du Conservatoire du Museum national ou conseil
administratif de cet établissement : Renaud, Bossut, Joullain et
Vincent, formant l'ancienne commission du Museum, sont remplacés, en vertu d'une ordonnance du ministre de l'intérieur (11 plu-
viose an II), par Fragonard, Bonvoisin, Wicar, Dupasquier, Lau-
noy, Picault, Varon, Lesueur.

Le 7 prairial an II, Varon, membre du Conservatoire, adressa
au comité d'instruction publique un rapport qui a pour but d'éta-

blir ce que doit être un Museum, quelle doit être l'influence des
arts sur l'opinion ; un compte-rendu de la gestion du nouveau
Conservatoire. L'ancienne commission avait entassé confusément
dans la galerie toutes les richesses qui lui étaient tombées dans les
mains ; des meubles, des vases, des porcelaines, des pendules disposées dans l'épine de la galerie, dérangeaient les visiteurs, les em-
pêchaient de se placer à une distance convenable, et ôtaient à la
galerie sa sévérité, sa noblesse. Afin d'arriver à un ordre si désirable dans un établissement public, Varon réclame du ministre
de statuer le plus tôt possible sur une série de demandes, parmi lesquelles on remarque l'éclairage de la voûte, la création de salles
distinctes pour la sculpture antique, la sculpture moderne, les
plâtres moulés sur l'antique, les médailles, les camées, les pierres
antiques, les gravures ; enfin pour une bibliothèque spéciale de
livres sur les arts, qu'il juge absolument indispensable, A mesure
que la classification de ces richesses s'opérera, on commencera le
grand œuvre d'un catalogue descriptif, qui ne sera plus, comme
par le passé, une nomenclature sèche et aride de numéros, mais
une histoire sage et détaillée de la vie et des ouvrages des artistes
célèbres. Tels étaient les principes qui présidaient aux opérations
du Conservatoire ; et on ne peut s'empêcher d'admirer tant de
méthode et de sagesse au milieu d'une époque de trouble et de
désordre.

Le 16e jour de prairial an II, les commissaires de la commission
temporaire des arts, adjoints au comité d'instruction publique de
la Convention nationale, unis aux artistes du district de Versailles,
se transportèrent aux cabinets des tableaux du ci-devant roi, à la
surintendance, rue du Vieux-Versailles, et s'étant adressés au
citoyen Durameau, gardien du cabinet (1), après lui avoir donné
communication des pouvoirs à eux conférés à l'effet de prendre note
de tous les tableaux restés dans ce dépôt, procédèrent à une reconnaissance générale. Les commissaires étaient Durameau, Picault, Lauzan, Gazard, J. Lengliez, Damarin. La 2e séance eut

(1) Les commissaires s'étaient déjà présentés chez Durameau avant
le 16 prairial, mais sans le rencontrer.

« Les commissaires de la commission temporaire des arts, citoyen,
ont été extrêmement privés de ne t'avoir pas rencontré à Versailles. S'il
t'est possible de t'y rendre de très bonne heure quintidi prochain, ils se
flattent que, conformément au vœu du comité d'instruction publique, tu

lieu le 17 prairial, puis la reconnaissance fut interrompue et reprise
seulement le 2 thermidor. Pendant cet intervalle, c'est-à-dire le
10 messidor, Varon, membre du Conservatoire du Museum et l'un
des commissaires envoyés dans le département de Seine-et-Oise,
fit un rapport à la commission temporaire des arts, où l'on trouve
des documents curieux sur ce qui restait encore à Versailles depuis
l'ouverture du Museum au Louvre. Ainsi que nous l'avons vu, le
département de Seine-et-Oise s'était vigoureusement défendu
contre la première commission qui avait déjà commencé à lui enlever une partie de ses richesses au profit de Paris. Il était parvenu à obtenir de la Convention un décret qui suspendait tout
déplacement. Un nouveau décret décida du sort de la surintendance. Varon expose dans son rapport que les richesses de Versailles
sont immenses, et de nature, si elles étaient exposées aux regards,
à laisser ignorer qui de Paris ou de Versailles renferme le Museum
de France. On y admire encore : de *Léonard*, la Joconde ; de
Raphaël, le saint Michel et la petite Sainte-Famille ; de *Jules
Romain*, la grande Nativité, le Triomphe de Vespasien, Vénus
obtenant de Vulcain des armes pour Énée ; de *Perino del Vaga*,
la Dispute des Muses avec les Piérides; d'*André del Sarte*, une
Sainte-Famille ; de *Michel-Ange*, le Goliath, peint sur deux faces

leur procureras tous les renseignements qui sont en ton pouvoir sur les
objets de la surintendance relatifs aux sciences et aux arts.

> « Salut et Fraternité.

> « Les commissaires de la commission temporaire des arts.

> « 3 prairial l'an II.

> VARON, PICAULT.

(La lettre est adressée à Paris à David Le Roy, pour être remise
à Durameau ; on lit sur la suscription : 15 sous au porteur, si la lettre
est rendue à 6 heures du soir.)

Cette lettre est transcrite sur l'inventaire des tableaux enlevés à la
surintendance, et Durameau y a ajouté ces mots écrits de sa main :
« Copie d'une lettre dont j'ai l'original ; cette lettre est le principe
de la destruction du cabinet. » Oui, du cabinet de Versailles, si bien
entretenu, au dire de Lafont de Saint-Yenne, et auquel l'exposition du
Luxembourg avait déjà porté une rude atteinte ; mais aussi c'est de cette
époque que date véritablement la fondation du Musée du Louvre, qu'il
eût été impossible de créer sans une pareille mesure, et qui nous console bien de la perte du cabinet et des magasins de la surintendance.

d'une ardoise; de *Sebastien del Piombo*, la Visitation; de *Titien*, le Tarquin et Lucrèce; plusieurs ouvrages de *Palme le Vieux*; 10 tableaux de *Paul Véronèse*, entre autres le Repas du Pharisien la Mélancolie et l'Ange gardien du *Feti*; les beaux *Salvator*; le Silence et le saint François du *Carrache*; le David du *Dominiquin*; le Charles 1er de *Van Dyck*; le Moïse sauvé, l'Arcadie, le Pyrrhus du *Poussin*. Outre ces tableaux, Versailles possédait encore des statues célèbres, telles que le Cincinnatus, le Germanicus, la Diane. Varon les réclame ainsi qu'une foule de bustes en marbre et des copies en bronze des chefs-d'œuvre de l'antiquité. Cependant, comme Versailles avait compté sur ces objets d'art, établi une commission conservatrice, mis en ordre son Musée, ce serait arracher à un pays ruiné la seule ressource qui lui reste pour subsister, si on lui ôtait ses monuments, si on rasait ses jardins. Il faut que Versailles, qui réunit le plus grand nombre de productions de l'école française, en réclame une suite non interrompue et livre. en échange, au Museum de Paris les tableaux de l'école d'Italie et les statues antiques. Cette dernière demande de Varon renferme le germe du Musée spécial de l'école française, qui ne fut créé que plus tard. La Convention approuva les conclusions du rapporteur. La surintendance remit aux mains de la commission le précieux dépôt qui lui était confié. Les travaux d'inventaire et d'enlèvement recommencèrent le 2 thermidor et furent terminés le 21 du même mois. Les cadres mutilés et les tableaux jugés indignes de figurer au dépôt furent estimés 400 fr. pour la vente.

A partir de cette époque, les travaux se succèdent sans relâche au Louvre; des chefs-d'œuvre, cédés par les traités, arrivent en foule de toutes les parties de l'Europe; l'administration, animée d'un zèle infatigable, s'empresse de les mettre en état de paraître en public, dispose de nouvelles salles et multiplie de splendides expositions. Restreints dans les étroites limites d'une simple introduction, nous regrettons vivement de ne pouvoir donner des détails sur ces envois inestimables et faire passer sous les yeux du lecteur les pièces de nos archives qui constatent l'étendue de nos richesses d'alors, ainsi que les travaux d'honorables administrateurs qui, par des soins intelligents, sauvèrent d'une ruine certaine des peintures dont l'Italie avait négligé la conservation. Les pages qui nous restent encore suffiront à peine à enregistrer les dates des solennités dues aux succès de nos armes, et il ne faut les considérer que comme des tables chronologiques d'une histoire à laquelle nous donnerons autre part toute l'extension qu'elle réclame.

La galerie ouverte en 1793, ayant exigé d'importantes réparations, fut fermée quelque temps après son inauguration. Au mois de prairial an IV (mai–juin 1796), on rassembla dans le grand salon, consacré auparavant aux expositions des artistes vivants, un choix de tableaux des trois écoles, et le 28 thermidor an V (15 août 1797), on montra pour la première fois, dans la galerie d'Apollon, 415 dessins, 45 émaux de Petitot, 8 cartons de Jules Romain, faisant partie de 11,000 dessins du cabinet du Roi, qui jusque là étaient restés cachés à tous les regards.

Le 18 pluviôse an VI (6 février 1798), nouvelle fête au Louvre. Ce sont les peintures de Parme, de Plaisance, de Milan, de Crémone, de Modène, de Cento, de Bologne, cédées à la France victorieuse par les armistices de Parme, de Bologne et le traité de Tolentino, qui viennent décorer le grand salon. Elles sont remplacées, le 18 brumaire an VIII (8 novembre 1798), par celles tirées de Venise, de Vérone, de Mantoue, de Pesaro, de Fano, de Lorette et de Rome.

La 1re partie de la galerie réparée s'ouvre, le 18 germinal an VII (7 avril 1799), avec les tableaux des écoles française et flamande; les Italiens occupent encore le grand salon, jusqu'à ce que le reste de la galerie soit mis en état de les recevoir, et, le 28 ventôse an VIII (19 mars 1800), ils s'augmentent des envois de Florence et de Turin.

C'est le 25 messidor an IX (14 juillet 1801), que la 2e partie de la grande galerie fut rendue au public avec un remaniement des tableaux. Le salon carré, redevenu libre momentanément, servit à l'exposition provisoire des grands tableaux de Paul Véronèse, de Rubens, de Lebrun, que leurs dimensions n'avaient pas permis de placer.

Nous avons dit précédemment que lorsque la ville de Versailles réclama pour son château les peintures des maîtres étrangers et les antiquités destinées au Museum de Paris, on ne fit pas droit à sa demande et qu'on lui enleva les objets qu'elle voulait retenir. Le vœu qu'elle avait formé de voir fonder à Paris un Musée de l'école française fut réalisé en sa faveur par un décret de l'an V. On y transporta donc toutes les toiles de nos artistes nationaux, depuis Jean Cousin jusqu'aux peintres encore vivants, et, en l'an X parut une notice explicative des tableaux qui y figuraient, ainsi que des sculptures placées dans le palais et dans les jardins.

Ces travaux considérables n'interrompirent pas ceux qui s'exécutaient au Louvre; car dans la même année, des tableaux recueillis à Venise, à Florence, à Turin, à Foligno, après avoir été exposés pour la plupart dans l'état où ils se trouvaient, afin de satisfaire l'impatience des artistes et des amateurs, reparaissaient, après une courte absence, admirablement restaurés dans ce même grand salon, où tant de pages immortelles s'étaient succédées en si peu de temps. Les panneaux de la Vierge de Foligno, de Raphaël; du Martyre de saint Pierre Dominicain, de Titien, détruits par les vers, ne supportaient plus la peinture prête à tomber par écailles. Une main habile les fixe sur toile, les rend à la vie, et les procédés employés en pareille circonstances, procédés dont on avait fait jusque là un mystère, sont minutieusement décrits dans la notice du 18 ventôse an X (9 mars 1802).

Plusieurs changements furent opérés dans la galerie; mais nous nous bornerons à en citer deux surtout importants par leur résultat. En vertu d'un ordre du ministre de l'intérieur, le 5 germinal, le 17 floréal, le 3 thermidor de l'an X, l'administration du Musée central se dessaisit de la galerie de Rubens, de peintures de Philippe de Champaigne et de quelques maîtres, qui jointes aux tableaux de la vie de saint Bruno, de Lesueur, extraits du Musée de Versailles, et des ports de France, de Joseph Vernet, placés au ministère de la marine, allèrent décorer, le 3 nivôse an XI, la galerie du Sénat, au Luxembourg, qui devint pendant quelque temps une espèce de succursale du Louvre. Un essai qu'il importe de signaler encore fut celui des jours pratiqués, en 1804, dans une partie de la voûte de la grande galerie du Louvre, et l'exposition provisoire des trois écoles, dans ce local, afin de juger de l'effet de ce nouvel éclairage qui resta inégalement réparti jusqu'en 1851.

Les conquêtes de 1806 et de 1807 nous amenèrent de nouveaux chefs-d'œuvre, installés au Louvre le 14 octobre 1807, premier anniversaire de la bataille d'Iéna : 50 statues, 80 bustes, 193 bronzes, une foule de tableaux de maîtres déjà représentés dans les galeries, et des peintures de 40 artistes au moins pour la plupart Allemands, Flamands, Hollandais, inconnus en France, y font leur entrée triomphale. Le Musée, fondé depuis quelques années seulement, est à l'apogée de sa gloire, et la notice de 1810 nous apprend que nous n'avons plus de chefs-d'œuvre à envier à l'Europe. La galerie, d'après l'ordre de Napoléon, ouvre pour la première fois, partagée en neuf travées; les écoles sont classées séparément, et le grand salon peu de temps après (1814-1815) reçoit les ouvrages des maîtres primitifs Allemands et Italiens.

Paris ne devait pas se réjouir seul de nos conquêtes. Dès le 6 frimaire an VII, Heurtaut de Lameuville, dans une séance du conseil des Cinq-Cents, avait demandé, au nom des commissions d'instruction publique, la fondation dans les provinces, d'écoles de peinture, de sculpture et d'architecture, ainsi que l'établissement de collections d'objets d'art près de ces écoles. Ce projet avait été ajourné, et il était réservé à celui qui avait doté la France de tant de richesses d'en faire la répartition. Pendant les dernières années du Consulat, 22 Musées départementaux furent créés, et reçurent de 1803 à 1805 de nombreuses toiles provenant de l'ancien cabinet du Roi, des églises de Paris et des conquêtes. Plus tard, un décret de l'Empereur, du 15 février 1811, suivi d'une décision du ministre de l'intérieur du 21 mars suivant, accorda une nouvelle livraison de tableaux à six villes de l'empire. C'est ainsi que 950 peintures sortirent du Louvre.

Les choses restèrent en cet état jusqu'à l'avénement définitif de Louis XVIII au trône, et la France, confiante dans les traités de 1814 et de 1815, traités qui consacraient formellement à deux reprises différentes le respect des propriétés publiques et particulières, ne pouvait s'attendre à la violation des conventions solennelles par ceux même qui, vainqueurs à leur tour, en avaient arrêté les articles à leur gré. Vain espoir, tout ce qui était notre possession légitime nous fut ravi par la force, malgré le refus du Roi de délivrer aucun des objets d'art dépendant alors de sa liste civile, malgré les protestations de M. de Richelieu, malgré les efforts du directeur général, M. Denon, qui, menacé d'être envoyé dans une forteresse de la Prusse occidentale, n'en résista pas moins jusqu'au dernier moment, et fit constater par les commissaires étrangers eux-mêmes, à chaque page du procès-verbal d'enlèvement, qu'il ne cédait qu'à la force des baïonnettes. Mais ce n'est pas le lieu de discuter ces tristes questions de droit et d'équité : on les trouvera développées tout au long et avec plus d'opportunité dans un autre ouvrage où les-pièces du procès seront soumises au tribunal de l'opinion publique.

Il nous reste peu de chose à ajouter pour terminer l'histoire abrégée du Musée du Louvre. Jusqu'à la révolution de 1848, il fit partie de l'apanage de la liste civile. Louis XVIII, au commencement de son règne, distribua entre les églises de Paris et de la banlieue près de 300 tableaux, et partagea 120 objets d'art classiques entre les divers musées ou écoles des départements. Afin de combler ces vides, la galerie de Rubens et d'autres peintures quittèrent le Luxembourg pour rentrer au Louvre, et le 24 avril 1818 on les remplaça par des ouvrages de peinture et de sculpture de l'école moderne française. La Notice publiée à cette époque signale 74 tableaux modernes, plus 17 tableaux anciens qui ne furent réintégrés au Musée que le 23 mars 1821. On sait que depuis lors le Luxembourg fut uniquement destiné à l'exposition des ouvrages acquis des artistes à la suite des salons, et que ces ouvrages, après leur mort, viennent au Louvre continuer l'histoire de la peinture française.

Le roi Louis-Philippe, qui se montra si généreux pour le Musée de Versailles, contribua peu, ainsi que nous le verrons tout à l'heure, à l'accroissement des galeries de peintures du Louvre. Une collection nombreuse de tableaux espagnols acquis à grands frais, ceux provenant du legs de M. Franck Hall Standish y avaient été déposés ; mais à la suite des événements de 1848 ils firent retour au domaine privé.

La révolution de Février changea les destinées des Musées. Ils deviennent propriété de l'État, l'administration est établie sur des bases nouvelles, et d'immenses travaux s'exécutent dans toutes les parties du Louvre. Résumons en quelques lignes ceux opérés dans le département de la peinture, puisqu'il est le seul dont nous ayons à nous occuper. Les faits sont trop récents et trop connus pour qu'il soit nécessaire de les exposer avec détails; de simples dates suffiront. Le 1er juin, clôture de la dernière exposition des artistes vivants au Louvre ; réorganisation immédiate dans les galeries, suivant le projet remis au directeur dès le 21 avril 1848 par le conservateur de la peinture. — 27 août, ouverture du grand salon et de la grande galerie ; exposition dans la salle d'entrée des peintures byzantines et primitives; dans le grand salon, des tableaux choisis parmi ceux des trois écoles; dans les deux pre-

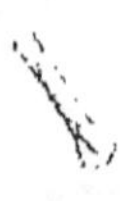

mières travées, des maîtres italiens; dans le 1er petit salon, des
artistes allemands anciens; dans les 3e et 4e travées et le 2e petit
salon, des flamands et des hollandais; dans le 3e petit salon, des
peintres anciens français; dans les 5e et 6e travées, de l'école
française jusqu'à Louis XIV inclusivement. Les tableaux sont
classés chronologiquement autant que les dimensions des cadres et
des localités le permettent; les ouvrages d'un même peintre sont
réunis. — 21 novembre, ouverture des salles du bord de l'eau où se
déroule la série des artistes français depuis Louis XV jusqu'à nos
jours; de la salle des Sept-Cheminées où brillent les grandes pages
de l'école de l'empire. — 7 décembre, rapport fait à l'Assemblée
nationale au nom de la commission chargée d'examiner le projet
de loi relatif à un crédit de 2,000,000 demandé pour la restauration de diverses salles au Louvre, par M. Ferdinand de Lasteyrie.
Vote de ce crédit. 1,066,000 fr. sont consacrés à la galerie d'Apollon, le reste est destiné à l'embellissement du grand salon, de la
salle des Sept-Cheminées, etc. — 1er janvier 1849, fermeture du
grand salon. — 14 janvier, les tableaux du grand salon sont livrés au
public dans les salles du musée espagnol. — 16 juillet, fermeture
de la salle des Sept-Cheminées. — 2 août, les tableaux de cette salle
sont rendus à l'étude dans les salles espagnole, des séances et du
musée Standish. — 11 décembre, fermeture des salles du bord de
l'eau pour le parquetage. — 7 janvier 1850, fermeture de la dernière travée de la grande galerie qui menace ruine. — 21 avril,
ouverture des salles du bord de l'eau avec un choix des peintures
qui y étaient exposées auparavant, et les tableaux de la dernière
travée de la grande galerie. — 10 juin, fermeture de la grande galerie pour l'éclairage par le haut des deux travées sombres. —
16 janvier 1851, fermeture de toutes les galeries de peintures pour
l'achèvement des travaux. — 3 avril, réorganisation des tableaux
dans les galeries et dans le grand salon. — 5 juin, inauguration par
le Président de la République de la galerie d'Apollon, du grand
salon, de la grande galerie, du salon de l'école française moderne
(anciennement salle des Sept-Cheminées), des salles du bord de
l'eau. — 16 août, ouverture des salles de la Colonnade (autrefois
musée espagnol), avec des tableaux des trois écoles qui n'ont pu
prendre place dans la galerie à cause de la clôture définitive de la
dernière travée.

Dans les pages précédentes nous avons montré par quels achats, par quelles vicissitudes la collection de François Ier s'était accrue d'une manière si prodigieuse. Terminons cette introduction par le dépouillement des registres d'acquisitions depuis 1815 jusqu'à ce jour. Les chiffres sont assez éloquents pour qu'il soit inutile de les accompagner d'aucune réflexion.

Voici les dépenses de Louis XVIII pour l'accroissement de la collection de la galerie de peinture au Louvre.

Acheté en 1817, à M. de la Hante...	11	tableaux	100,000 fr.
— 1818, à M. de Claparède...	4	—	18,000
— 1821, à M. Scitivaux......	5	—	100,000
— 1822, à M. de Langeac ...	21	—	20,000
— 1824, à M. Mauco........	10	—	20,000
Acquisitions diverses..............	60	—	410,265
	111	—	668,265

Sur ces 111 tableaux, 44 appartiennent à l'école française ; 38 à l'école flamande ; 29 à l'école italienne. Citons maintenant quelques unes des peintures comprises dans ces acquisitions. *David* : les Sabines, Léonidas (100,000 fr.). — *Gérard :* Psyché et l'Amour (22,100 fr.). — *Girodet :* Endymion, le Déluge, Atala (50,000 fr.). — *Guérin :* Andromaque (10,000 fr.); Enée (24,000 fr.); Clytemnestre (12,000 fr.). — *Le Thiere :* Brutus (15,000 fr.). — *Prud'hon :* l'Assomption (6,000 fr.); le Christ en croix (3,000 fr.). — *Rigaud :* le portrait de Bossuet (5,000 fr.). — *Greuze :* le Départ et le Retour (10,000 fr.). — *Backuisen :* le Coup de vent (2,500 fr.). — *Téniers :* la Tentation de saint Antoine (6,000 fr.). — *Murillo :* la Conception (6,000 fr.). — *Guaspre :* Paysage (5,000 fr.). — *Guerchin :* Loth et ses filles (De la Hante). — *Huysmans :* 4 Paysages (Langeac). — *Karel du Jardin :* Paysage avec animaux (De la Hante). — *Metzu :* la Leçon de musique (De la Hante). — *Isaac Ostade :* Scène d'hiver (De la Hante). — *Steen :* Intérieur d'estaminet flamand (De la Hante).

Charles X acquit :

15 tableaux	de l'école française pour...	54,990 fr.
3 —	de l'école flamande.......	1,800
6 —	de l'école italienne........	6,000
24		62,790

Sur ces 24 peintures 12 proviennent de la collection d'objets d'art achetée à M. Revoil, et ne sont pas compris dans la dépense de 62,790 fr. On ne peut citer dans ces achats que le Radeau de la Méduse (6,005 fr.) de *Géricault ;* — le Portrait de Jeaurat (1,800 fr.) par *Greuze ;* — le Marcus Sextus (7,005 fr.) de *Guérin ;* — la Fête de la Madone de l'Arc (4,000 fr.) de *Léopold Robert.*

Le roi Louis-Philippe dépensa 74,132 fr. pour les galeries de peinture du Louvre et acheta 33 tableaux. Les suivants sont seuls dignes d'être mentionnés. *Panini :* Intérieur de Saint-Pierre de Rome (3,001 fr.). — *Philippe de Champaigne* : les portraits de Mansard et de Perrault (2,000 fr). — *Pérugin :* la Nativité (25,000 fr.). — *Léopold Robert :* les Moissonneurs (8,000 fr.). — *Jean de Mabuse :* portrait de Carondelet, diptyque (1,000 fr.). Il est juste d'ajouter que le roi prodigua des sommes énormes pour la création du Musée de Versailles et pour l'encouragement des arts. M. de Montalivet, dans ses ouvrages sur la liste civile, porte ce chiffre à 11 millions.

De la fin de février 1848 au mois de janvier 1850, sous la direction de M. Jeanron, le Louvre acquit, pour 11,820 fr., 7 tableaux, dont 4 de *Géricault ,* payés 3,720 fr., et 1 de *Bonnington*, François Ier et la duchesse d'Etampes, acheté 6,700 fr.

Depuis le 1er janvier, époque de la nomination de M. de Nieuwerkerke à la direction générale des Musées nationaux, jusqu'à présent, la galerie s'est enrichie de 10 peintures qui ont coûté 135,464 fr. En voici l'énumération :

Velasquez : Portrait de D. Pedro Moscoso (4,500 fr.); Réunion d'artistes (6,500 fr.). — *Hobbéma :* Paysage (18,000 fr.). — *Aved :* Portrait de Mirabeau (600 fr.). — *Pérugin :* la Vierge avec deux saintes et deux anges (53,302 fr., vente du roi de Hollande). — *Rubens :* portrait du baron de Vicq (15,984 fr., vente du roi de Hollande). — *Memling :* saint Jean et sainte Marie-Madeleine (11,728 fr., galerie du roi de Hollande). — *Géricault :* le Cuirassier blessé, le Chasseur à cheval (23,400 fr.); étude de carabinier (1,500 fr.).

Empressons-nous d'ajouter que ces achats eussent été impossibles avec les faibles ressources de l'allocation accordée pour les acquisitions pendant les années 1848-1851. Le Louvre jusqu'à présent n'a eu que 50,000 fr. pour acheter des objets d'art. Comment avec une somme aussi modique pourrait-on accroître les collections de peintures, de dessins, de sculptures antiques et modernes, de vases, d'antiquités assyriennes et égyptiennes? Une belle statue antique, un seul tableau de grand maître absorberait, et au-delà, les 50,000 fr. destinés aux besoins de tous les départements. Aussi, lorsque l'on annonça la vente du feu roi des Pays-Bas, le directeur général, M. de Nieuwerkerke, estimant qu'il serait honteux pour la France que le Musée ne fût pas représenté à la Haye, s'empressa de demander à M. Baroche, alors ministre de l'intérieur, qu'on mît 100,000 fr. à la disposition du Louvre pour acquisition de tableaux et de dessins. Le ministre prit sur lui d'accorder cette somme, et l'Assemblée nationale ratifia plus tard la dépense. Il en fut de même pour l'achat des deux tableaux de Géricault, le Chasseur et le Cuirassier. La Chambre accorda 25,000 fr. sur la demande de M. Faucher, ministre de l'intérieur. Enfin, récemment, la Commission du budget, reconnaissant l'insuffisance de l'allocation de 50,000 fr., a porté ce chiffre à 100,000 fr. pour l'année 1852. On se rappelle que la Convention vota, le 27 juillet 1793, pareille somme *pour faire acheter dans les ventes particulières les tableaux ou statues qu'il importe à la République de ne pas laisser passer dans les pays étrangers;* mais l'argent avait alors une valeur bien supérieure à celle qu'il a maintenant, et les tableaux ne s'élevaient pas à beaucoup près aux prix qu'ils ont atteints de nos jours. Un simple coup d'œil jeté sur les catalogues de ventes comprenant l'espace d'une cinquantaine d'années sera plus instructif que tout ce que nous pourrions dire à ce sujet. Le Gouvernement a dans ses mains les destinées de la galerie. Ne doutons pas qu'il ne tienne à honneur de continuer à enrichir la collection si admirablement commencée par François Ier, si glorieusement dotée par Louis XIV et ses successeurs, par la République et par Napoléon.

BIBLIOGRAPHIE

DES

NOTICES DES TABLEAUX EXPOSÉS AU MUSÉE DU LOUVRE

DEPUIS 1793 JUSQU'EN 1852.

1. — Catalogue des objets contenus dans la galerie du Museum français, décrété par la Convention nationale le 27 juillet 1793, l'an II de la République française. — De l'imprimerie de C.-F. Patris, imprimeur du Museum national. — In-8°, 120 pages. — Tableaux, 537 n°ˢ. — Bronzes, bustes, tables de marbre, porcelaines, pendules et autres objets, 124 n°ˢ. — Avertissement de II pages.

2. — Notice des tableaux des trois écoles choisis dans la collection du Museum des arts, rassemblés au salon d'exposition, pendant les travaux de la galerie, au mois de prairial an IV (mai, juin 1796). — Paris, de l'imprimerie des sciences et arts, rue Thérèse, près la rue Helvetius, an IV de la République. — In-12, 47 pages, X pour l'avertissement et les titres.

3. — Notice des principaux tableaux recueillis dans la Lombardie par les commissaires du gouvernement français, dont l'exposition provisoire aura lieu dans le grand salon du Museum, les octidis, nonidis et decadis de chaque décade, à compter du 18 pluviôse (mardi 6 février 1798) jusqu'au 30 prairial an VI (lundi 18 juin 1798). — Prix, 15 sols. — Dédiée à l'armée d'Italie. — De l'imprimerie des sciences et arts, rue Thérèse, butte des Moulins, n° 538. — In-12, 118 pages. — Tableaux, 142 n°ˢ. — Avertissement de VIII pages.

4. — Notice des principaux tableaux recueillis en Italie par les commissaires du gouvernement français. — Seconde partie, comprenant ceux de l'État de Venise et de Rome, dont l'exposition provisoire aura lieu dans le grand salon du Museum, les octidis, nonidis et decadis de chaque décade, à compter du 18 brumaire an VII (jeudi

8 novembre 1798). — Prix, 75 centimes. — Le produit du livret est consacré aux besoins du Musée. — De l'imprimerie des sciences et arts, rue Thérèse, butte des Moulins, n° 538. — In-12, 91 pages. — Tableaux, 82 n^{os}. — Bas-reliefs et bustes, 12 n^{os}. — Avertissement de IV pages.

5. — Notice des tableaux des écoles française et flamande exposés dans la grande galerie du Musée central des arts, dont l'ouverture a eu lieu le 18 germinal an VII (dimanche 7 avril 1799). — Prix, 75 centimes. — Le produit du livret est consacré aux dépenses de l'établissement. — A Paris, de l'imprimerie des sciences et arts, rue Thérèse, butte des Moulins, n° 500. — An VII de la République. — In-12, 111 pages. — 641 n^{os}. — Avertissement de IV pages.—

Le 2e tirage de la 1re édition de cette notice a 644 n^{os} au lieu de 641, et la 2e édition 649 n^{os}.

6. — Notice des principaux tableaux recueillis en Italie par les commissaires du gouvernement français. — Troisième partie, comprenant ceux de Florence et de Turin, dont l'exposition provisoire aura lieu dans le grand salon du Museum, les octidis, nonidis et decadis de chaque décade, à compter du 28 ventôse an VIII (mercredi 19 mars 1800). — Prix, 75 centimes. — Le produit de ce livret est consacré aux besoins du Musée. — De l'imprimerie des sciences et arts, rue et butte des Moulins, n° 500. — In-12, 80 pages. — 147 n^{os}. — Avertissement de IV pages.

7. — Musée central des arts. — Notice des tableaux des écoles française et flamande exposés dans la grande galerie, dont l'ouverture a eu lieu le 18 germinal an VII (dimanche 7 avril 1799) (c'est la 2e édition du n° 4 : elle comprend 5 n^{os} de plus que la 1re), et des tableaux des écoles de Lombardie et de Bologne, dont l'exposition a eu lieu le 25 messidor an IX (mardi 14 juillet 1801). — Prix, 1 franc. — Le produit du livret est consacré aux dépenses de l'établissement. — De l'imprimerie des sciences et arts, rue Ventadour, n° 474. — In-12, 152 pages. — 948 n^{os}. — IV pages d'avertissement.

Il existe un 2e tirage de cette notice identique avec le seul changement du titre : Musée Napoléon, au lieu de Musée central. Ce tirage est probablement de l'an XIII, ainsi que le supplément n° 13 qui y fait suite.

8. — Notice des grands tableaux de Paul Véronèse, Rubens, Lebrun, Louis Carrache et autres, dont l'exposition provisoire aura lieu dans le grand salon du Musée, à dater du 10 prairial an IX (30 mai 1801) jusqu'au 1er fructidor, même année (19 août 1801). — Prix, 30 centimes. — Le produit de ce livret est consacré aux besoins du Musée. — A Paris, de l'imprimerie des sciences et arts, rue Ventadour, n° 474. — in-12, 24 pages. — Tableaux, 28 nos.

9. — Notice de plusieurs tableaux recueillis à Venise, à Florence, Turin et Foligno, dont l'exposition aura lieu dans le grand salon du Museum, les octidi, nonidi et décadi de chaque décade, à compter du 18 ventôse an X de la République (9 mars 1802). — Paris, de l'imprimerie des sciences et arts, rue Ventadour, n° 474. — In-12, 72 pages. — 85 nos. — Avertissement de II pages.

Le même, avec un titre un peu différent: Notice de plusieurs précieux tableaux recueillis à Venise, Florence, Turin et Foligno, et autres tableaux nouvellement restaurés, exposés dans le grand salon du Musée ouvert le 18 ventôse an X. — In-12, 83 pages. — 85 nos. — Avertissement de II pages.

10. — Notice des dessins originaux, esquisses peintes, cartons, gouaches, pastels, émaux, miniatures et vases étrusques, exposés dans la galerie d'Apollon en messidor de l'an X de la République française (juin-juillet 1802). 2e partie. — Prix, 1 franc. — Paris, de l'imprimerie des sciences et arts, rue Ventadour, n° 5. — In-12, 124 pages et IV autres pour les titres et faux-titres.

11. — Notice des tableaux, statues, vases, bustes, etc., composant le Musée spécial de l'école française, dont l'ouverture a lieu les quintidi et decadi ; il sera ouvert tous les jours pour les étrangers, sur la présentation de leurs passeports. — Prix, 75 centimes. — Le produit du livret est consacré aux dépenses de l'établissement. — A Versailles, de l'imprimerie de Leblanc, place d'Armes, n° 1er. An X. — In-12, 123 pages. — 352 tableaux. — Avertissement de III pages. — Les nos 353-384 comprennent les sculptures placées dans l'intérieur du Musée. Vient ensuite la description des plafonds des salles du Musée, puis celle des sculptures du Musée placées dans le jardin.

12. — Notice de plusieurs précieux tableaux recueillis à Venise, Flo-

rence, Naples, Turin et Bologne, exposés dans le grand salon du
Musée, ouvert le 27 thermidor an XI (15 août 1803). — Prix,
60 centimes. — A Paris, de l'imprimerie des sciences et arts, rue
Ventadour, n° 474. — In-12, 72 pages, 75 n°ˢ.

13. — Supplément à la notice des tableaux des trois écoles, exposés
dans la grande galerie du Musée Napoléon. — Prix, 60 centimes.
— A Paris, de l'imprimerie des sciences et arts, rue Ventadour,
n° 474.— An XIII-1804.—In-12, pages 153-220.—N°ˢ 949-1234.
(Ce supplément fait suite au 2ᵉ tirage du n° 7.)

14. — Musée Napoléon. — Notice des tableaux des écoles française
et flamande, exposés dans la grande galerie, dont l'ouverture a eu
lieu le 18 germinal an VII (dimanche 7 avril 1799), et des tableaux des écoles de Lombardie et de Bologne, dont l'exposition a
eu lieu le 25 messidor an IX, (mardi 14 juillet 1801). — Prix,
1 fr. 50 cent. — Le produit du livret est consacré aux dépenses
de l'établissement. — De l'imprimerie des sciences et arts, rue Ventadour, n° 5.— In-12, 152 pages, 948 n°ˢ. Suivi d'un supplément
comprenant les pages 153-224 et les n°ˢ 949-1243. — Avertissement de II pages. (C'est le 2ᵉ tirage du n° 7, réuni au n° 13. Le
numéro de la demeure de l'imprimeur est changé, le prix est porté
à 1 fr. 50 cent. et la page de titre du supplément n° 13 est supprimée.)

15. — Notice de tableaux dont plusieurs ont été recueillis à Parme
et à Venise, exposés dans le grand salon du Musée Napoléon, ouvert le 27 thermidor an XIII (15 août 1805). — In-12, 19 pages,
32 n°ˢ.

16. — Statues, bustes, bas-reliefs, bronzes et autres antiquités, peintures, dessins et objets curieux conquis par la grande armée dans
les années 1806 et 1807, et dont l'exposition a eu lieu le 14 octobre 1807, premier anniversaire de la bataille d'Iéna. — Prix,
1 franc. — Paris, Dubray, imprimeur du Musée Napoléon, rue
Ventadour, n° 5. — 1807. —In-12, 109 pages, 710 n°ˢ. — Les
tableaux comprennent les n°ˢ 283-683.—Avertissement de II pages.

17. — Notice des tableaux exposés dans la galerie Napoléon. — Paris,
L.-P. Dubray, imprimeur du Musée Napoléon, rue Ventadour,
n° 5. — 1810. — In-12, 152 pages, 1233 n°ˢ.

18. — Notice des tableaux des écoles primitives de l'Italie, de l'Allemagne, et de plusieurs autres tableaux des différentes écoles exposés dans le grand salon du Musée royal, ouvert le 25 juillet 1814. — Prix, 1 franc. — A Paris, imprimerie de L.-P. Dubray, rue Ventadour, n° 5. — 1814. — In-12, 96 pages, 123 n°°. — Avertissement de IX pages.

19. — Notice de tableaux exposés dans la galerie du Musée. — Prix, 1 fr. 50 cent. — Paris, L.-P. Dubray, imprimeur du Musée, rue Ventadour, n° 5. — 1814. — In-12, 152 pages, 1233 n°°. (C'est l'édition de la notice 1810 (n° 17), avec un titre seulement nouveau. Ce titre fut changé à cause des événements ; dans l'avertissement, au verso du titre, à l'endroit où il est parlé de l'indication des estampes de la calcographie, les mots *Musée Napoléon* sont supprimés et remplacés par les initiales M. N.)

20. — Notice des tableaux des écoles primitives de l'Italie, de l'Allemagne et de plusieurs autres tableaux de différentes écoles, exposés dans le grand salon du Musée royal. — Prix, 1 franc. — A Paris, Dubray et Cᵉ, imprimeurs, rue Ventadour, n° 5. — 1815. — In-12, 104 pages, 138 n°°. — Avertissement de II pages.

21. — Notice des tableaux des écoles primitives de l'Italie, de l'Allemagne et de plusieurs autres tableaux de différentes écoles, exposés dans le grand salon du Musée Napoléon. — Prix, 1 franc. — A Paris, Dubray, et Cᵉ, imprimeurs, rue Ventadour, n° 5. — Avril 1815. — In-12, 104 pages, 138 n°°. — Avertissement de II pages.

22. — Notice des tableaux de diverses écoles, exposés dans le grand salon du Musée royal et dans la salle d'entrée. — In-12, 11 pages, 33 n°°. — Pas de titre ni de date ; à la fin : de l'imprimerie de Mᵐᵉ Herissant Le Doux, imprimeur ordinaire du roi et des Musées royaux, rue Saint-Marc, n° 24.

23. — Notice des tableaux exposés dans la galerie du Musée royal. — Prix, 2 fr. — Paris, imprimerie de Mᵐᵉ Herissant Le Doux, imprimeur ordinaire du roi, du Musée royal et du calendrier de la cour, rue Saint-Marc, n° 24. — 1816. — In-12, 239 pages. — 1101 n°°.

24. — Notice des tableaux exposés dans la galerie du Musée royal. —

Prix, 2 fr. — Paris, imprimerie de Mme Herissant Le Doux, imprimeur ordinaire du roi, des Musées royaux, du calendrier de la cour, rue Sainte-Anne, n° 20. — 1818. — In-12, 254 pages. — 1152 n^{os}.

25. — Notice des tableaux exposés dans la galerie du Musée royal. — Prix, 2 fr. — Paris, C. Ballard, imprimeur du roi, rue J.-J. Rousseau, n° 8. — 1819. — In-12, 258 pages. — 1152 n^{os}.

26. — Notice des tableaux exposés dans la galerie du Musée royal. — Prix, 2 fr. — Paris, C. Ballard, imprimeur du roi, rue J.-J. Rousseau, n° 8. — 1820. — In-12, 256 pages. — 1152 n^{os}, plus un 1er supplément et un 2e supplément de 8 pages, comprenant les n°s 1153-1235.

27. — Notice des tableaux exposés dans la galerie du Musée royal. — Prix, 2 fr. — Paris, C. Ballard, imprimeur du roi, rue J.-J. Rousseau, n° 8. — 1823. — In-12, 233 pages. — 1235 n^{os}. — Supplément de 2 pages non chiffrées, renfermant les n°s 1236 à 1246.

28. — Notice des tableaux exposés dans la galerie du Musée royal. — Prix, 2 fr. — Paris, Ve Ballard, imprimeur du roi, rue J.-J. Rousseau, n° 8. — 1826. — In-12, 244 pages. — 1249 n^{os}.

29. — Notice des tableaux exposés dans la galerie du Musée royal. — Prix, 2 fr. — Paris, Ve Ballard, imprimeur du roi, rue J.-J. Rousseau, n° 8. — 1827. — In-12, 244 pages. — 1249 n^{os}.

30. — Notice des tableaux exposés dans le Musée royal. — Prix, 2 fr. — Paris, Vinchon, fils et successeur de Mme Ve Ballard, imprimeur du roi et du Musée royal, rue J.-J. Rousseau, n° 8. — 1830. — In-12, 238 pages. — 1277 n^{os}, additions de 2 pages non chiffrées comprenant les copies et un supplément, n°s 1278 à 1286.

31. — Notice des tableaux exposés dans le Musée royal. — Prix, 2 fr. — Paris, Vinchon, fils et successeur de Mme Ve Ballard, imprimeur du roi et du Musée royal, rue J.-J. Rousseau, n° 8. — 1831. — In-12, 238 pages, 1277 n^{os}, plus 2 pages non numérotées pour les copies et un supplément, n°s 1278 à 1286.

32. — Notice des tableaux exposés dans le Musée royal. — Paris, Vinchon, fils et successeur de Mme Ve Ballard, imprimeur du roi et du Musée royal, rue J.-J. Rousseau, n° 8. — 1834. — In-12, 250 pages, 1357 n^{os}, y compris un supplément.

33. — Notice des tableaux exposés dans le Musée royal. — Prix, 2 fr. — Paris, Vinchon, fils et successeur de Mme Ve Ballard, imprimeur des Musées royaux, rue J.-J. Rousseau, n° 8. — 1835. — In-12, 250 pages, 1357 n^{os}, y compris un supplément.

34. — Notice des tableaux exposés dans le Musée royal. — Prix, 2 fr. — Paris, Vinchon, fils et successeur de Mme Ve Ballard, imprimeur des Musées royaux, rue J.-J. Rousseau, n° 8. — 1837. — In-12, 260 pages. — 1406 n^{os}, y compris 2 suppléments.

35. — Notice des tableaux exposés dans le Musée royal. — Prix, 2 fr. — Paris, Vinchon, fils et successeur de Mme Ve Ballard, imprimeur des Musées royaux, rue J.-J. Rousseau n° 8. — 1840. — In-12, 260 pages. — 1406 n^{os}, y compris 2 suppléments.

36. — Notice des tableaux exposés dans le Musée royal. — Prix, 2 fr. — Paris, Vinchon, fils et successeur de Mme Ve Ballard, imprimeur des Musées royaux, rue J.-J. Rousseau, n° 8. — 1841. — In-12, 260 pages. — 1406 n^{os}, y compris 2 suppléments pour les 3 écoles. — La notice est précédée d'une description, en 2 pages, des peintures du grand escalier.

37. — Avertissement (août 1848), 7 pages. — In-12, sans titre. Au bas de la 5e page : Vinchon, imprimeur des Musées nationaux, rue J.-J. Rousseau, n° 8. — Le conservateur de la peinture, occupé exclusivement de la réorganisation complète des galeries de tableaux, n'ayant pas eu le temps de publier une notice pour l'ouverture des salles, rédigea cet avertissement, tiré à 1,000 exemplaires, distribués gratuitement. Il prévient le public que l'ancienne disposition est entièrement changée, et qu'il a cru devoir adopter une classification fondée sur la réunion des œuvres éparses jusque là d'un même maître, et sur l'ordre chronologique.

38. — Notice des tableaux exposés dans les galeries du Musée national du Louvre, par Frédéric Villot, conservateur de la peinture. — 1re partie : Écoles d'Italie. — Paris, Vinchon, imprimeur des Musées nationaux. — 1849. — In-12, 212 pages. — 553 n^{os}. — XII pages pour les titres et l'avertissement. Les pages 207-212 comprennent la table chronologique des artistes.

EXPLICATION DES ABRÉVIATIONS

USITÉES DANS CETTE NOTICE.

H.   — Hauteur.
L.   — Largeur.
T.   — Toile.
B.   — Bois.
C.   — Cuivre.
Fig.   — Figure.
Gr. nat. — Grandeur naturelle.
Pet. nat. — Petite nature.
Calc. nat. — Calcographie nationale.

Nota. On a imprimé en lettres capitales les noms des artistes dont les tableaux sont exposés dans la Galerie; en italique les surnoms; en caractères plus gros que les autres, le nom des peintres cités seulement, mais dont le Louvre ne possède pas encore d'ouvrages.

MUSÉE DU LOUVRE.

ÉCOLES D'ITALIE.

ALBANI (Francesco), *né à Bologne le 17 mars 1578, mort dans la même ville le 4 octobre 1660.* (École bolonaise).

Son père, Agostino Albani, riche marchand de soie, le destinait au commerce; mais Francesco ayant montré de grandes dispositions pour la peinture, il le plaça, à peine âgé de 13 ans, à l'atelier de **Denis Calvaert,** où il contracta avec le Guide une amitié intime qu'une rivalité jalouse fit cesser plus tard. Le Guide ayant quitté Calvaert pour entrer chez les Carrache, l'Albani le suivit dans cette nouvelle école, y fit des progrès rapides et fut bientôt en état d'aider ses maîtres. Lorsqu'il vint à Rome, Annibal Carrache l'employa dans ses peintures de la galerie Farnèse, et le Guide dans ses fresques de Monte Cavallo. De retour dans sa patrie, l'Albane exécuta de nombreux travaux qui lui acquirent une grande réputation. Il travailla pour le cardinal de Savoie, fut appelé dans différentes villes, fit un second voyage à Rome et un autre à Florence en 1633, sur l'invitation du cardinal Giovanni Carlo. Il mourut à 82 ans, les pinceaux à la main et dans les bras de ses élèves. Parmi le grand nombre de ses disciples on distingue surtout Pietro-Francesco Mola, **Gio.-Battista Mola, Girolamo Borini, Carlo Cignani, Gio.-Maria Galli** dit le *Bibiena,* etc. Les vastes compositions de l'Albane ont bien moins contribué à sa renommée que cette quantité considérable de sujets gracieux où il s'est plu à introduire des femmes et des enfants, pour lesquels il trouvait de parfaits modèles dans sa propre famille. Les tableaux de l'Albane ont joui pendant longtemps d'une vogue immense.

1. *Le Père-Éternel envoie l'ange Gabriel vers Marie.*

H. 0, 32. — L. 0, 42. — Forme ovale. — Peint sur toile collée sur bois. — Fig. de 0, 15.

Au milieu de la composition, l'Éternel, porté par un groupe d'anges et un sceptre à la main, s'appuie sur le globe du monde posé sur ses genoux. Il commande à l'archange Gabriel d'annoncer à Marie qu'elle deviendra mère du Sauveur; au-dessous de Gabriel, un ange apportant une tige de lis. A gauche, la Paix et la Justice assises sur un nuage, ayant, l'une une palme, l'autre une épée; un ange, placé près d'elles, montre un cartouche. A droite, la Foi et l'Espérance se tiennent embrassées. Dans la partie supérieure du tableau les cieux ouverts laissent voir la cour céleste.

Landon, t. 1, pl. 2.
Collection de Louis XIV.

2. *L'Annonciation.*

H. 0, 57. — L. 0, 43. — T. — Fig. de 0, 35.

A droite, la Vierge, à genoux devant un prie-dieu, se retourne à l'aspect de l'ange Gabriel qui s'avance porté sur un nuage, les bras croisés sur la poitrine et tenant de la main droite une branche de lis. Le Saint-Esprit, sous la forme d'une colombe, descend du ciel, accompagné de trois anges.

Filhol, t. 4, pl. 279. — Landon, t. 1, pl. 4.
Collection de Louis XIV.

3. *L'Annonciation.*

H. 0, 19. — L. 0, 14. — C. — Fig. de 0, 10.

Répétition du tableau précédent.

Collection de Louis XIV.

4. *Le repos en Égypte.*

H. 0, 74. — L. 0, 95. — C. — Fig. de 0, 25.

Deux anges agenouillés offrent des fruits et des fleurs à l'Enfant-Jésus assis sur les genoux de sa mère ; un troisième, de l'autre côté, abaisse la branche d'un arbre pour que la Vierge puisse en cueillir le fruit ; à droite, saint Joseph conduit l'âne vers une rivière barrée par une cascade. Dans les airs, des anges apportent des corbeilles de différents fruits qu'ils viennent de cueillir.

Musée Napoléon.

5. *Le repos en Égypte.*

H. 0, 76. — L. 0, 95. — T. — Fig. de 0, 28.

Saint Joseph en méditation tient un livre sur ses

genoux. A droite, un ange conduit l'âne près d'une source qui s'échappe d'un rocher.

Répétition du tableau précédent avec quelques changements.

Collection de Louis XIV.

6. *Sainte-Famille.*

H. 0, 57. — L. 0, 43. — C. — Fig. de 0, 25.

Sous un portique d'ordre corinthien, la Vierge, assise, soutient l'Enfant-Jésus sur son berceau ; le jeune saint Jean fléchit le genou devant lui et reçoit ses caresses. Derrière eux est sainte Elisabeth; à droite, saint Joseph, tenant un livre et le coude appuyé sur une table, interrompt sa lecture pour les contempler ; dans le fond, à gauche, deux anges, les mains croisées sur la poitrine, adorent le Sauveur. Dans les airs, deux petits anges, dont l'un apporte dans une corbeille des fleurs que l'autre répand.

Filhol, t. 6, pl. 416. — Landon, t. 1, pl. 5.

Collection de Louis XIV.

7. *Apparition de Jésus à la Madeleine.*

H. 0, 19. — L. 0, 14. — C. — Fig. de 0, 12.

A droite, la Madeleine, les cheveux épars et un vase de parfums à la main, s'agenouille devant le Christ appuyé sur une bêche. Dans le fond, derrière la Madeleine, deux anges assis sur les bords du sépulcre, à l'entrée de la grotte.

Gravé par Duflos. — Filhol, t. 4, pl. 254. — Landon, t. 1, pl. 7.

Collection de Louis XIV.

8. *Saint François en oraison.*

H. 0, 17. — L. 0, 15. — C. — Fig. de 0, 22.

A l'entrée d'une grotte, le saint, vu à mi-corps, presque de profil et tourné vers la gauche, appuie une main sur sa poitrine et l'autre sur une tête de mort; il regarde la croix avec ferveur et un rayon lumineux éclaire sa tête. Dans le fond, des collines.

Landon, t. 1, pl. 8.

Musée Napoléon.

9. *La toilette de Vénus.*

H. 2, 03. — L. 2, 52. — T. — Fig. de 0, 65.

Sur une terrasse au bord de la mer, et en avant d'un portique d'ordre dorique, Vénus assise se regarde dans un miroir qu'un amour lui présente. Plus à gauche, trois amours près d'une table où est placé un vase de fleurs. A droite, au milieu d'un bassin, une riche fontaine ornée de sculptures. Dans le fond, un palais ; dans les airs, le char de la déesse des amours, donnant à manger aux cygnes, et faisant de la musique.

Gravé par Baudet ; par B. Audran. — Landon, t. 1, pl. 16.

Collection de Louis XIV. — Ces tableaux et les trois suivants appartenaient auparavant à Paolo-Francesco Falconieri, qui les fit graver par Baudet.

10. *Le repos de Vénus et de Vulcain.*

H. 2, 03. — L. 2, 55. — T. — Fig. de 0, 65.

A gauche, Vénus est couchée sur un lit de repos, et Vulcain, étendu à ses pieds, s'appuie sur son marteau. Deux amours présentent à la déesse un bouclier percé de flèches. A droite, des amours forgent des traits et les aiguisent sur une meule ; d'autres façonnent des arcs et les essaient. Diane, portée sur un nuage, accompagnée de deux nymphes, tient un javelot.

Gravé par Baudet ; par B. Audran. — Landon, t. 1, pl. 17.

Collection de Louis XIV.

11. *Les Amours désarmés.*

H. 1, 98. — L. 2, 45. — T. — Fig. de 0, 65.

Au milieu d'une forêt, les amours couchés sur des coussins, se livrent au sommeil. Les nymphes de Diane les surprennent et les désarment. A gauche, une nymphe coupe les ailes d'un amour, tandis que sa compagne

emporte son carquois et son arc. A droite, une autre
nymphe brise un arc sur son genou. Dans le fond,
Calisto et une de ses compagnes ; dans le ciel, Diane
portée sur des nuages.

Gravé par Baudet ; par B. Audran. — Landon, t. 1, pl. 1.
Collection de Louis XIV.

12. *Adonis conduit près de Vénus par les Amours.*

H. 2, 03. — L. 2, 55. — T. — Fig. de 0, 65.

A droite, un amour conduit Adonis, tenant un chien
en laisse, auprès de Vénus endormie et couchée sur des
coussins à l'ombre de grands arbres où se jouent des
amours, tandis que d'autres qui veillent à côté de la
déesse semblent, par leurs signes, recommander le
silence et le secret. Un fleuve, formant plusieurs cascades, coule à travers de hautes montagnes, et descend du
fond vers le premier plan. Des amours s'y baignent ; dans
les airs, deux amours tenant un grand voile blanc.

Gravé par Baudet ; par B. Audran. — Landon, t. 1, pl. 19.
Collection de Louis XIV.

13. *Apollon gardant les troupeaux d'Admète.*

H. 0, 88. — L. 1, 03. — C. — Fig. de 0, 32.

Vers la droite, Apollon, tenant d'une main sa lyre et
de l'autre un bâton de pasteur, est assis sur un tertre.
Mercure s'approche, en volant, près de lui, pour lui
annoncer la fin de son exil ; il montre au dieu dans le
lointain les muses rassemblées sur les bords de l'Hippocrène et Pégase au sommet de l'Hélicon. A gauche,
au second plan, les troupeaux d'Admète ; dans le fond,
des montagnes ; dans le ciel, les divinités de l'Olympe
portées sur des nuages.

Gravé par Delaunay jeune.
Collection de Louis XIV.

14. *Le triomphe de Cybèle.*

H. 0, 88. — L. 1, 03. — C. — Fig. de 0, 30.

Cybèle assise entre deux lions, sur un trône exhaussé

de trois marches, étend les bras, lève les yeux au ciel, et invoque la chaleur du soleil qui fait naître et mûrir les productions de la terre. A gauche, sur une des marches du trône, Cérès assise; et au premier plan, Flore, à qui un amour pose une couronne de fleurs sur la tête. A droite, près du trône, Bacchus debout, pressant du raisin dans une coupe d'or; et, en avant, Pomone assise par terre, entourée de fruits. Dans le fond, Pan et des satyres gardant des troupeaux. Dans le ciel, Apollon conduisant son char.

Collection de Louis XIV.

15. *Actéon métamorphosé en cerf.*

H. 0, 50. — L. 0, 61. — C. — Fig. de 0, 33.

Diane, entourée de ses nymphes, est assise sur un tertre au bord d'un ruisseau ; elle étend le bras vers Actéon, dont la métamorphose commence déjà à s'accomplir.

Filhol, t. 3, pl. 176. — Landon, t. 1, pl. 11.
Collection de Louis XIV.

16. *Actéon métamorphosé en cerf.*

H. 0, 76. — L. 1, 00. — T. — Fig. de 0, 32.

Diane, entièrement nue et debout au milieu de ses nymphes effrayées qui se couvrent de leurs draperies, étend la main vers Actéon qui s'enfuit et dont la tête subit déjà un commencement de transformation.

Collection de Louis XIV.

17. *Actéon métamorphosé en cerf.*

H. 0, 67. — L. 0, 93. — T. — Fig. de 0, 32.

Répétition du tableau précédent.

Collection de Louis XIV. — L'inventaire de l'Empire attribue ce tableau à Cesari d'Arpino dit le Josépin.

18. *Apollon et Daphné.*

H. 0, 17. — L. 0, 35. — C. — Fig. de 0, 12.

A droite, Apollon, son arc à la main, poursuit Daphné,

qui fuit armée d'un javelot. Dans les airs, l'Amour
porté sur un nuage.

Filhol, t. 5, pl. 338. — Landon, t. 1, pl. 10.
Collection de Louis XIV.

19. *Salmacis et Hermaphrodite.*

H. 0, 14. — L. 0, 31. — C. — Fig. de 0, 10.

A gauche , Salmacis, cachée derrière des arbres ,
aperçoit Hermaphrodite, qui se dépouille de ses vêtements pour se baigner dans la fontaine de cette nymphe.

Filhol, t. 1, pl. 16. — Landon, t. 1, pl. 9.
Collection de Louis XIV.

20. *Vénus et Adonis.*

H. 0, 46. — L. 0, 62. — T. — Fig. de 0, 26.

A l'ombre de grands arbres, Vénus entourée d'amours
est étendue sur des coussins. Un amour conduit vers elle
Adonis qui l'admire ; un autre joue avec le chien du
chasseur.

Collection de Louis XIV.

21. *Latone métamorphosant des paysans en gre-nouilles.*

H. 0, 75. — L. 0, 70. — T. — Fig. de 0, 40.

Latone assise sous un arbre , et tenant ses deux enfants, Apollon et Diane , est entourée de pêcheurs ; la
tête de l'un d'eux a déjà subi la métamorphose.

Collection de Louis XIV.—En 1709 ce tableau était de forme ronde.

22. *Ulysse chez Circé.*

H, 0. 45. — L. 0, 57. — C. — Fig. de 0, 50.

Ulysse , le glaive à la main , menace Circé qui vient
de métamorphoser ses compagnons en pourceaux. On
aperçoit dans les airs Mercure qui s'envole après avoir
secouru Ulysse ; les femmes de Circé sont derrière elle
dans l'attitude de la terreur.

Collection de Louis XIV. — Ce tableau était donné dans les notices
précédentes à Filippo Lauri ; il avait été aussi attribué quelquefois
à Ciro Ferri.

ALBANE (d'après).

23. *Lucrèce se donnant la mort.*

H. 1, 89. — L. 1, 30. T. — Fig. gr. nat.

Lucrèce, les yeux levés vers le ciel et agenouillée sur un coussin placé sur une estrade, s'apprête à se percer le sein avec un poignard.

Ancienne collection.

ALBERTINELLI (MARIOTTO), *né à Florence vers 1467, mort à 45 ans, vers 1520. (École florentine.)*

Il exerça la profession de batteur d'or jusqu'à l'âge de 20 ans, entra dans l'atelier de Cosimo Roselli, s'y lia intimement avec Fra Bartolommeo, dont il imita quelquefois parfaitement la manière; travailla en société avec lui, et ne le quitta que lorsque ce dernier eut pris l'habit de moine. Cependant, en 1509, il s'associa de nouveau avec Fra Bartolommeo; mais le 5 janvier 1512 il se sépara de lui pour la deuxième fois, soit que des critiques injustes l'eussent dégoûté de la peinture, soit que, enclin à la paresse, il préférât une vie moins laborieuse. Pendant quelque temps il se fit aubergiste et se livra entièrement à son goût pour les plaisirs et la bonne chère. Mais bientôt il renonça à sa nouvelle profession, reprit les pinceaux avec ardeur, fit une excursion à Rome et revint mourir d'épuisement à Florence. — Il eut pour élèves **Innocenzo da Immola, Giuliano Bugiardini,** le **Franciabigio,** et **Visino** qui se montra supérieur aux autres.

24. *Saint Jérôme et saint Zénobe adorant l'Enfant-Jésus dans les bras de la Vierge.*

H. 1, 86. — L. 1, 76. — T. — Fig. gr. nat.

La Sainte-Vierge, debout sur une espèce de petit pilier, tient dans ses bras l'Enfant-Jésus qui bénit saint Jérôme et saint Zénobe, évêque de Florence, tous deux agenouillés à ses côtés. Dans le lointain, à gauche, saint Jérôme priant au pied d'un crucifix; à droite, saint Zénobe visitant les faubourgs de Florence et ressuscitant un jeune homme qu'on allait enterrer. Sur la plinthe du bas-relief placé au-dessous des pieds de la Vierge, et représentant Adam et Eve près de l'arbre de la science, on lit:

MARIOCTI·DEBERTINELLIS·OPVS·A·D·M·D VI·

Landon, t. 1, pl. 20.

Musée Napoléon. — Ce tableau, suivant Vasari, fut peint pour Zanobi del Maestro, qui l'avait fait placer dans l'église de la Sainte-Trinité, à Florence.

25. *Jésus apparaissant à la Madeleine.*

H. 0, 57. — L. 0, 48. — T. — Fig. de 0, 34.

Marie-Madeleine, à genoux, étend les bras vers le Christ appuyé sur un instrument de jardinage. Dans le fond, à gauche, on aperçoit Jésus-Christ sortant du sépulcre et les gardes renversés.

Landon, t. 5, pl. 54.

Collection de Louis XIV. — Ce tableau, où l'influence du Frate se fait évidemment sentir, et qui pourrait avoir été exécuté lorsque les deux artistes étaient associés, est donné bien à tort, par l'inventaire, le catalogue de Lépicié et les précédentes notices, au Pérugin.

ALEXANDRE VÉRONÈSE. Voir Turchi.

ALFANI (Orazio di Domenico), *né à Pérouse vers 1510, mort pendant les fêtes de Noël en 1583.* (École romaine.)

Des documents authentiques prouvent qu'il n'avait pas encore 10 ans en 1520, et qu'il était fils et non frère de Domenico Alfani, comme Vasari et Pascoli l'ont prétendu. On commet également une erreur en lui donnant les noms d'Orazio di Paris Alfani ; il s'appelait Orazio di Domenico Alfani, car **Domenico** était son père, et Pâris (qui fut orfèvre) son grand-père seulement. Orazio est inscrit sur le registre matricule des peintres, en 1545, sous les noms de : Horatius Domenici Paridis Alfani. Il eut son père pour maître, chercha quelquefois à imiter le style de Raphaël, et fut le premier directeur de l'académie fondée à Pérouse en 1573. — **Domenico di Paris Alfani,** père du précédent, figure sur les registres des peintres, en 1510, avec les noms de Dominicus Paridis Panderi Alfani. Il naquit vers 1483, suivant Pascoli, et vivait encore en 1553. Il fut élève du Pérugin, condisciple et ami de Raphaël ainsi que du Rosso, et donna à la manière de son maître un accent plus moderne. Son nom serait plus célèbre si des œuvres importantes, reconnues maintenant pour être de sa main, n'avaient été pendant longtemps attribuées à Orazio. — Il eut aussi un autre fils nommé **Cesare**, inscrit sur le registre des peintres, en 1533, et qui mourut en 1579. On ne connaît aucune œuvre certaine de lui.

26. *Mariage mystique de sainte Catherine d'Alexandrie.*

H. 2, 12. — L. 1, 45. — B. — Fig. gr. nat.

La Vierge, assise sur un trône exhaussé d'une marche, tient sur ses genoux l'Enfant-Jésus, qui passe l'anneau nuptial au doigt de sainte Catherine d'Alexandrie, agenouillée à gauche, appuyée sur un fragment de roue et tenant une palme. Derrière sainte Catherine, saint Antoine de Padoue, une branche de lis d'une main, un cœur de l'autre. A droite, saint François d'Assise debout, portant un livre et un crucifix. Sur la marche du trône, entre deux figures sculptées, un cartouche où on lit la date : A·D·M·D·XLVIII·

Musée Napoléon.

ALLEGRI (Antonio), *dit* il Correggio, *né à Correggio, dans le duché de Modène, en 1494, mort dans la même ville le 5 mars 1534. (École lombarde.)*

Vasari, contemporain du Corrége, n'a pu, malgré ses recherches, donner beaucoup de détails sur la vie de cet illustre artiste et nous transmettre le nom de ses maîtres. Depuis, les nombreux biographes d'Allegri, loin d'imiter une pareille réserve, se sont efforcés d'éclaircir ce point mystérieux, et presque tous ont attribué à des personnages différents l'honneur de lui avoir enseigné les premiers éléments de la peinture. Malheureusement, comme aucun de ces biographes n'a pu apporter jusqu'à présent des preuves certaines à l'appui de son opinion, on en est encore réduit à de simples conjectures. Que **Lorenzo Allegri**, oncle du Corrége, qu'**Antonio Bartolotti** dit *il Tognino*, exerçant tous deux la peinture à Correggio, aient été ses premiers maîtres, de toutes les hypothéses celle-ci peut paraître une des plus vraisemblables; que le jeune Antonio se soit ensuite perfectionné en étudiant à Modène, à Parme, à Reggio, les seules villes où nous avons la certitude qu'il ait été, les ouvrages de Mantègne, de Francesco Bianchi, de Costa, de **Lion-Bruno**, du vieux Dosso et les antiquités réunies dans le cabinet d'Isabelle d'Este; que dans les premiers ouvrages on retrouve peut-être quelque sécheresse et l'influence du style ancien, cela n'a rien que de fort naturel. Mais si les artistes qui se distinguent par une originalité saisissante ont toujours commencé par être plus ou moins imitateurs, il faut reconnaître que Corrége l'a été moins longtemps qu'aucun autre. Chez lui, la période d'imitation est si courte qu'on peut à peine l'apprécier; la transformation si radicale, qu'elle tient du prodige. Des critiques qui entreprennent la lourde tâche de tout expliquer, même le génie, n'ont pas voulu admettre qu'il se soit formé seul, par l'étude, et qu'il n'ait rien dû aux autres grands artistes de l'Italie. S'il est habile dessinateur, c'est à Raphaël qu'il le doit; sa science profonde des raccourcis, il la tient de Michel Ange; Léonard lui a dévoilé les secrets du clair obscur; Giorgion, Titien, ceux de la couleur. Il a vu les antiques à Rome; il a visité Florence, Milan, Venise, etc. Il est inutile de réfuter de pareilles assertions que rien ne justifie, que les faits même démentent pour la plupart. Ce que l'on sait de certain sur le Corrége se réduit à ce qui suit : sans être d'une famille noble et riche, comme quelques auteurs l'ont prétendu, ses parents n'étaient ni pauvres, ni de basse extraction comme d'autres biographes le disent. Son père, Pellegrino Allegri, marchand jouissant d'une honnête aisance, lui fit donner une éducation soignée pour sa condition. Quel que fut le maître d'Antonio dans l'art de la peinture, il fit des progrès rapides; car en 1514, bien qu'il n'eût que 20 ans, il jouissait déjà d'une réputation assez considérable pour que les religieux du couvent de Saint-François lui confiassent l'exécution du tableau destiné à décorer le maître-autel de leur église. Ce tableau, terminé dans l'espace de 6 mois, connu sous le nom du Saint-François du Corrége, se trouve maintenant dans la galerie de Dresde, et la beauté de cette composition justifie pleinement le choix fait par les pères Franciscains d'un si jeune

artiste pour exécuter une œuvre à laquelle ils attachaient beaucoup
d'importance. Après avoir fait un grand nombre de peintures, tant à
l'huile qu'à fresque, pour des églises et des couvents, il entreprit, en
1520, de peindre, dans la coupole de Saint-Jean des Bénédictins de
Parme, l'Assomption du Christ, et acheva son travail en 1524. En 1523
il fit, en 6 mois, pour Briseide Colla, femme d'Orazio Bergonzi, le
fameux tableau de Saint-Jérôme, qui lui fut payé, suivant les conventions, 400 livres impériales, monnaie d'or du temps ; il reçut en outre,
à titre de récompense, deux charretées de fagots, quelques mesures
de blés et un porc gras. Avant 1526 il commença à représenter dans
la coupole de Parme l'Assomption de la Vierge, peinture colossale,
achevée en 1530, qui mit le sceau à sa gloire. Vasari prétend que,
misérable, désireux d'épargner et chargé d'une nombreuse famille,
Allegri mourut pour s'être fatigué à porter, de Parme à Correggio,
une somme de 60 écus qu'on lui avait payée en monnaie de cuivre.
L'exactitude de cette anecdote, accréditée depuis sans examen, loin
d'être démontrée, paraît fausse de tout point. Sa nombreuse famille se
composait de quatre enfants ; il avait perdu sa femme en 1529, et les
biens laissés par son père, mort après lui le 1er mars 1542, éloignent
toute idée de pauvreté. Aucun peintre n'a poussé plus loin que le Corrége la grâce de l'expression, la magie du clair-obscur, la suavité de
l'exécution, l'audace des raccourcis. « Seul entre tous (pour nous servir des expressions d'Annibal Carrache), il est original. Ses tableaux
sont les enfants de sa pensée, de sa conception. Il a tout tiré de sa tête
et inventé par lui-même, tandis que les autres s'appuient sur quelque
chose qui ne leur appartient pas, celui-ci sur le modèle, celui-là sur
les statues, ceux-ci enfin sur les estampes. » — **Pomponio Allegri**,
fils d'Antonio, né le 3 septembre 1521, n'avait que 12 ans à la mort de
son père, et de même que celui-ci prit quelquefois le nom de *Lieto* ou
Lætus, traduction latine du mot italien *Allegri*, il signa presque toujours, même dans les actes publics, Pomponio Lieti. Il fut élevé par
son aïeul, et l'on croit qu'il reçut des leçons de **Francesco-Maria
Rondani**, élève d'Antonio. Il s'établit à Parme, fut chargé de travaux
importants et jouissait d'une certaine réputation. Il vivait encore
en 1590.

27. *Mariage mystique de sainte Catherine d'A-lexandrie.*

H. 1, 03. — L. 1, 02. — B. — Fig. à mi-corps gr. nat.

Sainte Catherine reçoit un anneau de l'Enfant-Jésus,
assis sur les genoux de la Vierge. A droite, saint Sébastien tenant des flèches est debout derrière sainte Catherine. On aperçoit dans le fond, à gauche, le martyre de
ces deux saints.

*Gravé par Étienne Picart (Calc. nat.) ; par Giovanni Folo.
— Filhol, t. 7, pl. 439. — Landon, t. 1, pl. 23.*

Collection de Louis XIV. — Vasari parle de ce chef-d'œuvre dans
la vie de Girolamo Carpi. « Étant arrivé dans cet endroit (Modène),
il resta émerveillé à leur vue (des tableaux du Corrége) ; mais l'un
d'eux surtout le frappa de stupéfaction ; ce fut ce grand tableau, ouvrage divin, qui représente la Vierge avec l'Enfant-Jésus épousant
sainte Catherine, saint Sébastien, et d'autres figures avec des airs de
tête si admirables qu'elles semblent faites dans le paradis. Il est impossible de voir de plus beaux cheveux, de plus belles mains et un

coloris plus charmant, plus naturel. Ce tableau était en la possession du docteur Grilenzoni, grand ami du Corrège, et Girolamo ayant obtenu la permission de le copier, s'acquitta de cette tâche avec tout le soin et toute l'habileté possible. » L'épithète de *grand*, donné à ce tableau par Vasari, si ce n'est point une inadvertance, ne s'applique pas évidemment à sa dimension, mais à sa valeur comme œuvre d'art. Il passa ensuite, par l'entremise du cardinal Luigi d'Este, des mains de Grilenzoni dans celles de la comtesse S. Fiora, qui le laissa à sa famille. Une note marginale de l'exemplaire du Vasari de la bibliothèque Corsini nous apprend que cette peinture se trouvait, en 1614, chez le cardinal Sforza, à Rome. Enfin, vers 1650, elle appartint au cardinal Antonio Barberini, qui l'emporta en France et la donna au cardinal Mazarin. Elle figure sur l'inventaire de ce dernier avec l'estimation de 15,000 livres, et fut acquise des héritiers par Louis XIV

28. *Le sommeil d'Antiope.*

H. 1, 90. — L. 1, 24. — T. — Fig. gr. nat.

Antiope, couchée sur une draperie bleue, a la tête appuyée sur le bras droit et tient un arc de la main gauche; à ses pieds, l'Amour endormi sur une peau de lion, ayant près de lui son flambeau. A gauche, près d'un arbre, Jupiter, sous la forme d'un satyre, soulève la draperie qui couvre Antiope et la considère avec attention.

Gravé par Basan; par J. Gaudefroy dans le Musée français. — Filhol, t. 6, pl. 415. — Landon, t. 1, pl. 27.

Collection de Louis XIV. — Ce tableau, exécuté sans doute pour Frédéric II, duc de Mantoue, faisait partie de la riche galerie qui fut vendue par un de ses successeurs à Charles Ier, roi d'Angleterre, moyennant 80,000 livres sterling (2,000,000 fr.). Le sommeil d'Antiope, désigné sur l'inventaire dressé à la mort du roi sous le titre de *Vénus endormie,* fut estimé 1,000 livres sterling. Acheté par le banquier Jabach, il passa dans la galerie de Mazarin. Dans l'inventaire du cardinal, il est estimé 5,000 livres et porté comme représentant: *Une Vénus couchée dans un paysage, un petit Cupidon dormant auprès d'elle, au naturel.* Divers titres lui ont été encore donnés. Félibien voit dans ce sujet: *Une Vénus qui dort;* le marquis d'Argens: *Un Satyre qui regarde une femme qui dort.* D'Argenville, Lépicié, l'auteur des Lettres du chevalier de Tincourt sur les tableaux exposés au Luxembourg : *Une Antiope.* On lit dans le livre intitulé: *Serie degli nomini più illustri della pittura,* que ce tableau fut donné au cardinal Mazarin par le cardinal Barberini, neveu d'Urbain VIII; c'est une erreur manifeste. Le tableau fut acquis enfin par Louis XIV des héritiers de Mazarin.

ALLEGRI (École d'Antonio).

29. *Le Christ couronné d'épines.*

H. 0, 54. — L. 0, 45. — T. — Buste de gr. nat.

Il a les mains liées et tient un roseau.

Landon, t. 1, pl. 24.

Collection de Louis XIV.

ALLORI (Cristofano), *né à Florence le 17 octobre 1577, mort en 1621.* (École florentine.)

Il apprit les principes de l'art de son père **Alessandro Allori** et étudia ensuite sous **Santi di Tito.** Epris de la nouvelle manière introduite par le Cigoli et **Gregorio Pagani,** il s'éloigna du goût de dessin de l'école florentine pour se livrer entièrement à l'étude de la couleur. Il exécuta des travaux importants dans les églises de Florence, ainsi que dans le palais des Médicis. Il peignit de beaux portraits, et ses ouvrages, étudiés avec un soin extrême, sont fort rares. — **Alessandro Allori,** né à Florence le 3 mai 1535, mort dans la même ville le 22 septembre 1607, père de Cristofano, neveu et élève d'Agnolo Allori, fut un imitateur de Michel-Ange. À dix-sept ans, il exécuta à Rome un tableau jugé digne d'être placé dans la chapelle d'Alexandre de Médicis. Il fit à Florence un grand nombre de fresques et de peintures à l'huile. Cristofano et Alessandro Allori se firent honneur de porter tous deux le surnom de *Bronzino* qu'avait pris Agnolo ; on remarquera cependant que les Italiens ne donnent ordinairement le nom de *Bronzino* qu'à ce dernier artiste, et que c'est lui qu'ils désignent quand ils l'emploient seul.

30. *Isabelle d'Aragon aux pieds de Charles VIII*.

H. 1, 21. — L. 1, 57. — T. — Fig. de 0. 80.

Charles VIII traversant la Lombardie en 1494, pour marcher à la conquête du royaume de Naples, s'arrêta dans le château de Pavie, et voulut voir le jeune duc Jean Galéas, atteint d'une cruelle maladie. La présence de Louis Sforce, dit le More, oncle et tuteur du jeune duc, empêcha les deux princes de se parler en liberté. Le roi, dont un page porte le manteau fleurdelisé, étend son sceptre vers Isabelle, agenouillée devant lui. A gauche un autre page soulevant une portière de velours à bande d'or. Dans le fond, à droite, le jeune duc malade.

Collection de Louis XVIII. — Compris dans les 100,000 fr. de tableaux acquis en 1817 de M. Quatresols de la Hante.

ALUNNO (Niccolò) di Foligno. *Il était né à Foligno. On connaît des tableaux de lui datés de 1458 et de 1499. Il paraît qu'il vivait encore après 1500.* (École ombrienne.)

Suivant une tradition, il fut élève de **Bartolommeo di Tomaso** de Foligno. Contemporain du Pérugin, mais plus âgé que lui, rien ne prouve qu'il ait été son maître, comme on l'a prétendu ; cependant il est très probable que ses œuvres ont exercé sur lui de l'influence, ainsi que sur Bernardino Pinturicchio.

31. *Gradin d'autel divisé en six compartiments :*

1° *Cartouche soutenu par deux anges.*
H. 0, 36. — L. 0, 15. — B. — Fig. de 0, 15.

Il contient une inscription en vers élégiaques latins altérée par le temps, reproduite dans les *Lettere pittoriche Perugine* d'*Annibale Mariotti ;* mais sans les abréviations qui se trouvent dans le texte original :

Ad lectorem.
Nobile testata ē pingi pia Brisida qdā
Hoc opus; O! nimiū munera grata Deo.
Si petis aúctoris nomen : Nicholaus Aluñus
Fulginis, patrie pulcra corona suæ.
Octo quincties centū d̄ millibus anni
Cū manus imposita est ultima vanuerant.
Sed qs plus meruit qso, te judice, lector,
Cū causā dederit Brisida et ille manum ?

Au lecteur. — Par son testament la pieuse Brisida autrefois ordonna de peindre ce noble ouvrage. O présent trop agréable à Dieu ! Si tu demandes le nom de l'auteur, c'est Nicolas Alunno de Foligno, digne fleuron de sa patrie. Quinze fois cent années moins huit s'étaient écoulées lorsque la dernière main y fut apposée. Mais qui eut plus de mérite, je t'en fais juge, lecteur, de Brisida qui l'a commandé ou de la main qui l'a exécuté ?

2° *La prière au jardin des Oliviers.*
H. 0, 36. — L. 0, 35. — B. — Fig. de 0, 15.

A gauche, Jésus-Christ à genoux auquel un ange présente le calice ; à droite, sur le devant, les apôtres endormis ; dans le fond, Judas montrant le Christ aux soldats.

3° *La Flagellation*
H. 0, 36. — L. 0, 40. — B. — Fig. de 0, 15.

Un bourreau lie le Christ à la colonne d'un édifice sur lequel sont inscrites les lettres s. p. q. r.

4° *Le Christ conduit au supplice.*
H. 0, 36. — L. 0, 64. — B. — Fig. de 0, 15.

A gauche, la Vierge soutenue par les saintes femmes.

5° *Le Christ entre les deux larrons.*

H. 0, 36. — L. 0, 77. — B. — Fig. de 0, 15.

Deux anges recueillent le sang qui coule des mains du Christ.

6° *Joseph d'Arimathie et Nicodème sur le chemin du Calvaire.*

H. 0, 36. — L. 0, 15. — B. — Fig. de 0, 15.

Joseph d'Arimathie tient le marteau, et Nicodème les tenailles qui doivent leur servir à déposer le Christ de la croix.

Musée Napoléon. — Ce gradin faisait partie d'une décoration d'autel, commandé par Brigida di Giovanni degli Elmi, femme de Niccolò de' Picchi de Foligno.

AMERIGHI ou **MORIGI** (Michel – Angiolo), *dit* il Caravaggio, *peintre et graveur, né à Caravaggio, près de Milan, en 1569, mort en 1609 à Porto-Ercole.* (École lombarde.)

Son père, qui était maçon, l'emmena à l'âge de 12 à 15 ans à Naples. En l'aidant à préparer les murs pour des peintures à fresque, le jeune Amerighi conçut le projet d'imiter les artistes qu'il servait, et bientôt, sans chercher les conseils d'aucun maître, il fut en état de peindre des portraits. Il alla à Venise, étudia les œuvres du Giorgion, s'établit à Rome, prit exclusivement et sans choix la nature pour modèle, prétendant que l'imitation de l'antique, de Raphaël et de Michel-Ange ne pouvait qu'exercer une influence pernicieuse. Forcé par la misère d'aider le chevalier d'Arpino, il ne tarda pas à devenir son rival et son ennemi. Son style original, sa couleur vigoureuse que ses admirateurs opposaient à la manière légère et claire du Guide, lui procurèrent une vogue immense. D'un caractère farouche, envieux, querelleur, il voulut se battre avec le Guide et le Josépin. Forcé de quitter Rome, après avoir commis un meurtre, il s'enfuit à Naples, passa à Malte, se fit recevoir chevalier. Ayant insulté un des membres les plus marquants de l'ordre, il fut jeté en prison. Il parvint à s'échapper, gagna successivement Syracuse, Messine, Palerme, et arriva à Naples, laissant partout des produits de son pinceau. Il s'apprêtait à retourner à Rome, lorsqu'après de nouvelles aventures il fut saisi d'une fièvre violente dont il mourut à l'âge de 40 ans. Le Caravage a peint avec une égale supériorité des tableaux d'histoire, des portraits, des scènes de bohémiens, de corps-de-garde et de musiciens en figure à mi-corps, des fleurs et des fruits. Naturaliste quand même, ses peintures ont un relief extraordinaire et souvent une grandeur étrange qui lui font pardonner son manque de distinction dans le choix des formes, ses effets exagérés et ses teintes noires sans transparence. Il exerça une grande influence sur ses contemporains et même sur des artistes déjà célèbres. Ribera, le Guerchin étudièrent ses ouvrages. Manfredi, le Valentin, Leonello Spada, **Carlo Saracini** furent ses élèves ou ses imitateurs.

32. *La mort de la Vierge.*

H. 3, 69. — L. 2, 45. — T. — Fig. gr. nat.

La Vierge est étendue sur son lit de mort. Les apôtres et leurs disciples sont plongés dans l'affliction ; sur le premier plan, une femme assise, absorbée dans la plus vive douleur, essuie ses larmes.

Gravé par Simon Vallée ; par Henry Laurent ; par Claessens dans le Musée royal. — Filhol, t. 7, pl. 475. — Landon, t. 3, pl. 9.

Collection de Louis XIV. — Ce tableau, peint pour l'église *della Scala in Transtevere*, à Rome, fut acheté par le duc de Mantoue, et placé dans sa galerie ; il devint ensuite la propriété de Charles Ier, de Jabach et de Louis XIV.

33. *La diseuse de bonne aventure.*

H. 0, 99. — L. 1, 31. — T. — Fig. à mi-corps, gr. nat.

Une bohémienne tient la main d'un jeune homme vêtu avec élégance, qui semble l'écouter attentivement.

Gravé par Benoît Audran. — Filhol, t. 8, pl. 537.

Collection de Louis XIV. — Bellori prétend que le Caravage fit ce tableau afin de prouver qu'on pouvait être un peintre parfait sans avoir étudié l'antique ou Raphaël. L'imitation exacte de la nature devait être, suivant lui, l'unique but de l'art.

34. *Un concert.*

H. 1, 21. — L. 1, 72. — T. — Fig. à mi-corps, gr. nat.

Huit musiciens, debout devant un pupitre, chantent et jouent de divers instruments ; un organiste, assis sur un tabouret, les accompagne.

Filhol, t. 4, pl. 248. — Landon, t. 3, pl. 10.
Ancienne collection.

35. *Portrait en pied d'Alof de Vignacourt, grand-maître de Malte en 1601.*

H. 1, 95. — L. 1, 34. — T. — Fig. gr. nat

Il est debout, couvert d'une armure et tient un bâton de commandement. Près de lui, un page porte son casque.

Gravé par Nicolas Larmessin. — Landon, t. 3, pl. 2. — Filhol, t. 11, pl. 35.

Collection de Louis XIV. — Caravage, suivant Bellori, reçut du grand-maître, pour ce portrait, outre la croix de chevalier de l'ordre, une chaîne d'or et deux esclaves pris parmi les prisonniers musulmans, que les chevaliers vainqueurs avaient le droit de vendre à leur profit. On trouve dans les comptes royaux à la date du 1er févr. 1670 : «Reçu du sieur de Bartillat 14,419 liv. 3 s. 4 d. pour d'icelle deslivrer 14,300 liv. aux sieurs Vinot et Hoursel pour le paiement de sept bustes d'albâtre oriental de 2 pieds 9 poulces de haut ..... de six testes de marbre de 2 pieds......, d'un groupe de figures de bronze de 4 pieds de haut ou environ....., et de huit tableaux qui sont : *une Vierge de Guide, une Magdeleine du mesme Guide, un portrait d'un grand maître de Malte faict par Michel Lange, un saint Sébastien du Guide, et les Evangélistes de Valentin en quatre tableaux,* et 119 liv. 3 s. 4 d. pour taxation du Trésorier.» M. Hoursel était un amateur célèbre et premier secrétaire de M. de La Vrillière.

ANDREA DE MILAN, *peintre milanais qui florissait en 1502.* (École lombarde.)

36. *Le Crucifiement.*

H. 1, 10. — L. 0, 77. — B. — Fig. de 0, 35.

Le Christ, étendu sur la croix, est entouré de soldats et de cavaliers romains; l'un d'eux tient à la main la lance dont il vient de percer le côté du Sauveur. Sur le devant, la Vierge, évanouie, est soutenue par une sainte femme; près d'elle, saint Jean lève les yeux vers le Christ. Au côté opposé, deux soldats accroupis jouent aux dés la robe sans couture. On aperçoit dans l'éloignement une ville devant laquelle passe un fleuve couvert de galères et de vaisseaux. — Ce tableau est signé : **ANDREAS. MEDIOLANENSIS. FA. 1503.**

Les biographes citent parmi les artistes milanais qui ont porté le nom d'Andrea : Andrea Salaï ou Salaïno, élève chéri de Léonard; Andrea Solario dit *del Gobbo*, et Andrea Milanese ou Andreas Mediolanensis. Zanetti parle d'un tableau de ce dernier artiste, daté de 1495, qui était de son temps à Murano, et qui se trouve maintenant dans la collection Brera, à Milan. Des commentateurs de Vasari ont prétendu qu'Andrea Milanese était le même qu'**Andrea Salaï**, et enfin Bottari ne fait de lui et d'Andrea Solario qu'un seul artiste. Lanzi, en parlant d'Andrea Milanese, combat ces deux opinions, mais se trouve plus loin en contradiction avec lui-même lorsqu'il s'occupe d'Andrea Solario, élève, suivant lui, de Gaudenzio Ferrari. Il cite inexactement le texte de la fin de la biographie du Corrège, par Vasari, qui dit : Vers ce même temps vivait un *Andrea del Gobbo Milanese,* et non pas *Andrea Solario del Gobbo,* ou *Andrea Milanese,* comme l'écrit Lanzi. Les renseignements biographiques connus jusqu'à ce jour sur Salaï, Solario et Andrea de Milan (en admettant que ce dernier nom désigne un artiste différent des autres) se bornent à si peu de choses, que la question ne peut être encore éclaircie par des documents suffisants. A défaut de preuves écrites, on ne peut donc jusqu'à présent que tirer des inductions par la comparaison du style et de l'exécution des peintures; mais

pour que ces inductions aient de la valeur, il faudrait réunir plusieurs œuvres portant les signatures authentiques de Salaï, de Solario
et d'Andrea de Milan. Nous ne possédons aucune œuvre certaine de
Salaï, et nous ne trouvons aucune similitude entre l'exécution du
tableau signé Andrea Mediolanensis, et la Vierge au coussin vert, de
Solario, n° 403. Le *crucifiement* trahit une imitation de Mantègne, et
la *Vierge* l'influence très prononcée de Léonard.

ANDREA DEL SARTO, ANDRÉ DEL SARTE. *Voir* VANNUCCHI.

ANDREA LUIGI DI ASSISI, *dit* l'INGEGNO, *né vers* 1460, *mort vers* 1556. (École ombrienne.)

Vasari dit que l'*Ingegno* fut élève du Pérugin, émule et condisciple
de Raphaël, qu'il aida son maître dans les travaux de la salle du
Cambio, à Pérouse, dans ceux qu'il exécuta à Assise et dans ses peintures faites à la chapelle Sixtine. Enfin il ajoute qu'étant subitement
devenu aveugle, le pape Sixte (ce ne peut être que Sixte IV, si toutefois Vasari ne se trompe pas sur le nom du pape) lui assigna une
pension dont il jouit jusqu'à sa 86° année. Sixte IV mourut en 1484 ;
Raphaël n'entra à l'école du Pérugin qu'à la fin de 1495 ou en 1496,
et les peintures de la salle du Cambio ne furent commencées qu'en
1500. Vasari a donc commis une erreur de date, car l'Ingegno n'a pu
devenir aveugle (s'il le devint) 20 ans avant l'époque où lui-même
dit qu'il peignait et fut l'émule de Raphaël. D'ailleurs, on connaît
de lui une quittance, du 5 décembre 1509, signée : *Ingegno di maestro
Allovisi*. Il signe aussi : *Ingegnio di maestro Alivisse* ou *Allovisii*,
Allevisi et *Aloisi*. Il résulte de la dissertation de Rumhor sur cet artiste, dissertation appuyée sur des faits et des actes, que la notice de
Vasari et de Lanzi est erronée. Andrea était déjà peintre et maître
en 1484. Il se peut qu'il ait aidé le Pérugin dans ses travaux, mais il ne
fut pas son élève. On peut supposer qu'il prit des leçons de Niccolò
Alunno qui avait ouvert un atelier à Foligno, ville voisine d'Assise,
vers 1460, tandis que le Pérugin, occupé dans différentes villes jusqu'après 1490, ne vint fonder son école à Pérouse que vers 1495. Si
Andrea perdit la vue, ce ne fut pas dans sa jeunesse, car des documents authentiques prouvent qu'en 1510 il fut nommé syndic du ma-
gistrat, et en 1511 caissier pontifical d'Assise. On ne cite pas de peintures de cet artiste exécutées dans un âge plus avancé. Il est probable
que le surnom d'*Ingegno* lui fut donné non seulement à cause de son
talent pour la peinture, mais aussi à cause de son aptitude dans la
gestion des affaires.

37. *Sainte-Famille.*

H. 2, 13. — L. 1, 48. — B. — Forme cintrée. — Fig. pet. nat.

Des anges soutiennent le pavillon du trône sur lequel
la Vierge, assise, présente son fils à l'adoration de deux
saints martyrs. Elle est accompagnée de saint Joseph et
d'un autre saint. On lit sur le bas du trône : AVE
MARIA GRACTIE PLENA.

Musée Napoléon.

ANDREA VICENTINO. *Voir* Michieli (Andrea de').

ANDREASI (Ippolito), *dit* l'Andreasino, *né à Mantoue en* 1548, *mort dans la même ville le* 5 *juin* 1608.

Ce peintre, sur lequel on a fort peu de renseignements, étudia
probablement à l'école des Mazzola de Parme. Quelques auteurs l'ont
dit à tort disciple de Jules Romain, car il avait à peine deux ans
lorsque cet artiste mourut. Toutefois, on trouve dans les ouvrages
d'Andreasi une imitation évidente de son style ainsi que de celui du
Parmesan.

38. *La Sainte-Famille servie par les anges.*

H. 0, 69. — L. 0, 54. — T. — Fig. de 0, 30.

La Vierge, assise sur un siége sculpté, tient entre ses
genoux l'Enfant-Jésus; sainte Elisabeth, debout, est
appuyée sur le dossier du siége de la Vierge; plus loin,
saint Joseph, assis et tenant un bâton, indique le jeune
saint Jean vu de dos. Trois anges offrent du raisin à
l'Enfant-Jésus, et trois autres, montés dans un arbre,
cueillent des fruits et en remplissent un panier. Plus
loin, un jeune homme et un vieillard marchant dans un
chemin situé entre deux monticules boisés et ornés de
fabriques.

*Gravé par Nicolas Tardieu, dans le recueil de Crozat, sous
le nom d'André Luigi, dit l'Ingegno.*

Collection de Louis XIV. — « Andreasio (Ippolito) d'après lequel
Villamène a gravé une Annonciation, et je crois qu'il y a encore
quelques autres estampes de ce maître. Un tableau d'une Sainte-
Famille servie par des anges, qui est dans le cabinet du roy et que
M. Crozat a bien voulu de sa grâce attribuer sans le moindre fondement à Andrea Luigi d'Assise, disciple de Pierre Pérugin, pourrait
bien être l'ouvrage de cet Andreasio, car outre que ce tableau est
d'une manière moderne bien opposée à celle du Pérugin, l'auteur de
ce tableau est nommé dans les inventaires du roy André Azio, ce
qui revient parfaitement au nom d'Andreasio. Il y a dans les églises
de Mantoue plusieurs tableaux qu'on dit être d'Andreasini. Je préjuge que ce peintre est le même qu'Andreasio, et que sa patrie est
la ville de Mantoue. — Ce que je préjuge se trouve vrai : Andreasio
est de Mantoue. Le Giglio, auteur contemporain, le dit formellement dans son poëme de la *Pittura trionfante.* » (Note de Mariette à
l'*Abecedario pittorico* du père Orlandi.)

ANDRIA (Tuccio ou Tuzio di), *travaillait dans l'église
de Saint-Jacques, à Savone, en* 1487. (École génoise.)

39. *Jésus-Christ au milieu des Apôtres.*

H. 0, 18. — L. 2, 04. — B. — Fig. à mi-corps de 0, 40.

Jésus-Christ, au centre du tableau, pose la main

gauche sur un globe et lève la droite dans l'attitude de
la bénédiction. À ses côtés, saint Jean et saint Pierre ;
les autres apôtres sont groupés par deux et en regard,
excepté aux deux extrémités, où se trouve un apôtre
isolé.

Gradin de rétable à fond doré et gauffré.

ANGELI (Filippo d'), *dit* il Napolitano, *peintre, graveur, né à Rome vers 1600, mort en 1660.* (École romaine.)

La plupart des historiens qui ont copié Baglioni disent seulement
qu'il mourut jeune sous le pontificat d'Urbain VIII. Fabretti place sa
mort en 1660, et Zani donne les dates de 1660-1661. Son véritable nom
est Filippo di Liano, comme l'ont très bien remarqué Mariette et
Heineken, qui cite de lui une suite de caprices en 13 planches signée
Filippo di Liagnio Napol. Il fut élève de son père, peintre de Sixte V,
et son séjour à Naples pendant son enfance lui fit donner le surnom
de *Napolitain.* Après la mort de son père il s'établit à Rome, fut
appelé à la cour du grand-duc de Florence, fit un deuxième voyage
à Naples, et revint mourir à Rome. Il fut très employé à décorer les
palais de cette ville et les maisons de campagne des environs. Il a
peint des paysages, des batailles, des sujets de genre et des vues de
monuments avec des figures.

40. *Le satyre et le paysan.*

H. 0, 37. — L. 0, 50. — T. — Fig. 0, 25.

A gauche, le paysan assis souffle sur sa cuiller. A
droite, le satyre debout, les deux mains appuyées sur la
table. Dans le fond, au milieu, une femme debout, tenant un enfant dans ses bras.

Ancienne collection. — Ce tableau fut aussi attribué à Sébastien
Ricci, mort en 1734, à une époque très postérieure au temps où vivait
Filippo Angeli.

ANGELI (Giuseppe), *né vers 1715, vivait encore en 1793.*
(École vénitienne.)

Il fut le meilleur élève de **Gio.-Battista Piazzetta**, dont il imita la
manière. Il a peint un grand nombre de tableaux d'autel et des scènes
familières.

41. *Le militaire et le petit tambour.*

H. 0, 82. — L. 0, 68. — T. — Fig. à mi-corps, gr. nat.

Un militaire, la tête couverte d'un bonnet de fourrure, les épaules revêtues d'un manteau fourré, s'ap-

puie sur son épée et écoute un enfant qui bat du tambour
à ses côtés.

*Ce tableau a été gravé à Dresde en 1756 par C. F. Kauke, sous ce
titre : Le petit tambour.*

Ancienne collection. — Porté sur l'inventaire de l'Empire à **G.-B.
Piazzetta.**

ANGELICO (IL BEATO). *Voir* GIOVANNI (FRA).

ANSELMI (MICHEL-ANGELO), *dit aussi* MICHEL-ANGELO DA LUCCA OU DA SIENA, *né à Lucques en 1491, vivait encore à la fin de 1554.* (École lombarde.)

Quoique né à Lucques, il n'en appartient pas moins à l'école lombarde, parce que son père **Antonio Anselmi**, banni de Parme, s'était réfugié accidentellement à Lucques, et ne rentra dans sa patrie que vers 1505. L'Anselmi resta plusieurs années en Toscane, où il étudia la peinture sous **Gio.-Ant. Razzi** de Verceil, dit le *Sodoma*, suivant Resta, ou sous **Bartolommeo Neroni** dit **Riccio**, gendre du Sodoma, selon Azzolini. Après avoir peint à Sienne, il vint s'établir à Parme, où il se perfectionna en étudiant les ouvrages du Corrège, qui était moins âgé que lui, et dont il imita heureusement la manière.

42. *La Vierge et l'Enfant-Jésus adoré par saint Jean-Baptiste et par saint Etienne.*

H. 1, 69. — L. 1, 23. — B. — Fig. pet. nat.

La Vierge assise, tenant son fils dans ses bras, est portée sur les nuages et environnée d'une gloire d'anges. Saint Jean-Baptiste, à genoux, lève les yeux au ciel ; sa croix de roseau est posée devant lui ; saint Etienne, martyr, tient une palme et indique du doigt ces paroles inscrites sur le livre qu'un ange lui présente : *Ecce vias celos apertos, — et Jesum statem à dextris virtutis Dei.*

Landon, t. 1, pl. 45.

Musée Napoléon.

ARPINO (IL CAVALIERE D'). *Voir* CESARI.

ASSISI. *Voyez* ANDREA LUIGI D'ASSISI.

BAGNACAVALLO. *Voir* RAMENGHI.

BARBARELLI (GIORGIO), *dit* IL GIORGIONE, *né à Castel-Franco, ou, suivant quelques auteurs, à Viselago, village de la province de Trévise, en 1477, mort en 1511.* (École vénitienne.)

Il fut élève de **Giovanni Bellini**. Vasari dit que le Giorgion ayant vu les ouvrages de Léonard, goûta tellement sa manière vigoureuse, qu'il la pratiqua toujours dans sa peinture à l'huile. Le même biographe dit aussi, qu'admirateur passionné de la nature il ne travailla jamais sans modèle ; qu'il s'efforçait surtout de donner de l'animation à ses sujets, et ne voulut imiter la manière de personne. Plusieurs auteurs, entre autres Boschini, ont cherché à réfuter cette opinion de Vasari relativement à l'influence du Vinci sur le Giorgion. Discussions inutiles : ne serait-il pas plus simple et plus vrai de dire que si Léonard, le premier, a donné l'exemple de la vigueur et de la simplicité du modelé par le clair et l'ombre, Giorgion, le premier aussi par la justesse du ton local et par la connaissance profonde du pouvoir des oppositions, a poussé l'art de la couleur aux dernières limites de la perfection? Que les ouvrages de Léonard aient fait naître en lui l'idée de cette largeur, de cette absorption des détails dans la masse générale, artifice inconnu aux maîtres antérieurs, c'est possible ; mais il n'y a pas là imitation, et les deux grands artistes ont accompli chacun dans l'art une immense révolution. Giorgion travailla à Castel-Franco, dans plusieurs endroits du Trévisan, et surtout à Venise. Il décora à fresque, dans cette ville, des façades de maisons, et peignit au palais ducal. Il orna, suivant l'usage d'alors, des coffres et des cabinets de compositions allégoriques ou mythologiques. Enfin, il fit d'admirables portraits. Cet homme de génie, mort à 33 ans, a beaucoup produit ; mais ses ouvrages authentiques sont maintenant excessivement rares, et le plus grand nombre de ceux cités par Ridolfi n'existent plus.

43. *Sainte-Famille, plusieurs saints et un donateur.*

H. 1, 00. — L. 1, 36. — B. — Fig. à mi-corps, pet. nat.

A gauche, la Vierge assise tient sur ses genoux l'Enfant-Jésus; saint Joseph est placé derrière elle. A droite, saint Sébastien, percé de flèches, attaché à un arbre, et sainte Catherine sont devant eux. Tout-à-fait sur le premier plan, au milieu, le donateur, dont on ne voit que le buste et la tête tournée de profil.

Landon, t. 4, pl. 28.

Collection de Louis XIV. — Ce tableau provient de la galerie des ducs de Mantoue achetée par Charles Ier. Estimé 100 livres sterling sur l'inventaire dressé après la mort du roi, il fut acquis par Jabach, puis par Mazarin, et enfin par Louis XIV des héritiers du cardinal.

44. *Concert champêtre.*

H. 1, 10. — L. 1, 38. — T. — Fig. dem.-nat.

Une femme nue, vue de dos, une flûte à la main, et deux jeunes hommes, dont l'un tient un luth, sont assis sur le gazon et semblent s'entretenir ensemble. A gauche et debout, une femme, dont une draperie ne couvre que la partie inférieure du corps, verse dans une espèce de réservoir en pierre l'eau que contient un vase de verre.

Gravé par Hoelzel dans le Musée français; par Nicolas Dupuy dans le cabinet Crozat. — Filhol, t. 3, pl. 223. — Landon, t. 4, pl. 29.

Collection de Louis XIV. — Ce tableau faisait partie du cabinet de Charles Ier, roi d'Angleterre, et fut vendu à Louis XIV par Jabach.

BARBARELLI (attribué à).

45. *La tête de saint Jean–Baptiste présentée à Salomé.*

H. 0, 78. — L. 0, 64. — B. — Fig. de 0, 65.

La fille d'Hérodiade, debout, reçoit d'un bourreau couvert d'une armure la tête de saint Jean posée sur un plat. A gauche, dans le lointain, un bourreau montre la tête du saint qu'il vient de décapiter.

Gravé par Resmon.

Collection de Louis XIV.

BARBIERI (GIOVANNI-FRANCESCO), *dit* IL GUERCINO, *né à Cento, petite ville de la province de Bologne, le 8 février 1591, mort en 1666.* (École bolonaise.)

Paolo Zagnoni, peintre médiocre de Bologne, fut, à ce qu'on croit, le premier maître de Barbieri, surnommé le *Guercino*, parce qu'il était louche. On sait qu'il reçut des leçons de **Cremonini**, mais rien ne prouve qu'il ait été élève de **Benedetto Gennari** l'Ancien, comme l'a avancé Lanzi. Il n'entra pas à l'école des Carrache, mais il étudia les peintures de Lodovico qu'il aimait singulièrement, et se créa une manière vigoureuse toute particulière. L'estime où l'on tenait ses ouvrages en Italie et les nombreuses commandes dont il était chargé lui firent refuser l'honneur d'être premier peintre des rois de France et d'Angleterre. Il passa deux ans à Rome, et revint se fixer dans sa patrie en 1642. En 1616 il avait déjà établi à Cento une académie qu'il enrichit d'un grand nombre de plâtres moulés sur l'antique, et qui fut fréquentée par une foule de peintres italiens et étrangers. Peu d'artistes ont travaillé autant et aussi vite que le Guerchin : aussi a-t-il produit un nombre considérable de tableaux et de dessins. — **Paolo-Antonio Barbieri**, frère du précédent, né à Cento le 16 mai 1603, mort à Bologne en 1649, peignit avec talent les animaux, la nature morte, le paysage, les fleurs et les fruits. — Parmi les nombreux élèves du Guerchin, outre les Gennari, on cite surtout **Fulgenzio Mondini**, **Sebastiano Bombelli** d'Udine, **Giovanni Bonatti** de Ferrare, et **Gian-Battista Pasqualini**, qui a beaucoup gravé d'après son maître, et a imité assez bien sa manière, quoique avec une touche plus grossière.

46. *Loth et ses filles.*

H. 1, 72. — L. 2, 21. — T. — Fig. gr. nat.

Loth, assis sur la montagne au milieu de ses deux

filles, vide la coupe que l'une d'elles remplit. Dans le
fond, la femme de Loth changée en statue de sel et
l'incendie de Sodome.

Collection de Louis XVIII. — « Il fit (en 1650) un Loth et ses filles
pour le Sʳ Girolamo Pavese, mais ce tableau changea de possesseur
et appartint au commandeur Luigi Manzini, qui en fit cadeau à S.
A. S. le duc de Modène le 26 février 1651. Le duc était venu à Boulogne entendre le drame d'OEnone abandonnée, et récompensa ledit
Manzini de son présent en lui donnant un marquisat. » (MALVASIA.)—
Ce tableau fut acquis en 1817 de M. Quatresols de la Hante, avec quatre
autres tableaux flamands, moyennant la somme de 100,000 fr.

47. *La Vierge et l'Enfant-Jésus.*

H. 1, 24. — L. 1, 05. — T. — Fig. gr. nat.

La Vierge, debout et vue à mi-corps, tient l'Enfant-
Jésus debout sur une table et dans l'action de bénir.

Landon, t. 4, pl. 34.
Musée Napoléon.

48. *La résurrection de Lazare.*

H. 1, 99. — L. 2, 33. — T. — Fig. gr. nat.

Le Christ debout étend le bras vers Lazare dont un
jeune homme détache les liens. Marie et Marthe, sœurs
de Lazare, sont l'une aux genoux du Christ, l'autre auprès du sépulcre avec deux disciples. A droite, un
homme penché sur le bord de la fosse se bouche le nez.

Gravé par Vivant Denon; par J. B. Pasqualini. — Filhol,
t. 2, pl. 61. — Landon, t. 4, pl. 36.
Collection de Louis XVI.

49. *La Vierge et saint Pierre.*

H. 1, 22. — L. 1, 59. — T. — Fig. à mi-corps, gr. nat.

La Vierge assise, les mains posées sur ses genoux, est
immobile de douleur ; saint Pierre, en essuyant ses larmes, témoigne son trouble et son repentir.

Collection de Louis XIV.

50. *Saint Pierre en prière.*

H. 0, 75. — L. 0, 60. — T. — Buste gr. nat.

Il tient une clef et un livre.

Musée Napoléon.

51. *Saint Paul.*

H. 0, 75. — L. 0, 61. — T. — Buste gr. nat.

Il tient un glaive à la main.

Musée Napoléon.

52. *Salomé recevant la tête de saint Jean-Baptiste.*

H. 1, 39. — L. 1, 67. — T. — Fig. à mi-corps, gr. nat.

Salomé, fille d'Hérodiade, accompagnée d'une suivante, reçoit dans un bassin la tête de saint Jean-Baptiste, qu'un bourreau tient par les cheveux.

Landon, t. 4, pl. 40.

Musée Napoléon. — Ce tableau fut exécuté vers 1630.

53. *Vision de saint Jérôme.*

H. 0, 42. — L. 0, 48. — C. — Fig. de 0, 48.

Saint Jérôme, couché sur une natte dans sa grotte, se réveille saisi de terreur au son de la trompette du jugement dernier qu'un ange lui fait entendre. Près de lui, à terre, deux livres et une tête de mort.

Gravé par Nicolet dans le Musée français; par F. Chauveau; par Pasqualini. — Filhol, t. 10, pl. 712.— Landon, t. 4, pl. 43.

Collection de Louis XIV. — Acquis de Jabach par le roi.

54. *Saint François d'Assise et saint Benoît.*

H. 2, 80. — L. 1, 83. — T. — Fig. gr. nat.

Un ange apparaît dans les airs à saint François d'Assise et à saint Benoît. Ce dernier, vêtu de blanc, tenant un livre et le bâton pastoral à la main, écoute les sons de la musique céleste qui ravit en extase saint François d'Assise.

Musée Napoléon. — « Il fit (en 1620) pour Saint-Pierre de Cento un saint François et un saint Benoît avec un ange qui joue du violon. » (MALVASIA.)

55. *Les saints protecteurs de la ville de Modène.*

H. 3, 32. — L. 2, 30. — T. — Fig. gr. nat.

La Vierge, accompagnée de deux anges et assise sur des nuages, tient dans ses bras l'Enfant-Jésus qui donne sa bénédiction. Saint Géminien, évêque, reçoit d'un

ange le modèle en relief de la ville de Modène ; derrière
lui, un autre ange porte sa crosse. Saint Jean-Baptiste
à genoux intercède auprès de Marie. A droite, saint
Georges debout, en armure, appuyé sur son épée ;
dans le fond, saint Pierre, martyr, religieux de l'ordre
de Saint-Dominique.

Landon, t. 4, pl. 49.

Musée Napoléon. — « Il fit (en 1654) un grand tableau d'autel, commandé par S. A. le duc de Modène, pour l'église de Saint-Pierre, représentant la Vierge, l'Enfant-Jésus, un grand nombre d'anges, sainte
Geneviève, saint Jean, etc. Ce tableau, attendu la mort du prince,
resta chez l'auteur. » (MALVASIA.)

56. *Hersilie séparant Romulus et Tatius.*

H. 2, 53. — L. 2, 67. — T. — Fig. gr. nat.

Hersilie retient le bras de Romulus et tourne des
regards suppliants vers son père, dont une Sabine arrête
aussi la main armée d'un glaive. Dans le fond, combat
des Sabins et des Romains.

Landon, t. 4, pl. 50.

Musée Napoléon. — Ce tableau fut exécuté en 1645 pour Balthazar
Phelypeaux, marquis de La Vrillière, secrétaire d'Etat.

57. *Circé.*

H. 1, 21. — L. 0, 96. — T. — Fig. à mi-corps, gr. nat.

Coiffée d'un turban orné d'une aigrette et d'une agrafe
de diamants, la magicienne tient de la main droite une
baguette et de la gauche un vase d'or ; près d'elle, sur
une table, un autre vase et un livre ouvert où sont tracés des caractères cabalistiques.

*Gravé par Gandolfi dans le Musée royal. — Filhol, t. 2,
pl. 80. — Landon, t. 4, pl. 52.*

Collection de Louis XIV.

58. *Portrait en buste du Guerchin.*

H. 0, 77. — L. 0, 62. — T. — Buste gr. nat.

Il est nu-tête, et tient sa palette et ses pinceaux.

Ancienne collection.

59. *Saint Jean dans le désert.*

H. 2, 43. — L. 1, 69. — T. — Fig. gr. nat.

Saint Jean, assis sur un rocher, tient de la main gauche

une croix de roseau et de la main droite une coupe dans laquelle il reçoit l'eau qui jaillit d'un rocher.

Ancienne collection.

60. *Sainte Cécile.*

H. 1, 22. — L. 1, 00. — T. — Fig. jusqu'aux genoux, gr. nat.

Elle est assise et touche de l'orgue.

Ancienne collection.

BAROCCI (Federigo) *ou* Fiori d'Urbino, *peintre et graveur, né à Urbino en 1528, mort le 30 septembre 1612.* (École romaine.)

Son père, Ambrogio Barocci, habile fabricant d'instruments de mathématiques, tout en lui enseignant sa profession, lui fit apprendre à dessiner chez **Francesco Menzocchi** de Forli. L'architecte Bartolommeo Genga, oncle de Federigo, voyant les dispositions de son neveu, insista pour qu'il se livrât entièrement à la peinture, et le plaça à l'atelier de **Battista Franco**, Vénitien qui travaillait alors à Urbin. Ce nouveau maître, passionné pour les restes de la sculpture antique, les faisait continuellement dessiner à son élève. Federigo, après le départ de Battista de la ville d'Urbin, alla s'établir à Pesaro, dans la maison du Genga, qui lui facilita les moyens de copier les ouvrages de Titien et des autres grands maîtres qui se trouvaient dans la galerie du duc. Il lui enseigna aussi la perspective, la géométrie et l'architecture. A l'âge de 20 ans, Federigo passa à Rome, étudia les œuvres de Raphaël. Guido della Rovere fut un de ses protecteurs, et Pie IV lui confia, ainsi qu'au Zuccheri, la peinture du petit palais *del Bosco di Belvedere.* On dit que, vers cette époque, des peintres jaloux de ses succès l'invitèrent à un repas où ils lui firent prendre un poison qui devait lui causer une maladie incurable. Quoique secouru immédiatement, il passa le reste de sa vie avec des infirmités dont il ne put guérir. Revenu dans sa patrie, il reprit les pinceaux, malgré l'état déplorable de sa santé, exécuta un nombre considérable de tableaux, et vécut jusqu'à l'âge de 84 ans, ce qui pourrait faire douter, avec quelque raison, de la vérité de cette tentative d'empoisonnement rapportée par les historiens. Il eut pour imitateurs **Alessandro Vitali, Antonio Viviani, Filippo Bellini, Francesco Vanni**, et surtout **Francesco Baldelli**, son neveu et son élève, qui florissait en 1580.

61. *La Vierge et l'Enfant-Jésus adoré par saint Antoine et sainte Lucie.*

H. 2, 85. — L. 2, 20. — T. — Fig. gr. nat.

Assise sur des nuages et couronnée par deux anges, la Vierge tient sur ses genoux l'Enfant-Jésus, qui présente une palme à sainte Lucie, prosternée à ses pieds. Derrière la sainte, un ange porte sur une coupe les yeux

dont elle fut privée en souffrant le martyre ; de l'autre
côté, à gauche, saint Antoine, abbé, un genou à terre,
médite sur les divines écritures. Dans le fond, une ville.

Landon, t. 1, pl. 51.
Musée Napoléon.

62. *Sainte Catherine.*

H. 0, 82. — L. 0, 68. — T. — Buste gr. nat.

Près d'elle est une roue garnie de dents de fer, instrument de son martyre.

Collection de Louis XVIII. — Acquis en 1819 de M. Giraud, avec
un autre portrait attribué à Michel-Ange (de Caravage) (n° 538), pour
4,500 f.

BARTOLO (TADDEO DI), *né à Sienne en 1363, mort en
1422. (École florentine.)*

Des documents authentiques prouvent que Taddeo était fils d'un
Bartolo qui exerçait la profession de barbier, et non du peintre
Bartolo di Maestro Fredi comme le dit Vasari. Il travailla à fresque
et en détrempe à Sienne, au Campo-Santo et dans différentes églises
de Pise, à Volterra et à Pérouse. L'on connaît des fresques de lui
signées et datées de 1385, 1390, 1393.

63. *Rétable divisé en trois compartiments :*

1° *La Vierge et l'Enfant-Jésus.*

H. 1, 42. — L. 0, 72. — B. — Fig. pet. nat.

La Vierge, assise et environnée de chérubins, tient
sur ses genoux l'Enfant-Jésus ; il est debout et joue
avec un petit oiseau.

2° *Saint Gérard et saint Paul.*

H. 1, 30. — L. 0, 70. — Fig. 1, 10.

Saint Gérard, revêtu de l'habit de son ordre, s'appuie de la main droite sur une béquille et tient de la
gauche un chapelet ; saint Paul tient une épée de la
main droite et de la gauche un rouleau sur lequel on
lit : *Adromanos.*

3° *Saint André et saint Nicolas, évêque de Myre.*

H 1, 30. — L. 0, 70. — Fig. 1, 10.

Saint André tient une croix de la main droite et

un livre de la gauche ; saint Nicolas porte une crosse de la main droite, et de la gauche un livre et trois besants.

Au-dessus des parties latérales se trouvent les médaillons de saint Grégoire, pape, et de saint Louis, roi de France.

Musée Napoléon.— Ces trois ouvrages, peints en détrempe sur bois et sur fond doré, sont renfermés dans une même bordure, sur la base de laquelle on lit : THADEVS BARTHOLA DE SENIS PINXIT HOC OPVS M·CCCL·XXXX ; à gauche :.... *Sanct⁹ Paul⁹* ; à droite : *Sanct⁹ Andreas. Sanct⁹ Nicola⁹.* Au bas du tableau, de chaque côté, on remarque les armes du donateur.

BARTOLOMMEO (Fra) DEL FATTORINO, *dit* Baccio della Porta *ou* il Frate, *né dans le village de Savignano, près de Florence, en 1469, mort dans le couvent de Saint-Marc, à Florence, le 6 octobre 1517. (École florentine.)*

Le surnom de *Fattorino* (facteur-commissionnaire), porté par Bartolommeo et les autres membres de sa famille, vient de la profession exercée par son grand-père, et celui de *della Porta*, de la porte de San-Pietro-Gattolini, à Florence, près de laquelle était située sa demeure. Enfin *Baccio* est une abréviation toscane du nom de Bartolommeo. Il entra à l'école de Cosimo Roselli, étudia les antiquités placées dans les jardins de Laurent de Médicis, et surtout les ouvrages de Léonard de Vinci. Ayant connu, à l'école de Cosimo, Mariotto Albertinelli, son élève, il se lia intimement avec lui, et les deux artistes qui s'étaient associés exécutèrent ensemble une grande quantité de peintures. Vers cette époque, Fra Jeronimo Savonarola, célèbre théologien de l'ordre des Prêcheurs, vint à San-Marco. Baccio prit en grande vénération ce fougueux dominicain, et, à la suite d'une de ses prédications sur les livres licencieux et les peintures indécentes, il jeta sur un bûcher, qui dévorait au milieu d'une place publique de Florence des chefs-d'œuvre condamnés à la destruction par un zèle irréfléchi, toutes les études qu'il avait faites d'après le modèle. Lorenzo di Credi imita son exemple. Lorsque les ennemis de Savonarola voulurent s'emparer de lui pour le livrer à la justice et le punir des séditions qu'il excitait à Florence, Jeronimo, ses partisans et Baccio se réfugièrent dans le couvent de San-Marco. Il fut assiégé et l'on s'empara de Savonarola. Baccio, effrayé par cette bataille, fit vœu d'entrer en religion s'il échappait au danger ; il tint sa promesse, et, le 26 juillet 1500, à l'âge de 34 ans, il prit l'habit des frères Prêcheurs. Depuis lors. il a été connu sous le nom de *Fra Bartolommeo* ou simplement du *Frate.* Pendant près de quatre années il abandonna complétement la peinture, et il ne reprit les pinceaux qu'à la sollicitation des religieux et de ses amis. Au mois d'octobre 1506, Raphaël se trouvant à Florence, devint l'ami de Fra Bartolommeo, lui enseigna les règles de la perspective, et reçut en échange d'utiles leçons sur l'emploi des couleurs. Le Frate fit un voyage à Venise au mois d'avril 1508, fut chargé par les dominicains de Murano de peindre un tableau pour leur église, mais il ne l'exécuta qu'à son retour à Florence. Au commencement de l'année 1509, il s'associa de nouveau avec Mariotto Albertinelli, et tous deux travaillèrent en commun à un grand nombre d'ouvrages pendant près de trois ans. Le 15 janvier 1512, ils se séparèrent, et les peintures que Baccio fit seul après le départ de son ami se distinguent par une vigueur de ton et une force de clair obscur qui indiquent une étude approfondie des ouvrages de Léonard et des maîtres vénitiens. Vers 1512, il se rendit à Rome ; mais il y resta peu de temps, laissant inachevé un tableau que Raphaël termina. Revenu à Florence, il chercha à agrandir son style en imitant l'ampleur des contours du Buonarrotti. C'est dans cette manière michelangesque qu'il peignit son fameux saint Marc, et qu'il exécuta à Lucques, à Pistoie, à Prato, d'admirables tableaux. Son extrême application au travail altéra profondément sa santé, et, après avoir essayé sans succès de prendre les bains de San-Filippo, il revint mourir à Florence à l'âge de 48 ans. Ses élèves furent **Cecchino del Frate**, **Benedetto Cianfanini**, **Gabriele Rustici**, **Fra Paolino da Pistoia** et Ridolfo del Ghirlandajo. Il a été imité par Mariotto Albertinelli et **Gio.-Ant. Sogliani**, élève de Lorenzo di Credi.

64. *La salutation angélique.*

H. 0, 96. — L. 0, 76. — B. — Fig. de 0, 42.

La Vierge, un livre à la main, est assise sur une estrade placée dans un enfoncement en forme de niche, et contemple l'ange Gabriel qui paraît dans les airs portant une branche de lis. Saint Jean-Baptiste, saint Paul, saint Jérôme, saint François, se tiennent debout de chaque côté de la Vierge ; sainte Marguerite à gauche et sainte Madeleine à droite sont à genoux sur le devant du tableau, la première ayant une croix, la seconde un vase.

Landon, t. 1, pl. 53.

Collection de François Ier. — Ce tableau est signé : F. Bart^o floren. or^{is} pre. 1515 ; c'est-à-dire : le frère Barthélemy de Florence, de l'ordre des frères prêcheurs (ou dominicains).

65. *La Vierge, sainte Catherine de Sienne et plusieurs saints.*

H. 2, 57. — L. 2, 28. — B. — Fig. pet. nat.

La Vierge, assise sur un trône, accompagnée de saint Pierre, de saint Barthélemy, de saint Vincent et d'autres personnages tenant des palmes, préside au mariage mystique de l'Enfant-Jésus avec sainte Catherine, agenouillée devant lui. Derrière la Vierge, saint François et saint Dominique s'embrassent en témoignage de l'affection qui les unit. Dans la partie supérieure, des anges soutiennent les rideaux du dais qui surmonte le trône. On lit sur la

base du trône : ORATE PRO PICTORE. M·D·XI , et sur la
marche au-dessous : BARTHOLOME FLOREN· OR· PRAE·

Landon, *t. 1, pl. 56.*

Collection de François Ier. — On trouve une note intéressante sur
ce tableau dans le catalogue des ouvrages de Fra Bartolommeo, ma-
nuscrit du syndic du couvent de San-Marco à Florence, publié par
Marchese dans ses mémoires sur les artistes dominicains (t. II, p. 160).
Voici la traduction de ce passage : « *Item*, un tableau sur bois d'environ 4 brasses 1/2 de hauteur, où est représenté la Vierge, sainte
Catherine de Sienne avec beaucoup d'autres saints. La seigneurie de
Florence le donna à un ambassadeur français appelé Monseigneur de
Otton..., évêque de (*sic*), au moi; d'avril 1512, et le paya 300 grands
ducats d'or, bien qu'il valût dava tage, ainsi qu'il est constaté sur le
livre des créanciers et des débiteurs du couvent, à la page 123 et au
livre de Fra Thol. S. A.—ci—200 duc. (et non 300 comme il est dit dans
le courant du texte). » Ce tableau, exécuté pour l'église San-Marco,
n'y resta exposé, suivant Vasari, que plusieurs mois seulement avant
d'être envoyé au roi de France Louis XII. Bartolommeo fit pour le
remplacer une répétition du même sujet, mais avec des différences
dans la composition, ainsi qu'on peut le voir par la description qu'en
donne le biographe Arétin. Avant de figurer au Musée, cette peinture
fut placée dans la sacristie de la cathédrale d'Autun, et on lisait sur sa
bordure l'inscription suivante insérée dans le *Voyage littéraire :*
« *Jacobo Huraldo Heduorum episcopo Ludovici XII, Francorum regis
leguto fidissima senatus populusque Florentinus dono dedit* MDXII. »
Il résulte de cette inscription que le tableau n'aurait pas été donné au
roi de France, comme le prétend Vasari, mais bien à l'ambassadeur
français, ce qui est conforme du reste à la note du manuscrit des archives de San-Marco.

BARTOLOMMEO DI GENTILE DA URBINO. *On ignore
l'année de sa naissance et celle de sa mort ; on sait seulement par la date de ses tableaux qu'il vivait encore
en 1508. (École romaine.)*

On n'a aucun renseignement biographique sur ce peintre, qu'il ne
faut pas confondre avec **Bartolommeo** de Ferrare, ni avec son fils
Benedetto, qui ajoutait le nom de son père au sien.

66. *La Vierge et l'Enfant-Jésus.*

H. 1, 55. — L. 0, 80. — B. — Fig. pet. nat.

La Vierge, assise sur un trône cintré et incrusté de
marbres précieux , tient dans ses bras l'Enfant-Jésus,
dont le cou est orné d'un collier de corail.

On lit sur un cartel au bas de ce tableau :

BARTOLOMEVS· M̊· GENTILIS· DE· VRBIN̊· PINXIT·

ANN· M̊CCCC̊LXXXXVII.

Et sur le cintre du monument :

O MATER· DEI MEMENTO· MEI·

Collection de Louis-Philippe.— Lanzi dit avoir vu ce tableau à Pesaro, dans le couvent de Saint-Augustin. — Acquis en 1840 pour la somme de 800 fr.

BASSAN. *Voir* PONTE.

BATTONI (IL CAVALIERE POMPEO GIROLAMO), *né à Lucques en 1708, mort à Rome en 1787. (École romaine).*

Il fut élève de **Gio.-Dominico Brugieri** et de **Gio.-Dom. Lombardi.** D'autres auteurs (Fiorillo et Mannlich qui ont connu Battoni à Rome) lui donnent encore pour maîtres **Sebastiano Conca**, **Agostino Masucci, Francesco Fernandi** dit *Imperiali.* Mariette, dans ses notes MS., à l'exemplaire de l'Abecedario de la bibliothèque nationale, dit qu'il n'eut point de maître ; que sa première profession fut l'orfèvrerie. «Une tabatière ornée d'une miniature lui ayant été confiée, il s'avisa d'essayer de copier la miniature, et il y réussit si bien que la copie surpassa l'original. Il apprit ainsi qu'il était né peintre. » Il vint jeune à Rome, étudia l'antique, les ouvrages de Raphaël, et partagea avec Raphaël Mengs la gloire de passer pour le premier peintre de son époque. Il peignit des tableaux d'histoire, fit un grand nombre de portraits de personnages célèbres, et exécuta des miniatures qui étaient fort recherchées.

67. *La Vierge, les yeux baissés et les mains croisées sur la poitrine.*

H. 0, 47. — L. 0, 37. — T. — Buste gr. nat.

Ancienne collection.

BECCAFUMI. *Voir* MECARINO.

BEDOLO (GIROLAMO. *Voir* MAZZOLO (GIROLAMO).

BELLINI (GENTILE), *né à Venise en 1421, mort dans la même ville le 23 février 1507. (École vénitienne.)*

Son père, **Jacopo Bellini**, né à Venise, lui donna le nom de Gentile en souvenir de Gentile da Fabriano, dont il avait été l'élève. Il lui enseigna la peinture, **Girolamo Mattini** lui apprit la perspective, et Andrea Mantegna, qui épousa la fille de Jacopo, acheva de le former par d'excellents conseils. Après avoir travaillé dans une chapelle de Padoue avec son père et son frère Giovanni, il revint à Venise et commença, en compagnie de ce dernier, la décoration de la salle du grand conseil. Mahomet II ayant demandé un *bon peintre* à la république, Gentile fut choisi par le sénat et envoyé à Constantinople le 3 septembre 1479. Il y peignit beaucoup de portraits et fit les dessins de la colonne de Théodose, qui fut gravée trois fois (la 1re en 1702, à Paris, par les soins de Claude-François Menestrier, jésuite). Cette longue frise avait été léguée, dit-on, à l'académie royale de peinture à Paris, et si celle qui se trouve actuellement au Louvre est la même, on ne peut l'attribuer à Gentile; elle pourrait être une copie de celle de Bellini, faite probablement par Battista Franco. Créé chevalier, richement récompensé, Gentile obtint du sultan la permission de retourner à Venise. A peine arrivé, il reprit ses travaux du palais ducal, qui périrent dans l'incendie de 1577, et fit un grand nombre de peintures pour diverses confréries. Il fondit en bronze plusieurs médailles

modelées par lui ; une d'elles représente l'empereur des Turcs. —
Giovanni, frère du précédent, né à Venise en 1426, mort dans la même
ville le 15 novembre 1516. Ainsi que Gentile, il fut élève de Jacopo,
son père, et reçut des conseils de Mantegna. Il fit des progrès rapides,
et un tableau de lui, daté de 1443 (il n'était alors âgé que de 17 ans),
prouve combien il avait déjà profité des leçons de ses maîtres. Après
avoir travaillé avec ses parents à Padoue, il revint à Venise et exécuta
plusieurs peintures en détrempe qui furent très admirées. Ridolfi
prétend que c'est lui qui répandit la pratique de la peinture à l'huile,
dont il avait surpris le secret en faisant faire son portrait par Antonello de Messine, secret que ce dernier tenait, dit-on, de Jean de
Bruges ou Van Eyck. Vasari ne rapporte pas ce fait, qui est loin
d'avoir un caractère d'authenticité, car Antonello ne faisait pas mystère de son secret, et il eut à Venise une foule de disciples. Parmi le
grand nombre d'ouvrages en tout genre exécutés par Giovanni, ses
peintures dans les salles du palais ducal, auxquelles il consacra douze
années de travail, furent surtout célèbres. Elles devinrent la proie des
flammes en 1577 avec tant d'autres chefs-d'œuvre. Ce grand artiste
est regardé à juste titre comme le principal fondateur de l'école vénitienne. A 62 ans il devint le maître de Giorgione et de Tiziano. Les
progrès de ses deux illustres élèves l'animèrent d'une nouvelle ardeur ;
il agrandit sa manière, et ses meilleurs ouvrages sont ceux qu'il produisit à partir de cette époque jusqu'à sa mort, arrivée à 90 ans. Outre
Jacopo, père de Gentile et de Giovanni, disciple de Gentile da Fabriano, peintre estimé, surtout pour les portraits, plusieurs artistes ont
aussi porté le nom de Bellini, entre autres : **Bellino Bellini**, peintre
de la même famille, et **Andrea Bellini**, dont on cite une tête de
Christ à la gouache, signée.

68. *Réception d'un ambassadeur de Venise à Cons-
tantinople.*

H. 1, 18. — L. 2, 03. — T. — Fig. de 0, 38.

L'ambassadeur vénitien, en robe rouge, accompagné
de cinq personnages vêtus de noir, est présenté à un
vieillard coiffé d'un turban à cinq pointes et assis sur un
divan placé devant la porte d'un palais. Sur les marches
et dans la cour, un grand nombre d'Orientaux, dont un à
cheval, accompagné de deux gardes. Dans le fond, le jardin et les terrasses du palais.

Collection de Louis XIV. — Ce tableau, donné bien à tort par l'inventaire de 1709-1710 à Antonio Badile, maître de Paul Véronèse, puis
à Giovanni Bellini, est décrit dans le poème en dialecte vénitien intitulé *la Carta del Navegar*, de Boschini. Il fut apporté en France,
suivant l'auteur, par Raphaël Dufresne. On trouve aussi le renseignement suivant dans l'*histoire de Mahomet II, empereur des Turcs*,
par Guillet (Paris, 1681. 2 v. in-12, t. 1, p. 509 : « Il y a à Paris, dans
le cabinet du roy, un tableau de la main de Belino, qui s'est peint lui-
mesme, tel qu'il estait lorsqu'il fut introduit dans le serrail. On y voit
le Baile des Vénitiens, vêtu en sénateur, qui présente Belino à deux
visirs assis sur un sofa auprès d'une porte gardée par des janissaires. »
Une gravure anonyme du tableau accompagne le texte. La position
des personnages est indiquée par des lettres de renvoi.

69. *Portraits de Jean et de Gentil Bellin.*

H. 0, 44. — L. 0, 63. — T. — Bustes gr. nat.

Tous deux sont coiffés d'une toque : les cheveux de Jean sont noirs, et ceux de Gentil sont roux.

Collection de Louis XIV. — Félibien (t. 1, p. 188, édit. de 1666) dit : « L'on voit dans le cabinet du roy les portraits de ces deux frères (Jean et Gentil) dans un même tableau que Gentil a fait. » L'ancienneté de cette attribution nous a fait restituer à Gentile ces deux admirables portraits donnés depuis à Giovanni Bellini. On voit dans le musée de Berlin une répétition ou une copie de ce tableau, d'une exécution moins fine ; elle a les mêmes dimensions, mais le fond est uni et sans paysage.

BELLINI (GIOVANNI). (École de).

70. *La Vierge et l'Enfant-Jésus.*

H. 0, 74. — L. 0, 86. — T. — Fig. en buste, pet. nat.

L'Enfant – Jésus est dans les bras de la Vierge ; à droite, saint Sébastien, percé de flèches et attaché à un arbre.

Ancienne collection. — Ce tableau, donné à tort par les inventaires à Giovanni Bellini, pourrait bien être de Palma Vecchio dans sa jeunesse. Plusieurs parties rappellent beaucoup l'exécution de ce maître.

BELTRAFFIO (GIOVANNI-ANTONIO), *né en* 1467, *mort en* 1516. (Ecole lombarde.)

Gentilhomme milanais, élève de Léonard de Vinci. Il ne s'occupa de peinture que dans ses moments de loisir.

71. *La Vierge de la famille Casio.*

H. 1, 86. — L. 1. 84. — B. — Fig. gr. nat.

Au milieu de la composition, la Vierge, assise et tenant l'Enfant-Jésus sur ses genoux, reçoit les hommages de deux donateurs agenouillés de chaque côté du tableau. A gauche, le plus âgé, présenté par saint Jean-Baptiste, est Girolamo Casi, ou da Casio, père de Giacomo qui, placé à l'angle de droite, la barrette à la main, porte sur la tête, en sa qualité de poète, une couronne de lauriers. Près de lui, saint Sébastien debout, les mains derrière le dos et attachées à un arbre. Au-dessus de la tête de la Vierge, sur un nuage, un ange jouant du luth.

Landon, t. 2, pl. 10.

Musée Napoléon. — Girolamo Casio de' Medici, poète, d'une famille illustre de Bologne, naquit vers 1465. S'étant embarqué en 1497, pou[r] aller visiter les lieux saints, la galère qu'il montait fut prise par les Turcs, et il dut sa délivrance à un capitaine vénitien qui le conduisi à Candie? Dans un voyage qu'il fit à Rome, le pape Léon X le créa chevalier, et, en 1523, Clément lui décerna le laurier poétique; il mourut peu après dans la ville de Bologne. — Vasari cite ce tableau, peint en 1500 pour la chapelle de la famille Casio, dans l'église de la Miséricorde, près de Bologne, comme le chef-d'œuvre de Beltraffio. Cette date peut faire supposer que Girolamo le commanda à l'artiste par suite d'un vœu fait à la Vierge pour sa délivrance. Vasari dit aussi que Beltraffio y avait inscrit son nom et sa qualité d'élève du Vinci ; cette inscription a disparu depuis longtemps. D'après Malvasia et Baldinucci, l'ange qui joue du luth serait attribué, par tradition, à Léonard de Vinci, mais cette opinion est évidemment fausse. Les œuvres de Beltraffio sont extrêmement rares, et, au rapport de Lanzi, ce tableau est le seul authentique de ce maître exposé en public. Il passa de l'église de la Miséricorde au Musée de Brera, à Milan, et fut acquis ensuite par le Musée français, ainsi que le tableau de Carpaccio (nᵒ 123), celui d'Uggione (nᵒ 430), ceux de Bonvicino (nᵒˢ 85 et 86), moyennant un échange avec le Musée de Milan, autorisé par le gouvernement, qui reçut cinq tableaux de l'école flamande.

BENOZZO DI LESÈ GOZZOLI, *né à Florence en* 1424, *vivait encore en* 1485. (École florentine.)

Suivant les actes et les documents du temps, le véritable nom de cet artiste est Benozzo di Lese, ou Benozzo di Lese di Sandro. Le nom de *Gozzoli*, sous lequel il est plus connu, ne se trouve pas dans la 1ʳᵉ édition des biographies de Vasari, qui l'appelle seulement Benozzo; mais il apparaît dans un vieux livre de la compagnie des peintres, avec la date de MCCCCXXIII : nous ferons observer, toutefois, que l'inscription sur ce registre semble être d'un caractère postérieur à cette date. Il signait Benotius Florentinus, Benotius de Florentia et Benotius Lesi. Il fut élève de Fra Giovanni da Fiesole, avec qui il travailla à Orvieto en 1447, et dont il imita le style dans les peintures qu'il fit de 1450 à 1452 dans les églises de San-Fortunato et de San-Francesco de Monte-Falco, petite ville de l'Ombrie. Il peignit ensuite d'une manière moins châtiée à Florence et dans les environs. C'est au Campo-Santo de Pise qu'il accomplit son œuvre la plus importante. Il fit à fresque, sur une muraille qui occupe toute la longueur de l'édifice, une série de vingt-quatre sujets tirés de l'Ancien-Testament, entreprise colossale commencée en 1469, terminée en 1485, et qui ne fut donc pas achevée en deux ans, comme on l'a prétendu. Les Pisans élevèrent à Benozzo, de son vivant même, un tombeau au milieu du Campo-Santo, et la date de 1478, placée sur ce monument avec l'épitaphe que Vasari nous a conservée, a pu faire croire à tort à plusieurs personnes que c'était celle de sa mort. On compte parmi les élèves de Benozzo, Zenobio de' Machiavelli, dont le Musée possède un tableau.

72. *Le triomphe de saint Thomas d'Aquin.*

H. 2, 27. — L. 1, 02. — B. — Fig. demi nat.

Cette composition est divisée en trois parties.

Dans la partie supérieure : Jésus-Christ, dans sa

gloire, environné de chérubins. A sa droite, saint Paul
tenant un livre et un glaive ; à sa gauche, Moïse montrant les tables de la loi. Devant eux et de chaque côté,
les quatre évangélistes écrivant sous l'inspiration divine.
Le Sauveur prononce ces paroles, inscrites au-dessous
de lui : BENE SCRIPSISTI DE ME THOMMA.

Dans la partie du milieu : saint Thomas assis au centre
d'un disque de lumière, entre Aristote et Platon. Il
tient plusieurs ouvrages sur ses genoux ; sous ses pieds
est étendu le docteur de l'Université de Paris, Guillaume
de Saint-Amour, foudroyé par l'éloquence du saint. On
lit sur le livre placé près de lui : *Et faciens causas in-
finitas imprimū librū Aristotelis phisicorū.* Autour du
nimbe du saint est écrit : SANCTUS THOMMAS DEACXAI ;
plus bas, à droite, se trouve cette inscription : VERE
HIC EST LVMĒ ECCLESIE ; et à gauche : HIC ADĪVENI
OMNEM VIĀ DISCIPLINE.

Dans la partie inférieure du tableau : le pape Alexandre IV, assis sur un trône et assisté par deux camériers,
préside en 1256 l'assemblée d'Anagni, tenue au sujet
des contestations survenues entre les ordres mendiants,
attaqués par Guillaume de Saint-Amour et défendus par
saint Thomas d'Aquin. Ce dernier personnage est le
moine assis au premier plan et vu de dos. Le religieux
placé à sa droite est saint Bonaventure. Jean des Ursins
et Hugues de Saint-Cher sont les deux cardinaux sié-
geant près du pape. Près d'Hugues se trouvent l'évêque
de Messine, puis Albert-le-Grand, dominicain, maître
sacré du palais ; les chefs des ordres, tels que Humbert
de Romans, général des dominicains, les docteurs Pierre
et Jean, députés au pape par Louis IX, etc.

Musée Napoléon. — « Dans le dôme (à Pise), derrière le siége de
l'archevêque, il peignit en détrempe, sur un petit panneau, un saint
Thomas d'Aquin au milieu d'un grand nombre de docteurs qui dis-
cutent sur ses ouvrages. Parmi ces figures, on remarque le pape
Sixte IV, une foule de cardinaux, de chefs et de généraux de différents ordres religieux. Ce tableau est le meilleur et plus fini que
Benozzo ait jamais fait. » (VASARI.) Les armoiries d'un donateur se
trouvent à gauche dans le bas du tableau. — Le même sujet, mais
avec des différences dans la composition, fut exécuté par **Francesco
Traini** pour l'église Sainte-Catherine à Pise. Au lieu de Guillaume de
Saint-Amour, renversé sous les pieds de saint Thomas, on y voit

Averroës. Saint Thomas mourut en 1274. Traini florissait en 1344, et l'on prétend qu'il représenta le saint d'après un portrait qui se trouvait à l'abbaye de Fossanuova, où il fut enterré.— Cette peinture a été gravée dans la *Storia della Pittura* du professeur Rosini, pl. xx.

BERNARDINO PERUGINO. *Voir* PERUGINO.

BERRETTINI (PIETRO) **DA CORTONA,** *dit* PIETRE DE CORTONE, *peintre, architecte, écrivain, né à Cortona, ville de Toscane, le 1er novembre 1596, mort à Rome le 16 mai 1669.* (École romaine.)

Quoique cet artiste soit Florentin d'origine, il appartient plutôt comme peintre à l'école romaine. A l'âge de 15 ans, il quitta Florence et son premier maître, **Andrea Commodi,** pour se rendre à Rome, où il entra à l'atelier de **Baccio Ciarpi,** peintre florentin. Les ouvrages de Raphaël, de Michel-Ange, de Polidore, les statues antiques et surtout les bas-reliefs de la colonne trajane devinrent pour lui l'objet d'une étude assidue. Ses premières productions furent remarquées par le cardinal Sacchetti, qui devint son protecteur, l'employa et le présenta à Urbain VIII. Il travailla pour ce pontife, et fut chargé ensuite au palais Barberini d'un grand ouvrage qui passe pour son chef-d'œuvre. Il voyagea en Lombardie, dans l'État de Venise, vint à Florence, peignit au palais Pitti, retourna à Rome où il exécuta un nombre considérable de fresques et de tableaux de chevalet. Alexandre VII le créa chevalier de l'Eperon-d'Or. Berrettini jouit de son vivant d'une immense réputation et laissa des richesses considérables. Il fut enterré dans l'église de Saint-Martin, dont il avait été l'architecte et à laquelle il fit un legs de 100,000 écus. Une foule de peintres suivirent sa manière; ses principaux élèves furent **Romanelli, Ciro Ferri, Pietro Testa, Giordani,** le Bourguignon, etc.

73. *Alliance de Jacob et de Laban.*

H. 1, 97. — L. 1, 75. — T. — Fig. pet. nat.

Laban et Jacob sont debout devant un autel sur lequel ils viennent d'immoler un bélier; Lia et Rachel, filles de Laban et femmes de Jacob, se tiennent également debout, avec leurs enfants, à l'ombre d'arbres où est attachée une draperie. A droite, sur le premier plan, un serviteur, couronné de lierre, ramasse du bois pour consumer la victime.

Gravé par Ph. Trière, dans le Musée Français; par Bonaccini; par Mathew Hiart. — Landon, t. 3, pl. 23.

Collection de Louis XVI.—Ce tableau de Cortone fut acheté à la vente de M. Ladvocat 3,620 livres, puis 36,001 livres à celle du prince de Conti, par Lebrun, pour l'Angleterre. A la vente Trudaine, Joullain exposa un tableau semblable qui fut retiré et jugé par les connaisseurs, après une vive discussion, une très belle copie seulement. Le tableau du Louvre fut acheté pour le roi, à la vente de M. de Vaudreuil, 36,001 fr., et Lebrun nous apprend, dans son Recueil des Gravures au trait à l'eau-forte, etc. (1809, t. 1, page 24), que cette peinture n'est autre que celle du prince de Conti *achetée pour l'Angleterre.* Elle était autrefois (Rémy, Catalogue du prince de Conti) au palais Barberini, à Rome, et fut remplacée par une copie.

74. *La Nativité de la Vierge.*

H. 1, 68. — L. 1, 21. — T. — Fig. pet. nat.

Marie, qui vient de naître, est couchée sur les genoux d'une femme qui, après l'avoir emmaillottée, se prépare à l'envelopper de bandes ; deux autres femmes agenouillées de chaque côté donnent des soins à l'enfant. Dans le fond, sainte Anne couchée et servie par deux servantes; une troisième femme apporte un vase de cuivre.

Gravé par Surugue. — *Landon, t. 3, pl. 24.*
Ancienne collection.

75. *Sainte Martine.*

H. 0, 49. — L. 0, 35. — C. — Fig. de 0, 35.

L'empereur Alexandre Sévère voulut obliger Martine, chrétienne d'illustre naissance, à sacrifier aux faux dieux. A peine fut-elle entrée dans le temple d'Apollon, qu'ayant fait le signe de la croix, la statue du dieu fut renversée ainsi qu'une partie de l'édifice, dont les ruines écrasèrent le peuple et les prêtres. La sainte, à genoux, entourée de ruines, lève les yeux vers le ciel. Dans le fond, à droite, l'empereur Alexandre Sévère ; au milieu des nuages, des chérubins.

Gravé par Bettelini dans le Musée Français; par Franciscus Spierre. — *Filhol, t. 6, pl. 373.* — *Landon, t. 3, pl. 26.*
Ancienne collection. — Les reliques de la sainte furent déterrées en 1634, et le pape Urbain VIII fit élever en son honneur une église dont la construction fut confiée à Pietre de Cortone, qui eut occasion de peindre plusieurs traits de la vie de sainte Martine. — Il existe plusieurs répétitions de cette composition, avec quelques changements et des dimensions différentes, au palais Sciarra à Rome et dans la galerie de Florence.

76. *La Vierge, l'Enfant-Jésus et sainte Martine.*

H. 1, 28. — L. 1, 60. — T. — Fig. pet. nat.

L'Enfant-Jésus, assis sur les genoux de sa mère, tient d'une main un lis, et de l'autre une palme ; sainte Martine, à genoux devant lui, s'appuie sur une fourche garnie de dents de fer, instrument de son supplice.

Landon, t. 3, pl. 25.
Collection de Louis XIV. — Ce tableau était autrefois placé sur le

maître-autel de l'ancienne chapelle de Versailles. On lit dans l'inventaire Bailly : « Rehaussé de trois pouces, baissé par les coins pour suivre le cintre de sa bordure. »

77. *La Vierge et l'Enfant-Jésus adoré par sainte Martine.*

H. 1, 15. — L. 1, 50. — T. — Fig. à mi-corps, gr. nat.

L'Enfant-Jésus, assis sur les genoux de sa mère, reçoit de sainte Martine une tige de lis ; la sainte tient une palme et un instrument garni de dents de fer avec lequel elle fut martyrisée.

Gravé par Gilles Rousselet. — Landon, t. 3, pl. 27.
Acquis par Louis XV après la mort du prince de Carignan.

78. *Romulus et Rémus recueillis par Faustulus.*

H. 2, 51. — L. 2, 66. — T. — Fig. gr. nat.

Faustulus, gardien des troupeaux d'Amulius, apporte à sa femme, dans un pan de son vêtement, un des deux enfants qu'il vient de trouver ; un petit garçon s'appuie sur le genou de sa mère, et une servante se tient debout derrière elle. Dans le fond, des bergers entourent la louve qui allaite encore l'autre enfant.

Gravé par Petit dans le Musée royal; par Robert Strange.— Landon, t. 3, pl. 28.
Musée Napoléon.

79. *Rencontre d'Énée et de Didon à la chasse.*

H. 1, 20. — L. 1, 74. — T. — Fig. de 0, 80.

Énée, suivi d'un guerrier qui porte ses javelots, rencontre Didon tenant un arc à la main. Deux amours sont près d'elle. On voit dans les airs deux autres amours, dont l'un dirige un trait sur Énée. Dans le fond, un vaisseau près du rivage.

Ancienne collection.

BIANCHI (FRANCESCO), *dit* IL FRARI, *né en 1447, mort le* 8 *février* 1510. (École lombarde.)

On n'a presque pas de détails sur la vie de cet artiste, nommé M° Franc° di Bianchi Frarre dans la chronique autographe de Lancilotti. Il fit un grand nombre d'ouvrages, perdus en partie maintenant. On a prétendu qu'il enseigna au Corrége à dessiner et à modeler. Si le fait est vrai, il ne fut pas longtemps le maître de ce grand artiste, car lorsqu'il mourut Corrège n'avait que 16 ans.

80. *La Vierge sur son trône, l'Enfant-Jésus et deux saints.*

H. 2, 20. — L. 1, 38. — B. — Fig. gr. nat.

La Vierge, assise sur un trône élevé, tient l'Enfant-Jésus assis sur ses genoux ; deux anges assis au pied du trône, jouent l'un de la viole, l'autre du théorbe. Saint Benoît en habits abbatiaux, saint Quentin couvert d'une armure et appuyé sur une épée, sont debout de chaque côté du tableau. Dans le fond, une galerie ouverte, soutenue par des pilastres décorés d'arabesques, laisse apercevoir un paysage montueux.

Landon, t. 2, pl. 11.

Musée Napoléon.

BOLOGNESE (IL). *Voir* GRIMALDI.

BONIFAZIO, *né à Venise vers 1500, mort en 1562.* (École vénitienne.)

Il a existé certainement deux peintres portant le nom de Bonifazio, travaillant dans la même ville et dont les historiens n'ont fait qu'un même artiste. Vasari, Ridolfi, Boschini, Martignoni, Zanetti disent que Bonifazio était *Vénitien*. Sansovino, Lomazzo, Morelli, Lanzi prétendent qu'il était *Véronais*. Sur un ancien registre de la compagnie des peintres de Venise on trouve l'inscription d'un Bonifazio de Vérone, et sur le nécrologe de l'église de Santo-Ermagora l'enregistrement du décès d'un Bonifazio, peintre, mort le 19 octobre 1553. Ces deux mentions doivent se rapporter très probablement au même artiste véronais dont parle Sansovino, son contemporain, artiste qui peignit dans la sacristie de l'église de Saint-Sébastien et à l'*uffizio della Zecca*, en 1547, d'un style si sec et si peu vénitien, que Zanetti attribuait ces ouvrages à un maître de l'école florentine. Quant au Bonifazio donné comme Vénitien par Vasari, également son contemporain, il y a tout lieu de croire que c'est celui dont on a des toiles datées de 1530 (c'est la plus ancienne date connue), de 1556, 1558 et 1562, d'un style tout-à-fait giorgionesque et qui ne ressemble en rien à celui des peintures authentiques du Bonifazio cité précédemment. Suivant Ridolfi, ce Bonifazio vénitien mourut en 1562, âgé de 62 ans, ce qui concorde parfaitement avec un tableau du palais ducal daté de cette même année 1562 et d'une exécution tout-à-fait analogue à celle du Titien. Ajoutons cependant que Moschini cite un portrait de Gritti daté du mois de septembre 1579, d'où il résulterait que Bonifazio aurait vécu plus de 62 ans. Ridolfi veut que Bonifazio ait été élève de Palme le Vieux; Boschini dit que Titien fut son maître. Quoi qu'il en soit, il a imité souvent ce dernier avec une grande perfection, et sa place est marquée naturellement entre Titien et Palme le Vieux.

81. *La résurrection de Lazare.*

H. 1, 83. — L. 2, 82. — T. — Fig. pet. nat.

Marthe et Marie, sœurs de Lazare, sont agenouillées

de chaque côté du Christ accompagné de ses disciples.
A droite, Lazare, soutenu par deux hommes, sort de
son tombeau en présence de plusieurs juifs. L'un d'eux
détourne la tête ; un autre se bouche les narines pour
ne pas respirer l'odeur qui s'exhale du tombeau.

Landon, t. 2, pl. 14.

Ancienne collection. — Ce tableau était placé autrefois dans l'église
de Saint-Louis-des-Français, à Rome.

82. *La Sainte-Famille, la Madeleine, saint François et saint Antoine.*

H. 1, 55. — L. 2, 03. — B. — Fig. pet. nat.

La Vierge, assise au pied d'une colonne qui s'élève au
milieu d'un paysage, tient, debout, sur ses genoux l'Enfant-Jésus que montre le jeune saint Jean , soutenu par
sainte Élisabeth. A droite, saint Joseph, assis, s'appuie
sur un bâton ; du côté opposé, la Madeleine présente un
vase de parfums à l'Enfant-Jésus. Devant elle, saint
Antoine, ermite, assis, lit un livre qu'il tient sur son
genou, et derrière lui, saint François, debout, portant
une petite croix, baisse les yeux vers la terre.

*Gravé par Etienne Picart, Rome 1682 (Calc. nat.). — Lan-
don, t. 5, pl. 42.*

Collection de Louis XIV. — Ce tableau, un des plus beaux du maître, qui appartenait au cardinal Mazarin, est estimé sur son inventaire
2,000 livres et fut acheté aux héritiers par Louis XIV. — On lit sur la
colonne, derrière la pierre :

ΙΔΟΥ ΗΔΟΥΛΗ ΚΥΡΙΟΥ (voici l'image du Seigneur) ;

inscription grecque, orthographiée suivant la prononciation des
Grecs modernes. Au-dessous, on aperçoit les traces d'une deuxième
inscription effacée maintenant, et dont on ne distingue plus que les
deux lettres O R.

83. *La Vierge , l'Enfant-Jésus , sainte Catherine , sainte Agnès et le petit saint Jean.*

H. 1, 04. — L. 1, 51. — T. — Fig. pet. nat.

La Vierge, assise au pied d'un arbre, soutient l'Enfant-Jésus debout sur ses genoux. A gauche, sainte
Agnès, tenant une palme, a près d'elle le jeune saint
Jean ; de l'autre côté, sainte Catherine d'Alexandrie
s'appuie sur une roue, instrument de son martyre.

Musée Napoléon.

BONINI (Girolamo), *dit* l'Anconitano, *du nom d'Ancône, sa patrie. Il florissait vers 1660. (École bolonaise.)*

Élève et ami de l'Albane, dont il fut un des plus fidèles imitateurs, il l'aida dans ses peintures de la salle Farnèse à Bologne et dans d'autres travaux.

84. *Le Christ adoré par les anges, par saint Sébastien et par saint Bonaventure.*

H. 2, 48. — L. 1, 78. — T. — Fig. gr. nat.

Dans le fond, le Christ, tenant un roseau et portant la couronne d'épines, est soutenu par un ange; deux autres anges sont à genoux devant lui. Sur le premier plan, à gauche, saint Sébastien, attaché à une colonne, le corps percé de flèches, et à droite, saint Bonaventure, à genoux, montrant le Sauveur.

Landon, t. 2, pl. 15.

Musée Napoléon.

BONVICINO (Alessandro), *dit* il Moretto da Brescia, *né à Rovato, bourg du territoire de Brescia, vers 1500, mort dans sa patrie vers 1560. (École vénitienne.)*

Quoique cet artiste ait signé ses tableaux *Moretus Brixiensis* ou *Alexander Brixiensis*, il ne faudrait pas en conclure cependant qu'il soit né à Brescia, parce qu'il est assez d'usage en Italie de prendre la qualification de la ville importante ou de la capitale du pays natal. L'opinion la plus accréditée, bien qu'on n'en ait aucune preuve certaine, est que Bonvicino naquit au bourg de Rovato à la fin du XVe siècle. Plusieurs peintres de sa famille, établis à Brescia, passaient pour des artistes habiles. Alessandro fut d'abord élève de son père, puis de **Floriano Ferramola**. Son premier ouvrage connu est daté de 1515. Il alla à Venise, et entra à l'école de Titien. Après avoir quitté cette ville, il exécuta un grand nombre de peintures à fresque, en détrempe et à l'huile, à Brescia, à Milan, à Bergame, à Vérone, à Trente. Plus tard, le Moretto, qui ne visita ni Florence, ni Rome, ayant vu des tableaux de Raphaël et des gravures faites d'après lui, modifia son style, qui avait été jusque là purement vénitien. On sait qu'il vivait encore en 1554, mais les auteurs ne sont pas d'accord sur la date de sa mort. Parmi ses élèves on cite surtout **Gian-Battista Morone**, peintre célèbre de portraits. Le style du Moretto est tout à la fois simple, gracieux, élevé. Son coloris, généralement argentin, le fait distinguer facilement des autres maîtres vénitiens, et particulièrement de ceux sortis de l'école de Titien, qui ont adopté une harmonie chaude et dorée.

85. *Saint Bernardin de Sienne et saint Louis de Sicile.*

H. 1, 13. — L. 0, 60. — B. cintré du haut. — Fig. pet. nat.

Les deux saints sont debout; saint Bernardin, religieux de l'ordre des Cordeliers de Sienne, tient une patène ; saint Louis, évêque de Toulouse, porte un manteau fleurdelisé et s'appuie sur une crosse.

Landon, t. 2, pl. 16.

Musée Napoléon. — Acquis par échange, ainsi que le suivant. (*V.* Beltraffio.)

86. *Saint Bonaventure et saint Antoine de Padoue.*

H. 1, 13. — L. 0, 60. — B. cintré du haut. — Fig. pet. nat.

Les deux saints sont debout ; saint Bonaventure, cardinal et évêque d'Albano, porte le chapeau de cardinal et s'appuie sur une crosse ; saint Antoine de Padoue, religieux de l'ordre des Mineurs, tient une branche de lis et un livre.

Landon, t. 2, pl. 16.

Musée Napoléon. — (*V.* Beltraffio.)

BONZI (PIETRO PAOLO), *dit* IL GOBBO DE' CARACCI, *né à Cortona vers 1580, mort à 60 ans sous le pontificat d'Urbain VIII (1623-1644). (École bolonaise.)*

Son infirmité lui fit donner le surnom de *Gobbo*, et on l'appelait *il Gobbo de' Caracci, di Cortona, de' frutti* (le Bossu des Carrache, de Cortone ; le bossu aux fruits, parce qu'il excellait à les représenter). Élève d'Annibal Carrache et de **Gio.-Batt. Viola**, Bonzi fut un paysagiste habile. Ann. Carrache et le Dominiquin ont souvent peint des figures dans ses tableaux.

87. *Latone métamorphosant des paysans en grenouilles.*

H. 0, 34. — L. 0, 43. — B. — Forme ovale.

Latone, fatiguée d'une longue marche, et tenant ses deux enfants Apollon et Diane dans ses bras, s'est assise au bord d'un lac pour s'y désaltérer. Des paysans, occupés à couper des algues et des joncs, ayant troublé l'eau pour l'empêcher de boire, la déesse les métamorphose en grenouilles. Dans le fond, pâturages avec des animaux.

Filhol, t. 10, pl. 688.

Ancienne collection. — L'exécution de ce tableau tient beaucoup de celle de Paul Bril, dont Bonzi était contemporain.

BORDONE (PARIS), *né à Trévise en 1500, mort à Venise le 19 janvier 1570.* (École vénitienne.)

Il fut élève de Titien et plus encore imitateur du Giorgione. Il vint en France, mais les historiens ne sont pas d'accord sur l'époque de son voyage : les uns, ainsi que Vasari, le font arriver en 1538 à la cour de François Ier ; les autres, se fondant sur un discours prononcé par un certain Approvini, jurisconsulte, dans une réunion littéraire tenue à Trévise en 1559, discours où l'auteur, après avoir loué Paris, lui souhaite un heureux voyage avant son départ de l'Italie, prétendent qu'il ne se rendit en France que sous le règne de François II, qui le créa chevalier. Suivant cette tradition, il resta encore quelques années à la cour de Charles IX avant de retourner en Italie. Bordone fit en France beaucoup de portraits, travailla pour le duc de Guise et pour le cardinal de Lorraine. La date de sa mort, donnée plus haut, est celle relevée par Zanetti sur le nécrologe de l'église de San-Marziale de Venise. Il n'est donc pas mort à 75 ans, comme l'avance Ridolfi, mais à 70 ans. Vasari se trompe également en disant qu'en 1566 il avait 75 ans, et que son célèbre tableau à l'huile de l'Anneau du Pêcheur est une fresque. Il eut un fils peintre qui ne marcha que de loin sur les traces de son père.

88. *Vertumne et Pomone.*

H. 1, 30. — L. 1, 24. — T. — Forme ronde. — Demi-fig. gr. nat.

Landon, t. 2, pl. 19.

Musée Napoléon. — Ce tableau a été aussi indiqué comme représentant : *Angélique et Médor.*

89. *Portrait d'homme.*

H. 1, 07. — L. 0, 86. — T. — Buste gr. nat.

Il est vêtu d'une robe fourrée et pose la main gauche sur une table ; de la droite il tient un papier sur lequel est écrit : *Spss domino Jeronimo Crofft... Magior suo senper observuant.—Augusta.* Sur un pilastre, les armes sculptées de ce personnage : Un griffon debout, tenant un rouleau dans ses serres, et sur l'écusson, les lettres T. S. On lit l'inscription suivante : ÆTATIS. SUÆ. ANN. XXVII. MD. XXXX, et sur le bas du fauteuil : PARIS B. F.

Collection de Louis XIV.

90. *Portraits présumés de Philippe II, roi des Espagnes, et de son précepteur.*

H. 1, 15. — L. 0, 53. — T. — Fig. gr. nat.

Tous deux portent la main sur un globe, symbole de la vaste domination à laquelle Philippe était appelé, ou de sa grande aptitude aux mathématiques.

Musée Napoléon. — Ce tableau, sur l'inventaire de l'Empire, est seulement *attribué* à Bordone.

BOSCHI (**Francesco**), *né en 1619, mort en 1675.* (École florentine.)

Élève et neveu de Matteo Rosselli, il termina les ouvrages que son maître en mourant laissait inachevés. Il a fait quelques tableaux pour les églises de Florence, mais il a réussi particulièrement dans la peinture des portraits. — **Alfonso Boschi**, son frère aîné et son condisciple, mort jeune, donnait les plus grandes espérances.

91. *Portrait de Galilée.*

H. 0, 51. — L. 0, 45. — T. — Tête gr. nat.

Collection de Louis XVIII. — Compris dans le lot de 22 tableaux acquis de M. de Langeac, en 1822, moyennant 20,000 fr.

BOSELLI (**Antonio**), *né à S. Gio. Bianco, dans la vallée Brembana. Son plus ancien ouvrage connu est daté du 23 février 1509; il vivait encore en 1527.* (École vénitienne.)

Lanzi pense que cet artiste, presque inconnu, est le même qu'Antonio Bosello qui aida **Pomponio Amalteo da San Vito** dans les peintures exécutées de 1534 à 1536 à Ceneda, ville de la Marche Trévisane. Il se rapproche plus, par sa manière, des peintres antérieurs à 1500 que de ceux qui ont vécu après cette époque. Lanzi compte dix-sept artistes qui ont porté le nom de Boselli.

92. *Quatre têtes de saintes :*

1° *Sainte Cécile,*

2° *Sainte Agnès,*

3° *Sainte Marie-Madeleine,*

4° *Sainte Barbe.*

H. 0, 26. — L. 0, 33. — Les nᵒˢ 1 et 4, B; les nᵒˢ 2 et 3, T. — Fig. pet. nat.

Musée Napoléon. — Ces quatre peintures, de forme octogone, sont réunies dans un même cadre.

BOTTICELLI (**Sandro**). *Voir* **Filipepi**.

BRONZINO (**Angiolo**), *peintre, graveur et poète, né à Florence vers 1502, mort dans le mois de novembre 1572.* (École florentine.)

Élève de Jacopo Carrucci, dit le *Pontormo*, qui l'aimait comme un fils. Il aida son maître dans un grand nombre d'ouvrages, travailla particulièrement à ceux qu'il fit dans la chapelle de San-Lorenzo à Florence, et les termina après la mort du Carrucci. Bronzino chercha surtout à imiter le style de Michel-Ange. Ses principales peintures sont à Florence et à Pise. Il fit aussi un grand nombre de portraits justement estimés. Il ne faut pas confondre Angiolo Bronzino avec Alessandro et Cristofano Allori, qui prirent tous deux le surnom de *Bronzino.*

93. *Le Christ apparaît à la Madeleine.*

H. 2, 91. — L. 1, 95. — B. — Fig. gr. nat.

Jésus-Christ, tenant une bêche à la main, apparaît à la Madeleine, qui se jette à ses pieds. A la vue du Christ, deux saintes femmes, placées près de la Madeleine, témoignent leur étonnement. Dans le fond, le calvaire, la ville de Jérusalem; et, près du sépulcre, un ange annonçant à Marie-Madeleine et à ses compagnes que Jésus est ressuscité.

Etruria pittrice, t. 1, pl. 52.

Musée Napoléon. — « Giovanni-Battista Cavalcanti, ayant construit à Santo-Spirito de Florence, en marbres précieux amenés d'outremer à grands frais, une chapelle où il déposa les restes mortels de son père Tommaso, y fit sculpter par Fra Giovanni Agnolo Montorsoli le buste de son père, et peindre par Bronzino le Christ apparaissant à Marie-Madeleine sous la figure d'un jardinier. Au fond de cette composition, on aperçoit les deux autres Maries. Toutes ces figures sont étudiées avec un soin incroyable. » (VASARI.) — Dans la notice de 1823 (no 335), ce tableau est donné à Alessandro Allori.

94. *Portrait d'un sculpteur.*

H. 1, 11. — L. 0, 91. — B. — Fig. à mi-corps, gr. nat.

Il est vêtu de noir et tient une petite statue de bronze.

Filhol, t. 4, pl. 257.

Collection de Louis XIV. — Les inventaires, ainsi que les notices précédentes, disent que le portrait représente Baccio Bandinelli, peintre et sculpteur florentin, et l'attribuent à Sébastien del Piombo. Nous ne croyons pas nous tromper en restituant cette belle peinture au Bronzino. Quant à la similitude des traits du sculpteur représenté ici avec ceux connus du Bandinelli, elle ne nous a point paru assez frappante pour conserver l'ancienne dénomination.

BRONZINO. *Voir* **ALLORI** (CHRISTOFANO).

BRUSASORCI (FELICE), *voir* RICCIO.

CAGNACCI (GUIDO). *Voir* CANLASSI (GUIDO).

CALABRÈSE. *Voir* PRETI (MARIA).

CALCAR (JOHAN STEPHAN VON), *né à Calcar dans le duché de Clèves en 1499, et mort à Naples en 1546.* (École vénitienne.)

Vasari appelle cet artiste Giovanni Fiamingo et Giovanni di Calcare. Il ajoute que cet artiste flamand très distingué s'était rendu la manière italienne si familière que ces peintures n'étaient pas reconnues comme de main flamande. D'autres historiens l'ont appelé Calcher, Chalcher, Kalker; et Vésale, dans la préface de son traité d'anatomie, le nomme Joannes Stephanus Calcarensis. — Il fut disciple de Titien et fit de si grands progrès à son école que ses ouvrages ne se distinguaient pas de ceux du maître. Les écrivains contemporains nous apprennent que souvent, de leur temps, les tableaux et surtout les portraits de Calcar ont été vendus comme des ouvrages de Titien. Il en fut de même lorsque Calcar changea de manière et imita Raphaël au point de tromper les plus habiles connaisseurs de l'époque. Il dessina à Padoue, en 1537 les belles figures anatomiques gravées sur bois, qui parurent dans la première édition du traité de Vésale, imprimé à Basle en 1542, et qui furent longtemps attribuées à Titien. — Cet artiste appartient de fait à l'école allemande; mais l'habileté avec laquelle il a su s'approprier le style et l'exécution des maîtres italiens nous a engagé à ne pas le séparer de ceux dont il a été autant l'émule que l'imitateur.

95. *Portrait d'homme.*

H. 1, 09. — L. 0, 88. — T. — Fig. à mi-corps. gr. nat.

Il a la barbe rousse et fourchue, la tête nue et les cheveux courts; il est vêtu d'une robe noire mise pardessus un pourpoint violet; la main gauche pose sur la hanche, et la droite, appuyée sur le piédestal d'une colonne, tient un papier. On remarque sur la colonne un écusson portant d'azur à trois têtes de pavot d'or, et on lit cette inscription : ANNO 1540 ÆTATIS 26. Ce blason est répété sur la bague que porte le personnage, avec l'addition de trois lettres : N. V. B.

Filhol, t. 2, pl. 47. — Landon, t. 8, pl. 18.

Collection de Louis XIV. — On trouve dans l'inventaire de Bailly (1709-10), sous le nom de *Jean Vancalcard :* « un tableau représentant un portrait d'homme, la main droite appuyée sur un piédestal et la gauche sur le côté. Figure comme nature ayant de hauteur trois pieds et demi sur deux pieds six pouces de large. » Ce portrait ne figure plus dans le catalogue de Lépicié (1753) au nom de Calcar, mais il reparaît mieux décrit à l'article de Tintoret, avec des dimensions qui avaient varié ainsi que celles de tant d'autres tableaux : « Hauteur trois pieds sept pouces et demi sur trois pieds de large, forme ovale. » Ce portrait n'est évidemment pas du Tintoret. Nous avons cru devoir lui rendre sa plus ancienne attribution, qui nous semble incontestable.

CALDARA (POLIDORO), *dit* POLIDORE DE CARAVAGE, *né à Caravaggio, dans le Milanais, vers l'an* 1495*, mort à Messine en* 1543. (École romaine.)

Il commença par porter le mortier qui servait à préparer les fresques du Vatican où travaillait Raphaël. La vue des ouvrages de ce grand maître lui inspira le désir de se livrer à la peinture. Jean d'Udine lui enseigna les premiers éléments de l'art. Ses progrès furent si rapides que Raphaël l'employa bientôt aux travaux des loges et des chambres du Vatican. Il ne cessa d'étudier les statues et les bas-reliefs antiques conservés à Rome, peignit avec l'aide de **Maturino** de Florence, son ami, une grande quantité de façades de maisons, en camaïeu et à sgraffito, et montra dans ses compositions une profonde connaissance de l'antiquité. Après le sac de Rome, ayant perdu tout ce qu'il possédait, Polidore fut à Naples, ouvrit une école, orna de fresques des façades de maisons, se rendit à Messine, et y fonda une nouvelle école qui ne tarda pas à prospérer. Au moment où il s'apprêtait à retourner à Rome, il fut assassiné par un de ses élèves nommé Tonno Calabrese. Les tableaux de ce maître sont très rares et presque toujours monochromes. Ses principaux élèves à Naples furent : **Gian-Bernardo Lama**, **Marco Calabrese** dit *Cardisco;* à Messine : **Deodato Guinaccio**, **Jacopo Vignerio**, **Alfonso Lazzaro**, **Mario Riccio** et son fils **Antonello**, **Stefano Giordano** et son assassin **Tonno Calabrese.**

96. *Psyché reçue dans l'Olympe.*

H. 1, 04. — L. 1, 58. — B. — Fig. de 0, 48.

Jupiter, assis au milieu des divinités de l'Olympe, offre la coupe de l'immortalité à Psyché, présentée par Mercure.

Filhol, t. 9, pl. 649. — Landon, t. 3, pl. 12.
Collection de Louis XIV. — Esquisse peinte en détrempe.

CALIARI (Paolo), *dit* Paolo Veronese, *né à Vérone en* 1528, *mort le* 19 *avril* 1588. (École vénitienne.)

Son père Gabriele Caliari, sculpteur, le destina d'abord à sa profession et lui apprit à modeler ; mais bientôt, entraîné par un penchant irrésistible vers la peinture, il entra à l'atelier de son oncle **Antonio Badile.** Vasari prétend qu'il eut pour maître **Giovanni Carotto**, qui avait des connaissances étendues en architecture et en perspective. Les gravures d'Albert Durer, les dessins du Parmesan furent des modèles qu'il copia assidûment pendant plusieurs années. Il fit des progrès rapides, et, après avoir terminé différents travaux à Vérone, il fut conduit à Mantoue par le cardinal Ercole Gonzaga, avec **Dominico Riccio**, **Battista dal Moro**, et **Paolo Farinato**, ses compatriotes, pour peindre plusieurs tableaux dans le dôme. Le jeune Paolo, dans ces travaux, se montra supérieur à ses compagnons et revint à Vérone ; mais n'y trouvant pas assez d'occupations, il passa à Vicence, puis à Venise, où il s'établit. Ses premières peintures, exécutées en 1555 dans la sacristie et dans l'église Saint-Sébastien, le placèrent immédiatement au rang des premiers artistes de l'époque, et son triomphe fut complet lorsqu'à la suite d'un concours établi par les procurateurs de Saint-Marc pour la peinture du plafond de la bibliothèque, ses rivaux lui décernèrent eux-mêmes la chaîne d'or destinée au vainqueur. Après cette lutte mémorable, Caliari fit un voyage à Vérone, puis revint à Venise, où il travaillait en 1560 à Saint-Sébastien, ainsi qu'au palais ducal. Le procurateur Girolamo Grimano ayant été envoyé par la République en qualité d'ambassadeur près du Saint-Père, Paolo l'accompagna. La vue des ouvrages de Raphaël, de Michel-Ange, et surtout l'étude des chefs-d'œuvre de l'antiquité, eurent l'influence la plus heureuse sur sa manière, qui s'agrandit et se simplifia encore sans perdre de sa grâce et de sa noblesse. De retour à Venise, il se trouva tellement recherché, que c'est à peine si, malgré son extrême assiduité et sa prodigieuse facilité d'exécution, il put suffire à tous les travaux publics et particuliers dont il fut chargé. Des églises presque entières ont été peintes par lui ; le palais ducal est rempli de ses œuvres gigantesques ; des maisons de campagne dans les environs de Vicence, de Trévise, de Vérone sont couvertes de ses fresques, et ses tableaux se trouvent répandus dans toutes les galeries de l'Europe. Son dessin, ferme et noble, qui procède par de grands plans à la manière antique, le doux éclat de sa couleur argentine, la beauté et la grâce de ses têtes, la pompeuse magnificence de ses vastes compositions, enfin l'art admirable, et que lui seul a possédé à ce degré, de représenter sans sacrifice apparent et sans confusion de nombreuses figures enveloppées d'une atmosphère également lumineuse, toutes ces éminentes qualités font de Paul Véronèse un des plus rares génies dont la peinture puisse se glorifier. — Paul Véronèse eut un frère nommé **Benedetto**, né en 1538, mort en 1598, qui l'aida dans ses travaux et acheva avec ses neveux ceux qu'il laissa non terminés. Benedetto, savant en architecture, imita le style de Paolo avec bonheur dans les ouvrages qu'il exécuta seul. — Des deux fils de Paolo, **Carlo** ou **Carletto**, né en 1572, mort en 1596 à 26 ans, élève de son père et de Jacques Bassan, est le plus connu et produisit un grand nombre de tableaux remarquables.—Son frère **Gabrielle** abandonna la peinture après la mort de son oncle et de Carletto, et mourut de la peste à Venise en 1631, à l'âge de 63 ans. — **Parrasio Michele**, **Luigi Benfatto** dit *dal Friso*, neveu de Paul ; **Maffeo Verona**, gendre de Luigi ; **Michelangiolo Aliprando**, **Francesco Montemezzano**, **Sigismondo Scarsella** de Ferrare, père du **Scarsellino**, et surtout **Battista Zelotti**, furent, avec les membres de sa famille, les principaux élèves et imitateurs de Caliari.

97. *Les anges font sortir Loth et ses filles de Sodome.*

H. 0, 93. — L. 1, 20. — T. — Fig. de 0, 70.

Un ange conduit les filles de Loth hors de Sodome. L'une d'elles porte deux paniers, l'autre s'appuie sur le bras de l'ange pour rattacher son cothurne. Plus loin, un autre ange guidant les pas de Loth ; et dans le fond, à droite, sa femme, qui s'est détournée pour regarder l'incendie, changée en statue de sel.

Gravé par Benoît Audran. — *Filhol, t. 9, pl.* 650. — *Landon, t. 8, pl.* 71.

Ancienne collection. — Ce tableau a fait partie du cabinet du duc de Liancourt.

98. *Suzanne au bain.*

H. 1, 98. — L. 1, 98. — T. — Fig. gr. nat.

Suzanne, assise près d'un bassin, s'enveloppe de ses vêtements à l'approche des vieillards.

Gravé par E. Smith.

Collection de Louis XIV. — On lit dans l'inventaire **Bailly** (1709-10) :

Ce tableau a « 9 pieds 6 pouces de hauteur (3, 07) sur 10 pieds 9 pouces de large (3, 51). Il a été rehaussé de 2 pieds et élargi de 12 pouces. » Il existe en Angleterre une copie ou répétition de cette composition. — (Voir la note du n° 110.)

99. *L'évanouissement d'Esther.*

H. 2, 00. — L. 3, 10. — T. — Fig. gr. nat.

A droite, Assuérus, assis sur un trône élevé entre deux colonnes, vêtu avec une magnificence royale, entouré des grands de sa cour et ayant auprès de lui son nain favori, regarde la reine avec colère. A gauche, Esther, évanouie dans les bras de deux de ses suivantes. Dans le fond, derrière elle, deux figures sur une espèce de balcon ; au milieu, une statue dans une niche.

Landon, t. 8, pl. 36.

Collection de Louis XIV. — « Il a été remployé de 9 pouces sur la hauteur et élargi de 11. » Inventaire Bailly. — (Voir la note du n° 110.)

100. *La Vierge, l'Enfant-Jésus, sainte Catherine, saint Benoît et saint Georges.*

H. 0, 99. — L. 0, 90. — T. — Fig. de 0, 70.

La Vierge, assise sur un trône, tient sur ses genoux l'Enfant-Jésus debout. A droite, sainte Catherine d'Alexandrie, une palme à la main, présente au Sauveur saint Benoît à genoux. De l'autre côté, saint Georges debout, couvert d'une armure et armé de sa lance.

Gravé par Brebiette. — Landon, t. 8, pl. 53.

Collection de Louis XIV.

101. *La Vierge, l'Enfant-Jésus, saint Joseph, sainte Elisabeth, la Madeleine et une religieuse bénédictine.*

H. 0, 51. — L. 0, 43. — T. collée sur bois. — Fig. de 0, 27.

A gauche, la Vierge assise tient dans ses bras l'Enfant-Jésus, dont la Madeleine soulève la main pour la donner à baiser à une religieuse bénédictine agenouillée devant lui et présentée par saint Joseph. Derrière la Vierge, sainte Elisabeth tressant une couronne de fleurs. Dans

le fond, un lit à riche baldaquin, une fenêtre ouverte et
un vase posé sur la balustrade.

Gravé par Boutroi dans le Musée royal.
Collection de Louis XIV.

102. *Jésus guérit la belle-mère de Pierre.*

H. 0, 42. — L. 0, 36.—Papier collé sur toile.—Fig. de 0, 20.

Au milieu d'une espèce de vestibule, Jésus-Christ
debout touche la main de la malade couchée sur un lit
à pieds sculptés et surmonté d'un riche baldaquin. La
belle-mère de Pierre est soutenue par une jeune fille
placée derrière elle, et les disciples de Jésus, Pierre et
Jean, se tiennent debout de l'autre côté du lit. Un vieillard témoigne son étonnement de cette guérison subite.
A droite, une femme regardant par la fenêtre; dans le
fond, un portique à arcades et plusieurs figures.

Landon, t. 8, pl. 37.
Ancienne collection.—Esquisse.

103. *Les noces de Cana.*

H. 6, 66. — L. 9, 90. — T. — Fig. plus gr. que nat.

Le Christ et la Vierge, la tête entourée d'une auréole,
sont assis au centre d'une immense table en fer à cheval, autour de laquelle se presse un grand nombre de
convives. Les nouveaux époux occupent l'extrémité de
la table, à gauche. Entre les deux parties en retour, des
musiciens forment un concert. Derrière la table, un
balcon élevé, garni d'une balustrade, est occupé par des
serviteurs qui découpent des viandes ou apportent des
mets et des vases; plus loin et de chaque côté, on
aperçoit des portiques d'ordre corinthien, garnis de
spectateurs, et au fond un campanile.

Gravé par Mitelli ; par Jackson. — Filhol, t. 10, pl. 601. —
Landon, t. 8, pl. 42, 43, 44 et 45.

Musée Napoléon. — Paul Véronèse a introduit dans cette immense
composition les portraits d'un grand nombre de personnages célèbres.
D'après une tradition écrite, conservée dans le couvent de Saint-
Georges, et communiquée à Zanetti, il paraît que l'époux assis à gauche, à l'angle de la table, et à qui un nègre, debout de l'autre côté,
présente une coupe, serait Don Alphonse d'Avalos, marquis du Guast,
et la jeune épouse placée près de lui, Éléonore d'Autriche, reine
de France. On remarque un fou derrière elle. François Ier, coiffé

d'une façon bizarre, est assis à ses côtés; vient ensuite Marie, reine d'Angleterre, vêtue d'une robe jaune. Soliman Ier, empereur des Turcs, est près d'un prince nègre qui parle à un des serviteurs; plus loin, Victoire Colonna, marquise de Pescaire, tient un cure-dents. A l'angle de la table, l'empereur Charles V, vu de profil, porte la décoration de l'ordre de la Toison-d'Or. Paul Véronèse s'est représenté lui-même avec les plus habiles peintres de Venise, ses contemporains, au milieu du groupe de musiciens qui occupe le devant du tableau. Il est en habit blanc, et joue de la viole; derrière lui, le Tintoret l'accompagne avec un instrument semblable; de l'autre côté, Titien joue de la basse; le vieux Bassan joue de la flûte; enfin, celui qui est debout, vêtu d'une étoffe brochée, et qui tient une coupe remplie de vin, est Benedetto Caliari, frère de Paul. — Ce tableau, cité par Vasari (dans la vie de Michele Sammichele) comme une merveille, était placé au fond du réfectoire du couvent de Saint-Georges-Majeur, à Venise. D'après le contrat conservé dans les archives du couvent, et passé le 6 juin 1562, on voit que l'artiste s'engagea à l'exécuter moyennant 324 ducats d'or, outre les dépenses de bouche et le don d'un tonneau de vin. La peinture fut terminée, suivant les conventions, le 8 septembre 1563. Le ducat d'or valait alors 6 liv. 4 sous de Venise, et la somme de 324 ducats correspond à 1,004 fr. 12 cent., qui, à la puissance actuelle de l'argent, représentent environ 3,888 fr. Ce tableau vint en France à la suite des campagnes d'Italie : le gouvernement autrichien, en 1815, consentit, en raison de la difficulté et des dangers du transport, à l'échanger contre une peinture de Lebrun, représentant *le Repas chez le Pharisien*, gravé par de Poilly.

104. *Le repas chez Simon le Pharisien.*

H. 4, 54. — L. 9, 74. — T. — Fig. gr. nat.

Jésus-Christ, assis à l'angle d'une table, montre à Simon, placé en face de lui, la Madeleine agenouillée qui, après avoir répandu un vase de parfums sur les pieds du Sauveur, les essuie avec ses cheveux; Judas, placé devant une autre table, se lève et adresse la parole au Christ. Les deux tables, servies sous un portique circulaire orné de colonnes, sont occupées par les disciples de Jésus et d'autres convives. Derrière les tables et de chaque côté s'élèvent des dressoirs garnis de vaisselle d'or et d'argent. On aperçoit dans le fond de riches édifices dont les balcons sont couverts de spectateurs. Deux anges, dans les airs, portent une banderole sur laquelle on lit : GAVDIVM IN COELO SVPER VNO PECCATORE POENITENTIAM AGENTE.

Gravé par Valentin Lefebvre.

Collection de Louis XIV. — Ce tableau, peint de 1570 à 1575 environ, pour le réfectoire des pères Servites à Venise, fut donné à Louis XIV par la république de Venise en 1665. On le plaça d'abord dans la galerie d'Apollon, suivant d'Argenville et Germain Brice, qui le cite à tort comme représentant les noces de Cana; plus tard, sous le règne de Louis XV, il passa à Versailles, dans le salon d'Hercule, où il était entouré d'une riche bordure, soutenue par quatre consoles en bronze doré, sculptées par Vassé. (Cette bordure, supportée par les mêmes consoles, existe encore aujourd'hui, et encadre le passage du Rhin, copie de M. Pierre Franque, d'après Vander Meulen.) Dans les registres des recettes et dépenses des bâtiments du roi, on trouve à l'année 1665 : « Art. 64, du 20 août, à Baudrin Juart, peintre, pour avoir nettoyé le tableau de Paul Véronèse, envoyé de Venise au roi, 250 liv. » Cet artiste doit être Baudoin Yvart, reçu de l'Académie en 1675, mort le 12 décembre 1690. — Outre ces deux grandes Cènes, Paul Véronèse en peignit encore deux autres : l'une pour le réfectoire des religieux de Saint-Sébastien, à Venise, représentant le Repas de Simon le Lépreux, et exécutée en 1570 (*gravée par Mitelli; Landon, t. 8, pl. 38 et 39*) ; l'autre, le Repas que Lévi ou Mathieu donna à Jésus-Christ lors de sa vocation. Cette dernière, qui porte la date du 20 avril 1573, se trouvait dans le réfectoire des religieux de Saint-Jean-et-Paul, et fut faite pour remplacer le Cénacle de Titien qui périt dans un incendie (*gravée par Saendran; Landon, t, 8, pl. 40 et 41*). Ces quatre grandes Cènes, exécutées chacune pour un prix qui couvrait à peine la dépense matérielle, mais qui valurent à Paul une immense réputation, étaient réunies à Paris en l'an VII-VIII.

105. *Jésus-Christ sur le chemin du Calvaire.*

H. 0, 58. — L. 0, 71. — B. — Fig. de 0, 55.

Le Christ succombe sous le poids de la croix que deux bourreaux soutiennent. Plus loin, la Vierge évanouie dans les bras de Marie-Madeleine. Dans le fond, la ville de Jérusalem.

Filhol, t. 10, pl. 608. — Landon, t. 8, pl. 46.

Collection de Louis XIV. — Ce précieux tableau n'est qu'ébauché dans certaines parties.

106. *Le Christ entre les larrons.*

H. 1, 02. — L. 1, 02. — T. — Fig. de 0, 15.

Jésus crucifié entre les deux larrons, la tête penchée, paraît rendre le dernier soupir. Saint Jean soutient la Vierge évanouie. La Madeleine embrasse le pied de la croix et regarde avec douleur l'agonie du Sauveur. Sur le premier plan, deux saintes femmes ; l'une tient la main de la Vierge, et l'autre cache sa figure. A gauche, des bourreaux ; dans le fond, Jérusalem.

Collection de Louis XIV.

107. *Les pèlerins d'Emmaüs.*

H. 2, 90. — L. 4, 48 . — T. — Fig. gr. nat.

Dans un vestibule orné de colonnes cannelées, le Christ

assis devant une table, entre les deux disciples, lève les
yeux au ciel et bénit le pain; derrière le Christ, trois
domestiques apportant des plats. Paul Véronèse s'est représenté, dit-on, dans ce tableau avec une partie de sa
famille. A droite, sa femme, debout, tient un petit enfant
dans ses bras. Deux de ses fils sont près d'elle; l'un paraît
vouloir se cacher derrière son manteau, tandis que l'autre,
agenouillé, cherche à retenir dans ses mains un petit
chien épagneul. Deux petites filles vêtues de damas
jouent devant la table avec un gros chien. Dans le fond,
à gauche, une ville et la campagne; les pèlerins et le
Christ dans l'éloignement. On lit sur ce tableau, en
lettres d'or : PAOLO VERONESE.

Gravé par Thomassin. — *Landon, t. 8, pl. 48.*

Collection de Louis XIV. — Félibien dit que ce chef-d'œuvre était
placé dans le grand cabinet du roi aux Tuileries, vis-à-vis de la
famille de Darius, tableau de Lebrun, qui se trouve aussi au Musée
maintenant.

108. *Portrait de femme.*

H. 1, 15. — L. 0, 95. — T. — Fig. jusqu'aux genoux, gr. nat.

Elle est vêtue d'une robe noire et tient par la main un
petit garçon qui joue avec un chien.

Musée Napoléon. — Ce portrait, cité dans la Vie de Paul Véronèse par le commandeur del Pozzo, se trouvait avec d'autres tableaux
du même maître dans la galerie Bevilacqua, à Vérone.

CALIARI (attribué à).

109. *L'adoration des bergers.*

H. 0, 90. — L. 1, 60. — T. — Fig. 0, 70.

L'Enfant-Jésus, couché sur la paille et tenu par la
Vierge, est adoré par deux bergers agenouillés. Derrière
la Vierge, à gauche, saint Joseph, un enfant et l'âne.
A droite, près d'une colonne, un berger avec une
chèvre.

Ancienne collection. — Ce tableau a beaucoup souffert.

CALIARI (école de).

110. *Rébecca et Éliézer.*

H. 2, 47. — L. 3, 43. — T. — Fig. gr. nat.

Éliézer, au pied d'une ruine entourée d'arbres, présente à Rébecca des bijoux que deux nègres ont apportés dans une cassette et viennent de déposer sur le bord d'un puits. A gauche, plusieurs dromadaires.

Gravé par Jean Moyreau. — Landon, t. 8, pl. 34.

Collection de Louis XIV. — Félibien, Florent-le-Comte, Piganiol de la Force, disent que le roi acheta à Jabach quatre tableaux appartenant autrefois à la maison Bonaldi, à Venise. Ce qui est conforme, du reste, au récit du biographe Ridolfi, qui les cite comme existant de son temps dans cette famille. Ces tableaux sont : celui décrit sous le présent numéro, — une Judith qui coupe la tête à Holopherne (à présent au musée de Caen), — Suzanne (no 98), — la reine Esther s'évanouissant devant Assuérus (no 99). Le tableau de Rébecca et Eliézer a figuré longtemps à Versailles, au-dessus de la cheminée du grand salon d'Hercule. Mariette, en parlant de lui dans le texte du *cabinet Crozat*, dit : « Quelques curieux qui ont étudié à Venise la manière de peindre de Paul Véronèse et de Zelotti ont prétendu que ce dernier était l'auteur de ce tableau ; mais il est bien difficile de décider sur un point aussi incertain que celui-ci ; vu que les manières de ces deux maîtres sont fort semblables. » Cette peinture, trop faible et trop lourde pour être de Paul, appartient plutôt à Carletto son fils, ou à un artiste de son école. Elle a beaucoup souffert, et sa dimension a été modifiée à plusieurs reprises, car en 1709-10 elle avait 3 m. 07 c. (neuf pieds et demi) de hauteur, sur 3 m. 47 c. (dix pieds neuf pouces) de largeur. Bailly ajoute, dans son inventaire, qu'elle a été rehaussée de deux pieds (0 m. 65 c.) et rélargie de onze pouces (0 m. 29 c.); on la rentoila en 1834 et on la réduisit aux dimensions actuelles.

111. *Portrait de femme.*

H. 1, 10. — L. 0, 90. — Fig. à mi-corps, gr. nat.

Elle est vêtue de noir et vue presque de profil, tournée à droite. Elle tient d'une main des gants et de l'autre le cordon de sa ceinture.

Ancienne collection.

CAMPI (Bernardino), *peintre et écrivain, né à Crémone en 1522 ; vivait encore en 1590. (École lombarde.)*

Son père le destinait d'abord à l'orfèvrerie; mais la vue de deux tapisseries faites d'après les cartons de Raphaël, et copiées par **Giulio Campi**, le décida à quitter cette profession pour entrer à l'école de cet artiste, son parent, à ce qu'on croit. Il étudia ensuite à Mantoue sous la direction d'**Ippolito Costa**, et fit des progrès si rapides qu'à l'âge de 19 ans il prenait rang parmi les maîtres. Il connut à Mantoue Jules Romain et ses élèves ; il étudia ses ouvrages avec ardeur ainsi que ceux de Titien et du Corrège, dont il admirait le coloris. Il travailla à Crémone, à Mantoue, à Parme, à Modène, à Reggio, à Milan. Après avoir imité successivement différents artistes, Campi se fit une manière vigoureuse et brillante qui lui est particulière et semble presque originale. Il fit aussi un grand nombre de portraits qui contribuèrent à sa réputation, et publia en 1584 un livre intitulé : *Parere sulla pittura*. Il eut de nombreux élèves, parmi lesquels on distingue surtout **Sofonisba Augussola**, qui fit des portraits célèbres, et dont Van-Dyck recherchait les conseils.—Outre Bernardino, on connaît encore quatre autres artistes du nom de Campi, qui occupent un rang distingué dans l'école lombarde. **Galeazzo**, mort en 1536, à 61 ans. — **Giulio** son fils, né vers 1502, mort en 1572, élève de Galeazzo et de Jules Romain. Il étudia Raphaël, Corrège, Titien, les antiques de Rome, et fut avec Bernardino le plus habile des Campi. — **Antonio**, frère de Giulio et son élève, vivait encore en 1591. Savant en architecture, il cultiva aussi la sculpture, la gravure, et écrivit l'histoire de sa ville natale. Il chercha surtout à imiter le Corrège et fut créé chevalier. — **Vincenzo**, mort en 1591, 3e frère de Giulio, peignit surtout des portraits et des tableaux de fruits. Chacun de ces Campi eut ses disciples, mais les historiens ne les distinguent pas toujours et désignent simplement plusieurs d'entre eux par le titre d'élèves des Campi.

112. *La Mère de pitié.*

H. 1, 63. — L. 1, 60. — T. — Fig. gr. nat.

La Vierge agenouillée lève les yeux au ciel en présence du corps du Christ détaché de la croix et assis sur son linceul.

Filhol, t. 4, pl. 231. — Landon, t. 2, pl. 28.

Musée Napoléon.

CANAL (Antonio da), *dit* Canaletti, *peintre et graveur, né à Venise le* 18 *octobre* 1697, *mort dans la même ville le* 20 *août* 1768. (École vénitienne.)

Élève de **Bernardo da Canal**, son père, peintre de décors. Il s'occupa d'abord comme lui à peindre des décorations de théâtre; mais en 1719 il abandonna ce genre, passa à Rome, copia les antiquités de la ville et des environs, et acquit la réputation d'un habile paysagiste. De retour dans sa patrie, et dans l'impossibilité de continuer ses études de paysages, il s'adonna presque exclusivement à la représentation des différentes vues de Venise et produisit un nombre considérable d'ouvrages fort recherchés. Il alla deux fois à Londres et gagna des sommes considérables. On prétend qu'il fut le premier à se servir de la chambre obscure pour obtenir rapidement une perspective exacte. **Tiepolo** a souvent fait dans ses peintures des figures touchées avec beaucoup d'esprit. Parmi les imitateurs de Canaletti on cite surtout **Francesco Guardi**, **Bernardo Bellotto**, **Jacopo Marieschi** et **Antonio Visentini**, dans les tableaux duquel Tiepolo peignit aussi des figures; **Giuseppe Moretti** et **Francesco Battaglioni**.

113. *Vue de l'église appelée* la Madonna della Salute, à *Venise.*

H. 1, 24. — L. 2, 13. — T. — Fig. de 0, 10.

Elle fut élevée en accomplissement d'un vœu formé par le sénat pour la cessation de la peste qui ravageait Venise en 1630. La première pierre fut posée par le

doge Nicolas Contarini, en 1631. L'architecture est de
B. Longheno.

Collection de Louis XVIII. — Compris dans cinq tableaux acquis,
en 1818, de M. le comte de Claparède, moyennant la somme de
18,000 fr.

CANALETTI (école de).

114. *Vue de l'église et de la place Saint-Marc, à
Venise.*

H. 0, 66. — L. 0, 98. — T. — Fig. de 0,04.

Ancienne collection. — Ce tableau et le suivant paraissent être de
Bernardo Bellotto, né à Venise en 1724, mort à Varsovie en 1780.
Il fut élève de son oncle Antonio Canal, dont il imita la manière. Il
voyagea en Italie, dessina les édifices les plus remarquables des différentes villes, passa à Vienne, puis à la cour de Dresde, et enfin à Varsovie. Il est connu en Angleterre sous le nom de Canaletto, et en Allemagne du *comte Bellotti*.

115. *Vue du palais ducal à Venise, et du môle, pris
de la riva degli Schiavoni, au-delà du
pont della Paglia.*

H. 0, 66. — L. 0, 98. — T.— Fig. de 0,04.

Dans le lointain, on aperçoit la douane de mer et
l'église dite *la Madonna della Salute*.

Filhol, t. 1, pl. 27.

Ancienne collection.

CANLASSI (GUIDO) *dit* CAGNACCI, *né à Castel-San-Ar-
cangelo, près de Rimini, en 1601, mort à Vienne en 1681.*
(École bolonaise.)

Il dut le surnom de Cagnacci à la difformité de son corps. Il fut
élève de Guide, dont il imita d'abord la manière pour en prendre
ensuite une plus vigoureuse. Il passa en Allemagne, où il exécuta
beaucoup de travaux pour l'empereur Léopold Ier.

116. *Saint Jean-Baptiste.*

H. 1, 48. — L. 1, 14. — T. — Fig. gr. nat.

Assis et appuyé sur un rocher, il tient de la main
droite une croix de roseau, et caresse un mouton dont
le pied pose sur son bras gauche.

Landon, t. 2, pl. 25.

Musée Napoléon.

CANTARINI (SIMONE) DA PESARO, *dit* LE PÉSARÈSE,

3.

*peintre, graveur, né à Oropezza, près de Pesaro, en
1612; mort à Vérone le 15 octobre 1648. (École bolonaise.)*

Il apprit à dessiner chez **Giacomo Pandolfini,** à peindre chez
Claudio Ridolfi, se perfectionna en étudiant les ouvrages de Baroche
et surtout ceux du Guide, dont il fut l'imitateur le plus fidèle. Il
ouvrit une école à Bologne, passa ensuite à Mantoue, puis à Vérone,
où il mourut.

117. *Le repos de la Sainte-Famille.*

H. 0, 41. — L. 0, 57. — B. — Fig. de 0, 65.

La Vierge, assise à terre, soutient l'Enfant-Jésus
qui lui tend les bras; près d'elle est saint Joseph assis
au pied d'un arbre.

*Gravé par Cantarini; par Gondolfi dans le Musée français.
— Landon, t. 7, pl. 4. — Filhol, t. 4, pl. 271.*

Collection de Louis XVI. — Ce tableau, donné au Guide, avait été
possédé par un Anglais, M. Heze, qui le céda à M. Pasquier, député
du commerce de Rouen. A la vente de ce célèbre amateur, en 1755,
on le vendit, avec le nº 118, 6,002 livres. Ils furent ensuite payés, à la
vente de la Live de Jully en 1770, 5,830 liv. ; — à la vente du prince
de Conti en 1777, 16,000 liv.;—à la vente de Boileau en 1779, 7,202 liv.;
— à celle du comte de Merle en 1784, 15,200 liv. Malgré l'ancienneté
de l'attribution de ce tableau, les figures de la Vierge et de l'Enfant-
Jésus nous semblent s'éloigner trop comme style et comme exécution,
de la manière de l'artiste, pour la conserver. Nous pensons que cette
peinture peut être attribuée, à plus juste titre, au Cantarini.

118. *Repos de la Sainte-Famille.*

H. 0, 41. — L. 0, 57. — T. collée sur bois. — Fig. de 0, 60.

La Vierge, assise à terre, semble bercer entre ses bras
l'Enfant-Jésus ; plus loin, à gauche, saint Joseph endormi, la tête appuyée sur sa main ; fond de paysage.

*Gravé à l'eau-forte par le Pésarèse. — Filhol, t. 4, pl. 284.
— Landon, t. 5, pl. 60.*

Collection de Louis XIV. — On trouve cette note dans le catalogue
de vente de M. Pasquier : « Ce tableau, de la bonne touche du Pésarèse, vient du cabinet de M. Devaux ». Il était autrefois ovale, on a
rempli les quatre coins pour en faire un pendant au numéro précédent. (Voir ce numéro.)

119. *Sainte-Famille.*

H. 1, 48. — L. 2, 00. — T. — Fig. gr. nat.

La Vierge, l'Enfant-Jésus, sainte Anne et saint Joseph. Dans la partie supérieure, deux anges répandant
des fleurs sur la Vierge.

Ancienne collection. — Les notices précédentes donnaient au Pésarèse ce tableau, qui lui est seulement *attribué* par l'inventaire de l'Empire.

CARAVAGE. *Voyez* AMERIGHI (MICHEL-ANGIOLO).

CARDI (LODOVICO) DA CIGOLI, *peintre, sculpteur, architecte, poète et musicien, né au bourg de Cigoli, près Florence, le 12 septembre 1559, mort à Rome le 8 juin 1613. (École florentine.)*

Baldinucci appelle cet artiste le commandeur Fra Ludovico Cardi dit le *Cigoli*. Ce peintre signait ses tableaux Lodovico Cigoli. A 13 ans, il vint avec son père s'établir à Florence, et ayant montré d'heureuses dispositions pour le dessin, il fut placé à l'école d'Alessandro Allori, chez qui il resta quatre ans. L'étude trop assidue de l'anatomie ayant altéré sa santé, il fut forcé pendant quelque temps de retourner dans son pays. Revenu à Florence, le **Buontalenti** lui enseigna la perspective. Il fréquenta aussi l'atelier de **Santi di Tito**, étudia les ouvrages du Baroche, du Corrège et des maîtres vénitiens. Les travaux qu'il exécuta à la suite de ses études sur les grands maîtres lui valurent, de la part de ses contemporains, le surnom du Corrège ou de Titien florentin. Appelé à Rome, le Cigoli fut chargé par Paul V de travaux importants. Le pape voulut le récompenser en demandant pour lui l'habit de chevalier de Malte. Au moment où le grand-maître Alof de Vignacourt lui adressait sa lettre de nomination, il fut pris d'une fièvre maligne dont il mourut. — Parmi ses nombreux élèves on cite Christofano Allori, **Giovanni Biliverti**, **Giovanni Antonio Lelli**, Romain, Domenico Feti, **Aurelio Lomi**, etc. Ce fut lui aussi qui donna des leçons de peinture au célèbre Galileo Galilei qui, dans sa jeunesse, voulait s'adonner exclusivement à cet art. **Bastiano**, frère de Cigoli, a gravé les figures du *Traité de Perspective et d'Architecture* laissé par Lodovico.

120. *La fuite en Égypte.*

H. 0, 51. — L. 0, 37. — T. — Fig. de 0, 22.

La Vierge, montée sur un mulet, donne le sein à l'Enfant-Jésus ; à gauche, saint Joseph marche auprès d'elle, appuyé sur un bâton ; un ange les guide et traverse un ruisseau. On aperçoit dans l'éloignement des fabriques et des arbres.

Landon, t. 3, pl. 18.
Ancienne collection.

121. *Saint François en contemplation.*

H. 0, 79. — L. 0, 59. — T. — Buste gr. nat.

Il est vu de profil, tourné vers la gauche, et joignant ses mains qui portent les traces des stigmates.

Collection de Louis XVIII. — Compris dans les 100,000 fr. de tableaux acquis de M. Scitivaux en 1821.

122. *Portrait d'homme.*

H. 0, 50. — L. 0, 42. — T. — Buste gr. nat.

Il a la tête couverte d'une toque et porte un vêtement noir.

Musée Napoléon. — Église de Saint-Louis-des-Français.

CARPACCIO (VITTORE), *né à Venise suivant quelques
historiens, et à Capo d'Istria suivant d'autres auteurs,
vers 1450. Il vivait encore en 1522, et Ridolfi dit qu'il
mourut dans un âge très avancé.* (École vénitienne.)

Vasari appelle cet artiste Scarpaccia, et Sansovino, Scarpazza. Il
signait presque toujours en latin Victor Carpathius, Carpaccius ou
Charpatius. Ridolfi dit qu'il était Vénitien ; le chanoine Stancovich
le prétend originaire d'Istrie. Quelle que soit sa patrie, il appartient,
par son style, son dessin et son coloris, à l'ancienne école de Venise.
En 1474, le Sénat l'employa, suivant Sansovino, dans les travaux de
la salle du grand conseil. Ses peintures, fort estimées, périrent dans
les deux incendies qui détruisirent une partie du palais en 1574 et
en 1577 : 1479 est la plus ancienne date connue inscrite sur ses
tableaux ; 1522 est la dernière. Il apprit probablement les principes
de l'art à l'école des Bellini ; mais on n'a aucun détail sur sa vie. Il
eut pour élève **Lazzaro Sebastiani**, dont par erreur Vasari fit deux
personnages sous les noms de Lazzaro et de Sebastiano, frères de
Carpaccio.— **Benedetto Carpaccio**, peut-être son fils ou son neveu,
dont on connaît des tableaux datés de 1537 et de 1541, fut son imitateur.

123. *Prédication de saint Étienne, à Jérusalem.*

H. 1, 52. — L. 1, 95. — T. — Fig. de 0, 65.

Saint Étienne, monté sur un piédestal où l'on remarque un médaillon d'empereur, annonce l'Evangile
au milieu de Jérusalem. Il est entouré des sénateurs de
la synagogue, des affranchis, des Cyrénéens, des Alexan-
drins, des Ciliciens et de différents peuples de l'Asie
qui écoutent sa parole.

Musée Napoléon. — On croit que l'artiste s'est peint parmi les
spectateurs, sous les traits du personnage ayant un habit bleu, un
bonnet violâtre et une longue barbe, à laquelle il porte la main. —
Ce tableau, qui vient du Musée de Brera à Milan (voir Beltraffio),
faisait partie d'une suite de cinq compositions représentant des sujets
empruntés à la légende de saint Étienne, et exécutées à la *Scuola* de
ce saint, à Venise, pendant les années 1511-1520. — Une de ces peintures est au Musée de Brera, l'autre à Berlin.

CARRACCI (LODOVICO), *peintre, graveur, sculpteur, né
à Bologne le 21 avril 1555, mort dans la même ville le
13 décembre 1619.* (École bolonaise.)

Son père, Vincenzo Carracci, boucher à Bologne, le plaça d'abord chez **Prospere Fontana,** qui, prenant la sage lenteur de Lodovico pour un défaut d'intelligence, l'engagea à renoncer à la peinture. Ayant quitté l'atelier de Fontana, le jeune artiste, que ses camarades avaient surnommé le *bœuf*, par dérision, passa à Venise, étudia les œuvres des maîtres et fréquenta l'atelier du Tintoret, qui lui donna le même conseil que Fontana. Loin de se décourager, Lodovico redoubla d'efforts et entreprit de nouveaux voyages pour examiner et analyser les ouvrages des artistes célèbres des différentes écoles. A Florence, il entra chez le Passignano et copia les peintures d'Andrea del Sarto, puis il étudia les tableaux du Parmesan et du Corrége, à Parme, et ceux de Jules Romain, à Mantoue. De retour enfin à Bologne, il ne tarda pas à être élevé au rang des meilleurs artistes, et toutes les villes de la Lombardie voulurent avoir de ses peintures. Il fut appelé à Rome avec Annibale Carracci par le cardinal Farnèse pour décorer son palais; mais, ne pouvant se décider à quitter sa patrie, il envoya Agostino à sa place, et ne passa quelques jours dans cette ville, que lorsqu'Annibal, ayant terminé son travail, le pria de venir lui donner ses avis. Lodovico ne se montra pas seulement un artiste au génie élevé, à l'exécution gracieuse, il fut aussi un réformateur. Aidé de ses deux cousins, Annibal et Agostino, dont il avait dirigé les études, il fonda une école où l'on opposa à la manière expéditive et libre, si fort en vogue alors dans la Lombardie, l'étude réfléchie de la nature et de l'antique. Son académie compta un nombre considérable d'élèves distingués, et eut la gloire de former des artistes tels que le Dominiquin, Guide, l'Albane, etc.

124. *L'Annonciation.*

H. 0, 48. — L. 0, 34. — T. — Fig. de 0, 30.

A gauche, Gabriel, à genoux sur des nuages et tenant à la main une branche de lis, montre le ciel à Marie agenouillée en face de lui, devant un prie-dieu richement sculpté. Les cieux ouverts laissent voir une gloire d'anges et de chérubins formant un concert. Dans le fond, une fenêtre ouverte et la campagne.

Landon, t. 2, pl. 52.

Collection de Louis XIV.

125. *La Nativité de Jésus-Christ.*

H. 0, 37. — L. 0, 51. — C. — Fig. de 0, 27.

La Vierge à genoux, les bras croisés sur la poitrine, contemple l'Enfant-Jésus couché à terre sur un linge que soulève saint Joseph. Deux bergers, dont l'un tient un enfant sur ses épaules, s'approchent du Sauveur; plus loin, un ange conduit un autre berger. A gauche, deux anges debout à côté du bœuf et de l'âne, dont on n'aperçoit que les têtes. Enfin, d'autres anges, portés sur des nuages, répandent des fleurs sur le nouveau-né.

Landon, t. 2, pl. 53.

Collection de Louis XIV.

126. *La Vierge et l'Enfant-Jésus.*

H. 0, 92. — L. 0, 92.—Toile collée sur bois.—Forme ronde.
— Fig. gr. nat.

La Vierge tient de la main gauche l'Enfant-Jésus, et appuie la droite sur un livre.

Gravé par Barthélemy Roger (Calc. nat.); par Bettelini dans le Musée royal. — Filhol, t. 7, pl. 452.

Acquis par le roi Louis XV du prince de Carignan. — Il fut vendu avec son pendant : « Une Vierge avec l'Enfant-Jésus, par *Squedon* (Schidon), » pour 800 livres.

127. *Jésus mort sur les genoux de la Vierge.*

H. 0, 33. — L. 0, 25. — C. — Fig. de 0, 30.

Jésus est étendu par terre sur son linceul, la tête appuyée sur les genoux de la Vierge, qui tourne douloureusement ses regards vers la croix où fut attaché son fils. A droite, la Madeleine prosternée soulève la main du Sauveur et contemple en pleurant ses plaies encore sanglantes.

Landon, t. 2, pl. 56.

Collection de Louis XVIII. — Acquis en 1820 de M. Grégoire pour la somme de 8,000 fr.

128. *Apparition de la Vierge et de l'Enfant-Jésus à saint Hyacinthe.*

H. 3, 75.— L. 2, 23. — T. — Fig. plus grande que nat.

La Vierge et l'Enfant-Jésus, portés sur des nuages, accompagnés de chérubins et d'anges qui forment un concert, apparaissent à saint Hyacinthe, religieux de l'ordre de Saint-Dominique. Le saint, à genoux dans un temple orné de colonnes, est en oraison devant une table de marbre soutenue par un ange et sur laquelle on lit :

« GAVDE FILI HIACINTE QVIA ORATIONES TVÆ GRATÆ SVNT FILIO MEO ET QVID QVID AB EO PER ME PETIERIS IMPETRABIS. »

Gravé par Augustin Carrache. — Landon, t. 2, pl. 60.

Musée Napoléon. — Ce tableau fut peint, suivant Malvasia, par Louis Carrache, en 1594, pour la chapelle de la famille Turrini, dans l'église de Saint-Dominique à Bologne, et lui fut payé 50 écus (250 livres environ). Il avait modelé cette composition en terre, et les plâtres qui en furent faits servirent longtemps à l'étude dans les ateliers de Bologne.

CARRACCI (d'après LODOVICO).

129. *Saint François en extase.*

H. 0, 47. — L. 0, 38. — T. collée sur bois. — Fig. de 0, 40.

Le saint, en extase devant un autel et tenant un crucifix, est soutenu par un ange. Au-dessus de l'autel, trois anges dans les airs.

Ancienne collection.

CARRACCI (ANNIBALE), *peintre et graveur, né à Bologne le 3 novembre 1560, mort à Rome le 16 juillet 1609.* (École bolonaise.)

Son père, Antonio Carracci, qui était tailleur, le destina d'abord à sa profession ; mais Lodovico Carracci, frappé de ses grandes dispositions pour le dessin, le prit dans sa maison et lui donna de si bons conseils qu'il fut bientôt en état de l'aider. Plus tard il lui fournit les moyens de voyager et d'achever son éducation par l'étude des maîtres. Annibal quitta Bologne, vint à Parme, copia les œuvres du Corrège, passa à Venise, se lia avec le Tintoret, Paul Véronèse, et ne négligea aucune occasion d'approfondir les secrets de l'art vénitien. De retour à Bologne, il y retrouva son frère Agostino et son cousin Lodovico, qui apprécia sans jalousie la supériorité que son élève avait acquise. C'est alors que ces trois artistes fondèrent cette académie célèbre dont il a été parlé dans la biographie de Lodovico Carracci. Appelé à Rome par le cardinal Odoardo Farnèse, pour décorer la galerie de son palais, Annibal employa huit ans à ce magnifique travail si fort admiré du Poussin, et pour lequel il ne reçut que 800 écus. Malgré son extrême désintéressement, Annibal conçut un vif chagrin de cette injustice. Il tomba dans une profonde mélancolie, fit en vain un voyage à Naples pour se distraire et revint mourir à Rome, où il demanda à être enterré auprès de Raphaël.—**Agostino**, né à Bologne le 16 août 1557, mort à Parme le 22 mars 1602, frère aîné d'Annibal, fut placé d'abord chez un orfèvre ; ensuite, d'après le conseil de son cousin Lodovico, il entra à l'atelier de **Prospero Fontana**, et enfin dans celui de **Bartolommeo Passarotti**. Jaloux des progrès rapides d'Annibal et désireux d'échapper à la surveillance de Lodovico, il résolut de s'éloigner d'eux pour étudier seul les maîtres. Il abandonna la peinture, cultiva les sciences, et surtout la gravure, sous la direction de **Domenico Tibaldi**, architecte et graveur. Agostino vint à Venise, acheva de se perfectionner dans le maniement du burin chez Corneille Cort, se lia avec Paul Véronèse, le Tintoret, et, de retour à Bologne, ne quitta la gravure que pour reprendre les pinceaux. Il se montra professeur habile et zélé dans l'académie qu'il fonda avec son cousin et son frère. Lorsqu'Annibal fut chargé de décorer la galerie Farnèse, il vint l'aider dans ses travaux, auxquels prirent part aussi le Guide et l'Albane. Mais bientôt de nouvelles discussions s'étant élevées, comme à l'ordinaire, entre les deux frères, qui ne pouvaient vivre ni séparés ni réunis, Agostino quitta Rome, vint à Parme, entra au service de Ranuccio Ier, frère d'Odoardo Farnèse, exécuta plusieurs travaux importants et mourut à l'âge de 43 ans, après avoir produit un nombre considérable de gravures et de tableaux.—**Franceschino**, né en 1595, mort vers 1622, frère puîné des deux précédents, habile dessinateur, peintre très-médiocre, éleva une école dans l'intention de nuire à celle de Louis. Il mourut dans un hôpital de Rome par suite de débauches.

130. *Le sacrifice d'Abraham.*

H. 0, 45. — L. 0, 34. — C. — Fig. de 0, 08.

A gauche, l'ange arrête le bras d'Abraham, prêt à immoler Isaac agenouillé sur le sommet d'une montagne escarpée ; au-dessous de lui, un bélier dont les cornes sont prises dans un buisson. A droite, dans la vallée, au bas de la montagne, les deux serviteurs d'Abraham gardant un âne.

Filhol, t. 3, pl. 196. — Landon, t. 2, pl. 49.

Collection de Louis XIV.

131. *La mort d'Absalon.*

H. 0, 45. — L. 0, 34. — C. — Fig. de 0, 11.

Joab à cheval, perce de sa lance Absalon, retenu par sa chevelure à un arbre.

Filhol, t. 7, pl. 454. — Landon, t. 2, pl. 48.

Collection de Louis XIV. — Un ancien inventaire attribue à *Carrache* ou à *Viola* ce tableau, d'une médiocre exécution.

132. *La naissance de la Vierge.*

H. 2, 74. — L. 1, 55. — T. — Forme cintrée. — Fig. gr. nat.

Le Père-Éternel, au milieu d'une gloire d'anges, préside à la naissance de la Vierge. Des femmes s'empressent de lui donner les premiers soins. Dans le fond, sur un plan plus élevé, sainte Anne dans son lit est assistée par deux servantes; près d'elle, saint Joachim rendant grâce au ciel.

Gravé par R. V. Audenaerd. — Landon, t. 2, pl. 31.

Musée Napoléon. — Ce tableau a été peint originairement pour l'église du palais pontifical de Lorette.

133. *La Salutation angélique.*

H. 0, 34. — L. 0, 27. — C. — Fig. de 0, 25.

A droite, la Vierge, à genoux devant un prie-dieu, la main sur la poitrine, lève les yeux au ciel. En face de la Vierge, l'archange Gabriel, une tige de lis à la main, montre l'Éternel et le Saint-Esprit portés sur les nuages et entourés d'une gloire d'anges.

Landon, t. 2, pl. 33.

Collection de Louis XIV. — Ce tableau a d'abord appartenu au cardinal, puis au duc de Mazarin : « J'ai voulu en donner 200 louis d'or au duc, qui ne voulut pas s'en défaire, peut-être parce que c'était un tableau de dévotion. » (*Mémoires de Brienne.*)

134. *La Nativité de Jésus-Christ.*

H. 1, 03. — L. 0, 83. — T. — Fig. de 0, 59.

Au milieu du tableau, l'Enfant-Jésus, couché dans la crèche, est adoré par la Vierge, saint Joseph et les bergers agenouillés. Les cieux ouverts laissent voir un concert formé par les anges et les chérubins. L'un d'eux porte une banderole, sur laquelle on lit : *Gloria in excelsis Deo*. Effet de jour.

Gravé par Forster dans le Musée royal; par Pietro Santi Bartoli. — Landon, t. 2, pl. 34.

Collection de Louis XIV. — « Rehaussé de 5 pouces, élargi de 16. » (Inventaire Bailly.)

135. *La Nativité de Jésus-Christ.*

H. 0, 42. — L. 0, 30. — C. — Fig. de 0, 27.

L'Enfant-Jésus, couché dans la crèche, est enveloppé d'une splendeur divine qui illumine l'étable où se trouvent la Vierge, deux anges et un pasteur à genoux. Derrière ce groupe, deux autres bergers paraissent à la fenêtre de l'étable avec une lanterne. A droite, saint Joseph ouvre une porte; près de lui, un jeune homme, éclairé par la lueur d'un flambeau. Dans la partie supérieure, un chœur d'anges formant un concert. Le tableau est signé : H. ANIBAL CARACHE, signature évidemment fausse et d'une main française.

Gravé par Charles Simonneau; par Lips et Forster.

Collection de Louis XIV.

136. *La Vierge aux Cerises.*

H. 1, 20. — L. 0, 97. — T. — Fig. gr. nat.

La Vierge a sur ses genoux l'Enfant-Jésus; saint Joseph lui soutient la main et lui donne des cerises.

Gravé par J. Boulanger.

Musée Napoléon. — Ce tableau, qui est bien de l'école des

Carrache, n'est pas attribué par tous les critiques à Annibal. Il en existe une répétition au musée de Berlin.

137. *Le sommeil de Jésus, dit* le Silence du Carrache.

H. 0, 38. — L. 0, 47. — T. — Dem.-fig. de 0, 05.

La Vierge, debout, soutient l'Enfant-Jésus endormi, couché sur une table couverte d'un linge, et fait signe au jeune saint Jean, qui avance la main pour toucher le Sauveur, de ne point troubler son sommeil.

Gravé par Etienne Picart en 1681 (Calc. nat.); par Poilly; par Reindel dans le Musée français; par Richomme; par Hainzelmann.— Filhol, t. 4, pl. 242.— Landon, t. 2, pl. 35.

Collection de Louis XIV. — L'inventaire Bailly attribue ce tableau au Dominiquin, qui, suivant une certaine tradition, l'aurait exécuté d'après un dessin d'Ann. Carrache.

138. *Apparition de la Vierge à saint Luc et à sainte Catherine.*

H. 4, 01. — L. 2, 26. — T. — Cintré par le haut.— Fig. plus gr. que nat.

A gauche, saint Luc à genoux implore la Vierge qui lui apparaît dans sa gloire, tenant l'Enfant-Jésus et entourée des autres évangélistes. Aux pieds du saint, une palette et des instruments de peinture. A droite, sainte Catherine, le pied sur la roue, instrument de son supplice, montrant l'apparition céleste, et s'appuyant sur un stylobate où on lit : ANNIBAL CARACTIUS, F. M.D.XCII.

Landon, t. 2, pl. 41.

Musée Napoléon. — Malvasia nous apprend que ce tableau fut peint par Annibal Carrache, en 1592, pour la chapelle des notaires dans la cathédrale de Reggio. Il est un des premiers exécutés par l'artiste lorsqu'il résolut d'abandonner le style trop facile qu'il avait suivi jusqu'alors pour en adopter un plus grand et plus châtié.

139. *Prédication de saint Jean—Baptiste dans le désert; paysage.*

H. 0, 40. — L. 0, 52. — T. — Fig. de 0, 10.

Assis sur un rocher au bord du Jourdain, à l'entrée d'une caverne, saint Jean est entouré de juifs qui écoutent sa parole. A gauche, un homme, dans une barque conduite par deux rameurs, traverse le fleuve.

Landon, t. 2, pl. 36. — Filhol, t. 7, pl. 448.

Collection de Louis XIV. — Le cardinal Mazarin acheta ce tableau à Rome à la marquise Sannesi.

140. *Le Christ mort sur les genoux de la Vierge.*

H. 2, 77. — L. 1, 87. — T. — Fig. gr. nat.

Le Christ mort est étendu sur un linceul ; sa tête repose sur les genoux de sa mère, qui le contemple avec douleur ; près d'elle, la Madeleine, debout et appuyée sur le sépulcre, tient sa chevelure dans sa main droite. A gauche et derrière la tête du Christ, saint François à genoux, les mains croisées, médite sur les plaies du Sauveur que deux anges lui montrent et arrosent de leurs larmes.

Gravé par Godefroi dans le Musée français; par Aquila. — Filhol, t. 3, pl. 184. — Landon, t. 2, pl. 38.

Musée Napoléon. — Ce tableau est un des derniers ouvrages d'Annibal, qui mourut quelque temps après à Rome, au retour d'un voyage fait inutilement à Naples pour rétablir sa santé. Une lettre de l'Albane au Bonini nous apprend qu'Annibal, en la terminant d'après nature, altéra la beauté divine de la tête du Christ qu'il avait ébauchée sans modèle.

141. *Le Christ au tombeau.*

H. 0, 43. — L. 0, 31. — C. — Fig. de 0, 32.

Le corps du Christ, placé à l'entrée du sépulcre, est soutenu d'un côté par la Vierge qui, accablée de douleur, laisse tomber sa tête sur l'épaule de son fils, et par Marie-Madeleine, au pied de laquelle se trouve le vase de parfum. Derrière le Christ, Joseph d'Arimathie et Marie Salomé ; plus loin, saint Jean les yeux levés au ciel et appuyé sur un rocher.

Gravé par John Gaudefroy. — Filhol, t. 5, pl. 337. — Landon, t. 2, pl. 39.

Collection de Louis XIV.

142. *La résurrection de Jésus-Christ.*

H. 2, 17. — L. 1, 60. — T. — Cintré par le haut. — Fig. dem.-nat.

Jésus-Christ, entouré d'une gloire d'anges, sort radieux du tombeau ; aux secousses de la terre ébranlée, la terreur s'empare des soldats qui le gardent : l'un fuit emportant le drapeau, l'autre exprime sa fureur en portant la main sur son épée ; deux autres, sur le devant, sont renversés à demi-morts de frayeur ; un cinquième, enfin, reste couché et profondément endormi sur le sépulcre même, dont les scellés sont encore intacts. On lit sur le sépulcre : ANNIBAL CARRATIVS PINGEBAT M. DXCIII.

Landon, t. 2. pl. 40.

Musée Napoléon. — Ce tableau fut peint par Annibal, à l'âge de 33 ans, pour les Luchini, riches marchands, qui lui donnèrent en paiement *une somme de grains et une de vin.* Cette peinture, exécutée immédiatement après le saint Luc et la Vierge cités précédemment, lorsque l'artiste agrandit sa manière, est du très petit nombre de celles qu'il jugea dignes d'être signées.

143. *La résurrection du Christ.*

H. 0, 40. — L. 0, 30. — C. — Fig. de 0, 18.

Ce tableau est, à quelques légers changements près, la répétition du numéro précédent.

Gravé par Giu.-Maria Mitelli

Collection de Louis XIV.

144. *La Madeleine.*

H. 1, 48. — L. 1. 05. — T. — Fig. gr. nat.

Elle est debout à l'entrée d'une grotte et tourne ses regards vers une croix. Au bas de cette croix, un livre ouvert posé sur un rocher.

Collection de Louis XVIII. — Compris dans le lot de tableaux payés 100,000 f. à M. Scitivaux le 11 avril 1821.

145. *Martyre de saint Étienne.*

H. 0, 50. — L. 0, 67. — T. collée sur bois.— Fig. de 0, 17.

A gauche, saint Étienne à genoux sur une petite éminence de terre, les bras étendus, les yeux tournés vers le ciel, est lapidé par les juifs, dehors les murs de la ville. Un soldat, armé d'un casque et d'une cuirasse, élève à deux mains la pierre qu'il va lancer sur la tête du saint. A droite, le jeune Saül, depuis saint Paul, assis par terre, garde les vêtements des juifs. Un ange, tenant une couronne et une palme, dirige son vol vers le martyr. Les cieux ouverts laissent voir le Père-Eternel appuyé sur un globe, Jésus-Christ et des anges.

Gravé par Etienne Baudet en 1677. (Cal. nat.)
Collection de Louis XIV.

146. *Martyre de saint Étienne.*

H. 0, 40. — L. 0, 53. — C. — Fig. de 0, 20.

A gauche, saint Étienne, les mains jointes et agenouillé au pied d'une tour faisant partie de l'enceinte de Jérusalem, est lapidé par les juifs ; près de lui, un jeune homme lève une pierre énorme pour le frapper. A droite, le jeune Saül, assis au pied d'un arbre, étend les bras avec étonnement. On aperçoit dans les airs un ange qui apporte au saint la couronne et la palme du martyre ; les cieux ouverts laissent voir le Père-Eternel appuyé sur un globe, Jésus-Christ tenant la croix, et trois anges.

Gravé par Guillaume Château. (Calc. nat.) — Filhol, t. 9, pl. 673. —Landon, t. 2, pl. 42.

Collection de Louis XIV. — Ce tableau fut apporté de Rome par le marquis de Rambouillet, et donné à Louis XIV par le duc de Montausier. — Quelques critiques ont attribué ce tableau à l'Albane.

147. *Saint Sébastien attaché à un tronc d'arbre et percé de flèches.*

H. 1, 31. — L. 0, 96. — T. — Fig. dem. nat.

On voit à ses pieds son armure, ses vêtements, et dans le lointain les soldats qui retournent à Rome, après l'exécution de la sentence prononcée contre lui.

Gravé par G. Audran.

Collection de Louis XIV. — « Allant à l'échafaud (le duc de Montmorency) avec le courage et la piété qui l'ont tant fait admirer, il fit deux présents bien différents, de deux tableaux d'un grand prix, du même maître (le Carrache) et uniques de lui, en France. Un saint Sébastien percé de flèches, au cardinal de Richelieu, et une Pomone et Vertumne de grandeur naturelle, à mon père. » (Saint-Simon, Mémoires, t. 1, p. 83, édit. Delloye.)

148. *Hercule enfant.*

H. 0, 17. — L. 0, 14. — T. — Fig. de 0, 16.

Le jeune Hercule, un genou appuyé sur son berceau, étouffe un des serpents de la main gauche; un autre serpent est pressé par le genou du héros enfant et s'enroule autour de son bras droit.

Gravé par Morcau, dans le Musée français, sous le nom d'Augustin Carrache. — Filhol, t. 1, pl. 63 (sous le nom d'Augustin, mais en faisant observer qu'il pourrait bien être d'Annibal). — Landon, t. 3, pl. 5 (sous le nom d'Augustin).

Musée Napoléon. — Ce tableau, qui nous semble être d'Annibal, mais qui a été attribué par quelques critiques à Augustin Carrache, faisait partie de la collection du régent au Palais-Royal, collection vendue à M. Laborde Méréville et passée presqu'entièrement en Angleterre. On ignore comment il n'a pas été compris dans la cession. M. Maurice acheta cette petite peinture à Rome, de M. Lange, sculpteur français, pour le Musée Napoléon.

149. *Diane découvrant la grossesse de Calysto.*

H. 1, 61. — L. 2, 05. — T. — Fig. de 0, 24.

A gauche, un massif de rochers, d'où s'échappe une chute d'eau en plusieurs cascades. Sur le premier plan, trois nymphes enlèvent à Calysto ses vêtements. A droite, Diane assise, appuyée sur son carquois et entourée de nymphes, étend la main vers Calysto.

Landon, t. 2, pl. 47.

Ancienne collection. — Le paysage est attribué à Paul Bril.

150. *Concert sur l'eau.*

H. 0, 40. — L. 0, 52. — T. — Fig. de 0, 05 à 0, 08.

Sur le premier plan, dans une barque conduite par deux mariniers, un jeune homme et trois femmes chantent et jouent de divers instruments. Plus loin, à gauche, la terrasse d'un palais dont les marches sont baignées par la rivière ; au fond, un pont de pierre à trois arches.

Gravé par Duparc dans le Musée royal. — Filhol, t. 2, pl. 106. — Landon, t. 2, pl. 51.

Collection de Louis XIV. — Ce tableau, estimé 600 livres tournois dans l'inventaire de Mazarin, fut acheté par le Roi aux héritiers du cardinal.

151. *La pêche.*

H. 1, 36. — L. 2, 53. — T. — Fig. de 0, 65.

Dans une nacelle conduite par un batelier, une femme portant des filets et un pêcheur qui vide un panier rem-

pli de poissons dans une corbeille posée sur le rivage. A
gauche, deux chasseurs assis sur le bord de l'eau tiennent
du gibier ; à droite, un pêcheur présente du poisson à
un jeune homme qui s'appuie sur un épieu et qui est
accompagné de deux dames. Dans le fond, des pêcheurs
traînant un filet.

Gravé par Charles Simonneau. — Landon, t. 2, pl. 45.
Collection de Louis XIV.

152. *La chasse.*

H. 1, 36. — L. 2, 53. — T. — Fig. de 0, 65.

A gauche, un cavalier et une dame gravissent un
sentier escarpé ; on n'aperçoit que le haut de leur
corps et la tête de leurs chevaux : ils se dirigent du côté
de la meute, que leur indique un valet de chiens. A
droite, deux domestiques tirent des provisions d'un panier ; un autre fait rafraîchir deux bouteilles dans un
ruisseau. Plus loin, un chasseur, monté sur une hauteur, sonne du cor.

Landon, t. 2, pl. 46.
Collection de Louis XIV.

153. *Paysage.*

H. 0, 30. — L. 0, 37. — B.

Deux voyageurs saluent en passant des *ex-voto* attachés par un ermite à un arbre au-dessous de l'image de
saint Antoine. Du côté opposé, chute d'eau formant
deux cascades.

*Gravé par Fortier dans le Musée français. — Filhol, t. 1,
pl. 28.*
Collection de Louis XIV.

154. *Paysage.*

H. 0, 80. — L. 1, 04. — T. — Fig. de 0, 14.

Sur le bord d'une rivière, où des jeunes gens se baignent, des hommes jouent aux dés ; d'autres sont assis
au pied d'un arbre. Dans le fond, un pont jeté sur la
rivière et une vaste campagne.

Ancienne collection. — Donné par le duc de Mazarin à M. de
Brienne.

155. *Portrait d'homme.*

H. 1, 10. — L. 0, 90. — T. — Buste gr. nat.

Il a la tête nue et la barbe terminée en pointe ; il tient un écrit de la main droite, et la gauche est appuyée sur une tête de mort.

Ancienne collection. — Lépicié, dans son catalogue des tableaux du roi (1752), dit que la tête a été repeinte par Van Falens.

CARRACCI (ANTONIO-MARZIALE), *peintre et graveur, né à Venise en 1583, mort à Rome le dimanche des Rameaux, en 1618.* (École bolonaise.)

Fils naturel et élève d'**Agostino Carracci.** Annibal en prit soin après la mort de son père et le conduisit avec lui à Rome. Il donnait les plus grandes espérances et mourut à l'âge de 35 ans.

156. *Le déluge.*

H. 1, 66. — L. 2, 47. — T. — Fig. de 0, 65.

A gauche, un homme, vu de dos, s'efforce de monter sur un rocher où se trouve une femme agenouillée. Plus loin, un homme embrasse avec force le tronc d'un arbre. Au milieu, une barque à moitié engloutie par les flots. A droite, sur une éminence, une famille prosternée et abîmée dans la douleur ; un homme nu, debout et levant les bras vers le ciel qu'il implore. Dans le fond, l'arche de Noé.

Lundon, t. 3, pl. 7.

Collection de Louis XIV. — Estimé 5,000 livres tournois dans l'inventaire de Mazarin, où il est simplement attribué au *Carrache.* Louis XIV l'acheta des héritiers du cardinal. — Il existe au Musée de Berlin une répétition de même grandeur de ce tableau, attribuée au Dominiquin.

CARRUCCI (JACOPO), *dit* IL PONTORMO, *né à Pontormo dans le Florentin, en 1493; mort en 1558.* (École florentine.)

Jeune encore il perdit son père, et étudia successivement sous Léonard de Vinci, Mariotto Albertinelli, Pietro di Cosimo et Andrea del Sarto. Dans sa jeunesse il produisit des ouvrages remarquables fort loués par Raphaël. Pendant quelque temps, s'étant passionné pour les gravures d'Albert Durer, il s'efforça de copier le plus servilement possible le maître allemand. Cette inconstance naturelle le fit changer souvent de style, et nuisit à ses progrès et à sa réputation.

157. *La Sainte-Famille.*

H. 2, 28. — L. 1, 76. — B. — Fig. gr. nat.

La Vierge, assise sur les genoux de sainte Anne, soutient l'Enfant-Jésus ; on voit placés des deux côtés de ce groupe saint Sébastien, l'apôtre saint Pierre, saint Benoît et le bon larron.

Landon, t. 6, pl. 20.

Musée Napoléon. — « Il représenta encore, dans un tableau qu'il peignit pour les religieuses de Sainte-Anne, près la porte de San-Friano, une Vierge avec l'Enfant-Jésus à son cou. On voit par derrière sainte Anne, saint Pierre, saint Benoît et d'autres saints. Sur le gradin il retraça, dans une composition de petites figures, la seigneurie de Florence allant en procession avec les trompettes, les fifres, les massiers, les commandeurs, les huissiers et autres personnages de la suite. Il ajouta ce sujet, parce que ce tableau lui fut commandé par le capitaine et les officiers du palais. » (VASARI.) Cette deuxième composition n'est pas peinte, comme le dit Vasari, sur un gradin, mais sur le tableau même, au-dessous du nuage qui porte la Vierge.—Cette offrande, portée par la seigneurie le 26 juillet, avait été décrétée par la commune, en 1343, pour célébrer l'anniversaire de l'expulsion de Gualtieri di Brienne, duc d'Athènes, qui avait usurpé, à pareil jour, le gouvernement de la république de Florence.

158. *Portrait d'un graveur en pierres fines, présumé celui de Giovanni delle Corniole ou Corniuole, contemporain du Pontormo.*

H. 0, 69. — L. 0, 50. — B. — Buste gr. nat.

Il est vu presque de face, la tête couverte d'un bonnet à oreilles ; il tient de la main droite un burin, et il a près de lui, sur une table, une poignée où est fixé un bijou préparé pour le travail.

Filhol, t. 2, pl. 83. — Landon, t. 6, pl. 21

Collection de Louis XIV.

CARRUCCI (d'après).

159. *La Visitation de la Vierge.*

H. 2, 75. — L. 1, 68. — B. — Forme cintrée. — Fig. pet. nat.

La Vierge reçoit, sur les marches extérieures de la maison de Zacharie, les hommages respectueux de sainte Elisabeth, qui fléchit le genou devant elle. Derrière la mère du précurseur, saint Joseph, appuyé sur un bâton, paraît rendre compte à un vieillard de l'objet du voyage. Le peintre a supposé que Zacharie était jeune ; il l'a représenté debout sur la seconde marche qui conduit à son habitation, et tenant un grand livre ouvert, emblème qui sert à le faire reconnaître. Au premier plan,

à gauche, une femme assise sur les degrés, et, derrière
elle, une autre femme debout portant un paquet sur la
tête. Sur la frise de la porte on lit :

VN. HOC. MI. VT. VE.

Landon, t. 7, pl. 33.

Musée Napoléon. — Ce tableau, qui est une copie peu exacte de la
fresque peinte par le Pontormo dans la cour de l'*Annonciata* des
Servites, à Florence, était donné par les inventaires et les notices
précédentes au Rosso (voir *Etruria pittrice*, pl. 14).

CASTIGLIONE (Giovanni-Benedetto), *dit* il Gre-
chetto, *ou le* Benedette, *peintre et graveur, né à
Gênes en 1616, mort à Mantoue en 1670.* (École génoise.)

Il passa de l'école de **Gio.-Battista Paggi** dans celle de **Gio.-An-
drea de' Ferrari.** Il reçut aussi des leçons de Van Dyck pendant le
séjour de ce grand peintre à Gênes. Il travailla à Florence, à Rome,
à Venise, à Naples, à Bologne, à Mantoue, où il entra au service du
duc Charles Ier. Quoiqu'il ait peint de grands tableaux d'histoire, il
doit surtout sa réputation à ses compositions de moindres dimensions, où il introduisait fréquemment des animaux. Il eut pour disciples **Salvatore**, son frère, et **Francesco**, son fils, qui firent un grand
nombre de tableaux attribués souvent à Benedetto.

160. *Melchisédech, roi de Salem, offre du pain et du
vin à Abraham, et le bénit.*

H. 1, 00. — L. 1, 23. — T. — Fig. de 0, 50.

A droite, trois hommes à cheval conduisant un troupeau de bœufs et de moutons ; sur le premier plan, un
tamis, des ustensiles de ménage, un casque, une trompette, des armes ; dans le fond, des captifs et Melchisédech.

Ancienne collection.

161. *L'adoration des bergers.*

H. 0, 68. — L. 0, 52. — C. — Fig. de 0, 30.

A gauche, la Vierge avec l'Enfant-Jésus dans ses
bras ; derrière elle, saint Joseph, le coude appuyé sur le
piédestal d'une colonne. A droite, un berger agenouillé
tenant un agneau ; près de lui trois pasteurs : l'un d'eux
joue du hautbois et un autre ôte son bonnet. Sur des
nuages quatre anges, dont un encensant le nouveau-né.

Landon, t. 3, pl. 13. — Filhol, t. 11, pl. 68.

Ancienne collection.

162. *Les vendeurs chassés du temple.*

H. 0, 98. — L. 1, 20. — T. — Fig. de 0, 20.

A gauche, des vendeurs près d'une table, les uns assis, les autres debout, emportant des vases et des coffres. Sur le premier plan, des moutons effrayés, des canards, des poules et du gibier entassé confusément. Dans le fond, Jésus-Christ chassant les vendeurs.

Ancienne collection.

163. *Caravane.*

H. 1, 15. — L. 1, 35. — T. — Fig. de 0, 50.

A gauche, deux chameaux, un homme près d'un bœuf. Sur le premier plan, des vases, un porc-épic et divers animaux. A droite, derrière une espèce de malle couverte d'une draperie, un homme conduisant un âne.

Ancienne collection.

164. *Bacchantes et satyres.*

H. 1, 45. — L. 1, 95. — T. — Fig. de 0, 70.

Un satyre s'appuie sur une femme assise tenant une couronne de lauriers. A gauche, une autre femme, assise au pied d'un arbre, joue du tambour de basque. A droite, du gibier, des vases, un âne dont on n'aperçoit que la tête.

Ancienne collection.

165. *Oiseaux et animaux.*

H. 2, 73. — L. 4, 14. — T.

A gauche, au premier plan, un petit chien faisant peur à deux canards. Plus loin, un cygne, un bélier, une chèvre, deux chiens, des matelas, des coffres, des vases, un grand plat d'argent. Sur une malle, un paon ; un autre paon sur un piédestal caché par une grande tapisserie. On aperçoit dans le fond une caravane qui a fait quelquefois désigner ce tableau sous le titre de *Départ de Jacob pour la Mésopotamie.*

Ancienne collection. — Ce tableau, qui a toujours été donné à Castiglione, pourrait bien être l'ouvrage d'un artiste flamand.

166. *Animaux*.

H. 0, 99. — L. 1, 25. — T. — Fig. de 0, 50.

Au premier plan, un cheval, un mouton, un singe, un canard, une chèvre et divers animaux. A gauche, un perroquet sur un arbre. Au deuxième plan, à droite, une femme portant un vase sur la tête; un vieillard et un Barbaresque coiffé d'un turban et tenant un plat de cuivre.

Collection de Louis XIV.

167. *Basse-cour*.

H. 0. 99. — L. 1, 23. — T. — Fig. 0, 50.

Au premier plan, des chèvres, un chien, un chat, un mouton et divers animaux; dans le fond, au milieu d'une basse-cour, une femme portant un vase de cuivre, et un âne chargé d'instruments de cuisine.

Ancienne collection.

CAVEDONE (JACOPO), *né à Sassuolo, dans le duché de Modène, en avril* 1577, *mort en* 1660. (École bolonaise.)

Chassé de bonne heure de la maison paternelle et dénué de ressources, il vint à Bologne en 1591, entra au service d'un seigneur, qui, ayant reconnu ses dispositions pour la peinture, le fit entrer à l'école de **Passarotti**, d'où il alla ensuite dans celles de **Baldi** et des Carrache. Lié avec le Guide, ils firent ensemble le voyage de Rome et de Venise, où il s'appliqua à étudier le coloris de Titien. Des malheurs domestiques le rendirent fou pendant un certain temps, et il ne recouvra la raison que pour tomber dans la plus affreuse indigence, malgré une conduite irréprochable. Exténué de besoin et demandant en vain l'aumône, il tomba évanoui dans une rue de Bologne et expira dans une écurie, à l'âge de 83 ans.

168. *Sainte Cécile*.

H. 1, 17. — L. 0, 90. — T. — Fig. à mi-corps, gr. nat.

Sainte Cécile, assise devant un orgue, lève les yeux au ciel.

Landon, t. 3, pl. 15.

Ancienne collection.

CERQUOZZI (MICHEL-ANGELO), *dit* MICHEL-ANGELO DELLE BATTAGLIE, *né à Rome en* 1600 *ou* 1602, *mort en* 1660. (École romaine).

Son père, qui était joaillier, le plaça d'abord à l'atelier de **Jacques d'Ase**, peintre flamand, chez qui il resta trois ans; puis il entra

à l'école de **Pietro-Paolo Cortonese**, dit *il Gobbo dei frutti*. Il
quitta son dernier maître pour s'attacher à la manière de Peter Van
Laar, dit *Bamboche*, qui jouissait alors à Rome d'une grande réputation. Il exécuta d'une manière vigoureuse des batailles, des scènes
de marchés, des foires, qui lui firent donner le surnom de *Michel-
Ange des batailles* ou *delle Bambocciate* (c'est-à-dire des sujets
à l'imitation de Bamboche). Ses tableaux de fleurs et de fruits sont
également très estimés. Il peignait avec une extrême facilité et presque toujours sans faire de dessins. Ses tableaux d'histoire sont très
inférieurs à ses autres compositions, et l'on a observé que ses derniers
ouvrages sont les meilleurs.

169. *Mascarade italienne.*

H. 0, 63. — L. 0, 86. — Fig. de 0, 20.

A gauche, un théâtre élevé sur des tréteaux, une
parade et des spectateurs dont plusieurs sont masqués.
A droite, un carrosse attelé de deux chevaux blancs.
Dans le fond, une rue.

Ancienne collection.

CESARI (Giuseppe), *dit* IL CAVALIERE D'ARPINO *ou le*
JOSÉPIN, *né en 1560 suivant certains biographes, en 1568
selon d'autres auteurs, mort le 3 juillet 1640. (École
romaine).*

Baglione, disciple de Cesari, prétend qu'il était né à Rome, et que
c'était son père qui était originaire d'Arpino, dans le royaume de
Naples. Il fut d'abord élève de son père, peintre d'ex-voto, et étudia ensuite, suivant quelques historiens, sous **Cristofano Roncalli**,
dit *il Pomerancio*, ou *delle Pomerancie*. Il travailla pendant quelque
temps avec **Giacomo Rocca**, élève de Daniel de Volterre, qui lui
avait laissé un grand nombre de dessins de Michel-Ange. En 1600,
lorsqu'Henri IV épousa Marie de Médicis, le cardinal Aldobrandini
l'emmena avec lui en France, et il fut décoré par le roi (Baglione dit
par Louis XIII) de l'ordre de Saint-Michel. Il vécut sous dix papes
qui le comblèrent de biens et d'honneurs, et jouit de son vivant
d'une immense réputation que la postérité n'a pas consacrée. On
trouve dans les manuscrits de Béthune de la Bibliothèque nationale
une lettre curieuse que nous croyons utile de reproduire ici : « Madame, j'ay creu que Vostre Majesté n'auroit pas désagréable que je
luy dise que j'estime qu'il seroit à propos qu'elle fît peindre la galerie de son palais par Josépin qui ne désire que d'avoir l'honneur de
la servir, et entreprendre et parachever cet ouvrage pour le prix que
Rebens (Rubens) a eu de l'autre galerie qu'il a peinte... (Après quelques nouvelles politiques) Votre Majesté excusera, s'il lui plaist, la
hardiesse que je prends de lui envoyer demye douzaine de paires de
gands que l'on m'a apportés de Rome. — Suze, le 22 apvril 1629.
Signé le cardinal de Richelieu. » — **Bernardino Cesari**, frère du
précédent, mort sous le pontificat de Paul, fut un copiste habile,
imitait les dessins de Michel-Ange, et travailla surtout avec Giuseppe.

170. *Adam et Ève chassés du paradis terrestre.*

H. 0, 53. — L. 0, 38. — C. — Fig. de 0, 35.

Adam et Ève s'éloignent du paradis terrestre. A

gauche, sur des nuages, l'ange armé d'une épée flamboyante.

Collection de Louis XVI.

171. *Diane et Actéon.*

H. 0, 50. — L. 0, 67. — B. — Fig. de 0, 34.

Diane, au bain avec ses compagnes, est surprise par Actéon, qu'elle métamorphose en cerf.

Collection de Louis XIV.

CHIMENTI (**JACOPO**) **DA EMPOLI**, *né à Empoli, près de Florence, en 1554, mort en 1640.* (École florentine.)

Il fut élève de **Tomaso da San-Friano** et fit une étude approfondie des ouvrages d'Andrea del Sarto, que personne ne copia mieux que lui. Ses nombreux ouvrages sont répandus dans toutes les églises et dans tous les palais de Florence et de la Toscane.

172. *La Vierge et l'Enfant-Jésus.*

H. 2, 40. — L. 1, 82. — B. — Fig. gr. nat.

La Vierge, assise sur des nuages, tient sur ses genoux l'Enfant-Jésus; deux anges les accompagnent. L'évangéliste saint Luc, assis à gauche, tient une plume et un livre; près de lui est un bœuf. De l'autre côté, saint Yves, patron des avocats, est à genoux et présente au Sauveur, par les mains d'un jeune homme, l'acte de fondation d'un établissement pour l'instruction de la jeunesse. Derrière lui, une femme âgée, une jeune fille, une mère avec son enfant.

Landon, t. 8, pl. 59.

Musée Napoléon. — Le nom du peintre, la date de l'exécution du tableau sont écrits sur un rouleau posé aux pieds du jeune homme. *Jacobus Empoli Florentinus Clementis filius faciebat, anno ab incarnatione millesimo quingentesimo settuagesimo nono calendas Augusti.* — Jacques Empoli, Florentin, fils de Clément, peignait ce tableau l'an de l'Incarnation 1579, le 9 des calendes d'août (1er août). —Saint Yves, le protecteur des orphelins, fut successivement juge et curé dans la Bretagne; il mourut en 1303.

CIGOLI. *Voir* **CARDI.**

CIMA (**GIOVANNI-BATTISTA**) **DA CONEGLIANO**, *né à Conegliano, dans la Marche Trévisane, vers 1460; il peignait encore en 1517.* (École vénitienne.)

Élève de **Giov. Bellini.** Il a laissé peu d'ouvrages à Conegliano, mais il a souvent introduit dans ses tableaux des vues de sa patrie. Il peignit à Venise, à Bologne, à Parme, à Rovigo, et travailla aussi dans les châteaux de plusieurs grands seigneurs. Cima eut une école nombreuse, d'où sortirent **Carlo Cima**, son imitateur, et **Vittore Belliniano**, nommé à tort Bellini par Vasari.

173. *La Vierge et l'Enfant-Jésus adoré par saint Jean et par sainte Madeleine.*

H. 1, 70. — L. 1, 10. — B. — Fig. de 0, 70.

La Vierge, assise sur un trône élevé contre une balustrade d'où l'on découvre la campagne de Conegliano, tient un chapelet à la main et l'Enfant-Jésus sur ses genoux. Le Sauveur se retourne pour recevoir les hommages de saint Jean-Baptiste; la Madeleine, en s'inclinant, présente à son divin maître un vase rempli de parfums. On lit sur la base du trône : IOANIS. BAPT. CONEGLANESO OPVS.

Musée Napoléon.

CIMABUE *ou* **GUALTIERI** (GIOVANNI), *peintre, architecte, né à Florence en 1240; vivait encore en 1302.* (École florentine.)

Vasari, attribuant systématiquement à des artistes grecs toutes les peintures exécutées en Italie antérieurement à Cimabue, en conclut que ce dernier a dû être leur élève, et, afin d'exalter davantage le mérite de la prétendue révolution opérée par lui dans l'art, il ajoute que les figures des Grecs étaient informes et monstrueuses. Les faits prouvent le peu de justesse de ces assertions trop exclusives. Les peintures grecques n'étaient pas toujours aussi monstrueuses que Vasari le prétend. et au XIIe et au commencement du XIIIe siècle il existait à Sienne, à Pise, à Lucques, à Florence même, des artistes dont les ouvrages, qui ne relèvent pas des traditions grecques, ont pu servir de modèles à Cimabue. A l'époque de la naissance de ce peintre, les types grecs avaient même considérablement perdu de leur prépondérance dans plusieurs contrées de l'Italie, et si la réputation de Cimabue a étouffé celle des artistes ses contemporains ou de ceux qui l'avaient précédé, c'est parce que son génie supérieur a contribué puissamment à l'affranchissement de l'art déjà émancipé; c'est parce que son nom, transmis à la postérité dans les vers de Dante, a été depuis inséparable de celui de Giotto, son glorieux disciple.

174. *La Vierge aux Anges.*

H. 4, 24. — L. 2, 76. — B. fond doré, gauffré. — Fig. plus gr. que nat.

La Vierge, assise sur son trône, tient sur ses genoux l'Enfant-Jésus qui, de la main droite, donne sa bénédiction. De chaque côté du trône, trois anges placés au-

dessous l'un de l'autre à égale distance. On remarque ,
sur la bordure qui fait partie du tableau , 26 médaillons
où sont représentés les apôtres et des bienheureux.

Landon, t. 3, pl. 21.

Musée Napoléon. — « Cimabue fit ensuite pour la même église (de
San-Francesco de Pise) un grand tableau représentant l'image de
Notre-Dame avec l'Enfant-Jésus à son cou et un grand nombre d'anges autour d'elle ; le tout sur un fond d'or. Il fut enlevé , il y a peu
de temps, de l'endroit où il avait été mis primitivement, afin de construire l'autel de marbre que l'on y voit maintenant, et placé dans
l'intérieur de l'église à côté de la porte, à main gauche. Cimabue
reçut des Pisans pour cet ouvrage beaucoup d'éloges et une riche récompense. » (Vasari.) Il ne reste plus maintenant aucune peinture de
Cimabue à Pise.

CORRÈGE. *Voir* ALLEGRI.

CORTONE (PIETRE DE). *Voir* BERETTINI.

COSTA (LORENZO), *né à Ferrare en 1460, mort à Man-*
toue le 5 mars 1535. (École ferraraise.)

Après avoir appris dans son pays les premiers éléments de l'art, il
alla à Florence, où il étudia les peintures de Fra Lippi qui était déjà
mort, et se mit sous la direction de Gozzoli, dont il chercha à imiter
la manière. Appelé à Bologne par Gio. Bentivoglio, gouverneur de
cette ville, il exécuta de nombreux travaux en détrempe, à fresque
et à l'huile, dans son palais et dans différentes églises. Il se lia
avec le Francia, que quelques historiens lui donnent pour maître,
en se fondant sur une inscription, rapportée par Malvasia, où Costa
prend le titre de *Franciæ discipulus;* d'autres critiques, au contraire, regardent cette inscription comme apocryphe et prétendent établir, par un rapprochement de dates, que ce fut Costa qui
donna à Francia les premières leçons de peinture lorsqu'il abandonna
à 38 ans l'orfévrerie et la gravure en médailles, pour se livrer entièrement à cet art. Quoi qu'il en soit, Francia devint rapidement un
grand maître, et Lorenzo, non content de chercher à le prendre pour
modèle, travailla sous sa direction et l'aida dans ses travaux. Il ouvrit
une école à Ferrare, probablement entre les années 1492 et 1497,
revint à cette époque à Bologne, qu'il habitait lorsque Francesco Gonzaga, par un décret daté du 10 avril 1509, l'appela à Mantoue. Le marquis l'aimait extrêmement et le combla de pensions et de présents
considérables. **Ercole da Ferrara**, Lodovico Mazzolini, les deux
Dossi, furent des élèves de Costa, qui laissa en mourant une nombreuse famille d'artistes. — **Ippolito Costa**, son frère, mort le 8 novembre 1561 à l'âge de 55 ans; bien qu'il ne fût pas disciple de Jules
Romain, il imita cependant sa manière. Il ouvrit une école dans
sa patrie et fut le maître de Bernardino Campi. — **Girolamo**
Costa, mort le 15 août 1595, à l'âge de 66 ans, autre frère de Lorenzo.
On n'a pas de détails sur sa vie ; on sait seulement qu'il eut deux fils :
Francesco et Alessandro, morts tous deux de la peste en 1575. —
Laurenzo Costa (le jeune), mort le 29 septembre 1583, à l'âge de 46
ans, neveu sans doute de Lorenzo Costa de Ferrare, élève d'Ippolito,
son oncle paternel. Il aida **Taddeo Zuccari** dans les peintures
qu'il fit au petit palais du Belvédère à Rome, en 1560. — **Luigi Costa,**
moins habile que son frère Lorenzo. — **Francesco Costa**, peintre

et graveur mantouan. — **Fermo Costa**, qui travaillait en 1531 avec les autres artistes employés par Jules Romain au palais du T. — **Mattia Costa**, employé en 1512 par Gonzaga aux peintures qu'il faisait exécuter dans son palais de Mantoue.

175. *La cour d'Isabelle d'Este, marquise de Mantoue.*

H. 1, 58. — L. 1, 93. — T. — Fig. de 0, 55.

Dans un jardin situé au bord d'un fleuve, la marquise Isabelle d'Este est couronnée par l'Amour, qui se tient debout sur les genoux d'une femme assise au pied d'un arbre ; des musiciens formant un concert, des poètes composant des vers entourent Isabelle. Sur le devant, deux femmes assises couronnent, l'une un taureau, l'autre un agneau ; près d'elles, une nymphe debout tient un arc et une flèche. Vers la gauche, un guerrier est appuyé sur une hallebarde avec laquelle il vient de couper la tête d'une hydre étendue sur le bord du fleuve. Dans le fond, un combat de cavaliers et une galère à l'ancre. Ce tableau est signé : L. COSTA F.

Ancienne collection. — Isabelle, fille d'Hercule d'Este Ier, duc de Ferrare, avait épousé en 1490 Jean-François de Gonzague, IIe du nom, marquis de Mantoue, pour qui Lorenzo Costa peignit ce tableau placé dans le palais de Saint-Sébastien, à Mantoue. Cette princesse, protectrice éclairée des artistes, rassembla une collection de tableaux et de sculptures dont nous possédons un inventaire fait au milieu du XVIe siècle, où figurent aussi les peintures de Mantègne et du Pérugin, exposées sous les n°s 251, 252, 445. Le tableau de Costa, exécuté probablement vers 1510, faisait pendant avec les trois tableaux cités précédemment. Intitulé seulement dans l'inventaire d'Isabelle : *un Couronnement*, il est désigné par Vasari sous ce titre : *la marquise Isabelle en compagnie de dames qui se livrent au plaisir de la musique.*

176. *Sujet allégorique.*

H. 1, 52. — L. 2, 38. — T. — Fig. de 0, 55.

Sur les bords d'un large fleuve, Apollon enseigne la musique à des nymphes ; près de lui un jeune homme tient son arc. Plus loin, Orphée joue de la lyre et civilise les hommes. En avant d'un portique, sur lequel on lit le mot COMES plusieurs fois répété, Mercure chasse les vices.

Ancienne collection. — Ce tableau fut peint pour le palais de Saint-Sébastien à Mantoue. Il est attribué par l'inventaire de la Restauration à Mantègne.

4.

CREDI (Lorenzo di), *né à Florence en 1453, vivait encore au mois de novembre 1536. (École florentine.)*

Vasari dit que son père s'appelait Andrea Sciarpelloni et qu'il plaça Lorenzo chez maître Credi, orfèvre de Florence, dont il prit le nom. C'est une erreur de l'écrivain Arétin : Lorenzo, dans son testament, s'appelle lui-même à plusieurs reprises Lorenzo d'Andrea di Chredi dipintore, ce qui prouve que ce nom de Credi était bien le sien et celui de son frère, et n'appartenait pas à l'orfèvre chez qui il entra en apprentissage. Ayant fait de rapides progrès dans le dessin, il passa dans l'atelier d'**Andrea Verocchio**, dont il devint l'ami, l'héritier et l'exécuteur testamentaire, et fut le condisciple du Pérugin et de Léonard de Vinci. Suivant Vasari, il peignit peu de grands tableaux, fit beaucoup de portraits, et, afin d'arriver à une exécution d'un extrême fini, il broyait ses couleurs lui-même, préparait ses huiles, prenant toutes les précautions qu'il jugeait nécessaires à la bonne conservation de ses œuvres.

177. *La Vierge présente l'Enfant-Jésus à l'adoration de saint Julien et de saint Nicolas.*

H. 1, 64. — L. 1, 65. — B. — Fig. gr. nat.

La Vierge, assise sur un trône élevé dans un vestibule décoré de pilastres chargés d'ornements, tient sur ses genoux l'Enfant-Jésus dans l'attitude de bénir. Saint Julien l'Hospitalier est debout devant lui, les mains jointes; de l'autre côté du trône, saint Nicolas, évêque de Myre, paraît absorbé dans la lecture des livres saints.

Landon, t. 3, pl. 29.

Musée Napoléon. — « Le meilleur ouvrage que Lorenzo ait peut-être jamais fait, celui qu'il étudia avec le plus de soins et où il se montra supérieur à lui-même, se trouve dans une chapelle de Cestello. Il représente la Vierge, saint Julien, saint Nicolas. L'examen de cette peinture, exécutée avec une recherche qu'on ne peut surpasser, fait voir combien dans les peintures à l'huile le soin contribue à leur conservation. » (Vasari.)

CRESPI (Giuseppe-Maria), *dit* lo Spagnuolo, *peintre et graveur, né à Bologne le 16 mars 1665, mort le 17 juillet 1747. (École bolonaise.)*

Il fut élève d'abord d'**Angelo-Michelo Toni**, puis de **Domenico-Maria Canuti** et de **Carlo Cignani**. Il étudia à Venise, à Parme, à Modène les ouvrages des grands maîtres, et imita successivement la manière du Baroche, celle du Guerchin, et le style de Pietro de Cortone. Il peignit beaucoup à Bologne, et fut employé longtemps à Florence, par le prince Ferdinand, à la décoration du palais Pitti. Cet artiste affectionna les effets bizarres et les raccourcis exagérés. L'emploi de couleurs peu solides, frottées seulement sur la toile, a altéré presque tous ses tableaux, dont les uns sont entièrement décolorés, tandis que d'autres sont noircis au point d'être invisibles. — **Antonio** son fils, mort le 3 juillet 1779, eut un style plus châtié que celui de son père. — **Luigi**, second fils de Crespi, fut chanoine, peignit, écrivit sur les beaux-arts, et publia en 1769 la vie de son père dans le supplément de la *felsina pittrice* de Malvasia. D'autres artistes qui ne sont pas de la même famille ont aussi porté le nom de Crespi.

178. *Un abbé écrivant sous l'inspiration de la Sainte-Vierge.*

H. 2, 34. — L. 1, 30. — T. — Fig. gr. nat.

Un saint abbé, assis sur des nuages, tient une plume de la main droite, et de la gauche un livre sur lequel on lit : *Decuit Virginem eâ puritate nitere*, etc. ; il écrit sous l'inspiration de la Vierge, à laquelle il est présenté par un saint évêque ; au-dessous de l'abbé, un ange portant sa mitre et sa crosse. Dans le bas, des controversistes renversés tiennent des livres impies que le feu consume.

Ancienne collection.

179. *La maîtresse d'école.*

H. 0, 27. — L. 0, 34. — T. — Fig. de 0, 27.

Une vieille femme assise apprend à lire à deux petits garçons ; près d'elle quatre petites filles debout, dont une tenant un livre. A gauche, une femme placée derrière deux petites filles assises, à qui elle montre à faire de la dentelle.

Filhol, t. 4, pl. 273.

Collection de Louis XIV.

CRESTI (Domenico) da Passignano, *né vers 1558 à Passignano, près de Florence, mort le 17 mai 1638.* (École florentine.)

Ayant montré dans son enfance de grandes dispositions pour le dessin, son père le plaça à Florence chez **Girolamo Macchietti** dit le *Crocifissaio*, maître qu'il abandonna bientôt pour fréquenter l'école de **Battista Naldini**, élève du Pontormo. Il entra ensuite chez **Federico Zuccari**, qui se servit de son aide dans l'exécution de la peinture de la grande coupole de S.-Maria-del-Fiore. Cet artiste ayant été ensuite peindre dans la salle du grand conseil à Venise, le Passignano l'accompagna dans cette ville, l'aida, étudia les maîtres vénitiens et reçut des conseils de Paul Véronèse. Cresti fut appelé trois fois à Rome par Clément VIII, par Paul V, et enfin en 1625 pour exécuter d'importants travaux. De retour dans sa patrie, il laissa dans les églises et dans les palais des preuves innombrables de sa fécondité. Ses ouvrages de petites dimensions sont fort rares. Cresti fut le premier maître de l'académie de dessin, et forma beaucoup d'élèves, parmi lesquels se distinguèrent surtout Lodovico Carracci et Alessandro Tiarini.

180. *L'Invention de la croix.*

H. 2, 32. — L. 1, 62. — T. — Fig. gr. nat.

« En 326, sainte Hélène, mère de l'empereur Constantin, étant arrivée à Jérusalem, commença par faire abattre le temple et l'idole de Vénus qui profanaient le lieu de la croix et de la résurrection. On ôta les terres, on creusa si avant, qu'on découvrit le saint sépulcre, et tout proche on trouva trois croix enterrées. On ne savait laquelle était la croix du Sauveur. L'évêque saint Macaire imagina ce moyen de s'en éclaircir : il fit porter les croix chez une femme de qualité, malade depuis longtemps et réduite à la dernière extrémité ; on lui appliqua chacune des croix en faisant des prières ; sitôt qu'elle eut touché la dernière, elle fut entièrement guérie. » (FLEURY, *Hist. ecclésiast.*) — Au milieu, la malade, à genoux, les mains jointes, les yeux levés vers la croix qu'un homme, vu de dos, soulève. A droite, également agenouillée, sainte Hélène avec la couronne sur la tête. Au deuxième plan, saint Macaire, des acolytes et des spectateurs.

Ce tableau faisait partie, sous l'Empire, de la collection de la reine de Naples, à l'Elysée.

CRETI (DONATO), *né à Crémone le 24 mai 1671, mort le 29 janvier 1749.* (École bolonaise.)

Il fut amené à Bologne à l'âge de deux ans, entra fort jeune à l'école de **Lorenzo Pasinelli**, et trouva dans le commandeur Pietro Fava un protecteur. Il enrichit les églises de Bologne, de Rimini, de Bergame, de Lucques, de Palerme, de nombreuses peintures.

181. *Un enfant endormi.*

H. 0, 31. — L. 0, 38. — T. — Fig. de 0, 38.

Un jeune garçon couché sur un lit, tient un fruit que le sommeil n'a pu lui faire abandonner.

Gravé par Anselin. — Filhol, t. 1, pl. 51.

Collection de Louis XVI.

DANIEL DE VOLTERRE. *Voir* RICCIARELLI.

DOLCI (AGNESE), *morte après l'année 1686.* (École florentine.)

Élève de son père, Carlo Dolci, qu'elle imita avec succès. — **Carlo**

Dolci, né à Florence en 1616, mort en 1686, élève de **Jacopo Vignali**, se créa un style tout particulier. Ses tableaux sont d'un extrême fini et d'une couleur harmonieuse. Il a peint surtout des demi-figures, des Christ, des Vierges, des saints faisant pénitence, et des portraits. Ses grands tableaux sont très rares. Appelé à la cour de l'Empereur, il fut comblé par lui d'honneurs et de bienfaits. Ses ouvrages, fort recherchés, de son vivant, le sont peut-être encore plus maintenant. Malgré le talent réel de cet artiste, il faut reconnaître cependant que, généralement, on attribue à ses peintures, à cause de leur exécution très précieuse, une valeur exagérée qu'elles ne méritent réellement pas.

182. *Le Sauveur du monde.*

H. 0, 34. — L. 0, 26. — C. — Fig. à mi-corps de 0, 50.

Jésus, assis devant une table sur laquelle est posé un calice, tient un pain et semble prononcer les paroles de la consécration.

Gravé par Basan.

Musée Napoléon. — Ce tableau est la copie de la tête du Christ de Carlo Dolci qui se trouve dans la galerie de Dresde. L'inventaire de l'Empire lui attribue cette peinture.

DOMINIQUIN. *Voir* ZAMPIERI.

DONDUCCI (GIOVANNI ANDREA), *dit le* MASTELETTA, *né à Bologne le 14 février 1575, mort dans la même ville le 25 avril 1655.* (École bolonaise.)

Il doit son surnom à la profession de son père, qui était fabricant de cuvettes. Il fut élève des Carrache, et imitateur du Parmesan et de Tiarini. Ses paysages, très estimés par Annibal Carrache, ont été souvent attribués à tort à ce maître avec qui il passa quelque temps à Rome. Donducci, parvenu à un âge avancé, se fit moine.

183. *Jésus et la Vierge apparaissent à saint François d'Assise.*

H. 0, 48. — L. 0, 33. — B. — Fig. de 0, 30.

Saint François, agenouillé sur la première marche de l'autel de l'église de Notre-Dame-des-Anges, vient d'y déposer la couronne de roses rouges et blanches venues des épines sur lesquelles il s'était couché au mois de janvier pour amortir le feu de ses passions. Dans la partie supérieure, la Vierge, à genoux sur les nuages et les mains jointes sur la poitrine, implore, en faveur de saint François, le Christ entouré d'anges et de chérubins.

Landon, t. 3, pl. 25.

Collection de Louis XIV. — Ce tableau a été attribué par quelques auteurs à Annibal Carrache.

DONO (Paolo di), *dit* Paolo Uccello *ou* Uccelli, *né
entre* 1396 *et* 1402, *mort vers* 1479. (École florentine.)

La date de la naissance de Paolo est incertaine, car dans les déclarations de ses biens qu'il fit à différentes époques, il n'est pas d'accord avec lui-même sur ce point. Deux documents autographes
mettent sa naissance en 1396, deux en 1397, un autre en 1402. L'année
de sa mort est également inconnue. Si l'on adopte la date de 1396
pour celle de sa naissance et s'il a vécu 83 ans, comme le prétend
Vasari, il a dû mourir en 1479. Paolo exerça d'abord la profession
d'orfèvre, et travailla comme garçon de boutique à la première porte
fondue par Ghiberti. Dans la vie d'**Antonio Veneziano**, Vasari
dit que l'Uccello fut son élève, assertion qui ne s'accorde pas avec les
dates des derniers ouvrages connus du Veneziano et celle de 1403 qui
paraît être la plus ancienne des œuvres de Paolo. Il travailla à Florence, à Padoue, à Urbin, et exécuta souvent des peintures monochromes. Son surnom d'Uccello lui vient de son affection pour les oiseaux.
Il ne connaissait pas, disait-il, de plus douce chose que la perspective.
Tout, dans ses tableaux, fabriques, plantes, animaux, figures en raccourcis, étaient tracés soigneusement suivant les règles les plus rigoureuses de cette science dont l'amour excessif finit par lui faire
négliger la peinture.

184. *Portraits de Giotto, d'Uccello, de Donatello, de Brunelleschi et de Giovanni Manetti.*

H. 0, 42. — L. 2, 10. — B. — Buste gr. nat.

Ces personnages sont représentés en buste, et on lit
au-dessous de chacun d'eux leur nom écrit en lettres d'or.

Collection de Louis-Philippe. — Ce tableau, acquis en 1847 à la
vente de M. Stevens pour la somme de 1,407 fr., est cité par Vasari
dans la vie de Paolo Uccello.

DOSSI (Dosso *et* Battista), *tous deux de Dosso, village
près de la Piève de Cento, dans le Ferrarais. Dosso, né,
à ce que l'on croit généralement, vers* 1479, *mourut après*
1560. *On ignore la date de la naissance de Battista, mort
en* 1545. (École ferraraise.)

Les historiens n'ont point séparé la biographie de ces deux artistes
qui, malgré une antipathie mutuelle, ont toujours vécu réunis. Frizzi
(Mém. sur la Storia di Ferrara, v. 4, p. 357) a trouvé des documents
où ils sont désignés sous les noms de : *de Lutero alias de Constantino cognomento Dosso*. Ils furent tous deux élèves de Lorenzo Costa,
et après avoir étudié six ans à Rome, cinq ans à Venise, ils se fixèrent
à Ferrare. Dossi excella dans la figure, Gio.-Battista dans le paysage.
Ce dernier ayant la prétention continuelle de peindre les figures dans
les ouvrages que les deux frères exécutaient en commun, il en résultait des querelles si violentes que, forcés de travailler ensemble
pour les ducs Alphonse et Hercule, ils ne voulurent plus avoir de
communication que par écrit. Les Dossi ayant toujours peint ensemble,
il est difficile d'attribuer un tableau plutôt à l'un qu'à l'autre.

185. *La Vierge, l'Enfant-Jésus et saint Joseph.*

H. 0, 44. — L. 0, 50. — C. — Forme cintrée. — Fig. de 0, 25.

La Vierge, un livre ouvert sur ses genoux et assise près d'un édifice rustique, soutient l'Enfant-Jésus debout sur un coussin posé sur un piédestal. Près d'eux, saint Joseph, le coude appuyé sur un mur, les contemple. Dans le fond, une échelle et une habitation rustique.

Landon, t. 3, pl. 57. — Filhol, t. 10, pl. 626.

Musée Napoléon. — Les armes du pape Alexandre VII, gravées sur une plaque de cuivre placée derrière le tableau, sont reproduites en partie sur une autre plaque qui surmonte le cadre. Ce tableau, attribué seulement à Dosso dans les inventaires et dans les catalogues précédents, nous semble être positivement l'ouvrage de l'un des deux frères Dossi.

DUGHET (GASPRE ou GUASPRE), *dit* GASPARO POUSSIN, *né à Rome dans le mois de mai 1613, mort dans la même ville le 25 mai 1675.* (École romaine.)

Il était fils de Jacques Dughet, Parisien, établi à Rome, dont le Poussin avait épousé la fille. Il fut élève de son beau-frère et tint à honneur de porter son nom. Pendant plus de trois ans qu'il resta sous la direction de ce grand artiste, il ne fut occupé qu'à peindre des vues d'après nature, et à 20 ans il jouissait déjà de la réputation d'habile paysagiste. Il travailla à Milan, à Naples, à Pérouse, à Florence, et revint à Rome, où il fit une étude approfondie des ouvrages de Claude Lorrain. Le nombre de ses tableaux répandus dans toute l'Europe est immense. Cet excellent artiste peignait avec une telle facilité qu'il exécutait dans la journée un grand paysage avec des figures, sans que le tableau se ressentît de cette prodigieuse rapidité.

186. *Paysage.*

H. 1, 00. — L. 1, 37. — T.

Trois voyageurs se reposent près d'un fleuve, et l'un d'eux s'appuie sur un lévrier. Sur le fleuve, une barque conduite par trois rameurs, et sur la rive trois chevaux lancés au galop.

Gravé par Müller dans le Musée royal.

Collection de Louis XVIII. — Acquis pour 5,000 fr. de Mme Rigo, le 15 mars 1816.

DUGHET (imitation de).

187. *Paysage.*

H. 1, 97. — L. 1, 14. — T. — Fig. de 0, 15.

Au premier plan, un tronc d'arbre brisé, au milieu

de rochers et de plantes en fleurs. Plus loin, Hercule combattant l'hydre. Dans le fond, des fabriques séparées par deux arbres. Derrière les fabriques, des montagnes.

EMPOLI. *Voir* CHIMENTI.

FABRIANO (GENTILE DA). *Voir* GENTILE.

FALCONE (ANIELLO), *peintre et graveur, né à Naples en 1600, mort en 1665.* (École napolitaine.)

Ce peintre, surnommé l'*Oracolo delle Bataglie*, fut disciple de Ribera. Nommé capitaine de la compagnie de la Mort dans la révolte de Masaniello, il fut obligé de se réfugier en France après la mort du fameux pêcheur. Il vint à Paris, où il eut de nombreuses occasions d'exercer son talent. Il fut le maître de Salvator Rosa.

188. *Combat de Turcs et de chevaliers.*

H. 1, 37. — L. 1, 66. — T. — Fig. de 0, 40.

Le combat se passe dans un défilé aux pieds de rochers. On aperçoit au deuxième plan d'autres chevaliers combattant sur une hauteur au milieu d'un nuage de poussière. Fond de montagnes. On lit sur une selle, à droite, la date de 1631.

Collection de Louis XIV. — Ce tableau, donné à Altdorfer, peintre allemand, dans le Livret de 1811, est attribué, dans l'inventaire de Bailly (1709-10), à *Falconier*, nom évidemment mal écrit du peintre napolitain auquel nous restituons cette peinture.

FASSOLO (BERNARDINO), *né à Pavie, vivait en 1518.* (École lombarde.)

On n'a aucun renseignement biographique sur cet artiste.

189. *La Vierge et l'Enfant-Jésus.*

H. 1, 38. — L. 0, 83. — B. — Fig. pet. nat.

La Vierge, assise sur un trône surmonté d'une draperie, tient l'Enfant-Jésus dans ses bras. Sur le devant, des fleurs et des plantes; dans le fond, des montagnes. — On lit sur ce tableau : BERNARDINVS· FAXOLVS· DE PAPIA· FACIEBAT 1518. ✛

Landon, t. 4, pl. 1.

Musée Napoléon. — C'est le seul ouvrage que l'on connaisse de ce maître.

FERRARI (GAUDENZIO), *peintre, sculpteur, architecte, mathématicien et poète, né en 1484 à Valdugia, dans la vallée de ce nom, près de Milan; mort à Milan vers la fin de 1549.* (École lombarde.)

Vasari appelle cet artiste Gaudenzio Milanese. Il étudia d'abord la peinture à Vercelli, sous la direction de **Girolamo Giovenone**, fréquenta à Milan l'académie fondée par Léonard, et reçut les conseils de **Stefano Scotto**. Vers 1504, il exécuta des fresques remarquables dans la chapelle de la Pietà del Sacro Monte à Varallo. Il devint ensuite le disciple de Pérugin, et connut, à l'école de ce maître, Raphaël dont il s'efforça d'imiter la manière. Il suivit ce grand artiste à Florence, puis à Rome, et revint vers 1510 à Varallo, où il exécuta dans la chapelle de Sainte-Marguerite une suite considérable de peintures représentant la vie de Jésus-Christ: ces peintures sont datées de 1513. En 1516, Gaudenzio quitta la Haute-Italie pour se rendre à Rome, et il aida Raphaël dans ses peintures à la Farnésine et au Vatican. Après la mort de Raphaël, il continua à travailler avec Jules Romain, Perino del Vaga, et chercha à s'approprier leur style. Vers 1524, il retourna à Varallo, et y exécuta des sculptures et de nombreuses peintures qui sont de sa deuxième manière. La réputation qu'il acquit par ses travaux engagea **Bernardino Lanini** de Vercelli, **Firmo Stello**, de Caravage, **G. Batt. della Cerra, Andrea di Solari, Cesare Luini** do Varallo, etc., à devenir ses disciples; Ferrari fut le chef d'une deuxième école milanaise. En 1531, il fit des peintures importantes à Vercelli; puis, en 1534, à Saronno. En 1542, il exécutait plusieurs fresques à l'église delle Grazie, de Milan, et espérait obtenir la commande du tableau du maître-autel; mais il fut donné à Titien, qui fit son fameux couronnement d'épines (n° 464). Ferrari obtint comme dédommagement un autre tableau d'autel. Ce peintre eut un grand nombre d'élèves, outre ceux déjà cités, et fut le maître de **Lomazzo**, qui a écrit sa biographie.

190. *Saint Paul en méditation.*

H. 2, 00. — L. 1, 47. — B. — Fig. gr. nat.

L'apôtre, assis dans sa cellule devant une table, appuie la main droite sur un livre ouvert et posé sur un pupitre. On aperçoit à travers la fenêtre un second sujet représentant la conversion miraculeuse du saint. On lit sur le bas de la table la date de 1543, et au-dessous, le nom de **gaudentius**.

Filhol, t. 4, pl. 3.

Musée Napoléon. — Ce tableau, connu sous le nom du PAOLO de Gaudenzio, a été extrêmement loué par Baldinucci, le Scaramuccia, et fut regardé comme une œuvre capitale du maître.

FETI (DOMENICO), *né à Rome en 1509, mort à Venise en 1624.* (École romaine.)

Élève d'abord de Cigoli, peintre florentin, il accompagna à Mantoue le cardinal Ferdinand de Gonzague, son protecteur, étudia les ouvrages de Jules Romain, et vers la fin habita Venise, où il mourut à

35 ans, des suites d'une vie débauchée. Il produisit un assez grand nombre de tableaux, mais il travailla peu pour les églises. Après la mort de Domenico, sa sœur se fit religieuse et exécuta des peintures pour plusieurs couvents de Mantoue.

191. *L'empereur Néron.*

H. 1, 51. — L. 1, 12. — T. — Fig. à mi-corps plus gr. que nat.

Il est debout, couronné de lauriers, et tient un bâton de commandement.

Collection de Louis XIV.

192. *La vie champêtre.*

H. 0, 75. — L. 0, 65. — T. — Fig. de 0, 48.

Une femme assise à terre au pied d'un arbre et filant; auprès d'elle, deux petits enfants. Dans l'éloignement, un laboureur conduisant une charrue.

Gravé par G.-J.-Baptiste Scotin ; par Simon Thomassin ; par P. Laurent dans le Musée français. — Landon, t. 4, pl. 7. — Filhol, t. 5, pl. 303.

Collection de Louis XIV. — On avait donné autrefois à ce tableau une forme ovale, pour en faire un dessus de porte au château de Versailles. Depuis, on lui a rendu ses dimensions primitives. Mariette l'a décrit sous le titre que nous donnons dans le cabinet Crozat; le duc d'Orléans et le duc de Tallard possédaient une répétition de ce tableau. Celle du duc d'Orléans, peinte sur bois, avait appartenu à Monsieur, frère de Louis XIV. Les lapins qu'on remarque à droite dans la peinture du Musée étaient remplacés, dans celle du duc d'Orléans, par un chevreuil. Ce tableau était connu sous le nom de *la Fileuse.* La répétition du duc de Tallard avait fait partie auparavant de la collection de M. Riberon de Cormery.

193. *La mélancolie.*

H. 1, 68. — L. 1, 28. — T. — Fig. gr. nat.

Une femme à genoux, le bras droit appuyé sur un massif de pierre, soutient sa tête de la main gauche et considère attentivement une tête de mort. A ses pieds, une palette, des pinceaux, un fragment de statue, un livre et un chien attaché. Derrière, sur un socle, une sphère, une clepsydre. Dans le fond, des ruines.

Gravé par Simon Thomassin. — Landon, t. 4, pl. 6.

Collection de Louis XIV. — Lépicié dit qu'il en existait un presque semblable dans la galerie du château d'Ecouen et un autre dans le cabinet du marquis de Lassay.

194. *L'ange gardien.*

II. 2, 92. — L. 1, 88. — T. — Fig. gr. nat.

Un ange, monté sur des degrés, pose sa main sur l'épaule d'un jeune homme et lui montre le ciel ; le mauvais esprit, entouré de serpents, se précipite dans un gouffre enflammé.

Gravé par Nicolas Dupuis. — Landon, t. 4, pl. 4.

Collection de Louis XIV.

FIESOLE (FRA GIOVANNI DA). *Voir* GIOVANNI.

FILIPEPI (ALESSANDRO), *dit* SANDRO BOTTICELLI, *peintre et graveur, né à Florence en 1447, mort en 1515.* (École florentine.)

Vasari se trompe en disant qu'Alessandro était né en 1437. Dans la déclaration des biens, faite en 1480 par son père, Mariano Filippi, il est dit que Sandro, son quatrième fils, avait alors 33 ans. Mariano le plaça d'abord chez Botticelli, orfèvre, dont il joignit le nom au sien. Il étudia ensuite sous Fra Filippo Lippi, et occupa un rang distingué parmi les artistes ses contemporains. Sixte IV l'appela à Rome pour peindre dans sa chapelle, et le nomma surintendant des travaux qu'il y faisait exécuter. De retour à Florence, il s'adonna à la gravure et publia des *illustrations* pour le poëme du Dante. Il adopta les opinions de Fra Girolamo Savonarola et mourut dans une extrême pauvreté.

195. *La Vierge et l'Enfant-Jésus.*

H. 1, 14. — L. 1, 14. — B. — Forme ronde. — Fig. gr. nat.

L'Enfant-Jésus, assis sur les genoux de la Vierge, appuie la main gauche sur une grenade, et la droite sur le bras de sa mère qui vient d'inscrire le *Magnificat* dans un livre que tiennent deux jeunes saints présentés par leur ange gardien. L'archange saint Michel pose sur la tête de la Vierge une couronne étoilée qui reflète les rayons du soleil, symbole de la splendeur divine.

Landon, t. 2, pl. 24.

Musée Napoléon.

196. *La Vierge, l'Enfant-Jésus et saint Jean.*

H. 0, 93. — L. 0, 69. — B. — Fig. gr. nat.

A droite, la Vierge, vue de profil et tournée vers la gauche, est assise dans un jardin, tenant debout sur ses genoux l'Enfant-Jésus revêtu d'une chemise sans manches. A gauche, le jeune saint Jean, les mains croisées sur la poitrine, près d'un socle sur lequel est posé un livre.

Collection de Louis XVIII. — Compris dans le lot de tableaux acquis de M. Mauco (*Musée européen*) en 1824, moyennant une somme de 20,000 fr.

FILIPEPI (école de).

197. *La Vierge et l'Enfant-Jésus.*

H. 0, 63. — L. 0, 47. — B. — Fig. pet. nat.

La Vierge, vue de trois quarts, tournée vers la gauche, tenant debout sur ses genoux l'Enfant-Jésus vêtu d'une chemise d'étoffe transparente parsemée de fleurs d'or, est assise près d'une fenêtre ouverte qui laisse apercevoir un fleuve coulant au pied de montagnes.

Musée Napoléon. — Ce tableau, portant le n° 951 dans la notice de 1841, était attribué à Cimabue, suivant l'indication donnée par l'inventaire de l'Empire. Cette attribution est évidemment fausse, car ce tableau a été exécuté certainement plus de 150 ans après la mort de Cimabue.

FOSCHI (Ferdinando).

Ce peintre, peu connu, vivait à Bologne dans le xviiie siècle.

198. *Paysage, effet de neige.*

H. 0, 76. — L. 1, 62. — Fig. de 0, 09.

On aperçoit un pont de bois sur lequel passe un homme avec un mulet chargé.

Ancienne collection.

FRA BARTOLOMMEO. *Voir* Bartolommeo.

FRA BASTIANO. *Voir* Luciano (Sebastiano di).

FRA GIOVANNI DA FIESOLE. *Voir* Giovanni.

FRA LIPPI. *Voir* Lippi.

FRA SEBASTIANO DEL PIOMBO. *Voir* Luciano (Sebastiano di).

FRANCIA. *Voir* Raibolini.

FRARI (il). *Voir* Bianchi (Francesco).

GADDI (TADDEO), *ou* TADDEO DI GADDO GADDI, *né à Florence vers 1300, mort le 20 août 1366.* (École florentine.)

Son père, **Gaddo Gaddi**, étant mort en 1312, il entra à l'atelier de Giotto, qui l'avait tenu sur les fonts de baptême. Il fut son disciple de prédilection et resta chez lui pendant 24 ans. Il exécuta des travaux nombreux et importants à Florence, à Pise, à Arezzo, et se montra aussi savant architecte que peintre habile. Taddeo laissa deux fils, **Agnolo** et **Giovanni**, qui furent peintres, et qu'il confia en mourant, suivant Vasari, à **Jacopo di Casentino** et à **Giovanni da Milano**, ses élèves.

199. *Gradin d'autel divisé en trois compartiments.*

H. 0, 34. — L. 0, 67 (chaque compartiment). — B. — Fig. de 0, 20.

1° A gauche, le corps de saint Jean-Baptiste décapité, vu à travers la grille d'une prison ; au milieu, Hérode Antipater célébrant avec deux amis l'anniversaire de sa naissance ; un soldat lui présente la tête du saint. A droite, Salomé remettant à sa mère la tête de saint Jean.

2° Jésus–Christ crucifié entre les deux larrons ; la Vierge évanouie secourue par les saintes femmes ; saint Longin armé d'une lance, et d'autres soldats.

3° Jésus-Christ sur son trône, accompagné de saint Jean, livre aux démons Judas Iscariote, que la Mort personnifiée conduit devant lui, une corde passée au cou. Dans un autre compartiment, la décollation de saint Jean-Baptiste.

Musée Napoléon. — Ces trois tableaux, peints sur fond doré, ont été, à tort, attribués par quelques critiques à Spinello Aretino.

GARBO (RAFFAELLO DEL), *dit* IL RAFFAELLINO, *né à Florence vers 1466, mort en 1524.* (École florentine.)

On cite de cet artiste une peinture datée de 1501 et signée Raffaellino Karli. Si la signature est authentique, son vrai nom serait donc Karli. Il fut élève de **Filippino Lippi**. Il imita parfaitement le style de son maître, dont il égala au moins la morbidesse et la grâce dans l'agencement des draperies, les airs de tête et l'exécution des cheveux. Il l'accompagna à Rome, et travailla avec lui à la chapelle de la Minerve. De retour à Florence, il peignit dans l'église de Monte-Oliveto et de San-Salvi. Il ne conserva cette supériorité que pendant quelques années. Les soins d'une nombreuse famille l'obligèrent à travailler à vil prix, et bientôt, devenu inférieur à lui-même, il tomba dans une misère affreuse.

200. *Le couronnement de la Vierge.*

H. 2, 92. — L. 1, 62. — B. — Cintré par le haut. — Fig. pet. nat.

Au milieu d'une gloire, la Vierge, assise et les mains jointes, reçoit de son fils la couronne de l'immortalité. Le Saint-Esprit plane sur la tête du Christ et de la Vierge, dont les pieds reposent sur trois têtes de chérubins. Quatre anges, tenant un luth, un tympanon, une harpe, une viole, font entendre de célestes concerts. Dans le bas du tableau, quatre religieux : saint Benoît, avec un livre et des verges ; saint Salvi, évêque de Vérone, ayant une crosse et un livre ; saint Giovanni-Gualberto Azzini, fondateur de la congrégation de Valombreuse, montrant un crucifix ; saint Bernardo Degli Uberti, cardinal et évêque de Parme, coiffé du chapeau rouge, une mitre à la main.

Landon, t. 6, pl. 34.

Musée Napoléon. — « Il fit à la demande de l'abbé de' Panichi, pour l'église de San-Salvi, hors de la porte Sainte-Croix, le tableau du maître-autel où l'on voit la Vierge, saint Giovanni-Gualberto, saint Salvi, saint Bernard, cardinal degli Uberti, et saint Benoît, abbé. Saint Baptiste et saint Fidèle armé, sont placés dans deux niches, de chaque côté du tableau, qui est entouré de riches ornements. Dans le gradin, il représenta, en petites figures, plusieurs sujets de la vie de saint Giovanni-Gualberto. Raffaellino se montra très habile dans cet ouvrage, parce qu'il fut soutenu dans sa misère par le bon abbé, qui eut pitié de lui et de son honnêteté ; aussi plaça-t-il, dans la composition du gradin, le portrait de son bienfaiteur et celui du général de l'ordre alors en fonction. » (VASARI.)

GAROFOLO, *Voir* TISIO.

GASPRE. *Voir* DUGHET.

GENNARI (CESARE), *né à Cento en 1641, mort le 12 février 1688. (École bolonaise.)*

Il fut neveu et élève du Guerchin, dont il imita habilement la manière. Plusieurs peintres portèrent le nom de Gennari : **Benedetto Gennari** l'ancien ; on ignore la date de sa naissance et le nom du pays où il est né. Mort le 26 mars 1610 à Cento. — **Giovanni-Battista** ; on ne connaît pas l'année de sa naissance ni celle de sa mort. Il existe un tableau de lui signé et daté de 1607. En 1598, il fit imprimer à Ferrare un volume de poésie. On n'a aucune preuve qu'il ait été, ainsi qu'on l'a prétendu, le maître du Guerchin ; on n'est même pas certain qu'il appartienne à la nombreuse famille des Gennari. — **Bartolommeo**, fils aîné de Benedetto l'ancien, né à Cento le 10 juillet 1594, mort à Bologne le 29 janvier 1661 ; élève habile du Guerchin. — **Ercole**, frère cadet de Bartolommeo, né à Cento le 10 mars 1597, mort à Bologne le 27 juin 1658. Il étudia d'abord la chirurgie, épousa la sœur de Guerchin, devint peintre, et tint pendant un certain temps la maison de son beau-frère. — **Benedetto** le jeune, fils d'Ercole et de la sœur du Guerchin, né le 19 octobre 1633, mort à Bologne le 9 décembre 1715. Après la mort de son oncle, il vint à Paris en 1672, y resta deux ans et demi, se fixa en Angleterre jusqu'à l'époque où Jacques II fut détrôné, s'arrêta de nouveau en France, peignit un grand nombre de tableaux et fut très employé par Louis XIV. — **Cesare**, fils d'Ercole, né à Cento le 12 décembre 1637, mort à Bologne le 11 février 1688 ; imitateur heureux du Guerchin son oncle. Il eut plusieurs enfants ; l'un d'eux, **Gian-Francesco**, fut père d'un **Carlo Gennari**, mort en 1790, qui fit surtout beaucoup de dessins et resta attaché à la manière du Guerchin.

201. *La Vierge allaitant l'Enfant-Jésus.*

H. 0, 98. — L. 0, 80. — T. — Fig. gr. nat.

La Vierge, assise et vue à mi-corps, tient de la main gauche l'Enfant-Jésus sur ses genoux, et de la droite lui présente le sein.

Landon, t. 4, pl. 18.

Musée Napoléon. — Ce tableau était placé autrefois dans le séminaire de Cento. — Dans la notice de l'an VI (n° 65), ainsi que dans celle de 1819 (n° 920), ce tableau est donné à Cesare Gennari ; dans la notice de 1823 (n° 1017), il est attribué à *l'école de Guerchin*, et enfin dans celle de 1841 (n° 1019), à Benedetto Gennari.

GENTILE DA FABRIANO, *né à Fabriano, dans la Marche d'Ancône, vers 1370 ; mort à Rome à la fin de 1450.* (École ombrienne.)

Son père s'appelait Niccolò da Fabriano, et l'on croit que son premier maître fut **Allegretto Nuzi di Gubbio,** mort en 1385. Vasari le dit élève de Fra Beato Angelico, probablement à cause d'une certaine ressemblance qu'on remarque dans le style de ces deux artistes. En 1421, il fut inscrit sur le registre des peintres faisant partie de la corporation des droguistes de Florence, et en 1425 il travaillait dans le dôme d'Orvieto avec le titre de *magister magistrorum,* titre donné plus tard à l'Angelico lorsqu'à l'âge de 60 ans, au comble de sa gloire, il travailla aussi au dôme en 1447. Gentile peignit à Pise, à Sienne, à Venise; mais l'époque où il se trouvait dans cette ville est incertaine. Les auteurs vénitiens lui font faire deux voyages : le premier en 1421, le deuxième quelques années après, et ajoutent qu'il étudia alors sous **Jacopo Bellini.** Mais des documents authentiques prouvent que Jacopo, dont on le veut faire élève pendant ce premier voyage, se trouvait alors précisément à Florence et que c'est lui au contraire qui fut élève de Gentile. La fresque qu'il exécuta dans la salle du grand conseil à Venise, détruite par l'incendie du palais ducal en 1574, lui valut les plus grands honneurs. Le pape Martin V, mort en 1431, l'appela à Rome. Il fit de nombreuses peintures à Saint-Jean-de-Latran, mais la mort ne lui permit pas de les terminer. Ce fut **Vittore Pisanello,** son compagnon de travail à Venise et à Rome, qui les acheva. Gentile eut un fils nommé **Francesco,** sur lequel on n'a pas de détails. Ses principaux élèves sont : **Jacopo Bellini, Jacopo Nerito da Padua, Paolo da Siena et Giovanni da Siena.**

202. *La présentation au temple.*

H. 0, 26. — L. 0, 61. — B. — Fig. de 0, 17.

Sous le péristyle du temple de Jérusalem, le bienheureux Siméon, accompagné de la prophétesse Anne,
a reçu dans ses bras le divin enfant et bénit le Seigneur.
Il le rend à sa mère, venue pour accomplir les pres-
criptions de la loi. Elle est suivie de saint Joseph, apportant deux jeunes colombes. Derrière lui, et sur la
place du temple, deux femmes s'approchent pour assister à la cérémonie. Au côté opposé, un pauvre estropié
parle à une vieille femme appuyée sur un bâton.

Musée Napoléon. — Ce tableau, faisant partie d'un rétable, fut peint
en 1423.

GENTILE (Bartolommeo di) da Urbino. *Voir* Bartolommeo.

GENTILESCHI (Orazio). *Voir* Lomi.

GHIRLANDAJO *ou* **GRILLANDAJO** (Benedetto), *né
en 1458, mort vers 1499. (École florentine.)*

C'est par erreur que l'Orlandi et Lanzi donnent à Ghirlandajo le
nom de Curradi. Ce nom était celui de son grand-père, et ne fut
jamais celui de la famille des Ghirlandajo, qui s'appelaient Bigordi.
Benedetto était le troisième fils de Tommaso Bigordi, orfèvre florentin, qui dut son surnom de Ghirlandajo, non pas, comme on l'a prétendu à tort, parce qu'il avait inventé un bijou en forme de guirlande
d'or ou d'argent, que portaient les jeunes filles, car ce bijou était
connu fort longtemps avant lui, mais plutôt parce qu'il en vendait ou
que son père en avait fabriqué. Benedetto termina avec **Davide**, son
frère, les tableaux laissés inachevés par Domenico. Il séjourna plusieurs années en France, y gagna des sommes considérables, et revint
à Florence richement récompensé par le roi, qui estimait beaucoup
son talent. Il exerça non seulement la peinture, mais encore le métier des armes.

203. *Jésus-Christ sur le chemin du Calvaire.*

H. 1, 91. — L. 1, 91. — B. — Fig. pet. nat.

Le Christ, conduit au supplice par des bourreaux et
des soldats, porte sa croix avec l'aide de Simon de Cyrène. Il se tourne vers la Vierge, suivie des saintes
femmes et de saint Jean; à droite, la bienheureuse Vé-
ronique agenouillée tient le saint suaire.

Landon, t. 4, pl. 22.

Musée Napoléon. — Ce tableau était placé dans une chapelle de

l'église réformée de San-Spirito à Florence, et fut laissé au Musée
en 1815 par les commissaires florentins.

GHIRLANDAJO ou **GRILLANDAJO** (DOMENICO), *peintre,
orfèvre, mosaïste, né en 1449, mort vers 1498.* (École
florentine.)

Son père, Tommaso Bigordi, dit le Ghirlandajo, lui fit apprendre
d'abord la profession d'orfèvre, qu'il abandonna ensuite pour se
livrer entièrement à la peinture, après avoir étudié sous la direction
d'**Alessio Baldovinetti**. Il est le premier qui essaya d'imiter avec
la couleur, les ornements qu'à cette époque on avait l'habitude de
dorer. Il travailla à Florence, à Pise, à Rimini, fut appelé à Rome
par le pape Sixte IV, et exécuta deux peintures pour la célèbre chapelle Sixtine. Il perfectionna beaucoup l'art de la mosaïque, et fut le
maître d'un grand nombre d'artistes célèbres, parmi lesquels Michel-
Ange est le plus illustre. Domenico, outre Benedetto, eut un autre
frère nommé **Davide**, né en 1451, mort en 1525, qui abandonna la
peinture, pour se livrer entièrement à la mosaïque.

204. *La Visitation.*

H. 1, 72. — L. 1, 65. — B. — Fig. gr. nat.

En présence de Marie Cléophas, mère de saint
Jacques-le-Mineur, et de Marie Salomé, épouse de Zébédée, la Vierge reçoit avec modestie les hommages de
sainte Elisabeth. L'entrevue se passe sous un vestibule
à arcades. Dans le fond, des montagnes et une partie de
la ville habitée par Zacharie. — Ce tableau porte la date
de MCCCCLXXXXI.

Musée Napoléon. — « Domenico commença pour l'église de Cestello
(aujourd'hui Santa-Maria-Madalena de'Pazzi, à Florence) une Visitation de la Vierge, terminée ensuite par ses frères David et Benedetto,
où l'on remarque des têtes de femme fort belles et très gracieuses. »
(VASARI.) — Ce tableau fut laissé au Musée en 1815 par les commissaires florentins.

GHIRLANDAJO (RIDOLFO), *né à Florence en 1482. On
sait qu'il vivait encore en 1534. Vasari dit qu'il mourut
à 75 ans.* (École florentine.)

Fils de Domenico; il perdit son père à l'âge de 16 ans et fut
d'abord élève de David Ghirlandajo, son oncle. Il se lia avec Raphaël
pendant son séjour à Florence, étudia le fameux carton de Michel-
Ange, et se perfectionna ensuite sous Fra Bartolommeo della Porta.
Raphaël ne fut pas longtemps à Rome où l'avait appelé Jules II, sans
chercher à attirer près de lui Ridolfo. Mais celui-ci, ne pouvant se
résoudre à quitter sa ville natale, refusa de rejoindre son ami. Il travailla au dôme de Sienne, exécuta beaucoup d'ouvrages dans les églises
et dans les couvents de Florence, fit avec ses élèves les décorations
du palais Médicis lorsque Léon X vint dans cette dernière ville, pré-
sida aux travaux des fêtes pour les ducs Julien et Laurent de Médicis,

5

et peignit un nombre considérable de portraits. Parmi ses disciples, on compte **Michele di Ridolfo**, qu'il associa à ses travaux, et **Pierino del Vaga**, qui fut le plus célèbre.

205. *Le couronnement de la Vierge.*

H. 2, 90. — L. 1, 91. — B. — Fig. pet. nat.

Sur des nuages, la Vierge, prosternée aux pieds de son fils, reçoit avec humilité la couronne immortelle ; des anges célèbrent par leurs concerts ce glorieux événement. Dans le bas du tableau, saint Pierre, dominicain et martyr, saint Jean-Baptiste, saint Jérôme, la Madeleine, saint François d'Assise et saint Dominique sont à genoux et en adoration. Ce tableau est daté de MDIII.

Landon, t. 4, pl. 23.

Musée Napoléon. — « Ridolfo peignit à l'huile, dans le monastère des religieuses de Ripoli, deux tableaux, dont l'un représente un Couronnement de la Vierge, et l'autre la Vierge au milieu de plusieurs saints. » (VASARI.) — Ridolfo avait 22 ans quand il exécuta cet ouvrage.

GIORDANO (LUCA), *né à Naples en 1632, mort dans la même ville le 12 janvier 1705.* (École napolitaine.)

Il était fils d'un peintre médiocre et donna dès son enfance des marques de dispositions extraordinaires pour la peinture. Après être resté neuf ans à l'atelier de Ribera, il partit pour Rome, étudia sous Piètre de Cortone, l'aida dans ses travaux, puis alla à Bologne, à Parme, à Venise, copiant les ouvrages des grands maîtres et surtout ceux de Paul Véronèse, qu'il se proposa pour modèles. L'immense quantité de copies qu'il fit dans sa jeunesse lui donnèrent une telle facilité d'exécution, qu'aucun artiste peut-être ne peignit plus rapidement que lui. Son père, qui tirait un grand profit de cette habileté, l'excitait à travailler le plus promptement possible, et ne cessait de lui répéter *fa presto* (fais vite), d'où lui est venu le surnom de *Fa presto* qui lui est resté. Luca, appelé à Florence en 1679 par le grand-duc, fut chargé de travaux considérables qui lui acquirent une grande réputation. Il retourna ensuite à Naples en 1685, peignit pour les jésuites ; passa en Espagne en 1692. Charles II le reçut magnifiquement, lui assigna une grosse pension, lui fit peindre dix voûtes de l'Escurial, plusieurs chapelles et une quantité de portraits. Luca, quoique âgé de 60 ans, termina ces travaux avec sa rapidité et son habileté ordinaires. Après la mort de Charles II, arrivée en 1710, il resta encore quelque temps en Espagne à la cour de Philippe V, revint en Italie en 1712, passa par Gênes, Florence et se fixa à Naples. Aucun artiste n'a peint autant que Giordano. Il a fait d'habiles pastiches d'Albert Durer, de Bassan, de Rubens et surtout de Ribera. Parmi ses nombreux élèves, on cite **Paolo de' Matteis, Niccolò et Aniello Rossi, Matteo Pacelli, Tomaso Fasano, G.-B. Lama, Giuseppe Mastroleo, Giuseppe Simoncelli, Andrea Miglionico**, etc.

206. *La présentation de Jésus au temple.*

H. 1, 53. — L. 2, 07. — T. — Fig. dem.-nat.

La Vierge, accompagnée de saint Joseph et agenouillée sur les degrés du temple de Jérusalem, présente l'Enfant-Jésus au grand-prêtre assisté par de jeunes lévites ; à droite, plusieurs femmes, dont l'une tient un enfant par la main, forment la suite de la Vierge.

Landon, t. 4, pl. 24.

Ancienne collection.

207. *Jésus se soumet à la mort pour le salut des hommes.*

H. 1, 51. — L. 1, 24. — T. — Fig. de 0, 90.

Jésus, enfant, présenté par la Vierge et accompagné de saint Joseph et d'un ange, accepte les instruments de la Passion qui lui sont apportés par les anges. Le Père-Eternel porté sur des nuages le contemple, et l'Esprit-Saint dirige vers lui un de ses rayons.

Filhol, t. 11, pl. 26.

Musée Napoléon.

208. *Mars et Vénus.*

H. 0, 63. — L. 0, 76. — T. — Fig. de 0, 55.

Mars s'éloigne de Vénus, couchée sur un lit de repos que supporte une figure de satyre. Deux femmes s'occupent de la toilette de la déesse. Un amour aux ailes de papillon joue avec un chien ; un autre amour est couché sur un globe autour duquel rampe un serpent. Dans le fond, Vulcain occupé aux travaux de sa forge.

Gravé par Pierron dans le Musée royal. — Filhol, t. 2, pl. 55. — Landon, t. 4, pl. 26.

Ancienne collection.

GIORGION. *Voir* BARBARELLI.

GIOTTO DI BONDONE, *peintre, sculpteur, architecte, ingénieur, poète, né dans la commune de Vespignano, dans un endroit nommé Colle, à quatorze milles de Florence, en 1276; mort le 8 janvier 1336. (École florentine.)*

Giotto, fils d'un pauvre laboureur nommé Angelo di Bondone,

gardait dans son enfance des troupeaux de moutons. Cimabue l'ayant trouvé un jour dans la campagne, dessinant une brebis sur une pierre, conçut une si bonne opinion des dispositions du jeune pâtre pour le dessin, qu'il l'emmena avec lui et se chargea de son instruction. L'élève commença par imiter son maître, mais il le surpassa bientôt. Abandonnant les types dégénérés de l'art byzantin, il se livra avec ardeur à l'étude de la nature, donna au dessin plus de souplesse et de correction, aux formes plus de symétrie, aux figures plus de variété et d'expression, au coloris plus d'harmonie. Peu à peu, renonçant à l'usage exclusif de l'or pour le fond des tableaux, il y introduisit des ciels et des paysages représentés avec une fidélité d'imitation inconnue jusque là. Giotto fut aussi le premier qui peignit des portraits avec talent; d'autres artistes avant lui s'étaient essayés dans ce genre; mais, suivant Vasari, aucun n'avait encore réussi. Giotto enfin opéra dans l'art une immense révolution et posa les fondements de la peinture moderne. Ce grand artiste voyagea beaucoup, visita Florence, Rome, Rimini, Milan, Naples, Vérone, Ravenne, etc. Le pape Clément V l'emmena à Avignon ; les Scaliger le firent venir à Padoue. Il produisit dans toutes ces villes des œuvres, la plupart détruites maintenant, qui excitèrent l'admiration légitime de ses contemporains. Enfin, pour que rien ne manquât à sa gloire, il eut pour amis et admirateurs les plus grands hommes de son siècle: Dante, Pétrarque, Boccace, l'historien Villani. Il fut le maître d'une école nombreuse où se distinguèrent Taddeo Gaddi, **Puccio Capanna, Ottaviano da Faenza, Pace da Faenza, Guglielmo da Forli** et beaucoup d'autres artistes.

209. *Saint François d'Assise recevant les stigmates.*

H. 3 14. — L. 1, 62. — B. — Fig. pet. nat.

Saint François s'étant retiré en 1224, deux ans avant sa mort, sur le mont della Vernia pour y jeûner quarante jours, vit apparaître pendant ses prières un séraphin ayant six ailes lumineuses et enflammées, entre lesquelles il distingua la figure d'un homme qui avait les pieds et les mains étendues et attachés à une croix. Ses ailes étaient disposées de façon que deux s'élevaient au-dessus de sa tête, deux s'étendaient pour voler, et les deux autres lui couvraient tout le corps. En cet instant, les marques des plaies du Sauveur parurent sur les mains et sur les pieds du saint, et son côté droit reçut aussi une cicatrice rouge comme d'un coup de lance. Giotto a rendu toutes les circonstances de cette légende : la vision va s'évanouir, et déjà la croix a disparu. Dans la partie inférieure du tableau, le peintre a représenté trois autres sujets de la vie de saint François :

1° *Vision du pape Innocent III.*

Fig. de 0, 30.

Pendant son sommeil, saint François lui apparaît portant l'habit de son ordre, et soutenant l'église de Saint-Jean-de-Latran, qui tombe en ruines. Saint Pierre inspire au pape de protéger l'ordre des Frères-Mineurs, fondé par saint François.

> 2° *Saint François, suivi de ses douze premiers compagnons, reçoit du pape Innocent III, en 1210, l'habit et les statuts de son ordre.*
>
> Fig. de 0,30.

Le pontife est assisté par Guy, évêque d'Assise, et par le cardinal Jean de Saint-Paul, évêque de Sabine.

> 3° *Saint François parlant à des oiseaux.*
>
> Fig. de 0,30.

Les oiseaux écoutent attentivement la prédication de saint François. Souvent, disent les légendaires, ils chantaient alternativement avec lui quand il récitait son office, et se taisaient à son commandement.

On lit sur la partie inférieure de la bordure de ce tableau : OPUS. IOCTI. FLORENTINI.

> *Landon, t. 4, pl. 30 et 31.*

Musée Napoléon. — « Ayant terminé ce saint François (à Assise), il revint à Florence, où, à peine arrivé, il peignit avec un soin extrême, pour l'envoyer à Pise, un tableau représentant saint François au milieu des affreux rochers de la Vernia. En effet, outre un paysage rempli d'arbres et de rochers, choses nouvelles pour l'époque, on remarque, dans l'attitude expressive de saint François agenouillé, recevant les stigmates, un ardent désir de les recevoir, et un amour infini pour Jésus-Christ qui, apparaissant dans le ciel entouré de séraphins, exauce les prières du saint. Sa ferveur est si bien exprimée, qu'on ne peut rien imaginer de mieux. Au-dessous du même tableau se trouvent trois sujets tirés de la vie du même saint François. Ce tableau, qu'on voit aujourd'hui à Saint-François de Pise, sur un pilier voisin du maître-autel, est tenu en grande vénération comme ouvrage d'un si grand homme, et fut cause que les Pisans, qui venaient de finir les constructions du Campo-Santo....., donnèrent à Giotto la peinture d'une partie de la façade intérieure. » (VASARI.) Ce tableau est peint sur fond d'or, et les armes du donateur sont représentées sur les côtés de la bordure.

GIOTTO (école de).

210. *La Vierge et l'Enfant-Jésus.*

H. 0,56. — L. 0,21. — B. — Fig. de 0,24.

La Vierge, assise sur un trône, tient l'Enfant-Jésus

sur ses genoux. Saint Jean-Baptiste et saint Pierre sont en adoration au pied du trône ; d'autres saints personnages sont placés derrière eux. Dans la partie supérieure de l'ornementation ogivale, en relief, Jésus-Christ assis, tenant un livre, la main levée, dans l'attitude de bénir, et accompagné de quatre séraphins.

Collection de Charles X. — Ce tableau, acquis de M. Révoil en 1828, était attribué à Taddeo di Bartolo. Il est évidemment de l'école de Giotto, et rappelle la manière de **Tommaso** dit le *Giottino*.

211. *Jésus-Christ et les douze apôtres.*

H. 0, 30. — L. 2, 80. — B. — Fig. à mi-corps.

Gradin de rétable divisé en treize compartiments.

Cette peinture, sur fond doré, dont le style et l'exécution rappellent l'école de Giotto, est portée sur l'inventaire aux inconnus de l'école flamande.

212. *Le Calvaire.*

H. 0, 40. — L. 0, 71. — B. — Fig. de 0, 25.

Saint Jean est debout au pied de la croix ; de l'autre côté, la Vierge évanouie dans les bras des saintes femmes.

Collection de Charles X. — Ce tableau, peint sur fond d'or, faisait partie de la collection Révoil, qui le regardait comme une peinture grecque du xive siècle. Il nous semble appartenir bien plutôt à un artiste de l'école de Giotto.

213. *Les obsèques de saint Bernard.*

H. 0, 31. — L. 0, 40. — B. — Fig. de 0, 20.

Il rendit son âme à Dieu le 20 août 1153, en présence d'un grand nombre d'évêques, d'abbés et de religieux qui étaient accourus de toutes parts pour recevoir sa dernière bénédiction. Il fut enseveli dans la tunique de saint Malachie, qu'il portait toujours lorsqu'il célébrait les saints mystères. Avant qu'on le mît en terre, un de ses religieux, qui depuis plusieurs années tombait du haut-mal, s'étant approché de son corps, fut guéri à l'instant. (*Vies des Saints*, par le P. GIRY.)

Musée Napoléon. — Ce tableau est donné par des inventaires et les notices précédentes à Andrea di Cione, dit *Orcagna*, mais il n'appartient pas à ce maître, et semble être plutôt l'œuvre d'un peintre de l'école de Giotto. On trouve dans l'*Etruria pittrice*, t. 4, pl. 13, une composition analogue donnée à Spinello Arctino. Elle est peinte à fresque dans la sacristie de *San-Miniato-al-Monte*, près de Florence, et représente la mort de saint Benoît.

GIOVANNI (**Fra**) **da Fiesole**, *dit* **l'Angelico** *ou* **il Beato Angelico**, *né en* 1387, *près du bourg de Vicchio dans la province de Mugello, en Toscane; mort en* 1455. (École florentine.)

Son nom, avant d'entrer dans les ordres, était Guido ou Guidolino. On ignore qui fut son maître. En 1407, il prit, ainsi que son frère, l'habit des frères Prêcheurs dominicains, et tous deux prononcèrent leurs vœux à Fiesole. Les troubles qui éclatèrent en Italie, lorsque Grégoire XII, Benoît XIII et Alexandre V se disputèrent le trône pontifical, les forcèrent à abandonner leur couvent et à se réfugier, en 1409, dans celui de leur ordre établi à Foligno en Ombrie. En 1414, la peste ravagea Foligno; ils vinrent d'abord à Cortona, puis à Fiesole en 1418. Pendant les dix-huit ans de séjour que fit l'Angelico dans ce lieu, il exécuta un grand nombre de peintures tant à fresque qu'en détrempe. Appelé à Florence en 1436, il resta neuf ans dans cette ville, décora le couvent de San-Marco et plusieurs édifices publics. Vers 1445, le pape Eugène IV invita Fra Giovanni à revenir à Rome, et lui donna des travaux dans la chapelle papale du palais de Saint-Pierre. En 1447, il commença des peintures dans le dôme d'Orvieto, mais il ne les termina pas. Il était alors à l'apogée de sa réputation, et il est probable qu'il avait la direction des travaux de ce dôme célèbre, car on lui donne dans les actes le titre de *magister magistrum*. De retour à Rome, l'Angelico acheva la chapelle d'Eugène IV, peignit une autre chapelle pour Nicolas V, et exécuta d'admirables miniatures pour des livres de chœur. — **Bernardo**, frère du précédent, mourut en 1448, âgé de 59 ans, à ce qu'on croit, et fut surtout un habile miniaturiste.

214. *Le couronnement de la Vierge et les miracles de saint Dominique.*

H. 2, 13. — L. 2, 11. — B. — Fig. pet. nat.

Le Christ, revêtu d'habits royaux, est assis sur un trône à colonnettes d'une riche architecture et exhaussé de neuf marches de marbre de différentes couleurs, probablement symboliques. Une place à sa droite est réservée pour sa mère. Il tient des deux mains une couronne qu'il va déposer doucement sur la tête de la Vierge agenouillée devant lui, les mains croisées sur la poitrine. De chaque côté du trône douze anges, avec des grandes ailes de pourpre, des robes flottantes et des petites flammes rouges sur la tête, tiennent des trompettes, différents instruments, et célèbrent par leur concert le moment solennel. Un seul de ces anges, à gauche, est en prière. Au-dessous des anges sont les saints et les saintes, dix-huit à gauche, vingt-deux à droite.

Pour désigner avec précision les élus représentés, l'artiste a écrit le nom des uns autour de l'auréole ou sur le bord du vêtement, et a donné à d'autres des symboles qui les font reconnaître. Ainsi, à gauche, on lit le nom de Moïse, de saint Jean-Baptiste, des apôtres saint André, saint Pierre, saint Barthélemy, saint Jacques-le-Mineur, saint Simon. Les évangélistes saint Jean et saint Marc ont un livre à la main. Saint Augustin, évêque d'Hippone, tient une plume. Les chefs d'ordres, saint Benoît, saint Antoine, saint François d'Assise ont des manteaux parsemés d'étoiles ou de fleurs d'or. Saint Dominique porte une tige de lis et un livre. Un soleil sert d'agrafe au manteau de saint Thomas d'Aquin. L'empereur Charlemagne a sa couronne décorée de fleurs de lis. Enfin saint Nicolas, évêque de Myre, a pour symbole, près de lui, trois boules d'or qui font allusion aux trois bourses d'or qu'il jeta à un pauvre gentilhomme pour établir ses trois filles qu'il était prêt à abandonner à la séduction.

A droite, au-dessous des anges, on lit autour des auréoles les noms du roi David, des apôtres saint Mathias, saint Paul, saint Thaddée, saint Jacques-le-Majeur, saint Philippe, et de l'évangéliste saint Mathieu. On reconnaît saint Pierre-le-Dominicain à la blessure qu'il reçut à la tête; saint Laurent au gril. Saint Étienne, une palme à la main, est revêtu d'une dalmatique; saint Georges est armé; la Madeleine à genoux présente un vase de parfums; sainte Cécile est couronnée de roses; le voile de sainte Claire est parsemé de croix et d'étoiles d'or; sainte Catherine d'Alexandrie s'appuie sur la roue, instrument de son supplice; enfin sainte Agnès tient un jeune agneau dans ses bras.

Les petits tableaux de la partie inférieure représentent :

Le premier à gauche : la vision du pape Innocent III. Ce pape hésitait à approuver le plan de l'ordre que saint Dominique lui présenta en 1215. Une nuit le pape vit en songe l'église de Saint-Jean-de-Latran qui menaçait de s'écrouler; saint Dominique accourut et soutint l'édifice. Frappé de la signification de ce rêve, Innocent favorisa l'entreprise du pieux fondateur. Il est représenté couché dans le château Saint-Ange, dont on aperçoit la tour telle qu'elle était à l'époque où vivait l'artiste. — H. 0,22. — L. 0,29. — Fig. 0,15.

Le deuxième : le saint, après avoir obtenu la confirmation de son ordre des Prêcheurs, était en prière dans la basilique de Saint-Pierre quand les apôtres saint Pierre et saint Paul lui apparurent et lui remirent, le premier un bâton, le deuxième un livre, symboles de la prédication et des voyages en pays étrangers. Un moine qui accompagne saint Dominique est aussi à genoux, mais tourné de côté, en sorte qu'il ne voit pas l'apparition et continue sa prière. — H. 0,22. — L. 0,30. — Fig. 0,15.

Le troisième , divisé en deux parties : un jeune homme nommé Napoleone, neveu du cardinal Stephano dit Fossa Nova, se promenant à cheval dans Rome, tomba sur le pavé et se tua. Saint Dominique se trouvait avec le cardinal au chapitre, dans un couvent de religieuses qu'il avait fondé. Le cardinal en apprenant l'accident de son neveu s'évanouit dans les bras du saint. A la sollicitation de son confrère Tancrède, saint Dominique fit apporter le corps du jeune homme, se mit en prière, puis s'avança vers le jeune cavalier qui était resté étendu et lui ordonna au nom du Christ de se lever, ce qui eut lieu. — H. 0,22. — L. 0,31. — Fig. 0,15.

Le quatrième : le Sauveur ressuscité, debout dans le tombeau entre les instruments de sa passion, regarde sa mère et son disciple bien-aimé qui sont assis et pleurent. — H. 0,22. — L. 0,23. — Fig. 0,15.

Le cinquième , partagé en deux parties : à gauche, une place devant une église. Saint Dominique , accompagné d'un de ses disciples, remet à un envoyé des Albigeois un livre dans lequel il avait fait une profession de foi des vérités chrétiennes et réfuté la doctrine de cette secte. — A droite, dans l'intérieur d'une maison, plusieurs Albigeois sont rassemblés autour d'un feu dans lequel ils ont jeté le livre. Selon la légende, un livre contenant la doctrine hérétique avait été promptement consumé, tandis que celui de saint Dominique s'était élancé trois fois des flammes et était resté intact. — H. 0,22. — L. 0,30. — Fig. 0,15.

Le sixième : les légendaires rapportent que la confiance de saint Dominique dans la providence était si grande, qu'il faisait mettre ses disciples à table lorsqu'il n'avait ni pain ni viande, ni d'autres aliments à leur donner, et que des anges leur apportaient en abondance la nourriture dont ils avaient besoin. — H. 0,22. — L. 0,31. — Fig. 0,12.

Le septième : saint Dominique mourant dans sa cellule, en 1221. Il bénit ses disciples et leur adresse ses exhortations. Les paroles du saint, écrites sur une banderole, sont les mêmes que celles qui se lisent dans le livre du grand tableau. Au dehors de la cellule, on aperçoit l'accomplissement d'une vision qu'eut le prieur du couvent des Dominicains de Brixen, à l'instant où son maître spirituel rendit le dernier soupir. Il vit deux échelles partant du ciel et touchant la terre ; le Sauveur et la Vierge en tenaient les extrémités, et des anges montaient et descendaient. Il y avait un trône sur lequel le saint était assis, la figure resplendissante. Les échelles ayant été ensuite enlevées au ciel, le trône y monta avec elles. A l'exception de la particularité du trône, le peintre s'est conformé à la tradition. — H. 0,22. — L. 0,28. — Fig. 0,14.

Musée Napoléon. — « Mais le tableau dans lequel Fra Giovanni, se surpassant lui-même, montra une grande habileté et une haute intelligence de l'art, fut surtout celui placé dans la même église (Saint-Dominique de Fiesole), à côté de la porte, en entrant à main gauche.

Il a représenté Jésus-Christ couronnant la Vierge au milieu d'un chœur d'anges, d'une multitude infinie de saintes et de saints, si nombreux, si bien faits, avec des têtes et des poses si variées, que l'on éprouve un plaisir d'une douceur incroyable à les contempler. Il semble même que les esprits des bienheureux ne peuvent être autrement dans le ciel, ou, pour mieux dire, ils seraient ainsi s'ils avaient un corps; car non seulement ces bienheureux sont vivants, leurs traits délicats et doux, mais le coloris entier de ce tableau paraît l'ouvrage d'un saint ou d'un ange semblable à ceux qui y sont retracés. C'est donc avec bien grande justice que ce bon religieux a toujours été appelé frère Giovanni Angelico. Dans le gradin, les sujets de l'histoire de la Vierge et de saint Dominique sont également divins dans leur genre. Aussi, quant à moi, je puis affirmer avec vérité que je ne vois jamais cet ouvrage sans qu'il me paraisse nouveau, et lorsque je le quitte il me semble que je ne l'ai pas encore assez vu. » (Vasari). — Ce tableau a été l'objet d'une publication intéressante de A.-G. de Schlegel, intitulé : *Le Couronnement de la Sainte-Vierge et les miracles de saint Dominique, tableau de Jean de Fiesole;* Paris, 1817, in-f°, 15 planches.

GIULIO ROMANO. *Voir* Pippi.

GOBBO (il) **DE' CARACCI.** *Voir* Bonzi.

GOZZOLI (Benozzo.) *Voir* Benozzo.

GRIMALDI (Gio-Francesco), *dit* il Bolognese, *peintre, graveur et architecte, né à Bologne en 1606, mort à Rome en* 1680 *(* École bolonaise.*)*

Il fut élève des Carrache, se fit remarquer d'abord par son habileté à dessiner la figure, puis il se livra entièrement à l'étude du paysage. Il prit pour guide, dans ce genre, Annibal et Titien; mais il resta toujours bien inférieur à ses modèles. Etant venu à Rome pour continuer ses études, il vit bientôt rechercher ses peintures. Innocent X devint son protecteur, le fit travailler au Vatican et dans la galerie de Monte-Cavallo. En 1648, il se rendit en France, et le cardinal Mazarin l'employa pendant trois ans à embellir son palais ainsi que celui du Louvre. Comblé de bienfaits par Louis XIV, il retourna à Rome, et trouva, après la mort d'Innocent X, de nouveaux protecteurs dans Alexandre VII et Clément IX. Il fut deux fois prince de l'académie de Saint-Luc, et mourut à l'âge de 74 ans, laissant des biens considérables à six enfants, dont le plus jeune, nommé **Alessandro,** fut assez bon peintre.

215. *Les baigneuses ; paysage.*

H. 0, 33. — L. 0, 42. — C. — Fig. 0, 10.

Un fleuve ombragé par de grands arbres est barré dans le fond par une cascade. A gauche, sur la rive, trois femmes à demi-nues; l'une d'elles, couchée sur un coussin, relève sa draperie.

Gravé par Haldenwang dans le Musée français. — *Filhol, t. 3, pl.* 173.

Ancienne collection.

216. *Paysage.*

H. 0, 34. — L. 0, 42. — C. — Fig. 0. 70.

A gauche, un homme drapé à l'antique s'adresse à un autre personnage assis au bord d'un chemin. Au milieu d'un fleuve, un homme assis dans une barque, et sur la rive un marinier paraissant engager deux femmes à y entrer. Dans le fond, des fabriques sur une éminence.

Gravé par Eichler dans le Musée français. — Filhol, t. 10, pl. 700.

Ancienne collection.

217. *Paysage.*

H. 0, 34. — L. 0, 42. — T. — Fig. de 0, 10.

A droite, sur le devant, deux femmes, trois enfants et un jeune homme assis sur une pierre carrée; au deuxième plan, une barque contenant cinq personnes. De l'autre côté de la rivière, fabriques au bas d'une montagne couronnée par une espèce de forteresse.

Landon, t. 2, pl. 13. — Filhol, t. 1, pl. 34.

Ancienne collection.

218. *Les laveuses; paysage.*

H. 0, 57. — L. 0, 68. — T. — Fig. de 0, 10.

Une femme lave du linge sur le bord d'une rivière; près d'elle, deux femmes accompagnées d'un enfant portent un panier plein de linge sur leur tête. On aperçoit dans le fond des fabriques et un pont jeté sur la rivière.

Ancienne collection. — Les figures de ce tableau sont probablement d'Annibal Carrache, ce qui a fait attribuer aussi le paysage à cet artiste par quelques personnes.

GUALTIERI. *Voir* CIMABUE.

GUARDI (FRANCESCO), *né à Venise en* 1712, *mort en* 1793. (École vénitienne.)

Élève de Canaletti dont il adopta le genre, en conservant toutefois une exécution originale qui le fait facilement distinguer des autres imitateurs de ce maître.

219. *Vue de Venise.*

H. 0, 67. — L. 1, 00. — Fig. de 0, 03.

Le doge sur le Bucentaure sortant du port de l'île du

Lido le jour de l'Ascension. La mer est couverte de gondoles et d'embarcations pavoisées.

Gravé par Brustolon, sous le nom de Canaletto.

Ancienne collection.

220. *Le doge se rendant processionnellement à l'église Santa-Maria-della-Salute, à Venise, pour assister à la commémoration de la cessation de la peste de 1630.*

H. 0, 67. — L. 1, 00. — T. — Fig. de 0, 05.

Gravé par Brustolon.

Ancienne collection.

221. *Fête du jeudi-gras, à Venise.*

H. 0, 67. — L. 1, 00. — T. — Fig. de 0, 08.

Un temple doré et magnifiquement orné est élevé sur la Piazzetta; des gondoliers exécutent le tour des *forces d'Hercule.* Le doge assiste à cette fête de la galerie du palais ducal.

Gravé par Brustolon.

Ancienne collection.

222. *Fête du* Corpus Domini, *à Venise.*

H. 0, 67. — L. 0, 98. — T. — Fig. de 0, 07.

La place Saint-Marc est décorée d'une galerie circulaire sous laquelle passent processionnellement le doge, les dignitaires et les confréries religieuses suivant le Saint-Sacrement.

Gravé par Brustolon.

Ancienne collection.

223. *Couronnement du doge sur le haut de l'escalier des Géants du palais ducal, à Venise.*

H. 0, 67. — L. 1, 00. — T. — Fig. de 0, 08.

Gravé par Brustolon.

Ancienne collection.

224. *Procession du doge à l'église de Saint-Zac-charie, le jour de Pâques.*

H. 0, 67. — L. 0, 98. — T. — Fig. de 0, 10.

Le doge est suivi et précédé de dignitaires portant le bougeoir, la corne ducale, le parasol, le siége doré et l'épée, insignes de son rang.

Gravé par Brustolon.

Ancienne collection.

225. *La salle du Collége, au palais ducal, à Venise.*

H. 0, 66. — L. 1, 00. — T. — Fig. de 0, 10.

Le doge sur son trône, entouré de ses conseillers. — Foule de masques.

Gravé par Brustolon, sous le nom de Canaletto.

Ancienne collection. — Ce tableau est donné par les inventaires à **Bernardo Bellotto**, élève de son oncle, Antonio Canal.

GUASPRE. *Voir* Dughet.

GUERCINO (il) ou le Guerchin. *Voir* Barbieri.

GUIDO *et le* **GUIDE.** *Voir* Reni.

GUIDO CAGNACCI. *Voir* Cagnacci.

INGEGNO (l'). *Voir* Andrea Luigi di Assisi.

JOSÉPIN (le). *Voir* Cesari.

JULES ROMAIN. *Voir* Pippi.

LANFRANCHI ou **LANFRANCO** (il Cavaliere Giovanni di Stefano), *né à Parme en 1580 suivant Passeri, en 1581 et 1582 selon d'autres biographes; mort le 29 novembre 1647.* (École lombarde.)

Ses parents le placèrent d'abord comme page chez le comte Scotti à Plaisance. Le comte ayant remarqué ses heureuses dispositions pour le dessin, l'envoya étudier chez Augustin Carrache, alors au service du duc Ranuccio à Ferrare. Il fit de rapides progrès, et bientôt une de ses peintures fut jugée digne d'être placée dans l'église de Saint-Augustin de Plaisance. Lanfranchi étudia avec ardeur les ouvrages du Corrège. A l'âge de 20 ans, il vint à Rome, se mit sous la direction d'Annibal Carrache, qui l'employa dans ses travaux de la galerie Farnèse. Après la mort d'Annibal, il se retira dans sa patrie, travailla à Parme, à Plaisance, revint à Rome, fut très protégé par Paul V et acquit une grande réputation par ses peintures dans diverses églises, et surtout par celles qu'il fit dans la coupole de Santo-Andrea-della-Valle, où il put montrer toute son habileté dans la science des raccourcis. Appelé à Naples pour peindre d'autres coupoles, il se lia avec Ribera et les artistes du pays contre le malheureux Dominiquin. Les troubles qui éclatèrent dans cette ville en 1646 le firent retourner à Rome. Il fut créé chevalier par Urbain VIII, et mourut le jour même où l'on découvrit les peintures qu'il venait de terminer à la tribune de Carlo Catinari. Lanfranchi était né surtout pour les entreprises colossales, et ses fresques sont bien supérieures à ses tableaux à l'huile, surtout à ceux de moyenne dimension.

226. *Agar secourue par un ange.*

H. 1, 38. — L. 1, 59. — T. — Fig. gr. nat.

Un ange montre à Agar, assise au pied d'une ruine, une source d'eau pour désaltérer son fils Ismaël.

Landon, t. 4, pl. 56.

Collection de Louis XIV. — Ce tableau, suivant Bailly, fut rehaussé de 4 pouces avant 1709.

227. *Saint Pierre en prière.*

H. 1, 28. — L. 0, 97. — T. — Fig. gr. nat.

Saint Pierre debout, vu à mi-corps et les mains jointes, lève les yeux au ciel; près de lui sont posées sur un rocher les clefs de l'Église. Dans le fond, à droite, un pont et des montagnes.

Landon, t. 4, pl. 57.

Ancienne collection.

228. *La séparation de saint Pierre et de saint Paul.*

H. 1, 07. — L. 1, 59. — T. — Fig. de 0, 60.

A droite, saint Pierre, escorté par des soldats, tiré avec violence par un bourreau, se retourne vers saint Paul que trois satellites entraînent aussi au lieu du supplice, et lui fait ses derniers adieux. Dans le fond, la porte d'Ostie et les murs de Rome.

Gravé en 1679 par Etienne Picart dit le Romain (Calc. nat.). — Filhol, t. 9, pl. 644.

Collection de Louis XIV. — Estimé 1,000 livres tournois sur l'inventaire de Mazarin. « Depuis j'eus ce tableau en mon pouvoir par le moyen du duc de Nevers qui me le donna en paiement d'une somme assez considérable que je lui avais gagnée au jeu. Je le vendis à Jabach lorsque je me défis de mon cabinet, et il doit l'avoir encore. C'est un très beau tableau ; il vaut 3,000 fr. à bon marché. » (Brienne, *Mémoires*, chap. IX.) Jabach le vendit ensuite au roi.

229. *Le couronnement de la Vierge.*

H. 2, 20. — L. 1, 44. — T. — Fig. gr. nat.

La Vierge, portée sur un nuage, est couronnée par son fils que des anges environnent. Sur le premier plan, saint Augustin et saint Guillaume à genoux implorent la protection du Christ et de sa mère ; près d'eux, trois anges, l'un tenant une mitre et les deux autres des livres.

Gravé par Ét. Baudet. — Landon, t. 4, pl. 58.

Collection de Louis XIV.

230. *Pan offrant une toison à Diane.*

H. 0, 75. — L. 1, 00. — T. — Fig. de 0, 60.

La déesse, assise sur un nuage, reçoit de Pan, assis par terre, une poignée de laine provenant de la toison d'une chèvre qu'on aperçoit derrière lui.

Collection de Louis XIV.

LAURI (Filippo), *né à Rome en 1623, mort en 1694.* (École romaine.)

Son père, **Baldassare Lauri**, né à Anvers, peintre en réputation, qui faisait des paysages dans la manière de Paul Bril, après lui avoir donné les premiers éléments de l'art, le plaça chez **Angelo Caroselli**, son parent. Il a peint beaucoup de bacchanales, de sujets mythologiques, et a fait souvent des figures dans les paysages de Claude Lorrain. Son frère aîné, **Francesco**, fut un élève habile d'**Andrea Sacchi**, et mourut à 25 ans.

231. *Saint François d'Assise en extase.*

H. 0, 46. — L. 0, 38. — T. — Fig. de 0, 35.

Saint François, malade, pensait que la musique pourrait alléger ses souffrances, mais par humilité il n'osait se procurer ce plaisir. Le ciel récompensa tant de vertu, et bientôt un chœur d'anges vint le ravir en extase. Le saint, affaibli par les veilles et le jeûne, sommeille sur un rocher, en tenant une croix et une tête de mort sur ses genoux ; près de lui est un livre ouvert. Au-dessus

de sa tête, un ange, entouré de chérubins, joue de la
viole. Dans le fond, un religieux assis et lisant.

*Gravé par Guttemberg dans le Musée français. — Filhol, t. 5,
pl. 326. — Landon, t. 5, pl. 1.*

Ancienne collection.

232. *Sacrifice au dieu Pan.*

H. 0, 50. — L. 0, 58. — T. — Fig. de 0, 25.

Au milieu de la composition, un homme, debout,
presque nu, répand du vin sur la flamme qui s'élève
d'un autel posé devant la statue du dieu Pan couché.
A gauche, deux femmes agenouillées : l'une d'elles tient
des raisins, l'autre un vase et une coupe dans laquelle
elle verse du vin. A droite, un satyre à genoux, tirant
un bélier par les cornes; un autre portant un panier de
raisin sur la tête; un enfant soufflant dans une corne.

Ancienne collection.

LIPPI (FRA FILIPPO), *né vers l'an 1412 à Florence, mort
à Spoleto le 8 octobre 1469.* (École florentine.)

Orphelin à l'âge de 2 ans, il passa sa jeunesse dans le couvent de
Carmine, à Florence, où il entra en religion. Vasari prétend qu'il se forma
en étudiant les fresques nouvellement peintes par **Massaccio**, dans
la chapelle de ce couvent; mais c'est une erreur manifeste. Massaccio
ne les commença qu'en 1440, et il y a tout lieu de penser que ce
renseignement se rapporte à **Filippino Lippi**, fils de Fra Filippo.
La vie de Filippo est féconde en événements romanesques. Se promenant un jour sur mer, il fut enlevé par des Maures et conduit
comme esclave en Barbarie. Après plusieurs années de captivité,
il parvint à regagner l'Italie, et on le retrouve peignant à Florence
en 1438. Il exécuta une grande quantité de travaux importants pour
Cosme de Médicis, pour les églises et les couvents de Florence et
de Prato. C'est dans le couvent de Sainte-Marguerite de cette dernière ville qu'il enleva Lucrezia Buti (voir le no 233.) Il travaillait
dans le chœur de la cathédrale de Spoleto en compagnie de Fra
Diamante, lorsque la mort vint le surprendre à l'âge de 57 ans. On
a prétendu qu'il mourut empoisonné par les parents d'une de ses
maîtresses. En mourant, il laissa à **Fra Diamante**, un de ses nombreux disciples, le soin d'élever **Filippino**, son fils, né à Prato en 1460,
mort le 13 avril 1505. Après avoir étudié sous la direction de Fra Diamante, Filippino entra chez Sandro Botticelli, un des meilleurs
élèves de son père. Il travailla à Florence, à Bologne, à Gênes, à Lucques, à Spoleto, à Rome, et refusa d'aller en Hongrie où le roi Mathias
l'avait appelé. Il fut un des premiers qui introduisit dans l'art toscan
le goût des grotesques, la représentation des vases, des armes et des
costumes antiques. Il les avait étudiés à Rome et les a reproduits dans
un grand nombre d'ouvrages, surtout dans les peintures de la chapelle Strozzi, à Florence, peintures commencées en 1487 et terminées seulement en 1502. Le plus grand éloge qu'on puisse faire de
Filippino, c'est qu'il est démontré maintenant que les superbes fres-

ques du crucifiement de saint Pierre, de l'ange qui délivre saint Pierre de prison, et surtout de la dispute de saint Pierre et de saint Paul devant le proconsul, dans la chapelle Brancacci del Carmine de Florence, attribuées si longtemps à Masaccio, ont été exécutées par lui, entre 1484 et 1485, à l'âge de 24 ou 25 ans. Les peintures de cette chapelle font époque dans l'histoire ; c'est d'elles que date le commencement de l'art moderne. Commencées par **Masolino**, continuées par Massaccio, terminées par Filippino, elles furent étudiées successivement par les plus éminents artistes, tels que **Andrea Verocchio**, Domenico Ghirlandajo, Sandro Botticelli, Lionardo da Vinci, Pietro Perugino, Fra Bartolommeo, Michelangiolo Buonarotti, Rafaello Sanzio, Andrea del Sarto, le Rosso, etc. Filippino eut pour élèves Rafaello del Garbo et **Niccolò Zoccolo**.

233. *La Nativité de Jésus-Christ.*

H. 1, 69. — L. 1, 60. — B. — Fig. pet. nat.

Couché par terre, devant une étable en ruines, l'Enfant-Jésus est adoré par la Vierge et saint Joseph agenouillés. Dans la partie supérieure, au milieu, le Saint-Esprit, et de chaque côté un ange les mains jointes. A gauche, fond de paysage et des bergers gardant leurs troupeaux. Un de ces bergers joue de la flûte.

Gravé dans l'Etruria Pittrice, t. 1, pl. 22.

Musée Napoléon. — « Les religieuses de Sainte-Marguerite lui ayant commandé le tableau du maître-autel, il aperçut un jour, pendant qu'il y travaillait, une fille de Francesco Buti, citoyen florentin, envoyée là comme pensionnaire ou comme novice. Fra Filippo remarqua Lucrezia; c'était le nom de la belle et gracieuse jeune fille, et s'y prit de telle façon qu'il obtint des religieuses de faire son portrait pour représenter la Vierge dans le tableau qu'il exécutait. Ce rapprochement ayant encore augmenté son amour, il fit tant et si bien qu'il détacha Lucrezia des religieuses, et l'enleva précisément le jour où elle allait voir l'exposition de la ceinture de la Vierge, relique révérée de l'endroit (Prato). Un tel événement fut un sujet de honte pour les religieuses et de peu de satisfaction pour Francesco, père de Lucrezia, qui mit tout en œuvre pour ravoir sa fille. Mais celle-ci, soit par peur, soit par tout autre motif, ne voulut jamais revenir. Elle resta donc avec Filippo, dont elle eut un fils, aussi nommé Filippo, et qui fut, comme son père, un peintre habile et célèbre. » (VASARI.)

234. *La Vierge et l'Enfant-Jésus adoré par deux saints abbés.*

H. 2, 17. — L. 2, 44. — B. — Fig. pet. nat.

La Vierge, debout sur les premières marches d'un trône, présente l'Enfant-Jésus à deux saints abbés à genoux, tenant à la main une crosse, marque de leur dignité. De chaque côté, deux archanges debout portant

des branches de lis et accompagnés d'une multitude
d'anges.

Landon, t. 5, pl. 10.

Musée Napoléon. — « Il fit pour la sacristie de Santo-Spirito à Florence un tableau représentant la Vierge entourée d'anges, et avec des saints de chaque côté. C'est une œuvre rare et qui a été toujours tenue en grande vénération par les maîtres de notre pays. » (VASARI.) On croit reconnaître le peintre dans le portrait du religieux carme placé au-dessus de l'enceinte du trône et sous l'aile de l'ange qui est à la gauche du spectateur. — Ce tableau, commandé à l'artiste par Gherardo Bartolommeo Barbadori, est carré, mais le cadre est disposé de manière à faire supposer un triple cintre dans la partie supérieure.

LOMI (ORAZIO) GENTILESCHI *ou* DE' GENTILESCHI, *né à Pise le 9 juillet 1562, mort en Angleterre en 1646.* (École florentine.)

Après avoir appris les éléments de l'art, probablement de son frère **Aurelio** et de **Baccio**, son oncle, il fut envoyé à l'âge de 17 ans à Rome, par son père Gio.-Battista Lomi. Il se perfectionna dans cette ville en étudiant les meilleurs modèles, séjourna deux ans à Gênes, en Savoie, en France, et passa en 1623 en Angleterre, où il mourut à 84 ans. Sa fille **Artemisia**, qui l'avait accompagné, peignit l'histoire, et surtout le portrait, avec talent. Il eut aussi un fils nommé **Francesco**, qui fut peintre et mourut jeune.

235. *Repos de la Sainte-Famille.*

H. 1, 58. — L. 2, 25. — T. — Fig. gr. nat.

La Vierge assise à terre, donne le sein à l'Enfant-Jésus; à gauche, saint Joseph accablé de fatigue s'est endormi couché sur son sac de voyage.

Landon, t. 4, pl. 21.

Collection de Louis XIV. — Ce tableau, décrit par Sandrard dans la vie de Gentileschi, était primitivement de forme ovale (Bailly). — Il fut peint en Angleterre pour Charles Ier, et passa en France après la mort du roi.

236. *Portrait d'un jeune homme..*

H. 0, 52. — L. 0, 48. — B.—Buste gr. nat.

Il a la tête appuyée sur la main gauche et tient de la droite une tête de mort.

Ancienne collection.

LORENZO DI PAVIA. *Vivait à Savone en 1513.* (École génoise.)

On n'a aucune notice biographique sur ce peintre.

237. *La famille de la Sainte-Vierge.*

H. 2, 02. — L. 1, 44. — T. — Fig. pet. nat.

La Vierge tient l'Enfant-Jésus sur ses genoux; près
d'elle est saint Joseph. Derrière la Vierge, Anne, sa
mère, et ses trois époux, Joachim, Cléophas et Salomé.
A droite de la Vierge, Marie, fille de Cléophas, et ses
enfants, Jude Thaddée, Jacques-le-Mineur et Joseph-le-
Juste; près d'elle est son mari, Alphée. A gauche de la
Sainte-Vierge, Marie, seconde sœur de la Vierge et fille
de Salomé, son époux Zébédée et ses enfants, Jacques-
le-Majeur et Jean l'évangéliste. Les noms des personnages sont écrits au-dessus de leurs têtes ou sur des
banderoles. — Signé : LAVRENTIVS. PAPIEN. FECIT.
MDXIII.

Musée Napoléon. — Ce tableau, cité par Vasari, se voyait de son
temps dans l'église des Récollets de Savone. Il était peint originairement sur bois et fut transporté sur toile du temps de l'Empire. Il est
inscrit dans la Notice de 1841, à l'école flamande, sous le nom de Lau-
rentius et avec le n° 546.

LOTTO (Lorenzo), *né à Venise vers 1480, mort à Loretto entre 1555 et 1560.* (École vénitienne.)

Les auteurs ne sont pas d'accord sur le lieu de sa naissance; Tassi
le fait Bergamasque; Federici, Trévisan. Des actes prouvent qu'il était
vénitien, seulement il a passé une grande partie de sa vie à Bergame.
On croit qu'il apprit les éléments de l'art d'**Andrea Previtali** de Bergame; il entra ensuite à l'école de **Gio. Bellini** à Venise et étudia
les ouvrages du Giorgion. Ses plus anciens tableaux sont datés de 1505
et il est cité dans le livre de la fabrique du chœur de Santa-Maria de
Loretto, comme travaillant encore en 1554. Il y a tout lieu de croire
qu'il mourut peu de temps après. Ses principaux ouvrages sont à
Bergame, à Venise, à Recanati. Cet artiste a changé plusieurs fois
de manière, et l'on reconnaît successivement dans ses peintures l'influence de Gio. Bellini, de Lionardo da Vinci, de plusieurs maîtres
vénitiens, et entre autres de Palma Vecchio, son ami. Dans un manuscrit de Léonard on trouve le passage suivant : « 1505. Mardi soir, le
14 avril, Lorenzo est venu s'établir chez moi; il dit être âgé de
17 ans. » Ce Lorenzo, qui fut son compagnon tant qu'il resta en
Italie, est-il Lorenzo Lotto? Dans ce cas Lotto serait né en 1488;
mais s'il y a quelque présomption en faveur de cette hypothèse, il
n'existe cependant encore aucune preuve certaine.

238. *La femme adultère amenée devant Jésus.*

H. 1, 24. — L. 1, 56. — T. — Fig. à demi-corps, pet. nat.

Jésus-Christ est entouré des Scribes et des Pharisiens
qui lui amènent une femme surprise en adultère. Ses
mains sont liées, un soldat la tient par les cheveux.

Collection de Louis XIV.

LUCIANO (Sebastiano di), *dit* Fra Bastiano del Piombo, *né à Venise en 1485, mort à Rome en 1547.* (École vénitienne.)

Sa première occupation fut la musique et il excellait à jouer de plusieurs instruments. Il s'attacha ensuite à la peinture, et **Giovanni Bellini** fut son premier maître. Les ouvrages qu'il exécuta à Venise lui firent un grand honneur, et Agostino Chigi l'appela à Rome pour travailler dans son palais, en concurrence de **Baldassare Peruzzi** et de Raphaël. A cette époque, les partisans de Raphaël et ceux de Michel-Ange se faisaient une guerre implacable et tâchaient d'attirer dans leur camp les artistes célèbres ; Sébastien se déclara pour Michel-Ange, et celui-ci, flatté de cette préférence, l'aida de ses conseils et de ses dessins. Nommé scelleur de la chancellerie par Clément VII, en 1531, les revenus de cette charge lui permirent de se livrer entièrement à son penchant pour la paresse. Il abandonna la grande peinture, et c'est à peine si l'on put obtenir de lui des portraits, genre dans lequel il excellait. Son meilleur élève fut **Lorenzo Laurati**, de Sicile.

239. *La visitation de la Vierge.*

H. 1, 68. — L. 1, 32. — T. — Fig. jusqu'aux genoux, gr. nat.

La Vierge, accompagnée de deux femmes, est reçue par sainte Elisabeth ; on aperçoit plus loin Zacharie qui descend les degrés d'un péristyle. Un homme, vu de dos, lui annonce l'arrivée de la Vierge. — Signé : SEBAS-TIANVS VENETVS FACIEBAT ROMÆ M. D. XXI.

Filhol, t. 7, pl. 469. — Landon, t. 7, pl. 51.

Collection de François Ier. — On lit dans le père Dan : «On croit que le visage de Nostre-Dame a esté fait par Michel-Ange. » — Ce tableau, après avoir longtemps décoré les palais de Fontainebleau, de Versailles, du Louvre, avait été relégué dans un grenier où il subit de graves détériorations. Le panneau était séparé en trois morceaux, et de nombreuses écailles étaient tombées. La direction du Musée Napoléon fit transporter le tableau sur toile, refixer les écailles, et restaurer aussi bien que possible les endroits endommagés.

LUINI *ou* **LOVINI** da Luino (Bernardino), *né vers 1460 à Luino, sur le lac Majeur; vivait encore en 1530.* (École lombarde.)

Vasari (Vies de Lorenzetto et de Boccaccino) se borne à vanter le talent de cet éminent artiste, qu'il appelle Bernardino del Lupino, sans entrer dans aucun détail biographique. Lomazzo ne l'a guère cité que parce qu'il fut un des maîtres de Gaudenzio Ferrari, et les écrivains postérieurs n'ont encore donné que fort peu de renseignements sur sa vie. Il paraît qu'il fut élève du Milanais **Stefano Scotto**. Rien ne prouve qu'il ait reçu directement des leçons de Léonard, mais il fréquenta l'académie des artistes instituée par François Sforze Ier, dont le Vinci fut directeur. Il le prit pour modèle, et imita quelquefois son style et son exécution, de manière à faire illusion. Cependant il conserva le plus souvent une finesse et une grâce originale qui empêchent de confondre ses ouvrages avec ceux de Léonard, quoiqu'on les attribue souvent à ce dernier pour en augmenter la valeur. Luini ne s'est guère éloigné de Milan, et l'on voit de lui de nombreuses fresques à Lugano, à Saronno, à Pavie. Dans quelques unes de ses dernières peintures, son style a quelque ressemblance avec celui de Raphaël, ce qui a fait croire à tort qu'il avait été à Rome. — **Ambroglo**, son frère, imita sa manière. — **Aurelio**, probablement son fils aîné, est cité par Lomazzo comme un des meilleurs peintres milanais de son temps. Savant en architecture et en anatomie, il tombe souvent dans la manière et s'éloigne de la noble et gracieuse simplicité de son père. Il se rapprocha quelquefois du style de Polydore de Caravage. — **Evangelista** peignit plutôt des ornements que la figure. Il aida vraisemblablement son frère et l'on ne connaît aucun ouvrage de lui qui puisse lui être attribué avec certitude. Ils vivaient encore tous deux en 1584, et ne sortirent pas de la Lombardie. — Il y eut encore un **Pietro** qu'on croit le dernier membre de la famille Luini, et un **Giulio Cesare da Varallo**, né vers 1512, élève de Gaudenzio Ferrari, qui n'est point parent de Bernardino.

240. *Sainte-Famille.*

H. 0, 31. — L. 0, 46. — B. — Fig. à mi-corps, demi-nat.

Jésus debout passe le bras gauche autour du cou de sa mère, qui le soutient. Saint Joseph, appuyé sur un bâton et placé derrière la Vierge, les considère avec attention.

Ancienne collection.

241. *Le sommeil de Jésus.*

H. 0, 92. — L. 0, 73. — B. — Fig. à mi-corps, gr. nat.

La Vierge debout porte dans ses bras l'Enfant-Jésus endormi; un ange étend devant elle un linge pour envelopper le Sauveur. Deux autres anges, placés derrière la Vierge, tiennent, l'un un rouleau, l'autre un coussin.

Collection de Louis XIV. — Ce tableau était autrefois attribué à tort à Sébastien del Piombo.

242. *Salomé, fille d'Hérodiade, recevant la tête de saint Jean-Baptiste.*

H. 0, 62. — L. 0, 53. — B. — Fig. à mi-corps, pet. nat.

La fille d'Hérodiade reçoit dans un bassin la tête de saint Jean-Baptiste, qui lui est présentée par un bourreau dont on ne voit que le bras.

Landon, t. 7, pl. 56.

Collection de Louis XIV. — Ce tableau, acquis comme étant de Solario, a été aussi attribué à Léonard de Vinci. Il est évidemment de Bernardino Luini. En le comparant avec le n° 240, on trouvera que c'est le même faire et que les mêmes modèles ont posé pour les têtes dans les deux tableaux.

LUTI (Benedetto), *né à Florence en 1666, mort à Rome en 1724.* (École florentine.)

Élève d'abord de **Domenico Gabbiani**, il alla ensuite à Rome pour se perfectionner sous la direction de **Ciro Ferri**; mais à peine était-il arrivé dans cette ville que Ciro mourut. Il chercha alors à se former un style en étudiant différents maîtres et produisit des ouvrages qui lui valurent une grande réputation. Le pape Clément XI le prit à son service, et lui fit exécuter à fresque et à l'huile des travaux importants pour différentes églises. Le succès qu'obtinrent plusieurs petits tableaux peints au pastel l'engagea à s'adonner à ce genre; il en fit une telle quantité qu'il est peu de galerie ou de collection qui n'en possède. Il a aussi répété un grand nombre de fois le même sujet : la Madeleine pénitente. Il fut le maître de Carle Vanloo.

243. *La Madeleine.*

H. 1, 67. — L. 1, 28. — T. — Fig. gr. nat.

Sainte Madeleine, assise sur une pierre, contemple un crucifix qu'elle tient dans ses mains. Un livre et une tête de mort sont posés près d'elle sur une pierre. Deux chérubins volent au-dessus de sa tête.

Landon, t. 5, pl. 17.
Collection de Louis XVI.

244. *La Madeleine en méditation.*

H. 1, 04. — L. 0, 75. — T. — Demi-fig. gr. nat.

Elle considère une tête de mort.
Ancienne collection.

MACHIAVELLI (Zenobio de'), *florissait en 1474.* (École florentine.)

Vasari est peut-être le seul auteur qui ait parlé de cet artiste. Il le nomme Zanobi, dit qu'il fut élève de Benozzo Gozzoli, mais ne donne aucun détail sur sa vie.

245. *Le couronnement de la Vierge.*

H. 1, 64. — L. 1, 66. — B. — Fig. pet. nat.

Jésus-Christ couronne la Vierge en présence de saint Jean-Baptiste, de saint François d'Assise, de la Madeleine, de l'apôtre saint Pierre, et des anges qui célèbrent

les louanges du Seigneur. On lit sur ce tableau : OPVS·
CENOBII· DEMACHIAVELLIS· M̃CCCCLXXIII.

Musée Napoléon.

MANFREDI (BARTOLOMMEO), *né à Ustiano, bourg du Man-*
touan, en 1580, suivant Zani; mort en 1617. (École ro-
maine.)

Il entra d'abord chez **Christofano Roncalli** dit *dalle Pomarance*,
et perfectionna sa manière en étudiant les ouvrages de M.-A. de Caravage. Il peignit des scènes de corps-de-garde, de buveurs, de
joueurs, et beaucoup de ses ouvrages sont souvent attribués au Caravaggio.

246. *Assemblée de buveurs.*

H. 1, 29. — L. 1, 92. — T. — Demi-fig. gr. nat.

Quatre hommes, assis autour d'une table de pierre
ornée d'un bas-relief, boivent et chantent. L'un deux,
à droite, tend son verre à un valet qui lui verse du
vin contenu dans une bouteille d'osier ; en face de lui,
un autre joue du théorbe, et deux autres convives
l'écoutent. Derrière sont deux domestiques debout ;
l'un mange du macaroni, l'autre porte une bouteille à
sa bouche.

Gravé par Reindel dans le Musée royal ; par Jean Haussard.
— Landon, t. 5, pl. 18.

Collection de Louis XIV.

247. *La diseuse de bonne aventure.*

H. 1, 27. — L. 1, 50. — T. — Demi-fig. gr. nat.

Une femme assise se fait dire la bonne aventure par
deux Égyptiennes, et montre sa main à la plus jeune.
Un cavalier placé derrière elle tient une tête d'oiseau
mort.

Collection de Louis XVIII. — Acquis de Mme L. Sabonadière, en
1816, pour 1,000 fr.

MANFREDI (attribué à).

248. *Judith tenant la tête d'Holopherne.*

H. 1, 14. — L. 0, 92. — T. — Fig. à mi-corps, gr. nat.

Elle est accompagnée d'une femme tenant le sac destiné à recevoir la tête d'Holopherne.

Ancienne collection. — Ce tableau est porté aux inconnus de l'école d'Italie dans l'inventaire de la Restauration. — Il avait été exposé au Luxembourg depuis 1750 sous le nom de *Moïse* Valentin.

MANTEGNA (ANDREA), *peintre, graveur, architecte et géomètre, né à Padoue en 1431, mort le 13 septembre 1506.* (École vénitienne.)

Il gardait les moutons dans sa jeunesse. Ses premiers essais ayant été remarqués, il fut mis en apprentissage chez **Francesco Squarcione**, qui, charmé de ses progrès, l'adopta pour son fils et le fit son héritier. En 1441, quoiqu'il n'eût que 10 ans, il fut admis dans la corporation des peintres à Padoue. Le Squarcione qui avait rapporté de ses voyages en Italie et en Grèce des marbres et des plâtres moulés sur les beaux restes de l'antiquité, les lui fit copier assidûment, et cette étude lui inspira de bonne heure pour l'antique une passion qu'il conserva toute sa vie. A 18 ans, Andrea peignit le tableau du maître-autel de Sainte-Sophie de Padoue; de 1448 à 1461, il exécuta de nombreuses peintures dans cette ville. En 1463, il travaillait à Vérone et en 1466 à Florence. Le marquis Lodovico Gonzaga l'appela à son service. Il arriva en 1468 à Mantoue, et il fit pour lui un grand nombre de peintures, entre autres, dans son palais de Saint-Sébastien, le Triomphe de Jules-César, travail important interrompu pendant les années 1488 à 1490, parce qu'à cette époque Mantegna fut occupé à Rome par le pape Innocent VIII. A son retour à Mantoue, il reprit et termina ce fameux Triomphe, suite de peintures coloriées en détrempe sur toile, que l'on a appelées souvent à tort *cartons* ou *grisailles*, et qui se trouvent maintenant à Hampton-Court. Mantegna fit un habile usage de la perspective et des raccourcis, et montra dans ses ouvrages une élévation de style puisée aux sources pures de l'antiquité. **Jacopo Bellini**, père des célèbres peintres vénitiens Giovanni et Gentile, grand admirateur d'Andrea, lui donna sa fille en mariage. Il eut plusieurs fils : l'un d'eux mourut jeune avant 1493; on ignore son nom, mais on sait qu'il avait déjà donné des preuves d'un grand talent. — **Francesco** travaillait en 1494 pour Francesco Gonzaga, et des actes nous apprennent qu'il vivait encore en 1511.—**Lodovico**, le favori d'Andrea, mourut en 1509. — **Bernardino**, né en 1490, mort à Mantoue le 9 avril 1528, élève de son père, avait, dès l'âge de 16 ans, une grande réputation d'habileté. Isabelle, marquise de Gonzague, qui l'aimait beaucoup, lui commanda des peintures pour orner un palais qu'elle avait dans un endroit nommé Sacchetta. — **Giovanni Andrea** était fils naturel d'Andrea. — Enfin **Carlo del Mantegna**, de Mantoue, fut celui de ses élèves qu'il préférait particulièrement et qu'il employa dans ses travaux les plus importants.

249. *Le Christ entre les larrons.*

H. 0, 67. — L. 0, 93. — B. — Fig. de 0, 32.

Sur le sommet du Calvaire, Jésus a été crucifié entre deux larrons. Des soldats le gardent et trois d'entre eux tirent aux dés ses vêtements; à gauche, saint Jean debout témoigne l'excès de sa douleur; plus loin, la Vierge, accompagnée des saintes femmes, verse des pleurs sur

la mort de son fils. Dans le fond, un chemin taillé dans
le roc et conduisant à Jérusalem.

Gravé par Giacinto Maina. — Landon, t. 5, pl. 19.

Musée Napoléon. — Ce tableau, peint en détrempe, faisait partie du gradin d'un tableau de maître-autel de San-Zeno, à Vérone.
On prétend que Mantegna s'est représenté sous la figure du soldat
qui est vu à mi-corps sur le premier plan, le casque en tête et la
lance en main. Les deux autres tableaux de ce même gradin sont conservés au Musée de Tours.

250. *La Vierge de la Victoire.*

H. 2, 80. — L. 1, 66. — T. — Fig. pet. nat.

Assise sur un trône orné de marbres de diverses
couleurs et de bas-reliefs en or, la Vierge tient l'Enfant-
Jésus debout sur ses genoux ; le manteau dont elle est
revêtue est soutenu d'un côté par l'archange saint Michel, appuyé sur une épée, et de l'autre par saint Maurice, tous deux couverts de riches armures. On aperçoit
derrière eux, à droite, saint Longin avec un casque
rouge, et de l'autre côté saint André, protecteurs de la
ville de Mantoue. Près de la Vierge est le jeune saint
Jean, debout, et plus bas sa mère, sainte Élisabeth, à
genoux, un chapelet de corail à la main. Enfin, à gauche
et sur les marches du trône, on voit le marquis de
Mantoue, Jean-François de Gonzague, armé de pied
en cap et décoré du cordon de Saint-Maurice, à genoux,
rendant grâce à la Vierge qui lui tend la main en signe
de protection, tandis que son fils lui donne sa bénédiction. La niche qui reçoit le trône de la Vierge est ornée
de festons de verdure entremêlés de fleurs, de fruits,
de coraux, de perles et de pierreries de toute espèce.

Musée Napoléon. — « Un de ses derniers ouvrages fut un tableau
pour Santa-Maria-della-Vittoria, église que fit bâtir, d'après les dessins et les plans d'Andrea, le marquis Francesco, en commémoration
de la victoire remportée par lui sur les Français, près de la rivière du
Taro, lorsqu'il commandait les forces vénitiennes. Dans ce tableau
peint en détrempe, et placé sur le maître-autel, il a représenté la
Vierge avec l'Enfant, assise sur un piédestal. Plus bas, l'archange
saint Michel, sainte Anne, le petit saint Jean présentant à la Vierge,
qui lui tend la main, le marquis, peint d'après nature avec une telle
perfection qu'il semble vivant. Cet ouvrage, qui plut et qui plaît à tous
ceux qui le voient, satisfit tellement le marquis qu'il récompensa
magnifiquement Andrea de ses soins et de son talent, en sorte que,
grâce à la libéralité avec laquelle les princes payèrent ses œuvres,
il put soutenir honorablement, jusqu'à son dernier jour, le grade de

chevalier.» (Vasari.) Ce récit de Vasari mérite rectification. La bataille dont il parle est celle de Fornovo (Fornoue, 6 juillet 1495), où le marquis, qui commandait à 40,000 Italiens, loin d'être *victorieux*, fut battu complétement par 9,000 Français composant l'armée de Charles VIII. Enfin, au lieu de passer ses dernières années dans l'opulence, Mantegna mourut pauvre et chargé de dettes, ainsi que sa correspondance et celle de son fils Lodovico le prouvent d'une manière irrécusable.

251. *Le Parnasse, composition allégorique.*

H. 1, 60. — L. 1, 92. — T. — Fig. de 0, 65.

Sur le premier plan, à gauche, Apollon fait danser les Muses aux sons de la lyre. A droite, Mercure appuyé sur Pégase tient un long caducée. Derrière Mercure, l'Hélicon d'où s'échappent les eaux de l'Hippocrène. Au milieu du tableau, sur un rocher percé en forme d'arcade et qui laisse entrevoir la campagne, se tient debout Vénus accompagnée de Mars armé de sa lance, revêtu de son armure. Un peu plus bas, sur le même rocher, l'Amour, son arc à la main, souffle des traits qui excitent la jalousie de Vulcain. L'époux de Vénus quitte les travaux de sa forge, et menace la déesse et son rival.

Filhol, t. 8, pl. 506. — Landon, t. 5, pl. 20.

Ancienne collection. — Ce tableau et le suivant ont fait partie du cabinet d'Isabelle d'Este. L'inventaire de ce cabinet, dressé au milieu du xvi° siècle, décrit ainsi la peinture portée sous ce numéro : Mars et Vénus faisant l'amour ; Vulcain, Orphée jouant de la lyre, et neuf nymphes dansant. — Ces deux tableaux de Mantegna, ceux de Lorenzo Costa (nos 175 et 176), et le Pérugin (no 445), entrèrent en même temps dans la collection du Louvre.

252. *La Sagesse victorieuse des Vices.*

H. 1, 60. — L. 1, 92. — T. — Fig. de 0, 60.

Minerve, précédée de la Chasteté sous les traits de Diane, et de la Philosophie sous ceux d'une femme portant un flambeau, chasse devant elle et poursuit la Luxure aux pieds de satyre ; l'Oisiveté et l'Inertie enfoncées dans un bourbier ; la Fraude, la Malice, l'Ivrognerie, la Volupté et l'Ignorance portées par l'Ingratitude et l'Avarice. La Justice, la Force, la Tempérance, qui planent dans les airs, reviennent sur la terre pour y fixer leur séjour.

Ancienne collection. — On lit sur une banderole enroulée autour

d'un arbre, à gauche, l'inscription suivante : AGITE PELLITE SEDIBVS
NOSTRIS FOEDA HAEC VICIORV MONSTRA VIRTVTVM COELITVS ADNOS
REDEVTIVM DIVAE COMITES. « Divines compagnes des vertus célestes
qui reviennent parmi nous, chassez, repoussez de nos demeures ces
hideux monstres des vices. » Cette même inscription est immédiatement reproduite, non pas en caractères orientaux, comme quelques
personnes paraissent le croire, mais en *lettere trattizzate*, c'est-à-dire
en lettres bizarrement enlacées à l'imitation des *monocondylia* des
Grecs, et dont on trouve des exemples dans les livres italiens de modèles
d'écriture du commencement du xvie siècle. A la fin de la banderole se
trouvent aussi quelques mots en caractères hébraïques. (Voir la
note du tableau précédent.)

MARATTA ou **MARATTI** (CARLO), *peintre, graveur,
né à Camerano, dans la Marche d'Ancône, en 1625,
mort à Rome le 15 décembre 1713. (École romaine.)*

Il vint à Rome à l'âge de 11 ans, et entra à l'école d'Andrea Sacchi,
où il resta dix-neuf ans à copier avec assiduité les ouvrages de
Raphaël, des Carrache et des plus grands maîtres. Il retourna ensuite dans sa patrie et ne revint à Rome, avec le cardinal Albrizio, gouverneur d'Ancône, qu'en 1650, époque où il exposa pour la première fois un tableau en public. Il se fit une grande réputation en
peignant des Vierges, et fut surnommé *Carluccio delle Madonne*. Plusieurs papes l'employèrent et il travailla dans les principales villes de
l'Italie. Il eut la garde des peintures de Raphaël au Vatican, fut chargé
de les restaurer et de retoucher à la gouache les fresques de la Farnésine. Clément XI le créa chevalier du Christ, et Louis XIV le nomma
son peintre ordinaire. Peu d'artistes ont joui de leur vivant d'une
réputation aussi considérable que C. Maratti. La postérité n'a pas
sanctionné entièrement les éloges que ses contemporains lui ont
prodigués. Ses élèves furent nombreux, et **Agostino Masucci** est le
dernier peintre sorti de son école.

253. *La Nativité.*

H. 0, 97. — L. 0, 97. — T. — Fig. de 0, 48.

La Vierge, assise au pied d'une étable en ruines, tient
dans ses bras l'Enfant-Jésus que des anges contemplent
avec amour. Saint Joseph, debout près de la Vierge,
montre l'enfant divin à un groupe de bergers agenouillés,
dont l'un tient une corbeille de fruits. A droite, un autre
groupe de bergers : l'un d'eux agenouillé, ayant à ses
pieds un agneau, des colombes, etc., tient une femme
par la main. Des anges descendent du ciel sur un rayon
lumineux, apportent des fleurs et encensent le nouveau-
né. Dans le fond, une femme et d'autres bergers suivis
d'un âne.

*Gravé par J.-B. de Poilly ; par Francesco Juvanis. —
Landon, t. 5 pl. 21.*

Collection de Louis XIV. — Ce tableau, exécuté en 1657, servit de
modèle à la fresque peinte par Carle Maratte dans la galerie du pape

à Monte-Cavallo ; il fut donné, ainsi que le n° 255, à Louis XIV par
le cardinal Gualterio, envoyé en France en 1701 comme nonce du
pape.

254. *Le sommeil de Jésus.*

H. 1, 25. — L. 1, 00. — B. — Fig. gr. nat.

La Vierge tient des deux mains un voile de gaze dont
elle va couvrir Jésus livré au sommeil, la tête appuyée
sur la main droite, et le bras gauche posé sur un oreiller. Elle est accompagnée de sainte Catherine d'Alexandrie et de trois anges placés au chevet du lit. Ce tableau
est signé : CAROLUS MARATTA PINXIT 1697.

Collection de Louis XIV.

255. *Prédication de saint Jean-Baptiste.*

H. 0, 90. — L. 1, 00. — T. — Fig. de 0, 48.

Saint Jean, debout et les bras élevés, est entouré d'Is-
raélites qui écoutent sa parole. Derrière lui, un homme
du peuple accoudé sur un tertre, la tête appuyée sur ses
mains, et deux hommes enveloppés de leurs manteaux.
A droite, un juif assis explique à un vieillard le sens des
paroles du saint. Plus loin, un groupe de cinq personnages à l'aspect grave, dont l'un appuie son menton sur
une béquille.

*Gravé par Charles Dupuis. — Filhol, t. 9, pl. 657. —
Landon, t. 5, pl. 23.*

Collection de Louis XIV. — Ce tableau fut donné au roi en 1701
par le cardinal Gualterio.

256. *Mariage mystique de sainte Catherine.*

H. 0, 44. — L. 0, 32. — T. — Fig. de 0, 40.

L'Enfant-Jésus, assis sur les genoux de la Vierge,
met un anneau au doigt de sainte Catherine d'Alexandrie agenouillée devant lui. Près de la sainte, et par
terre, une palme et un fragment de roue. Un ange et
trois chérubins, portés sur des nuages, contemplent
cette scène.

*Gravé par Vandramini dans le Musée français ; pour la
veuve Daullé. — Filhol, t. 6, pl. 380. — Landon, t. 5,
pl. 24.*

Ce tableau, porté sur l'inventaire du prince de Carignan, fut acheté
par Louis XV.

257. *Portrait de Marie–Madelcine* Rospigliosi.

H. 0, 94. — L. 0, 74. — T. — Fig. à mi-corps, gr. nat.

Elle tient un éventail de la main droite, qu'elle appuie sur une table où est placée une lettre qui porte pour suscription : *Al Illᵐᵃ et Cᵐᵃ sigʳᵃ la Sigʳᵃ Maria Madalena Rospigliosi per Carlo Maratti.*

Collection de Louis XVIII. — Ce portrait est compris dans les 20,000 fr. de tableaux acquis de M. de Langeac en 1822.

258. *Portrait de Carlo Maratta.*

H. 0, 70. — L. 0, 58. — T. — Buste gr. nat.

L'artiste s'est représenté presque de profil, tourné à droite, la tête nue, et vêtu de noir.

Ancienne collection.

MASSONE (Giovanni), *d'Alexandrie; il vivait en 1490.* (École génoise.)

L'histoire ne donne aucun renseignement sur la vie de ce peintre.

259. *Rétable divisé en trois compartiments :*

1° *La Nativité.*

H. 1, 77. — L. 0, 77. — B.— Fig. dem.-nat.

La Vierge et saint Joseph, agenouillés, adorent l'Enfant-Jésus placé à terre sur un linge blanc. Le Père-Eternel, environné de séraphins, paraît dans le ciel, précédé de deux anges qui tiennent une banderole sur laquelle on lit : *Gloria in excelsis Deo et intera pax homibus b̄oe volūtat.* Dans le fond, le cortége des Mages sortant de Bethléem. On lit sur le premier plan : *Jonnes mazonus de alexā pinxit.*

2° *Saint François debout et le pape Sixte IV à genoux.*

H. 1, 11. — L. 0, 57. — B. —Fig. dem.-nat.

Fr. Alescola della Rovere, fils d'un pêcheur et marinier dans sa jeunesse, puis cordelier, devint général de son ordre. Paul II, à la recommandation du cardinal

Bessarion, le fit entrer dans le sacré collége sous le titre de Saint-Pierre-ès-Liens; il fut élu pape en 1471, et mourut en 1484.

3° *Saint Antoine de Padoue et le cardinal Giuliano della Rovere à genoux.*

H. 1, 11. — L. 0, 57. — B. — Fig. dem.-nat.

Ce dernier, neveu de Sixte IV, naquit à Savone en 1453; créé cardinal en 1471, il fut élevé à la chaire de saint Pierre en 1503, sous le nom de Jules II, et mourut en 1513. On prétend que son humeur guerrière lui fit prendre le nom de Jules en mémoire de Jules César.

Landon, t. 5, pl. 25.

Collection de Louis XVIII. — Ces trois tableaux ont été exécutés vers 1490, et furent placés à Savone dans la chapelle sépulcrale érigée par le pape Sixte IV pour renfermer les cendres de sa famille. Le peintre reçut pour cette œuvre 192 *ducati di Camera*, qui valent un peu plus que les autres et faisaient alors une somme considérable. — Acquis en 1814 de M. Denon pour 3,000 fr.

MASTELETTA. *Voir* DONDUCCI.

MAXIME (LE CHEVALIER). *Voir* STANZIONI.

MAZZOLA (FRANCESCO), *dit* IL PARMIGIANINO OU LE PAR-MESAN, *peintre, graveur, né à Parme le 11 janvier 1503, mort le 24 août 1540 à Casalmaggiore.* (École lombarde.)

Suivant les registres baptismaux de Parme, il reçut les noms de Girolamo Francesco Maria, mais il se fit toujours appeler Francesco pour qu'on ne le confondît pas avec son cousin Girolamo, fils de Pietro Michele. Lomazzo l'appelle aussi *il Mazzolino*, et, dans ce cas, il ne faut pas le confondre avec **Lodovico Mazzolino**, peintre de Ferrare, élève de Lorenzo Costa. Vasari écrit son nom Mazzuoli, et Affò, Mazzola, conformément à l'usage de Parme. Il perdit son père étant encore enfant, commença ses études sous la direction de ses oncles **Michele et Pier-Mario Mazzola**, et fit des progrès assez rapides pour exécuter, à l'âge de 14 ans, un tableau qui fut jugé très remarquable par ses contemporains. Il se perfectionna ensuite en copiant les peintures du Corrége qui, à cette époque, peignait la coupole de Saint-Jean-l'Evangéliste à Parme, et vint à Rome, l'année de l'exaltation du pape Clément VII (1523), pour étudier les ouvrages de Michel-Ange et de Raphaël; Clément VII le chargea de travaux considérables. Ayant quitté Rome en 1527, après le sac de cette ville, il se retira à Bologne, donna des dessins à graver sur bois et en camaïeu à Antonio da Trento, qui les lui vola et disparut tout à coup de Bologne sans qu'on ait jamais plus entendu parler de lui. C'est à tort que Vasari et d'autres auteurs ont prétendu que le Parmesan grava lui-même en camaïeu, genre que Ugo da Carpi avait pratiqué dès 1518; mais, si le Parmesan n'a pas gravé sur bois, il est probablement le premier peintre graveur à l'eau-forte italien.

Vers 1530, il retourna à Parme, où il exécuta de nombreux travaux ; cependant, ne se pressant pas de terminer ceux qu'il avait commencés dans l'église de la Steccata, il fut incarcéré à la requête des religieux. Sorti de prison, Francesco, au lieu de reprendre ses travaux, s'enfuit secrètement de Parme et se réfugia à Casalmaggiore, où après avoir exécuté quelques ouvrages il mourut dans un état misérable. Le récit de Vasari sur les causes de la mort prématurée du Parmesan, sur sa passion pour l'alchimie, récit répété par d'autres biographes, a été réfuté par le père Affò, qui s'appuie sur des témoignages contemporains qui paraissent dignes de foi. Il eut pour élèves Girolamo Mazzola, son cousin, **Daniello da Parma**, Battista Fornari qui s'adonna à la sculpture.

260. *Sainte-Famille.*

H. 0, 42. — L. 0, 34. — B. — Fig. de 0, 35.

La Vierge assise tient sur ses genoux l'Enfant–Jésus, qui embrasse le petit saint Jean monté sur le berceau du Sauveur. Derrière la Vierge, saint Joseph et sainte Élisabeth.

Gravé par Bloemaert ; par un anonyme. — Filhol, t. 2, pl. 30. — Landon, t. 5, pl. 50.

Collection de Louis XIV. — Une composition tout-à-fait analogue est gravée dans le recueil de Boyer d'Aguilles, et Mariette dit dans le texte qui accompagne ce recueil : « On connaît un tableau presque semblable dans le cabinet du roy. »

261. *La Vierge, l'Enfant-Jésus et sainte Marguerite.*

H. 0, 46. — L. 0, 35. — B. — Fig. de 0, 40.

La Vierge, assise, présente l'Enfant–Jésus à sainte Marguerite à genoux, désignée par le dragon dont on aperçoit la tête. A gauche, derrière la Vierge, saint Benoît, abbé, en adoration ; de l'autre côté, un ange et saint Jérôme tenant un crucifix.

Gravé par F. Bonasone. On lit au bas de cette estampe : *Julius Bonasonis imitando pinxit et clavit.* On connaît encore une autre gravure de cette composition avec changements, et qui pourrait bien être du Parmesan lui-même. *Gravé par Rosaspina dans le Musée Français. — Landon, t. 5, pl. 51.*

Collection de Louis XIV. — Ce tableau est une répétition en petit du tableau exécuté par le Parmesan dans l'église des religieuses de Sainte-Marguerite, à Bologne.

MAZZOLA (d'après).

262. *Le Christ mis au tombeau.*

H. 0, 93. — L. 0, 74. — T. —Fig. de 0, 60.

Le Christ, couché sur son linceul et sur le bord du

tombeau, est soutenu par une sainte femme. Dans le fond, la Vierge évanouie, et sur le premier plan saint Jean vu seulement à mi-corps.

Collection de Louis XVIII. — Acquis en 1816 de Mme Rigo pour la somme de 10,000 fr. — Cette peinture a été exécutée probablement par un artiste allemand d'après une eau-forte du Parmesan. Un tableau de la même composition se trouve dans la galerie Houghton.

263. *Le mariage mystique de sainte Catherine.*

H. 0, 75 – L. 0, 64 – T. — Fig. de 0, 80.

La Vierge assise tient sur ses genoux l'Enfant-Jésus, qui met l'anneau nuptial au doigt de sainte Catherine d'Alexandrie. La sainte appuie l'autre main sur une table, près de laquelle est la roue garnie de dents de fer, instrument de son martyre. Saint Joseph, en buste, est placé à l'un des angles inférieurs du cadre devant le siége de la Vierge.

Filhol, t. 1, pl. 639. — Landon, t. 1, pl. 1.

Collection de Louis XIV. — Plusieurs tableaux reproduisant la même composition se trouvent dans différentes galeries, notamment dans celle de lord Stafford à Londres et dans celle de lord Grosvenor. Le premier, qui a fait partie de la collection Borghèse à Rome, a été gravé par Agar dans le recueil intitulé *British Gallery* ; le second, dans le catalogue même de la galerie Grosvenor, et tous deux sont attribués au Parmigianino. Le tableau du Louvre est donné par les inventaires et les catalogues précédents à **Niccolò Abati**, ou **Niccolò dell' Abate**, peintre, sculpteur, architecte, né à Modène vers 1512, mort à Paris en 1570, qui travailla beaucoup à Fontainebleau avec le Primatice. Malgré l'autorité des inventaires, cette composition nous semble tout-à-fait dans le style du Mazzola, et l'exécution de cette peinture est trop faible pour qu'elle ne soit pas attribuée avec plus de raison à un de ses élèves qu'à un maître tel que Niccolò Abati.

MAZZOLA ou MAZZOLINO (Girolamo), *né à Moile, aujourd'hui S.-Lazzaro, près de Parme; travaillait encore en 1566.* (École lombarde.)

Quoique son père s'appelât Melchiorre ou Michele Bedolo, Girolamo n'est guère connu que sous le nom de Mazzola (ou Mazzolino), qu'il prit de **Pier-Ilario Mazzola**, son beau-père. Lanzi dit qu'il vivait encore en 1580; mais un document authentique daté de 1586 prouve qu'à cette époque cet artiste n'existait plus et que ses fils conservèrent douze ans après sa mort des relations amicales avec les autres membres de la famille. Zani croit que Girolamo travaillait de 1533 à 1563; cependant Vasari rapporte qu'il lui montra en 1566, dans l'église de Notre-Dame-della-Steccata à Parme, une fresque qui n'était pas encore découverte. Il était élève et imitateur de Francesco Mazzola dit le Parmesan, dont il avait épousé une cousine, et après la mort de ce dernier il termina les ouvrages qu'il n'avait pu achever. Il passa toute sa vie à Parme, et laissa un fils appelé **Alessandro,** mort en 1608, faible imitateur de son père et le dernier des peintres de cette famille, qui compte trois générations d'artistes.

264. *L'adoration du Messie.*

H. 4, 84. — L. 3, 05. — T. — Fig. plus grande que nat.

La Vierge, à genoux sur les marches d'un édifice en ruines, présente son fils à l'adoration des bergers et d'un saint évêque dont la crosse est posée à terre. Les cieux ouverts laissent apercevoir un chœur d'anges portés sur des nuages.

Collection de Charles X. — Donné en 1829 par M. Roux de Rochette.

MAZZOLINI (LODOVICO), *né vers* 1481, *mort vers* 1530, *à 49 ans.* (École ferraraise.)

Son nom est le diminutif de celui de son père, qui s'appelait Giovanni Bastarolo Mazzuoli. Vasari, dans la vie de Costa, le nomme *Malino,* et Zani *Gennaro Lodovico,* parce qu'un de ses tableaux, exécuté pour Francesco Capara (tableau qui se trouve maintenant au Musée de Berlin), porte cette inscription : MDXXIII ZENAR LODOVICVS MAZZOLINVS. FERRARIENSIS. Mais ZENAR désigne ici évidemment le mois de janvier et non pas le nom de Gennaro. Un autre tableau de lui est signé LODOVICO MAZOLII, 1511, ce qui prouve que son nom est vraiment Mazzoli ou Mazzuoli. Il fut, dit-on, élève de Lorenzo Costa, à Bologne, et travailla dans cette ville ainsi qu'à Ferrare. Il peignit très peu de grands tableaux et a souvent représenté, dans de petites dimensions, la Sainte-Famille et la crèche. On a confondu quelquefois ses ouvrages avec ceux de **Gio.-Battista Benvenuti,** dit l'*Ortolano,* quoique sa manière soit cependant facile à reconnaître.

265. *La Sainte-Famille.*

H. 0, 35. — L. 0, 28. — B. — Fig. de 0, 28.

La Vierge, assise entre deux arcades, à travers lesquelles on aperçoit la campagne, tient sur ses genoux l'Enfant-Jésus, qui joue avec un petit singe. Saint Joseph, debout et dans une attitude respectueuse, apporte dans sa main des fruits ou des grains. Dans le haut, le Père-Éternel sur des nuages, appuyé sur un globe. Au-dessus de la tête de la Vierge, le Saint-Esprit au milieu de rayons lumineux.

Landon, t. 4, pl. 94.

Ancienne collection.

MAZZUOLA. *Voir* MAZZOLA.

6.

MECHARINO ou **MICHARINO** (Domenico), *dit* Beccafumi (*attribué à*), *peintre, sculpteur, graveur, né près de Sienne en 1484; mort, selon Vasari, en 1549. Le père della Valle dit qu'il vivait encore en 1551. (École florentine.)*

Il était fils d'un laboureur appelé Pace Mecharino, et joignit à son nom celui de Lorenzo Beccafumi, son bienfaiteur, qui lui fit quitter l'état de berger et le plaça chez **Gio.-Battista Tozzo** dit le *Capanna*, peintre siennois. Il n'avait que 16 ans lorsque Pietro Perugino vint travailler à Sienne. Le Mecharino, après avoir copié avec soin les ouvrages de ce maître, alla à Rome et étudia ceux de Michel-Ange, de Raphaël et les marbres antiques. Au bout de deux ans il retourna à Sienne, se livra avec ardeur à l'étude de l'anatomie, et peignit en concurrence avec le *Sodoma* qui, installé dans cette ville, jouissait d'une grande réputation. Beccafumi fit dans les églises, dans les palais et chez des particuliers un nombre considérable de peintures à fresque, en détrempe, à l'huile. Le prince Doria l'appela à Gênes pour décorer son palais, mais il ne fit pas un long séjour dans cette ville, et vint reprendre dans sa patrie ses travaux interrompus. Ce grand artiste fut un habile sculpteur, fondit en bronze les statues qu'il avait modelées, continua les travaux du pavé de la cathédrale de Sienne, que Duccio avait commencés, perfectionna son procédé, et exécuta d'immenses compositions avec une espèce de marqueterie de marbres de couleurs variées et gravés.

266. *Jésus au jardin des Oliviers.*

H. 1, 10. — L. 0, 80. — C. — Fig. de 0, 60.

Le Christ est agenouillé près d'un palmier. Un ange lui présente le calice, et l'on voit sur le devant trois apôtres endormis. Dans le fond, Judas indiquant le Christ aux soldats.

Collection de Louis XVIII. — Grisaille sur cuivre. Le métal transparaît dans les clairs. — Ce tableau est compris dans le lot de 22 tableaux acquis de M. de Langeac pour une somme de 20,000 f. en 1822.

MICHEL-ANGELO DA LUCCA ou **DA SIENA.** *Voir* Anselmi.

MICHEL-ANGE DES BATAILLES. *Voir* Cerquozzi.

MICHIELI (Andrea de'), *dit* il Vicentino, *né à Vicence en 1539, mort en 1614. (École vénitienne.)*

Presque tous les auteurs font Andrea élève de **Palma il Giovine.** Cependant, comme Palme est né en 1544, c'est-à-dire cinq ans après Andrea, qu'à l'âge de 15 ans il vint à Urbin et à Rome où il séjourna huit années, retourna à Urbin, fit un voyage à Venise, et ne se fixa dans cette ville qu'après un nouveau voyage à Rome; comme à cette époque il avait environ 30 ans et le Vicentino 35, il ne put lui enseigner les éléments de la peinture. Le style du Vicentino se rapproche tantôt de celui de Paul Véronèse, tantôt de celui de Titien, et dans certaines peintures il cherche à imiter Palme le jeune.

267. *Réception de Henri III à Venise, en 1574.*

H. 0, 85. — L. 1, 52. — T. — Fig. de 0, 20.

A gauche, Henri III, descendu de la galère royale qui a été le chercher à Murano, traverse le pont jeté sur le canal. Le roi a à sa droite le cardinal de S. Sisto, à sa gauche le doge Luigi Moncenigo. Le patriarche Giovanni Trevisano, placé sous un dais porté par six procurateurs de Saint-Marc, vient à sa rencontre. Le pont conduit à un arc de triomphe construit par Palladio et à une galerie où s'élève un autel. A gauche, dans le fond, le fort de Saint-André et le Bucentaure qui va recevoir le monarque. A droite, une foule de spectateurs de tout âge, de tout sexe, de tous les pays, que des gardes armés de hallebardes cherchent à contenir. Sur le premier plan, des barques dorées, des gondoles chargées de soldats et de musiciens sonnant de la trompette, battant du tambour.

Gravé au trait par Comirato.

Ancienne collection. — Cette peinture, qui est l'esquisse du grand tableau placé à Venise, au palais Ducal, dans la salle des Quatre-Portes, est faussement attribué, dans le catalogue de Bailly et de Lépicié, à Paul Véronèse.

MOLA (PIETRO-FRANCESCO), *peintre et graveur, né à Coldré, diocèse de Côme, dans le Milanais, en 1652 suivant Passeri, son contemporain; mort à Rome en 1668.* (École bolonaise.)

Son père, qui était architecte, lui fit apprendre les éléments du dessin chez **Prospero Orsi,** dit *delle Grotesche,* puis le plaça à l'atelier de Giuseppe d'Arpino, qu'il quitta pour aller étudier à Venise les ouvrages des grands coloristes. De retour à Rome, il commença par peindre, dans la manière du Bassan, des tableaux qui furent assez recherchés. Il alla à Bologne, il se lia avec l'Albane, et la vue des peintures de ce maître modifia son style. S'étant établi ensuite à Rome, il fut comblé de travaux et de bienfaits par Innocent X et Alexandre VII. Il fut prince de l'académie de Saint-Luc, et Louis XIV l'appela en France, mais le mauvais état de sa santé ne lui permit pas d'entreprendre un voyage long et pénible. — On a souvent confondu Francesco Mola avec l'artiste que les Italiens appellent **Giovanni-Battista Mola di Francia,** qui n'était ni compatriote ni parent du précédent. Il paraît que le vrai nom de ce peintre était **Mollo** ou **Molli,** qu'il naquit à Besançon et qu'il mourut en 1661, à l'âge de 45 ans. Il étudia quelque temps à **Paris** chez **Simon Vouet**, travailla à **Venise**, suivant **Boschini**, avec **Francesco Mola** à la copie d'un grand tableau de **Paul Véronèse** pour le cardinal **Bichi**, se rendit à **Bologne** en 1650, se mit sous la direction de l'**Albane**, l'aida dans ses ouvrages et fut surtout habile dans la peinture des paysages. Les ouvrages de Gio.-Battista ont beaucoup d'analogie, comme style, comme couleur et comme exécution, avec ceux de l'Albane ; ceux de Pietro-Francesco sont plus vigoureux de ton et moins secs de touche. On y remarque à la fois l'influence de l'école vénitienne et de celle des Carrache.

268. *Agar dans le désert.*

H. 0, 27. — L. 0, 35. — C. — Fig. de 0, 12.

L'ange apparaît dans le ciel à Agar, agenouillée devant son fils expirant de soif, étendu par terre, et lui montre une source cachée au milieu d'arbres et de rochers.

Gravé par Dessaulx et Massard; par Pron dans le Musée français.— Filhol, t. 1, pl. 40. —Landon, t. 5, pl. 30.

Ancienne collection.

269. *Repos de la Sainte-Famille.*

H. 0, 41. — L. 0, 33. — T. — Fig. de 0, 40.

La Vierge, assise au milieu de divers fragments d'architecture, tient sur ses genoux l'Enfant-Jésus ; saint Joseph, appuyé sur une pierre que décore un bas-relief, a un livre à la main.

Landon, t. 5, pl. 33.

Ancienne collection. — Ce tableau vient de la collection du prince de Carignan, dit Lépicié. Il ne figure cependant pas sur son catalogue.

270. *Saint Jean-Baptiste prêchant dans le désert.*

H. 1, 62. — L. 1, 23. — T. — Fig. de 0, 70.

Sur la lisière d'un bois où l'on remarque des palmiers, saint Jean, une croix de jonc à la main, un agneau à ses pieds, est assis sur un rocher, entouré d'habitants de la Judée, qui viennent entendre sa parole et recevoir le baptême. Le saint leur montre dans le lointain, à gauche, le Christ qui se dirige vers lui.

Landon, t. 5, pl.

Collection de Louis XV. — Ce tableau, après avoir passé dans les cabinets du comte de Noccy et du prince de Carignan, fut acquis par Louis XV. — Mola le fit graver lui-même par Pietro-Santo Bartoli, et en dédia l'estampe à son bienfaiteur, Mgr Nini, maître de chambre du pape Alexandre VII. — La même composition est gravée par J. Coelemans, en 1707, dans le *Recueil des tableaux de M. Boyer d'Aguilles*, célèbre amateur d'Aix, au xviie siècle. Mariette dit dans le texte de la deuxième édition de ce recueil : « On n'ose décider lequel de ce tableau ou de celui qu'on a vu dans le cabinet du prince de Carignan, et qui est actuellement chez le roi, est l'original. Le Mola peut fort bien s'être répété ; celui-ci est un de ses plus beaux ouvrages. »

271. *Saint Jean-Baptiste prêchant dans le désert.*

H. 0, 37. — L. 0, 27. — B. — Fig. de 0, 20.

Ancienne collection. — C'est la gravure désignée dans le numéro précédent, coloriée à l'huile très habilement, et probablement par Mola lui-même. On a pris longtemps cette peinture, qui provient des mêmes cabinets, pour l'esquisse du tableau précédent.

272. *Vision de saint Bruno dans le désert.*

H. 0, 94. — L. 0, 70. — T. — Fig. de 0, 50.

Saint Bruno, étendu à terre au pied de deux arbres et appuyé sur une pierre, reste en extase à la vue de trois chérubins qui lui apparaissent dans le ciel ; près de lui, une croix, une tête de mort et un livre ouvert.

Gravé par Gilles Rousselet.— Filhol, t. 4, pl. 219.— Landon, t. 5, pl. 29.

Collection de Louis XIV. — Ce tableau est désigné par Bailly comme ayant une forme ronde.

273. *Herminie gardant les troupeaux.*

H. 0, 70. — L. 0, 94. — T. — Fig. de 0, 37.

Herminie, assise à l'ombre d'un hêtre, une houlette à la main et gardant un troupeau, grave sur l'écorce le nom de Tancrède. Dans le fond, un fleuve et des montagnes.

Gravé par Miger dans le Musée français. — Filhol, t. 10, pl. 586. — Landon, t. 5, pl. 32.

Collection de Louis XIV. — Ce tableau avait une forme ronde du temps de Bailly (1709-10). Piganiol (*Description de Versailles*, 1717) l'attribue ainsi que le suivant à Jean-Baptiste Molle. D'Argenville, dans la biographie de Pierre-François Mola, après les avoir donnés aussi à cet artiste, les donne de nouveau à Jean-Baptiste Mola en écrivant la vie de ce dernier, tout en indiquant les différents caractères qui doivent empêcher de confondre les ouvrages de ces deux peintres.

274. *Tancrède secouru par Herminie.*

H. 0, 69. — L. 0, 93. — T. — Fig. de 0, 32 à 0, 37.

Tancrède, étendu par terre, est soulevé par Vafrin,

son écuyer ; Herminie, à genoux, soutient d'une main le bras de Tancrède, et de l'autre découvre et sonde ses blessures. On aperçoit dans le fond, à gauche, le corps d'Argant étendu sur la poussière.

Gravé par Miger dans le Musée français. — Filhol, t. 4, pl. 285. — Landon, t. 5, pl. 31.

Collection de Louis XIV. — Pendant du tableau précédent ; il était également de forme ronde en 1709-10.

MORETTO (IL) DA BRESCIA. *Voir* BONVICINO.

MUZIANO (GIROLAMO), *né à Aquafredda, dans le territoire de Brescia, en 1530; mort à Rome le 27 avril 1590. (École vénitienne.)*

Cet artiste fut appelé à Rome Girolamo Bressano, Messer Girolamo Brescianino, il Cavaliere Girolamo Muziani, et enfin *il Giovane de' Paesi*, à cause de l'habileté qu'il montra dès l'âge de 20 ans dans la peinture des paysages. Il eut pour maître **Girolamo Romanino** à Brescia, et se perfectionna à Venise en étudiant les ouvrages de Titien. Il passa ensuite à Rome avec son ami **Taddeo Zuccari**. S'étant appliqué à l'étude de la figure, il copia les antiques et les ouvrages des maîtres, peignit dans beaucoup d'églises de Rome, fit des cartons pour des mosaïques et fut nommé par Grégoire XIII surintendant des travaux du Vatican. Il exécuta un grand nombre de portraits, acheva les dessins des bas-reliefs de la colonne Trajane commencés par Jules Romain, et les fit graver. Enfin, il fonda à Rome, sous le pontificat de Grégoire XIV l'académie de Saint-Luc, dont il fut le chef et le bienfaiteur. Ses principaux élèves furent **Gio.-Paolo della Torre** et **Cesare Nebbia**.

275. *L'incrédulité de saint Thomas.*

H. 0, 82. — L. 0, 63. — B. — Fig. — Fig. de 0, 48.

Saint Thomas, à genoux, touche le côté du Christ, debout au milieu de ses disciples.

Landon, t. 5, pl. 39.
Collection de Louis XIV.

276. *Résurrection de Lazare.*

H. 1, 25. — L. 0, 92. — B. — Fig. de 0, 80.

En présence de ses disciples, et à la prière de Marthe et de Marie, Jésus ressuscite Lazare couché sur son linceul, au bas de son tombeau.

Musée Napoléon. — Ce tableau, exécuté d'abord pour l'église de Sainte-Marie-Majeure, à Venise, était placé autrefois dans l'église Saint-Louis-des-Français, à Rome.

OGGIONE. *Voir* UGGIONE.

ORIZZONTE. *Voir, à l'école flamande,* BLOEMEN.

PADOVANINO (IL), PADOUAN (LE). *Voir* VAROTARI.

PALMA (JACOPO), *dit* IL VECCHIO OU LE VIEUX, *né vers
1480 à Serinalta, village du Bergamasque, et mort vers
1548.* (École vénitienne.)

Un grand nombre de biographes sont tombés dans l'erreur en
plaçant la naissance de Palma entre les années 1526 et 1540. On connaît une peinture de lui avec la date de 1500, et il résulte de documents authentiques qu'il reçut en quatre paiements, le 21 mai, le
3 septembre, le 22 novembre 1520 et le 27 juillet 1521, 25 ducats
d'or pour son tableau du Mariage de la Vierge de l'église de Saint-
Antoine de Castello. Paolo Pino, dans son *Traité de la Peinture,* imprimé en 1548, en parlant des plus habiles artistes morts récemment,
cite le nom de Palma. Il n'avait donc pas 48 ans, comme le dit Ridolfi,
quand il mourut, mais près de 68 ans, en le supposant né en 1480,
date qui ne doit pas s'éloigner beaucoup de la vérité. Ce grand
peintre, probablement élève de Gio. Bellini, condisciple et émule de
Titien et du Gorgion, compagnon et ami du Lotto, produisit une
quantité considérable d'ouvrages remarquables. L'artiste dont nous
parlons fut surnommé *il Vecchio* (le *vieux*) pour le distinguer de
son neveu **Jacopo Palma**, dit *le jeune* (*il Giovine*); ce dernier, né
en 1544, mort en 1628, élève de son père, peintre médiocre, se forma
par l'étude des ouvrages des maîtres vénitiens. Son protecteur, Guido
Ubaldo, duc d'Urbin, l'envoya à Rome, où il resta huit ans. De retour
dans sa patrie, le sculpteur Alessandro Vittoria, qui avait une grande
influence sur les commandes d'ouvrages d'art qui s'exécutaient dans
la ville, lui fit avoir de nombreux travaux, et il n'est presque pas
d'églises ou de monuments publics à Venise qui ne possèdent de ses
peintures. Il a produit énormément de tableaux, de dessins, et a
gravé vingt-sept planches à l'eau-forte.

277. *L'Annonce aux bergers;* ex-voto.

H. 1, 40. — L. 2, 10. — T. — Fig. pet. nat.

La Vierge, assise, soutient l'Enfant-Jésus posé sur
une crèche d'écorce; saint Joseph, appuyé sur un bâton,
est auprès d'elle. Un jeune berger, à genoux, les mains
croisées sur la poitrine, est en adoration devant le Christ.
A gauche, derrière la Vierge agenouillée, la donatrice.
Dans le fond, deux bergers contemplant trois anges dans
les airs.

Landon, t. 5, pl. 41.

Collection de Louis XIV. — Cette superbe peinture est signée en
deux endroits sur le terrain : TITIANNVS et TICIANNO; mais ces
signatures sont fausses et ont été apposées par ignorance du vrai
nom du maître, ou dans l'espoir d'augmenter la valeur du tableau.

PANINI (Giovanni-Paolo), *né à Plaisance en* 1695, *mort à Rome le* 21 *octobre* 1768. (École romaine.)

Il étudia d'abord dans sa ville natale l'architecture et la perspective. Arrivé à Rome, il prit des leçons d'Andrea Lucatelli, de Benedetto Luti, et chercha pendant quelque temps à copier la manière de Salvator Rosa, qu'il abandonna bientôt pour une autre moins vigoureuse. Il excellait à peindre les décorations de théâtre. Il fut de l'Académie romaine, et reçu membre de l'Académie de peinture de Paris le 26 juillet 1732.

278. *Festin donné sous un portique d'ordre ionique.*

H. 2, 12. — L. 2, 12. — T. — Forme ronde. — Fig. de 0, 70.

Sous un portique d'ordre ionique, un festin et de nombreux convives. A gauche, au second plan, un dressoir avec des plats d'argent. Au premier plan, deux hommes, dont l'un verse le vin contenu dans un vase d'argent dans un autre vase du même métal. Deux chiens sont placés près de lui.

Collection de Louis XIV. — Panini s'est représenté, à ce que l'on croit, dans ce tableau, la tête couverte d'un bonnet de couleur bleuâtre, et portant la main sur sa poitrine.

279. *Festin donné sous un portique d'ordre ionique.*

H. 0, 35. — L. 0, 38. — T. — Fig. de 0, 10.

Répétition en petit du tableau précédent, mais de forme carrée.

Ancienne collection.

280. *Concert donné dans l'intérieur d'une galerie circulaire d'ordre dorique.*

H. 0, 38. — L. 0, 39. — T. — Fig. de 0, 10.

Une galerie circulaire d'ordre dorique laisse apercevoir dans le fond un palais et la campagne. A gauche, au second plan, dans une tribune à moitié fermée par des rideaux, un vieillard assis, une femme et trois hommes debout. Sur le devant du tableau, des musiciens assis autour d'une table et faisant un concert. A droite, plusieurs personnages, deux vases d'argent posés à terre, et dans le fond une statue d'Apollon tenant une lyre.

Ancienne collection.

281. *Ruines d'architecture d'ordre dorique.*

H. 1, 71. — L. 2, 45. — T. — Fig. de 0, 18.

Un homme, monté sur une partie d'entablement renversée, parle en présence de personnes bizarrement
vêtues ; dans le fond on voit un temple rond d'ordre
ionique. — Ce tableau est signé I. P. P., Romæ, 1743.

Collection de Louis XVI.

282. *Ruines d'architecture.*

H. 0, 72. — L. 0, 97. — T. — Fig. de 0, 24.

L'artiste a réuni dans ce tableau différentes ruines et
plusieurs fragments de sculpture antique. On remarque
surtout l'arc de Janus et la statue équestre de Marc-
Aurèle.

Landon, t. 5, pl. 47.

Ancienne collection.

283. *Un prédicateur au milieu de ruines à Rome.*

H. 0, 72. — L. 0, 97. — T. — Fig. de 0, 24.

Un homme, assis contre les colonnes d'un portique
en ruines, adresse la parole à des soldats et à des pâtres
rassemblés autour de lui. Parmi les ruines qui couvrent
le sol, on remarque à droite une statue de l'Abondance,
et on aperçoit dans l'éloignement le panthéon d'Agrippa.
Ce tableau est signé : I. P. P. Romæ, 1743.

Filhol, t. 4, pl. 249. — Landon, t. 5, pl. 49.

Ancienne collection.

284. *Ruines d'architecture.*

H. 0, 66. — L. 0, 50. — T. — Fig. de 0, 19.

A droite, un mur ruiné, un tronc d'arbre, un chapiteau corinthien renversé. Au milieu des ruines, quatre
hommes conversant ensemble ; l'un d'eux, avec un casque sur la tête, est debout et s'appuie sur une lance.
Dans le fond, une rivière encaissée par des rochers.

Ancienne collection.

285. *Intérieur de l'église Saint-Pierre, à Rome.*

H. 1, 50. — L. 2, 25. — T. — Fig. de 0, 12.

Le cardinal de Polignac, ministre de France en 1723,

visite l'intérieur de la basilique. — Ce tableau est signé **I. P. PANINI ROMÆ M DCC XXX.**

Collection de Louis-Philippe. — Acquis en 1833, à la vente de Mme Sirot, pour la somme de 3,001 f. Il figura dans la vente d'Hubert Robert.

286. *Concert donné le 26 novembre 1729, dans la cour du palais de l'ambassade de Rome, pour la naissance du dauphin, fils de Louis XV, né le 4 septembre 1729.*

H. 2, 04. — L. 2, 47. — T. — Fig. de 0, 18.

Le cardinal de Polignac avait fait transformer la cour du palais de l'ambassade en un théâtre magnifique éclairé par une quantité de lustres. La principale façade de cette cour était occupée par la scène, portée sur des nuées, où cent trente joueurs d'instruments étaient rangés et vêtus en génies, avec des couronnes de laurier sur la tête, des ceintures et des bracelets noirs garnis de pierreries. Les six musiciens représentant Jupiter, Apollon, Mars, Astrée, la Paix et la Fortune, étaient chacun habillés comme la fable représente ces divinités, et avec leurs attributs. Ils étaient tous assis sur des nuages. Les cinq arcades formaient cinq perspectives qui représentaient autant de galeries au bout desquelles on voyait les statues en or de Hugues-Capet, Philippe-Auguste, saint Louis, Henri IV et Louis XIV, etc. Les paroles de la cantate étaient de Métastase et la musique de Léonard Vini. (*Mercure de France*, décembre 1729, page 3125.)

Collection de Louis-Philippe.

287. *Préparatifs du feu d'artifice et de la décoration de la fête donnée sur la place Navonne à Rome, le 30 novembre 1729, à l'occasion de la naissance du dauphin.*

H. 1, 10. — L. 2, 50. — T. — Fig. de 0, 11.

On distingue au milieu de la foule qui remplit la place le cardinal de Polignac, accompagné d'une suite nom-

breuse et inspectant les préparatifs de la fête. Ce tableau
est signé : I. B. PANINI *fec*. *Rome PLACEN*. 1729.

Gravé par Cochin.

Collection de Louis XV. — Panini fut chargé par le cardinal Melchior de Polignac, ministre de France auprès du pape Benoît XIII, de l'ordonnance des fêtes données à l'occasion de la naissance du fils de Louis XV.

PARMIGIANINO (IL), OU LE PARMESAN. *Voir* MAZZOLA (FRANCESCO).

PASSIGNANO. *Voir* CRESTI (DOMENICO).

PAUL VÉRONÈSE. *Voir* CALIARI.

PELLEGRINI (ANTONIO), *né à Venise en 1675, mort le 5 novembre 1741*. (École vénitienne.)

Sa famille était originaire de Padoue. Il fut élève de Sebastiano Ricci et reçut aussi des conseils de **Paolo Pagani**. Il parcourut une partie de l'Europe et fit plusieurs grands travaux en Angleterre, où il avait été appelé par le duc de Manchester. Il vint à Paris, exécuta en 1720, suivant le témoignage de Zanetti, en quatre-vingts matinées et pour une somme équivalant à 10,000 ducats vénitiens, une frise dans la célèbre salle du Mississipi, détruite peu après. Il peignit aussi le plafond du grand escalier du palais Mazarin. Il fut reçu à l'Académie royale de peinture le 31 décembre 1733. Il revint en Italie et s'établit à Venise. Un grand nombre d'artistes qui n'appartiennent pas à la famille d'Antonio ont porté aussi le nom de Pellegrini ou de Pellegrino.

288. *Allégorie.*

H. 0, 99. — L. 0, 85. — T. — Fig. à mi-corps, gr. nat.

La Modestie offre le tableau de Pellegrini à l'Académie, personnifiée sous la figure de la Peinture, et le génie de la France écrit le jugement favorable qu'elle en porte.

Landon, t. 5, pl. 53.

Collection de l'Académie de peinture. — Ce tableau fut exécuté par Pellegrini pour sa réception à l'Académie royale de peinture en 1733.

PÉRUGIN. *Voir* VANNUCCI (PIETRO).

PERUGINO (BERNARDINO), *travaillait de 1498 à 1524*. (École ombrienne.)

On n'a pas de renseignements biographiques sur cet artiste, compatriote du Pinturicchio, et dont les ouvrages ont été pendant très longtemps confondus avec ceux de ce dernier maître.

289. *Jésus mis en croix.*

H. 2, 11. — L. 1, 36. — B. — Forme cintrée. — Fig. pet. nat.

Deux anges, dans les airs, témoignent leur douleur à la vue de Jésus-Christ crucifié. Le bienheureux Gilles, franciscain, embrasse le pied de la croix ; il est accompagné de la mère du Sauveur et du disciple bien-aimé, tous deux à genoux et navrés de douleur.

Musée Napoléon. — Ce tableau est donné par les inventaires et les notices précédentes au Pinturicchio. Orsini, dans son Guide de Pérouse, le cite comme étant un ouvrage de ce maître et lui assigne la date de 1518, sans dire sur quel document il s'appuie. Des recherches récentes ont fait restituer cette peinture, avec beaucoup de raison, à Bernardino Perugino, peintre peu connu. On retrouve toujours dans les têtes du Pinturicchio un caractère péruginesque, une finesse et une élégance qui n'existent pas dans l'œuvre décrite sous ce numéro.

PÉSARÈSE (le). *Voir* Cantarini.

PESELLO (Francesco) *ou* Pesello Peselli, *dit* il Pesellino, *né à Florence en* 1426, *mort le* 29 *juillet* 1457. (École florentine.)

Il fut élève de **Giuliano d'Arrigo** dit le *Pesello*, son père, et se perfectionna à l'école de Fra Lippi, dont il imita parfaitement la manière. Il peignit à Florence un grand nombre de tableaux avec de petites figures, qui étaient fort estimés.

290. *Gradin de rétable divisé en deux compartiments :*

1° *Saint François d'Assise, sur le mont de la Vernia, recevant les stigmates en présence de frère Léon, qui paraît ébloui par la splendeur divine du séraphin.*

H. 0, 29. — L. 0, 45. — B. — Fig. de 0, 20.

2° *Les saints frères Côme et Damien visitant un malade et lui administrant des secours.*

H. 0, 29. — L. 0, 45. — B. — Fig. de 0, 20.

Musée Napoléon. — « On voit encore dans la chapelle du noviciat de Sainte-Croix, sous le tableau de Fra Filippo, un merveilleux gradin dont les petites figures paraissent de la main même de Fra Filippo. » (Vasari.)

PIERO DI COSIMO ROSSELLI, *né à Florence en 1441, mort en 1521.* (École florentine.)

Son père, qui était orfèvre, s'appelait Lorenzo; le vrai nom de Piero est donc Piero di Lorenzo; cependant il n'est connu que sous celui de Piero di Cosimo Roselli, parce que Cosimo Roselli fut son maître. Il l'aida dans ses travaux de la chapelle du Vatican à Rome et dans plusieurs peintures exécutées à Florence. C'est après la mort de son maître qu'il s'abandonna à l'étrangeté de ses goûts et aux bizarreries les plus fantasques, dont il donna des preuves surtout dans plusieurs mascarades singulières et lugubres qu'il organisa à l'époque du carnaval. Parmi ses nombreux élèves, Andrea del Sarto brille au premier rang.

291. *Le couronnement de la Vierge.*

H. 2, 72. — L. 1, 94. — B. — Forme cintrée. — Fig. pet. nat.

Le Père-Éternel, la tête ceinte d'une tiare, pose, au milieu du chœur des anges, la couronne de l'immortalité sur la tête de la Vierge agenouillée devant lui. Dans le bas du tableau, saint Jérôme, saint François d'Assise, saint Bonaventure et saint Louis, évêque de Toulouse, sont debout avec leurs attributs.

Landon, t. 7, pl. 31.

Musée Napoléon. — « Il se mit à faire pour une chapelle de San-Piero-Gattolini une Vierge assise, entourée de quatre figures et couronnée par deux anges. Cet ouvrage, exécuté avec tout le soin possible, lui fit beaucoup d'honneur et fut très loué. On voit maintenant cette composition à San-Friano, où elle fut transportée après la démolition de la première église. » (VASARI.)

PIETRE DE CORTONE. *Voir* BERRETTINI.

PIETRO DELLA VECCHIA. *Voir* VECCHIA.

PINTURICCHIO (BERNARDINO DI BENEDETTO, *dit* IL), *né à Pérouse en 1454, mort à Sienne le 11 décembre 1513.* (École ombrienne.)

Son père s'appelait Benedetto (Betto, par abréviation) di Biagio; de là le surnom de *Betti* donné à Bernardino; quant à celui de *Pinturicchio,* en latin *Pictoricus,* comme il a signé plusieurs fois, il vient sans doute de son habileté dans l'exécution des fresques. Vasari le dit élève du Pérugin, qui n'avait que huit ans de plus que lui. Des critiques modernes pensent qu'il eut plutôt pour maître Niccolò Alunno, et qu'il fut le condisciple du Pérugin à la même école. Les peintures qu'il exécuta au dôme d'Orvieto en 1492 (achevées en 1496) sont les premières auxquelles on puisse assigner une date certaine. Il avait travaillé auparavant au palais de San-Apostolo, pour Sciarra Colonna, au palais du Belvédère, et pour le pape Innocent VIII. Vers 1493, il entreprit des travaux pour Alexandre VI, dans l'appartement Borgia et au château Saint-Ange, travaux terminés en 1496. De 1497 à 1501 il

fit des fresques à Rome et au dôme de Spello. Le cardinal Piccolimini,
depuis Pie III, l'appela à Sienne en 1502 pour peindre à fresque, dans
la bibliothèque du dôme qu'il avait fait construire, les principales
actions de la vie de son grand oncle maternel, Pie II. Ces peintures
ont été pour les érudits l'objet de nombreuses discussions. Vasari,
qui à l'égard du Pinturicchio a poussé l'injustice jusqu'à ne lui reconnaître d'autre mérite que d'expédier promptement les commandes
qui lui étaient faites, prétendit dans sa première édition (*vie de Pinturicchio*) qu'il emmena avec lui Raphaël à Sienne, ce qui n'est pas
certain, et qu'il lui fit faire, d'après ses compositions, des cartons destinés à ses fresques. Dans la deuxième édition, le biographe alla plus
loin, et comme il ne peut nier la beauté des peintures, il attribue les
compositions et les cartons à Raphaël seul; peu conséquent avec lui-
même, dans la biographie de Raphaël, il se borne à dire que cet artiste
en fit *plusieurs*. Mais Raphaël était un jeune homme de 19 ans,
le Pinturicchio en avait 48, et c'est parce qu'il jouissait d'une
réputation méritée qu'il avait été choisi pour un travail aussi important. Des documents, des contrats publiés récemment, prouvent
que la gloire de ce travail appartient bien au Pinturicchio, et si Raphaël
y prit part, ce fut peut-être en dessinant quelques cartons. Il en existe
encore deux qu'on peut lui attribuer, et l'on voit, en les comparant à
la fresque, que le Pinturicchio y fit plusieurs changements. En 1506,
Bernardino se trouve inscrit sur le livre de la compagnie des peintres
de Pérouse; en 1509, les peintures de la bibliothèque du dôme étaient
terminées. Non content d'avoir déprécié le mérite incontestable du
Pinturicchio, Vasari attribue sa mort au regret de n'avoir pu s'approprier une somme considérable, déposée dans la chambre d'un couvent où il travaillait. Le récit authentique de sa mort, fait par Sigis-
modo Tizio, curé de sa paroisse, prouve que le malheureux artiste
étant tombé malade, fut enfermé par sa femme dans une chambre,
et qu'il mourut de faim, privé de tout secours.

292. *La Vierge et l'Enfant-Jésus.*

H. 0, 41. — L. 0, 32. — B. — Fig. de 0, 60.

La Vierge, debout et vue plus qu'à mi-corps, porte
dans ses bras l'Enfant-Jésus, qui tient de sa main gauche une banderole.

Gravé par M. Bein.

Musée Napoléon. — Ce charmant tableau pourrait bien être attribué aussi à **Giovanni di Pietro**, dit *lo Spagna*, habile disciple
du Pérugin, qui florissait à Spoleto en 1516, et sur qui on a
très peu de renseignements. Vasari se trompe en disant qu'après la
mort de son maître le Spagna quitta Pérouse pour se soustraire à
l'envie des peintres de cette ville. Un document prouve que, dès 1516,
c'est-à-dire huit ans avant la mort du Pérugin, il était établi à Spoleto avec le titre de citoyen, et que le 31 août 1517 il y fut nommé
capitaine de la confrérie des peintres. Le Spagna exécuta de nombreux travaux à Spoleto et dans les autres villes de l'Ombrie.

PIPPI (GIULIO), *dit* GIULIO ROMANO, *peintre, architecte et ingénieur, né à Rome en 1499, mort le 1ᵉʳ novembre 1546.* (École romaine.)

Il entra fort jeune (vers 1509) à l'école de Raphaël, qui le prit en

grande affection, fit de rapides progrès et fut bientôt en état d'aider
son maître. Il n'avait que 15 à 16 ans lorsque le Sanzio lui confia
l'exécution de plusieurs de ses compositions pour les loges du Vatican,
et l'employa ensuite à la Farnésine. Raphaël en mourant l'institua,
ainsi que le **Penni**, son héritier, et tous deux terminèrent les travaux
laissés inachevés par le grand artiste. Cette tâche accomplie, ils se séparèrent, et Jules ouvrit une école à Rome. Il avait fait un nombre considérable de peintures et s'était déjà distingué comme architecte dans
cette ville, lorsque le marquis Federico Gonzaga l'appela à Mantoue.
Il y arriva en 1524, reçut du marquis l'accueil le plus honorable, et
acquit, en sa triple qualité de peintre, d'architecte et d'ingénieur, une
réputation justifiée par les immenses travaux qu'il exécuta à Mantoue
et au palais du T. En 1525, son école était fréquentée par un grand
nombre d'élèves. **B. Gatti**, dit *il Sojaro*, **Niccolò dell'Abate**, Michel-
Angelo Anselmi, **Lelio da Novellara**, le Primatice, qu'il avait attirés
près de lui, l'aidèrent beaucoup dans les grands ouvrages qu'il fit dans ce
pays. Il les y employa à peindre d'après ses propres dessins, comme il
avait lui-même à Rome peint d'après ceux de Raphaël. Le 5 juin 1526 il
fut créé noble, nommé vicaire de la cour, surintendant des bâtiments,
aux appointements de 500 ducats d'or, appointements qui furent considérablement augmentés par la suite et qui s'élevaient à une somme
de 36,776 fr. de nos jours. Il mourut d'une fièvre maligne, non à
54 ans, comme le dit Vasari, mais à l'âge de 47 ans, ainsi que le
constatent les livres mortuaires de Mantoue. Ses principaux élèves
furent **Benedetto Pagni** de Pescia, **Rinaldo** de Mantoue, **Fermo
Guisoni**, Ippolito Costa, **Camillo** de Mantoue, Bernardino et Giulio
Campi, **Battista Bertani**.

293. *La Nativité.*

H. 2, 75. — L. 2, 12. — B. — Fig. gr. nat.

L'Enfant-Jésus, couché à terre sur de la paille, est
adoré par la Vierge et saint Joseph à genoux. Derrière
eux, plusieurs bergers, dont l'un porte un agneau sur
ses épaules, s'inclinent devant le Sauveur. A droite,
saint Jean debout tient un calice d'où sort un serpent ;
à gauche, saint Longin est appuyé sur la lance avec laquelle il perça le côté du Sauveur et tient un vase de
cristal. Dans le fond, on aperçoit, à travers une ouverture
de l'étable, des bergers gardant leurs troupeaux, et l'ange
qui leur annonce la venue du Messie.

*Gravé par François Chauveau vers 1650; par L. Desplaces.
— Landon, t. 6, pl. 2.*

Collection de Louis XIV. — «Jules Romain peignit ce tableau pour
la chapelle d'Isabella Boschetta, dans l'église de Saint-Antoine de
Mantoue (c'est Saint-André qu'il faut lire). Quelque temps après,
le duc de Mantoue le fit transporter dans son palais, où il demeura
jusqu'à ce que Charles Ier, roy d'Angleterre, l'acheta avec les
autres tableaux du duc. On sçait que ce roi en acheta pour un million
au duc de Mantoue et qu'il les fit tous placer dans la galerie de
White-Hall. A la mort de Charles Ier, 1,500 tableaux furent mis en
vente, et celui-cy fut estimé 500 livres sterling, suivant un estat tiré
de la Tour. M. Jabach en fit l'acquisition, et c'est de lui que le

roy l'a acheté. » (*Recueil de Crozat.*) On trouve cette note dans l'inventaire Bailly : « Peint sur bois, dans sa bordure dorée, avec deux volets pour le couvrir, doublés de velours vert, et peint de rehaussé d'or. »

294. *La Vierge, l'Enfant-Jésus et saint Jean.*

H. 0, 29. — L. 0, 26. — B. — Fig. à mi-corps de 0, 45.

La Vierge assise tient entre ses bras l'Enfant-Jésus. A droite, le petit saint Jean, vu à mi-corps, ayant une croix de roseau autour de laquelle s'enroule une banderole où on lit : Ecce Agnus Dei.

Filhol, t. 5, pl. 355. — Landon, t. 6, pl. 7.

Musée Napoléon. — On croit que ce tableau fut peint pour le cardinal de Gonzague, frère de Frédéric Gonzague, pour qui Jules Romain exécuta des travaux considérables.

295. *Le triomphe de Titus et de Vespasien.*

H. 1, 21. — L. 1, 70. — B. — Fig. de 0, 60.

Vespasien et son fils Titus, vainqueurs de la Judée, la tête ceinte de lauriers et couronnés par la Victoire, sont debout dans un même char attelé de quatre chevaux pie, et vont passer sous l'arc de triomphe érigé en mémoire de cet événement. Deux écuyers, couronnés de lauriers, conduisent les chevaux ; à gauche, un soldat, également couronné, porte un vase précieux. Devant le char, un officier romain tient par les cheveux une Juive, personnification de la Judée conquise ; il est précédé d'un soldat portant le chandelier à sept branches du temple de Jérusalem. Dans le fond, la campagne de Rome où, peu de temps après, Vespasien fit construire le Colysée par les Juifs réduits à l'esclavage.

Gravé par Reindel dans le Musée royal; par Louis Desplaces; par Abr. Girardet. — Filhol, t. 10, pl. 704. — Landon, t. 6, pl. 9.

Collection de Louis XIV. — Ce tableau fut exécuté pour le duc de Mantoue, et l'artiste a reproduit dans sa composition plusieurs parties des bas-reliefs de l'arc de Titus. Acquis par Charles Ier avec la collection du duc de Mantoue, et transporté au palais de White-Hall, il fut vendu après la mort du roi avec les autres tableaux, et acheté par le banquier Jabach, qui le revendit à Louis XIV.—Il n'était estimé que 150 livres sur l'inventaire de Charles Ier.

296. *Vénus et Vulcain.*

H. 0, 38. — L. 0, 26. — B. — Fig. de 0, 35.

Vénus, assise près de Vulcain qui passe un bras autour de son corps et tient sur son épaule un faisceau de traits, prend d'une main des fleurs dans une vasque soutenue par trois amours, et de l'autre dépose une flèche dans le carquois de l'Amour qui tend son arc. Un autre amour lui présente un papillon.

Gravé par Morace dans le Musée français; gravé par Augustin Vénitien, en 1530, avec cette légende : RAPH· URB· DVM· VIVERET· INVEN·; par Marco di Ravenna. — Filhol, t. 7, pl. 451. — Landon, t. 6, pl. 17.

Collection de Louis XIV. — Ce tableau appartint à Jabach, qui le vendit au roi. Il existe plusieurs dessins de cette composition : deux sont au Musée. Le premier a la même dimension que le tableau; le deuxième, indubitablement de la main de Jules Romain, est un carton plus grand, et les piqûres prouvent qu'il a servi à l'exécution d'un autre tableau. Félibien connaissait un dessin de ce sujet chez un amateur qu'il ne nomme pas, et qui est probablement un de ceux du Louvre : il l'attribue à Raphaël. Enfin il en existe encore un dans la collection royale en Angleterre; mais son originalité est au moins douteuse. On a prétendu que cette composition appartenait à Raphaël : il choisit, dit-on, le sujet de la forge de Vulcain pour faire allusion, par un jeu de mots, au nom de son compatriote Antonio Battiferri (qui bat le fer), premier notaire apostolique, qui le fit peindre sur la façade de sa maison, à Rome, par **Vincenzo da S. Geminiano.** — Quant à nous, nous ne pouvons rien trouver dans cette composition qui rappelle la manière de Raphaël; elle nous semble, au contraire, entièrement conforme au style de Jules Romain.

297. *Portrait de Jules Romain.*

H. 0, 58. — L. 0, 44. — B. — Buste gr. nat.

Il s'est représenté à mi-corps, la tête nue, presque de face; il a les cheveux courts et frisés, la barbe longue, et est habillé d'une étoffe noire.

Gravé par Potrel.—Filhol, t. 4, pl. 251.—Landon, t. 6, pl. 1.
Collection de Louis XIV.

POLIDORE DE CARAVAGE. *Voir* CALDARA.

PONTE (JACOPO DA), *dit* IL BASSANO, *ou* JACQUES BASSAN, *né à Bassano en 1510, mort dans la même ville le 13 février 1592. (École vénitienne.)*

Il fut élève de Francesco da Ponte, son père, passa quelque temps à l'école du Bonifazio, à Venise, étudia le dessin du Parmesan et copia les tableaux de Titien. Après la mort de son père, il retourna à

Bassano, et produisit, pendant sa longue carrière, un nombre considérable de tableaux répandus dans toutes les collections de l'Europe. Jacopo peignit d'abord de grandes compositions historiques et imita l'exécution soignée de Titien; mais bientôt il abandonna cette manière terminée pour en prendre une plus vive et heurtée. Il n'introduisit plus alors dans ses tableaux que des figures moins grandes que nature; il répéta avec prédilection certains sujets de l'Ancien et du Nouveau-Testament, affectionna les effets vigoureux de lumière artificielle, et se consacra presque entièrement à la représentation des scènes champêtres, où il se plaisait à représenter des animaux. — **Francesco da Ponte**, père du précédent, était né à Vicence vers 1475. Il mourut à Bassano, vers 1530, et fut un imitateur de **Gio. Bellini**.

298. *L'entrée des animaux dans l'arche.*

H. 1, 02. — L. 1, 21. — T. — Fig. de 0, 32 à 0, 37.

A gauche, deux lions gravissant une planche qui conduit à l'arche; au-dessous, une femme accroupie près d'ustensiles de ménage; à droite, un mouton, une chèvre, un bœuf, et un âne conduits par un homme.

Collection de Louis XIV.— On voit par l'inventaire de Bailly qu'en 1709 ce tableau avait été « raccourci de 2 pouces et relargi de 17 pouces. »

299. *Le frappement du rocher.*

H. 0, 93. — L. 1, 11. — T. — Fig. de 0, 35.

A gauche, un homme à cheval à qui on présente de l'eau dans un vase; au pied du rocher, des enfants, des hommes accroupis, recueillant l'eau et s'apprêtant à en donner à des animaux; dans le fond, Moïse et Aaron.

Landon, t. 2, pl. 2.
Collection de Louis XIV.

300. *L'adoration des bergers.*

H. 1, 26. — L. 1, 00. — T. — Fig. de 0, 60.

La Vierge, à genoux près de l'Enfant-Jésus couché dans la crèche, lève le lange qui le couvre pour l'offrir à l'adoration des bergers, tandis que saint Joseph le contemple avec admiration. Les cieux ouverts laissent apercevoir une gloire d'anges.

Landon, t. 2, pl. 3.
Collection de Louis XIV. — La toile de ce tableau était primitivement octogone; elle a été rehaussée de 5 pouces et élargie de 3 (inventaire de 1709). — Sa bordure seule maintenant est octogone.

Suivant Ridolfi, cette composition fut peinte en concurrence avec une Résurrection du Christ, de Paul Véronèse, également de forme octogone.

301. *Les noces de Cana.*

H. 1, 52. — L. 2, 14. — T. — Fig. demi-nat.

Jésus-Christ assis à gauche, devant la table, bénit les vases qui lui sont présentés ; la Vierge est en face du Sauveur, près de la nouvelle mariée. A côté du Christ, un jeune homme jouant de la guitare ; deux serviteurs, dont l'un porte un plat et l'autre appuie la main sur une table chargée de mets. A droite, trois personnes occupées aux apprêts du festin. Sur le premier plan, par terre, des fruits, des violes, des vases, un chien, un baquet avec des poissons.

Landon, t. 2, pl. 4.

Collection de Louis XIV. — Ce tableau, qui faisait partie de la collection de Mazarin, était estimé 600 livres dans son inventaire, et fut acquis des héritiers par le roi.

302. *Jésus sur le chemin du Calvaire.*

H. 1, 33. — L. 1, 87. — T. — Fig. de 0, 60.

Jésus-Christ, à genoux, succombe sous le poids de la croix qu'il porte avec l'aide de Simon de Cyrène. La Vierge, couchée, est soutenue par les saintes femmes. Plus loin, sur le chemin qui conduit au Calvaire, un bourreau portant une échelle et plusieurs cavaliers.

Collection de Louis XIV.

303. *Les apprêts de la sépulture de Jésus.*

H. 1, 54. — L. 2, 25. — T. — Fig. gr. nat.

Le corps du Christ, étendu au pied de la croix, est soutenu par Joseph d'Arimathie, qui l'enveloppe d'un linceul ; derrière lui, près de l'échelle, Nicodème. Aux pieds du Christ, la Vierge, soutenue par une sainte femme, se penche vers son fils ; à côté d'elle, Marie-Madeleine à genoux et en prières ; plus loin saint Jean debout étendant les mains. Un flambeau dans lequel brûle un cierge est posé à terre, près du corps du Christ, et éclaire cette composition.

Landon, t. 2, pl. 7. — Filhol, t. 6, pl. 361.

Collection de Louis XIV.

304. *Les pèlerins d'Emmaüs.*

H. 0, 95. — L. 1, 12. — T. — Fig. de 0, 40.

A droite, dans le fond, les pèlerins assis à une table et servis par un page. A gauche, un dressoir avec des ustensiles de ménage ; une femme accroupie occupée à nettoyer des vases. Au milieu, un homme assis dans un fauteuil.

Collection de Louis-Philippe.—Acquis de M. Lebertre en 1840 pour la somme de 800 f.

305. *Les travaux de la campagne pendant la moisson.*

H. 0, 89. — L. 1, 00. — T. — Fig. de 0, 60.

A droite, un homme monté sur un arbre cueille des fruits ; au pied de l'arbre, une femme assise semble présider aux travaux ; près d'elle, une autre femme agenouillée nettoie des vases. A gauche, les moissonneurs et deux bœufs attelés à une charrette chargée de foin.

Landon, t. 2, pl. 8.

Ancienne collection.

306. *Travaux de la campagne pendant les vendanges.*

H. 0, 97. — L. 1, 20. — T. — Fig. de 0, 50.

A gauche, des hommes réparent des tonneaux ; au milieu, un enfant boit dans une coupe ; à droite, un homme foule le raisin dans un baquet ; au fond, des bœufs traînant des cuves, et un homme montant à un arbre.

Collection de Louis XIV.—Ce tableau, suivant l'inventaire de Bailly, a été rehaussé et rélargi de 14 pouces.

307. *Portrait de Jean de Bologne, sculpteur, né à Douai en 1524, mort en 1608 ; élève de Michel-Ange.*

H. 0, 61. — L. 0, 52. — T. —Buste gr. nat.

Il est tourné vers la droite ; sa tête est nue. Il porte une fraise montante et un pourpoint noir.

Musée Napoléon. —Acquis à Florence par l'Administration impériale. Ce portrait pourrait être celui possédé autrefois par l'écrivain Baldinucci, et dont il parle avec un si grand éloge à la fin de sa biographie de Jean de Bologne.

PONTE (FRANCESCO DA), *dit* IL BASSANO ou FRANÇOIS BASSAN, *né à Bassano en* 1550, *mort le 4 juillet* 1592. (École vénitienne.)

Il était le fils aîné de Jacopo da Ponte, qui fut son maître et dont il imita le style. Il vint jeune à Venise, et fut chargé de travaux importants dans le palais ducal, en compagnie du Tintoretto, de Paolo Veronese et d'Orazio Vecellio. Il mourut à 42 ans, en se précipitant du haut d'un balcon, dans un accès de fièvre chaude. Il eut trois frères : **Giovanni-Battista**, né à Bassano en 1553, mort en 1613, peu connu dans l'histoire de l'art, et qui se borna, à ce qu'il paraît, à copier les ouvrages de son père. — **Leandro**, né à Bassano en 1558, mort à Venise en 1623, élève de son père, peintre habile, fit un grand nombre de portraits estimés, des tableaux d'histoire, et termina les travaux que son frère Francesco avait laissés inachevés dans les salles du palais ducal; il fut créé chevalier par le doge Grimani, et travailla beaucoup pour l'empereur Rodolphe II, qui essaya en vain de l'attacher à sa cour. — **Girolamo**, né à Bassano en 1560, mort en 1622; il imita surtout la manière de son frère Leandro.

308. *Marché au poisson sur le bord de la mer.*

H. 1, 20. — L. 1, 53. — T. — Fig de 0, 70.

Un jeune homme suivi d'un chien, et un homme une bourse à la main, sont debout devant l'étalage d'un marchand de poisson. Derrière eux, un homme accroupi tient un panier rempli d'huîtres. Dans le fond, des barques de pêcheurs et des fabriques. Ce tableau est signé BASSIS. FRANCS. F.

Ancienne collection.

PONTORMO. *Voir* CARRUCCI.

PORTA (BACCIO DELLA). *Voir* BARTOLOMMEO.

PORTA (GIUSEPPE), *dit* SALVIATI, *peintre, mathématicien, architecte, né à Castel-Nuovo di Garfagnana en* 1520; *vivait encore en* 1572. (École vénitienne.)

Il joignit à son nom celui de Francesco Salviati de Florence, qui lui avait enseigné les premiers éléments du dessin. Il accompagna son maître à Venise, et fut choisi avec Paul Véronèse et d'autres artistes distingués pour décorer le plafond de la bibliothèque de Saint-Marc. Il trouva le premier la véritable manière de tracer la volute ionique, et publia cette découverte dans un opuscule très rare (Venise, 1572). A l'exception d'un assez court séjour à Rome, Porta habita continuellement Venise qu'il avait adoptée pour patrie. Il eut pour élève **Domenico** de Rome, qui l'aida beaucoup dans ses travaux. Zani cite des familles nombreuses d'artistes de Milan, de

Brescia et de Rome du nom de Porta. Il ne faut pas le confondre avec **Ferdinando Porta** de Milan, qui peignit dans cette ville une Adoration des mages.

309. *Adam et Ève après leur péché.*

H. 2, 21. — L. 1, 74. — T. — Fig. gr. nat.

Adam et Ève s'éloignent avec effroi de l'arbre de la science autour duquel s'enroule le serpent tentateur.

Landon, t. 6, pl. 23.

Ancienne collection.

PRETI (**Mattia**), *dit* il Calabrese, *né à Taverna, dans la Calabre, le* 24 *février* 1613 ; *mort à Malte le* 13 *janvier* 1699. (École napolitaine.)

Après avoir visité Parme, Modène, il vint à Rome, où il fut pendant quelque temps élève de Giovanni Lanfranco. La réputation du Barbieri l'attira à Cento, et il y étudia ses ouvrages. Il alla ensuite à Venise, à Bologne, et fit dans les édifices publics de cette dernière ville des peintures qui furent très estimées. De retour à Rome, vers 1657, il travailla à l'église de San-Andrea-della-Valle, passa à Malte, appelé par le grand-maître, qui le chargea d'exécuter des fresques dans la cathédrale. Il revint à Naples où il fit de nombreux travaux, et termina sa carrière à Malte.—On lit dans les notes écrites par Mariette sur l'exemplaire de l'*Abecedario* d'Orlandi qui est à la Bibliothèque nationale, les renseignements suivants : « Il reçut la croix de chevalier (de l'ordre de Malte). Il y fut admis, non pas par suite de ses ouvrages, mais sur la nomination du pape Urbain VIII. Il ne peignait guère que de grands tableaux, et avec un tel feu et une telle rapidité, qu'un homme qui l'avait vu peindre et qui avait même demeuré chez lui, dit qu'à la façon dont il distribuait ses teintes sur la toile et dont il maniait le pinceau, on aurait cru qu'il jouait du tambour, expression bizarre, mais significative. »

310. *Saint Paul et saint Antoine dans le désert.*

H. 1, 79. — L. 1, 25. — T. — Fig. gr. nat.

Les deux saints, assis et les yeux tournés vers le ciel, rendent grâce au Seigneur du pain qu'un corbeau vient leur apporter tous les jours dans le désert.

Musée Napoléon.

311. *Martyre de saint André à Patras , en Achaïe.*

H. 0, 34. — L. 0, 43. — T. — Fig. à mi-corps de 0, 35.

Le saint, attaché à une croix avec des cordes, tourne ses regards vers le ciel. A droite, un jeune homme appuyé sur un bâton le contemple ; de l'autre côté, le

proconsul, suivi d'un de ses gardes, attend que le saint
soit expiré. Dans le fond, deux vieillards.

Filhol, t. 4, pl. 224. — Landon, t. 2, pl. 27.

Ancienne collection.

PRETI (École de).

312. *Reniement de saint Pierre.*

H. 1, 19. — L. 1, 67. — T. —Fig. à mi-corps, gr. nat.

Saint Pierre a renié son maître devant la servante du
grand-prêtre ; un soldat le reconnaît, le menace, et porte
la main sur son épée.

Musée Napoléon. — Ce tableau, attribué à l'école du Calabrèse et
à celle de Valentin, a été quelquefois donné à Manfredi.

PRIMATICCIO (FRANCESCO), *peintre, sculpteur, architecte, né à Bologne en 1504; mort à Paris en 1570.*
(École bolonaise.)

L'année de la naissance de Primatice, donnée ici et qui diffère de
celle indiquée par la plupart des biographes (1490), est fournie par
son premier testament (il en fit trois), daté de Saint-Germain-en-
Laye le 20 février 1562. Dans ce testament, l'artiste se dit âgé de 58 ans et
écrit son nom toujours par un *d, Primadiccio* ou *Primadizzo.* Dans les
documents français de l'époque, dans les comptes des bâtiments
royaux, on retrouve la même orthographe et on l'appelle *Francisque
Primadicis, François Primadici de Boullongne* ou *le Bologna.* Ayant
montré dès sa jeunesse beaucoup de dispositions pour la peinture, il
entra d'abord dans l'atelier d'**Innocenzio Francucci da Imola**,
puis dans celui de Bartolommeo Ramenghi dit *il Bagnacavallo.*
En 1525, il fit un voyage à Mantoue, et se mit sous la direction de
Jules Romain, qui le payait plus que les autres jeunes gens employés
par lui dans ses nombreux travaux. Tous les historiens s'accordent à
dire qu'il resta six ans à Mantoue; cependant, plusieurs documents
du pays pourraient faire croire qu'il revint quelque temps à Bologne,
quand Charles V s'y fit couronner en 1530. Il partit de Mantoue pour
Paris au commencement de 1531, peu après l'arrivée du Rosso dans
cette ville. Le Primatice entreprit une infinité de travaux tant en
peinture qu'en architecture à Paris, à Fontainebleau et dans d'autres
endroits pour plusieurs grands personnages. Il figure pour la première fois avec **Nicolas Bellin** dit *Modène,* dans les comptes des bâtiments de l'année 1533, pour travaux de stuc et peinture commencés
depuis le 2 juillet dans la chambre de la grosse tour du château de
Fontainebleau. En 1540, il est encore à Fontainebleau, et reçoit, en
octobre, la somme de 44 livres pour avoir verni quatre tableaux de
Raphaël appartenant au roi, savoir : le saint Michel, la sainte Marguerite, la sainte Anne et le portrait de la vice-reine de Naples. Il se
trouvait à la cour de France la même année, au moment de l'arrivée
de Charles V. Mais peu après, il fut envoyé par le roi à Rome pour
mouler les principales statues antiques et faire de nombreuses acquisitions d'objets d'art. Primatice, aidé par Vignola, s'acquitta de
cette mission avec beaucoup de succès. Pendant son absence, le

Rosso mourait à Paris, en 1541. Le Primatice hâtait son retour et se mettait à faire de nouveaux moules sur les plâtres rapportés de Rome pour les fondre en bronze. Ceci se passait en 1543, époque à laquelle il eut de nombreuses querelles avec le Cellini, établi à la cour de France. Après la mort de François Ier, 31 mai 1547, Henri II voulut que Primatice fît le dessin du tombeau de son père. Les travaux pour ce monument, entrepris en 1555, figurent en dépenses pour la première fois dans les comptes de 1556, sur l'ordonnance de Philibert Delorme. Par lettres-patentes de François II, données à Paris le 12 juillet 1559, il est nommé surintendant des bâtiments du roi, aux gages de 1,200 liv. par an, charge occupée avant lui par Philibert Delorme et son père Jean Delorme. Dans cette commission, le roi dit que le Primatice fera *parachever* la sépulture du feu roi François Ier, son aïeul. En 1560, il a l'ordonnance du tombeau de Henri II, dont il exécuta le dessin et fit faire le modèle par Ponce Jacquio, sculpteur. Ce tombeau paraît n'avoir été achevé qu'en 1587. Jean Bullant et Ducerceau avaient succédé à Primatice après sa mort. Celui-ci fut également chargé du monument de l'église des Célestins, destiné à contenir le cœur de Henri II. Enfin, il fit encore lui-même le modèle du monument qui devait renfermer le cœur de François II, destiné à la ville d'Orléans. En 1562, après vingt années de nombreux travaux en peinture, en sculpture, en architecture, le Primatice fait son testament à Saint-Germain, obtient un congé, part pour l'Italie en 1563, remet la direction des travaux, pendant son absence, à Niccolò dell'Abbate, son ami, visite Bologne et y laisse un deuxième testament. En 1570, on le retrouve à Paris. Il fait des cartons pour des tapissseries, des décorations pour des fêtes publiques, dicte un troisième testament le 15 mai, et meurt peu à près âgé de 66 ans. Primatice fut comblé d'honneurs et de bienfaits par François Ier, Henri II, François II, Charles IX. En 1544, il fut nommé abbé-commandataire de Saint-Martin de Troyes, puis prieur de Brétigny, conseiller et aumônier du roi, et commissaire général de tous les bâtiments du roi de France. Rosso et Primatice donnèrent une grande impulsion aux arts. Aidés de nombreux élèves, ils exécutèrent une immense quantité de travaux en tout genre, et fondèrent une école connue sous le nom d'*école de Fontainebleau*, qui eut sur l'art français une grande influence jusqu'à l'époque de Poussin, de Lebrun et de Lesueur. Malheureusement la plus grande partie de ses travaux ont été détruits, et il n'existe plus, comme peinture décorative du Primatice, que la galerie d'Henri II, à Fontainebleau.

313. *La continence de Scipion.*

H. 1, 27. — L. 1, 17. — T. — Fig. pet. nat.

A gauche, Scipion, assis sur un siége élevé, montre au jeune Allatius sa fiancée qui est accompagnée d'une vieille femme ; deux prisonniers sont à genoux au pied de l'estrade. Le général est entouré de ses soldats dont on porte les faisceaux consulaires.

Landon, t. 6, pl. 24.

Musée Napoléon.

PRIMATICCIO (attribué à).

314. *Portrait de Diane de Poitiers, duchesse de Valentinois.*

H. 0, 72. — L. 0, 60. — T. — Buste gr. nat.

Elle est représentée nue, ayant une flèche dans la main droite et caressant un amour qui tient un arc.

Collection de Louis-Philippe. — Donné au roi par M. Alphonse de Coincy.

PRIMATICCIO (d'après).

315. *Concert.*

H. 1, 40. — L. 1, 38. — T. — Fig. pet. nat.

De chaque côté du tableau une femme assise par terre. Deux enfants sont couchés sur les genoux de celle qui est placée à gauche. Au deuxième plan, au milieu, deux femmes, dont l'une pose la main sur une espèce de clavier placé sur une table. Dans le fond, à gauche, un homme jouant du tambour de basque, une femme tenant un luth. A droite, un amour cherchant à entraîner un vieillard enveloppé de longues draperies. Derrière des arbres, deux autres amours.

Gravé par C. Normand. — Landon, t. 6, pl. 25.

Ancienne collection. — Cette peinture est une copie avec quelques modifications de la fresque exécutée, dit-on, par Niccolò dell' Abbate, d'après un dessin du Primatice, dans la galerie d'Henri II à Fontainebleau. Suivant une tradition qui ne semble avoir aucun fondement, et qui a été rapportée dans plusieurs anciennes notices du Musée, la femme à gauche représenterait Diane de Poitiers, et les deux enfants seraient ceux qu'elle eut du grand sénéchal de Brézé, son époux. L'autre femme offrirait les traits de Marguerite de Valois, et le vieillard attiré par l'Amour, ceux de Boccace.

PRIMATICCIO (École de).

316. *La Terre réveillant Morphée.*

H. 0, 95. — L. 1, 17. — T. — Fig. demi-nat.

Morphée, endormi, est couché par terre, appuyé sur des coussins. Cybèle, la tête coiffée d'un diadème formé de tours, et descendue de son char attelé d'un lion dont on n'aperçoit que la tête, pose une main sur l'épaule de Morphée et montre de l'autre le Temps s'efforçant de retenir la Nuit qui s'envole.

Ancienne collection. — Ce tableau est attribué sur l'inventaire de l'Empire à Primatice.

PROCACCINI (GIULIO-CESARE), *peintre, sculpteur, né à Bologne; florissait vers la fin du* XVI*e siècle. (École lombarde.)*

On ignore les dates précises de la naissance et de la mort de cet artiste. Orlandi, dans son *Abecedario* publié en 1704, est le premier historien qui fixe sa mort vers 1626, à l'âge de 78 ans, ce qui porterait sa naissance vers l'année 1548. Ces chiffres ont été répétés par les écrivains postérieurs. Le chanoine Carlo Torre, cité par Mariette dans ses notes manuscrites à l'*Abecedario*, dit qu'il avait 55 ans quand il mourut. Il reçut, ainsi que son frère aîné Camillo, les premiers éléments du dessin d'Ercole Procaccini son père, et se livra d'abord à l'étude de la sculpture ; mais les succès de Camillo l'engagèrent à abandonner cet art pour se livrer exclusivement à la peinture. On a prétendu qu'il fréquenta l'école des Carrache, mais le fait n'est pas bien prouvé. Afin de se perfectionner, Cesare visita les principales villes d'Italie, étudia à Rome Michel-Ange et Raphaël ; à Venise, le Tintoret et Paul Véronèse ; à Parme, le Corrège, et essaya de se faire un style particulier en alliant la manière vigoureuse du Robusti à la grâce de l'Allegri. En 1618, suivant Soprani, qui nous donne la seule date certaine connue dans la biographie de cet artiste, il fut appelé par Giovanni-Carlo Doria à Gênes, où il exécuta beaucoup de travaux. Enfin, il s'établit à Milan et fonda avec sa famille une école nouvelle. — Outre son père **Ercole Procaccini**, né en 1520, mort en 1591, et son frère aîné **Camillo**, reçu dans la corporation des peintres de Bologne le 25 mai 1571, et qui fut aussi graveur, on connaît encore : **Carlo Antonio**, troisième fils d'Ercole, peintre distingué de paysages, de fleurs et de fruits, et **Ercole**, fils de Carlo-Antonio, élève de son oncle Giulio-Cesare.

317. *La Vierge et l'Enfant-Jésus adoré par saint Jean-Baptiste, saint François d'Assise et sainte Catherine d'Alexandrie.*

H. 1, 43. — L. 1, 12. — B. — Fig. gr. nat.

La Vierge, un genou en terre, tient dans ses bras l'Enfant-Jésus assis sur son autre genou. Le jeune saint Jean, accroupi à ses pieds, porte une croix de roseau et un agneau. Saint François d'Assise à genoux, tenant un livre, et sainte Catherine d'Alexandrie appuyée sur une roue brisée, sont de chaque côté de la Vierge.

Gravé par Henriquez dans le Musée français. — Landon, t. 2, pl. 31.

Musée Napoléon. — Ce tableau qui, du vivant de l'auteur, était regardé comme celui où il avait le mieux imité la manière du Corrège, fut exécuté pour l'archevêque de Milan.

RAFFAELLO DEL GARBO, *dit* IL RAFFAELLINO. *Voir* GARBO.

RAFFAELLO SANZIO. *Voir* SANZIO.

RAIBOLINI (FRANCESCO), *dit* IL FRANCIA, *né à Bologne de 1450 à 1453 ; mort dans la même ville le 6 janvier 1517.* (École bolonaise.)

Francesco étant encore enfant fut mis en apprentissage chez un orfèvre de Bologne appelé le Francia, dont il prit le nom, et reçut des leçons de dessin de **Marco Zoppo**, élève du **Squarcione**. Il fit des progrès rapides dans l'art de manier le burin, exécuta sur argent des nielles d'un beau travail, grava des médailles d'un style fort élégant, et obtint la place de maître des coins de la monnaie de Bologne. Le 10 septembre 1482, il fut inscrit sur les registres de la corporation des orfèvres, et en 1483 il devint massier de la confrérie, dignité qu'on n'obtenait pas avant l'âge de 30 ans au moins. Francesco n'était plus jeune lorsqu'il s'adonna à la peinture. Il étudia les ouvrages de Mantégne, de Bellini, du Pérugin, et s'exerça à faire des portraits. Le premier tableau qu'il exposa en public fut peint, suivant Vasari, en 1490, et il le signa, ainsi qu'il le fit souvent depuis pour d'autres peintures, en ajoutant à son nom sa qualité d'orfèvre (opus Franciæ orificis), tandis que sur ses pièces d'orfèvrerie il prenait le titre de peintre (Francia pictor). Il exécuta beaucoup de travaux à fresque et à l'huile, particulièrement pour la famille Bentivogli, peignit avec un soin extrême un nombre considérable de portraits et de madones, dont Raphaël, avec qui il était lié, dit dans une lettre du 5 septembre 1508, conservée jusqu'à nous, qu'il n'en existe pas *de plus belles, de plus dévotes, de mieux faites.* La date de mort du Francia, donnée plus haut et prise à des sources authentiques, prouve que Malvasia s'est trompé en lui attribuant des ouvrages peints en 1518, en 1520, et même en 1526. Quant à la cause de sa mort, attribuée par Vasari, d'une manière un peu dubitative, il est vrai, au chagrin qu'il aurait éprouvé en se voyant surpassé par son jeune ami Raphaël, qui venait d'envoyer à Bologne le tableau de la sainte Cécile, elle doit être sans doute aussi exacte que la plupart des anecdotes dont on a enrichi la biographie des artistes. Rien ne prouve que le Francia ait même vu la sainte Cécile, et comme il était âgé d'environ 70 ans lorsque ce tableau arriva à Bologne, il n'est pas nécessaire de chercher une cause extraordinaire à sa mort. — **Jacopo**, fils de Francesco, fut également peintre et orfèvre, et prenait, comme son père, la qualité d'orfèvre en signant ses tableaux. — **Domenico**, frère de Francesco, fut élu pour la cinquième fois massier de la compagnie des orfèvres, en 1514. — **Giulio**, son cousin, **Giovanni-Battista**, son neveu, cultivèrent la peinture seulement pendant quelque temps. Parmi ses nombreux disciples, on cite surtout **Innocenzo Francucci da Imola**, Bartolommeo Ramenghi da Bagnacavallo, et le célèbre graveur Marcantonio Raimondi.

318. *Portrait d'homme.*

H. 0, 68. — L. 0, 50. — B. — Fig. pet. nat.

Il est debout, vêtu de noir et coiffé d'une toque à

oreilles. Il appuie le bras gauche sur l'angle d'un socle de pierre et sa main droite repose sur le poignet de la main gauche. Le fond représente un paysage.

Gravé par Nicolas Edelinck; par Esquivel dans le Musée français.— Landon, t. 6, pl. 67.

Collection de Louis XIV. — Ce superbe portrait, inscrit dans les notices précédentes sous le nom de Raphaël, a passé longtemps pour être celui de Domenico Alfani, un des élèves du Pérugin, puis du graveur Marc-Antoine, sans qu'on puisse donner aucune preuve à l'appui de l'une ou de l'autre assertion ; enfin, la vigueur du coloris et l'entente du clair-obscur l'a fait attribuer, successivement par différents connaisseurs, au Giorgion, à Sébastien del Piombo, puis à Francesco Francia. Convaincu de la justesse de cette dernière attribution, nous avons cru devoir restituer à ce dernier maître une œuvre qui ne présente aucune analogie d'exécution avec les peintures indubitablement authentiques de Raphaël. Crozat dit que ce tableau avait 22 pouces de haut sur 16 de large ; du temps de Bailly il avait la même dimension (h. 0,59, l. 0,42). Les dimensions données dans le Catalogue de Lépicié (1752) sont celles actuelles.

RAMENGHI (Bartolommeo), *dit* IL BAGNACAVALLO, *né à Bagnacavallo, bourg de la Romagne, en 1484 ; mort à Bologne au mois d'août 1542. (École romaine.)*

En 1503 il quitta sa ville natale, vint se mettre à Bologne sous la direction du Francia ; puis il alla à Rome, étudia les ouvrages de Raphaël, et revint ensuite à Bologne, où il exécuta des peintures estimées. Bartolommeo eut un fils appelé **Gio.-Battista**, qui travailla à Rome avec Vasari, et aida, à Paris, le Rosso et le Primatice. Giambattista éleva dans son art un fils nommé **Scipione**. Le frère de Bartolommeo, qui était peintre, s'appelait également **Scipione**. Son fils, **Bartolommeo** le jeune, fut admis dans la compagnie des peintres de Bologne en 1578, et fut père d'un **Gio.-Battista**, dernier rejeton de la famille.

319. *La Circoncision.*

H. 1, 13. — L. 1, 22. — T. — Fig. de 0, 55.

L'Enfant-Jésus, soutenu par sa mère et posé sur un bassin, est circoncis par le grand-prêtre. Près de la Vierge, une femme portant dans une coupe deux jeunes colombes, et plus à droite, saint Joseph. Le temple de Jérusalem, soutenu par des colonnes torses richement sculptées, est rempli d'une foule nombreuse. Devant la porte du fond surmontée d'armoiries , le chandelier à sept branches.

Gravé par Marie-J. Renard. — Landon, t. 6, pl. 3 et 4.

Collection de Louis XIV. — Charles Lebrun acheta ce tableau à la mort de Fouquet, surintendant des finances, à qui il avait appartenu, et le vendit ensuite au roi. Ce tableau, inscrit dans l'inventaire de

l'Empire sous le nom de Bagnacavallo, avait été ensuite donné à
Jules Romain. Il ne paraît pas être de ce maître, et nous avons cru
devoir lui rendre son ancienne attribution. On croit reconnaître le
portrait du Ramenghi dans l'homme vu de profil et placé à droite
du spectateur, près de la bordure du tableau. Mariette (dans le cabinet
Crozat) rapporte qu'on lisait les noms de Jules Romain sur l'autel où
l'enfant est posé; « mais peut-être, ajoute-t-il, les y a-t-on mis après
coup pour donner plus de prix à ce tableau. » Cette inscription a
disparu depuis, sans doute à la suite d'un rentoilage et de restaurations
faites en 1825.

RAPHAËL. *Voir* SANZIO.

RENI (GUIDO), *peintre, graveur, né à Calvenzano, près Bologne, le 4 novembre 1575 ; mort le 18 août 1642. (École bolonaise.)*

Son père, Daniele Reni, qui était musicien, le plaça à l'école de
Denis Calvaert dit le *Fiamingo*. Guido fit de tels progrès qu'à l'âge
de 18 ans son maître se reposait sur lui du soin de dessiner les modèles que les autres élèves devaient copier. A peine âgé de 20 ans
il entra à l'école des Carrache, les aida dans leurs travaux, et imita
pendant quelque temps leur manière ainsi que celle du Caravaggio.
Mais bientôt, ayant quitté cette dernière exécution, sombre et vigoureuse, pour en prendre une plus claire, plus argentine, plus gracieuse, qui eut un grand succès, il excita la jalousie des Carrache,
perdit leur amitié, et fut obligé de se séparer d'eux. Il fit plusieurs
voyages à Rome, étudia Raphaël, les antiques, peignit dans cette
ville un grand nombre de tableaux et de fresques. Appelé à Naples
en 1622 pour décorer la chapelle de Saint-Janvier, il abandonna
bientôt ces travaux, afin d'échapper aux persécutions de Lanfranc,
de Ribera, des peintres napolitains, et revint à Bologne. Aucun artiste
n'eut à son époque une réputation aussi grande, et pendant longtemps il fut tellement chargé de commandes qu'il était obligé d'en
refuser une partie. La passion du jeu empoisonna la fin d'une brillante carrière. Ayant perdu des sommes considérables, il tomba dans
la misère, travailla à vil prix, et eut dans sa vieillesse la douleur
de voir ses ouvrages méprisés et d'être abandonné de ses amis.

320. *David vainqueur de Goliath.*

H. 2, 20. — L. 1, 60. — T. — Fig. gr. nat.

Debout, coiffé d'une toque surmontée d'une plume,
David appuyé sur le fût d'une colonne, tient sa fronde
de la main droite et de la gauche la tête de Goliath, posée sur un socle élevé. L'épée du géant est à ses pieds.

*Gravé par Beisson dans le Musée français ; par Gilles
Rousselet. — Filhol, t. 2, pl. 110. — Landon, t. 7, pl. 1.*

Collection de Louis XIV. — On connaît plusieurs répétitions ou
copies très belles de ce tableau. (Voir le n° 341.)

321. *L'Annonciation.*

H. 3, 19. — L. 2, 22. — T. — Fig. gr. nat.

A gauche, l'archange Gabriel, couvert d'une étole,

un lis à la main, et porté sur un nuage, apparaît à la
Vierge agenouillée, les mains jointes, devant un prie-
dieu ; derrière la Vierge, un vase de fleurs posé sur une
table. Le Saint-Esprit descend du ciel entouré d'un
chœur d'anges.

Landon, t. 7, pl. 2.

Musée Napoléon.

322. *La Purification de la Vierge.*

H. 2, 86. — L. 2, 01. — T. — Fig. gr. nat.

La Vierge, agenouillée devant l'autel, vient de remettre son fils à Siméon. Les mains jointes, elle écoute
avec respect les paroles du saint vieillard qui, tenant
l'enfant dans ses bras, le présente au Seigneur, et récite
son cantique d'actions de grâces. Saint Joseph est à ses
côtés, et l'on remarque sainte Anne derrière la Vierge
avec le reste de la famille. Sur le devant, une jeune
fille à genoux fait l'offrande de deux tourterelles ordon-
née par la loi ; du côté opposé, un enfant agace avec
le doigt deux tourtereaux déposés sur une table.

Filhol, t. 11, pl. 19.

Musée Napoléon.—Ce tableau est de la dernière manière du Guide.

323. *La Vierge et l'Enfant-Jésus.*

H. 1, 15.— L. 1, 15.—T. — Forme ronde. — Fig. à mi-corps,
gr. nat.

La Vierge assise , tient sur ses genoux l'Enfant-Jésus endormi , et soulève de la main gauche le linge sur
lequel il est couché.

Gravé par Charles Coypel.

Collection de Louis XIV. — Ce tableau fait probablement partie de
l'acquisition du 1er février 1670. (Voir la note du n° 35.)

324. *La Vierge, l'Enfant-Jésus et saint Jean.*

H. 0, 25. — L. 0, 19. — C. — Fig. de 0, 26.

La Vierge, assise, tient sur ses genoux l'Enfant-
Jésus, donnant sa bénédiction au jeune saint Jean qui lui

embrasse le pied. A droite, dans le fond, sur l'appui d'une fenêtre, un vase de fleurs.

Gravé par Vallet; par Bloemart; par Lochon. — Filhol, t. 1, pl. 62. — Landon, t. 7, pl. 3.

Collection de Louis XIV. — Il existe de ce tableau un grand nombre de copies anciennes très bien exécutées.

325. *Jésus et la Samaritaine.*

H. 0, 59. — L. 0, 82. — T. — Fig. de 0, 50.

A droite, la Samaritaine debout, un vase à la main, écoute la parole du Christ assis et appuyé sur le bord du puits. Dans le lointain, la ville de Samarie.

Gravé par Luigi Fabri dans le Musée royal. — Filhol, t. 24, pl. 8. — Landon, t. 7, pl. 8.

Collection de Louis XIV. — Dans le catalogue du roi, par Lépicié, ce tableau est désigné comme étant de forme ronde et ayant 2 pieds 7 pouces de diamètre. On voit par l'inventaire de Bailly qu'en 1709 il avait déjà été rehaussé de 10 pouces.

326. *Jésus-Christ donnant à saint Pierre les clefs de l'Église.*

H. 3, 42. — L. 2, 12. — T. — Fig. gr. nat.

Debout, au milieu des apôtres, Jésus-Christ remet les clefs de son Eglise à saint Pierre, qui les reçoit à genoux. A gauche, parmi les apôtres, on distingue saint Jean derrière le Christ.

Landon, t. 7, pl. 10.

Musée Napoléon. — Ce tableau est de la deuxième manière du Guide, lorsque, d'après le conseil d'Annibal Carrache, il abandonna le style vigoureux du Caravage qu'il avait d'abord suivi.

327. *Le Christ au jardin des Oliviers.*

H. 0, 57. — L. 0, 43. — C. — Fig. de 0, 40.

Le Christ, à genoux sur un rocher et les mains jointes, lève les yeux au ciel. Près de lui, un ange, porté sur un nuage, tient la croix de la main gauche et lui présente le calice de la droite. Au-dessus de la tête du Christ, d'autres anges apportent les instruments de la Passion. Dans le fond, les apôtres endormis; plus loin encore, Judas conduisant les soldats.

Gravé par Falck. — Landon, t. 7, pl. 9.

Collection de Louis XIV. — Ce tableau, qui appartint au cardinal Mazarin, est estimé sur son inventaire 1,500 livres tournois. Brienne, dans ses mémoires, dit qu'après la mort du cardinal, le duc de Mazarin l'envoya en présent à la duchesse de Chevreuse, qui depuis l'a vendu, et l'on ne sait ce qu'il est devenu. Il ajoute qu'il vaut au moins 6,000 livres. On voit par la note insérée au nº 491 qu'il fut acheté par le roi, le 22 septembre 1668, avec d'autres tableaux.

328. *Ecce homo.*

H. 0, 62. — L. 0, 48. — T. — Fig. gr. nat.

La tête du Christ, couronnée d'épines, est entourée d'une auréole.

Filhol, t. 1, pl. 53.

Collection de Louis XIV. — Ce tableau fut donné au roi, le 8 septembre 1706, par le commandeur de Hautefeuille.

329. *La Madeleine.*

H. 0, 66. — L. 0, 57. — C. — Buste gr. nat.

Elle lève les yeux vers le ciel et croise les mains sur sa poitrine.

Gravé par Stoelzel dans le Musée français. — Landon, t. 7, pl. 11.

Collection de Louis XIV.

330. *La Madeleine.*

H. 1, 12. — L. 0, 95. — T. — Demi-fig. gr. nat.

La Madeleine, les mains jointes, les yeux tournés vers un crucifix, fait pénitence dans sa grotte.

Gravé par Schmutzer dans le Musée français. — Landon, t. 7, pl. 12.

Collection de Louis XIV. — Ce tableau, estimé 300 liv. tournois sur l'inventaire de Mazarin, fut acheté par le roi le 1er février 1670. (Voir la note du nº 35.)

331. *Saint Jean-Baptiste en extase.*

H. 1, 14. — L. 0, 97. — T. — Demi-fig. gr. nat.

Il tient un bâton de la main droite, et pose la gauche sur sa poitrine.

Landon, t. 7, pl. 7.

Collection de Louis XV. — Acquis par le roi lorsqu'on dressa l'inventaire du prince de Carignan.

332. *Saint Sébastien.*

H. 1, 71. — L. 1, 32. — T. — Fig. jusqu'aux genoux, gr. n.

Saint Sébastien, les deux bras attachés par derrière à un arbre et le corps percé d'une flèche, tourne ses regards vers le ciel; dans le fond, les soldats romains qui s'éloignent.

Filhol, pl. 467. — Landon, t. 7, pl. 16.

Collection de Louis XIV. — Estimé sur l'inventaire Mazarin 300 liv. tournois. Acquis par le roi le 1er février 1670. (Voir la note du n° 35.) On rencontre dans plusieurs galeries des répétitions ou des copies de ce tableau, exécuté dans la manière du Guerchin.

333. *Saint François en extase.*

H. 1, 93. — L. 1, 29. — T. — Fig. gr. nat.

Le saint, à genoux devant un crucifix, tient une tête de mort. On aperçoit, à travers l'ouverture de la grotte où il se trouve, un site escarpé.

Gravé par Gilles Rousselet (Calc. nat.).— Landon, t. 7, pl.18.

Collection de Louis XIV. — Ce tableau a été longtemps à Rome dans la maison des Savelli; il passa ensuite dans la collection du prince Pamphili, qui le donna à Louis XIV. — Le peintre n'a sans doute pas voulu représenter saint François d'Assise, caractérisé toujours par les stigmates, ni saint François-Xavier, qui prêcha dans les Indes en 1552, ni saint François de Sales, évêque de Genève en 1602. Il est plus probable qu'il voulut peindre dans ce tableau saint François de Paul, né en 1416, qui se creusa une cellule dans le roc.

334. *L'union du Dessin et de la Couleur.*

H. 1, 21.—L. 1, 21.—T.—Forme ronde.—Demi-fig., gr. nat.

Le *Dessin*, représenté sous la figure d'un jeune homme tenant un porte-crayon, pose la main sur l'épaule d'une jeune fille qui tient une palette, symbole de la *Couleur;* tous deux sont assis devant une table.

Gravé par Schultze dans le Musée français. —Filhol, t. 3, pl. 179. — Landon, t. 7, pl. 23.

Collection de Louis XIV. — Ce tableau était de forme carrée; l'inventaire de Bailly nous apprend qu'il a été rehaussé de 14 pouces et élargi de 12 lorsqu'on a voulu en faire le pendant d'un tableau rond, ayant 3 pieds 8 pouces de diamètre, représentant la Vierge et l'Enfant-Jésus, que possédait aussi la collection de la couronne.

335. *Hercule tuant l'hydre de Lerne.*

H. 2, 61. — L. 1, 97. — T. — Fig. plus gr. que nat.

Hercule, armé de sa massue, frappe le monstre qui dresse ses têtes près d'un rocher.

Gravé par Gilles Rousselet (Calc. nat.).—Landon, t.7, pl.20.

Collection de Louis XIV. — Ce tableau et les trois suivants furent peints par le Guide pour le duc de Mantoue; ils passèrent ensuite dans la collection de Charles Ier, et furent achetés, à la vente faite après la mort de ce prince, par Jabach, qui les revendit au roi.

336. *Combat d'Hercule et d'Achéloüs.*

H. 2, 61. — L. 1, 92. — T. — Fig. plus gr. que nat.

Hercule, couvert de sa peau de lion, tient embrassé le corps d'Achéloüs et le force à se courber vers la terre.

Gravé par Gilles Rousselet (Calc. nat.).—Landon, t. 7, pl.21.

Collection de Louis XIV.

337. *Le centaure Nessus enlevant Déjanire.*

H. 2, 59. — L. 1, 93. — T. — Fig. plus gr. que nat.

Hercule victorieux retournait avec Déjanire, qu'il avait épousée; il la confie à Nessus pour la transporter au-delà du fleuve Evène, qui était débordé. Le centaure, devenu amoureux de la princesse, veut l'enlever; mais Hercule, de la rive opposée, lui décoche une flèche qui le blesse mortellement.

Gravé par Gilles Rousselet; par Bervic (Calc. nat.). — Landon, t.7, pl.20.

Collection de Louis XIV.

338. *Hercule sur le bûcher.*

H. 2, 60. — L. 1, 94. — T. — Fig. plus gr. que nat.

Hercule ne pouvant résister au feu dévorant que la tunique empoisonnée de Nessus avait fait glisser dans ses veines, s'étend sur le bûcher qu'il a dressé lui-même, et expire en levant les yeux et les bras vers le ciel.

Gravé par Gilles Rousselet (Calc. nat.).—Landon, t.7, pl.23.

Collection de Louis XIV.

339. *Enlèvement d'Hélène.*

H. 2, 53. — L. 2, 65. — T. — Fig. gr. nat.

Pâris, précédé de l'Amour, et donnant la main à Hélène, l'entraîne vers le vaisseau que ses compagnons montrent près du rivage. Trois femmes suivent Hélène, portant ses bijoux et son chien. Un petit nègre tient un singe.

Gravé par Desplaces (Calc. nat.). — Landon, t. 7, pl. 19.

Musée Napoléon. — Ce tableau, qui fut célébré en vers, en prose et dans plusieurs langues, par une foule d'écrivains contemporains du Guide, avait d'abord été peint pour le roi d'Espagne. Le roi l'ayant trouvé trop cher, le Guide le vendit à un marchand de Lyon, M. de La Forcade, qui l'acheta pour la reine Marie de Médicis. Mais la reine ayant été obligée de s'éloigner de la cour et de quitter Paris, ce tableau resta au marchand, qui le céda à Louis Phélipeaux, seigneur de La Vrillière, secrétaire d'Etat, dont la collection passa ensuite au comte de Toulouse. Malvasia, dans sa biographie du Guide, dit qu'il fut acheté par M. *dell'Antoliera*, Parisien : il est évident qu'il s'est trompé ou qu'il a mal écrit le vrai nom de l'acquéreur.

RENI (attribué à).

340. *Le sommeil de l'Enfant-Jésus.*

H. 0, 39. — L. 0, 30. — Ardoise. — Forme ovale. — Fig. de 0, 32.

La Vierge tenant un livre, saint Joseph et deux anges, contemplent l'Enfant-Jésus couché sur un drap blanc, la tête appuyée sur un coussin. Au second plan, à droite, sainte Elisabeth assise caressant le petit saint Jean-Baptiste, et, derrière elle, Zacharie méditant sur l'Ecriture-Sainte.

Landon, t. 7, pl. 6.

Musée Napoléon.

RENI (d'après).

341. *David vainqueur de Goliath.*

H. 2, 28. — L. 1, 64. — T. — Fig. plus gr. que nat.

Musée Napoléon. — Cette ancienne copie du tableau inscrit sous le n° 320 n'est point une reproduction identique; elle diffère de l'original dans plusieurs parties.

342. *L'Amour.*

H. 1, 35. — L. 1, 00. — T. — Fig. gr. nat.

Debout et appuyé sur un massif de pierres, il tient de

la main droite son arc, et de la gauche une flèche dont
il paraît examiner la pointe.

RICCI *ou* **RIZZI** (SEBASTIANO), *né à Cividal di Belluno,
dans les Etats de Venise, en 1662; mort à Venise le
13 mai 1734, à 72 ans. (École vénitienne.)*

Ses parents le mirent à l'âge de 12 ans à l'atelier de **Federigo
Cervelli**, peintre médiocre de Venise, chez qui il resta jusqu'à sa
20e année. Il alla ensuite à Bologne, étudia les œuvres des maîtres de cette école. Le duc Ranuccio de Parme le prit sous sa
protection, le fit travailler à Plaisance et l'envoya à Rome, où il
copia les belles peintures du palais Farnèse. Après la mort de Ranuccio, Ricci quitta Rome, visita Florence, Modène, Parme, Milan, et
se fixa pendant trois ans à Venise. Appelé ensuite à Vicence par le roi
des Romains pour décorer des appartements de son palais de Schœn-
brunn, il s'acquitta de cette tâche avec habileté. À peine fut-il de
retour à Venise, que le grand-duc de Toscane le fit venir à Florence
pour travailler dans son palais. La reine Anne, ayant désiré que
Ricci se rendît à sa cour, il quitta l'Italie, passa par Paris, fut reçu
de l'Académie de peinture de cette ville, en 1718, et arriva à Londres, où la reine et les grands seigneurs lui firent exécuter de nombreux travaux. Enfin, après un long séjour en Angleterre, il revint
s'établir à Venise, et peignit beaucoup de tableaux dans cette ville,
ce qui ne l'empêchait pas d'envoyer en France, en Espagne et en
Portugal, des ouvrages qui étaient recherchés avec empressement.
Il eut plusieurs manières, et posséda, ainsi que Luca Giordano, le talent d'imiter le style de différents maîtres. Ses principaux élèves furent
Gaspero Diziani, Francesco Fontebasso, Antonio Pellegrini, et
surtout **Marco Ricci**, son neveu, né à Belluno en 1680, mort à
Venise en 1730, qui peignit à l'huile et en détrempe des vues d'architecture et des paysages estimés. Il visita Rome, et travailla beaucoup à Paris et à Londres, où il se rendit en 1710. D'autres artistes
ont encore porté le nom de Ricci, tels sont : **Camillo Ricci**, élève
d'Ippolito **Scarcellino, Francesco Ricci**, peintre et architecte
espagnol, et **Gio.-Battista Ricci da Novara**, qui travailla à
Rome sous Sixte V et Clément VIII.

343. *Sujet allégorique.*

H. 1, 13. — L. 0, 85. — T. — Fig. de 0, 80.

La France, sous les traits de Minerve, revêtue d'un
costume moitié civil et moitié militaire, foule aux pieds
l'Ignorance et couronne la Vertu guerrière assise par
terre, appuyée sur son genou et tenant une lance. Le
Génie des arts, un flambeau à la main, et d'autres Génies portant les attributs de la France et une corne d'a-
bondance, entourent le groupe principal. Dans le bas du

tableau, une palette, un livre de musique et divers accessoires relatifs aux sciences et aux arts.

Landon, t. 7, pl. 26.

Collection de l'Académie royale de peinture. — Ce tableau fut peint par Ricci pour sa réception à l'Académie royale de peinture de Paris.

344. *Jésus-Christ donnant les clefs du Paradis à saint Pierre.*

H. 0, 80. — L. 0, 44. — T. — Fig. de 0, 23.

Jésus-Christ, entouré de ses disciples, debout sur la deuxième marche d'un escalier conduisant à un édifice dont on n'aperçoit qu'une colonne, remet à saint Pierre prosterné devant lui les clefs de l'Église. A gauche, saint Jacques, un bâton de pèlerin à la main ; par terre, un livre ouvert, une épée ; dans le ciel, des anges portés sur des nuages.

Ancienne collection.

345. *Polyxène devant le tombeau d'Achille.*

H. 0, 56. — L. 0, 98. — T. — Fig. de 0, 28.

Polyxène va être sacrifiée aux mânes d'Achille à qui elle fut fiancée. Un guerrier la conduit par la main devant le monument qui renferme les cendres du héros. A droite, un prêtre agenouillé faisant des libations sur un trépied, un jeune acolyte portant le couteau sacré sur un plat d'argent, et dans le fond, d'autres prêtres occupés aux apprêts du sacrifice. A gauche, des soldats et une jeune fille effrayée cachant sa figure et prosternée sur les genoux de sa mère.

Ancienne collection.

346. *Continence de Scipion.*

H. 0, 56. — L. 0, 98. — Fig. de 0, 28.

Scipion, assis sur un trône exhaussé de trois marches, étend la main vers le jeune Allatius, agenouillé devant lui. A droite, un vieillard tenant par la main la jeune fiancée. De chaque côté, des soldats et des pages. Sur le devant, des vases et une cassette renversés.

Ancienne collection.

RICCIARELLI ou **RICIARELLI** (DANIELE), *dit* DANIELE DA VOLTERRA, *peintre et sculpteur, né à Volterra, dans la Toscane, en* 1509; *mort le 4 avril* 1566, *suivant Vasari, à l'âge de* 57 *ans.* (École florentine.)

Il apprit d'abord à dessiner sous la direction de **Gio.-Antonio Razzi**, dit le *Sodoma*, que ses travaux avaient appelé à Volterra. Après le départ de ce maître, il entra à l'atelier de **Baldassare Peruzzi**. S'étant rendu ensuite à Rome, il devint l'élève de **Pierino del Vaga**, l'aida dans ses nombreux travaux au Vatican, à la chapelle Massini, à l'église de la Trinité-du-Mont, et fit preuve d'un grand talent. Il fut chargé par le pape Paul III de terminer les peintures laissées inachevées par Pierino dans la salle du Roi au Vatican, et il lui succéda dans la charge de surintendant des travaux de ce palais, grâce à la protection de Michel-Ange, qui ne cessa de l'aider de ses conseils et de lui donner des dessins pour plusieurs de ses peintures, entre autres pour la fameuse déposition de croix à la Trinité-du-Mont, qui passe pour être le chef-d'œuvre de Daniele. Sous le pontificat de Jules III (1550), il perdit son emploi de surintendant, et ayant tenté vainement de rentrer en possession de cette charge à l'avènement de Paul IV, il résolut d'abandonner la peinture, pour se livrer exclusivement à la sculpture. Il fut chargé de l'exécution de différentes statues, vint à Florence, moula les figures de Michel-Ange qui sont à San-Lorenzo, choisit des marbres à Carrare, et retourna à Rome au moment où Paul IV, choqué de la nudité de plusieurs figures du jugement dernier de Michel-Ange, voulait faire détruire cette fresque. On réussit à persuader au pontife de conserver ce chef-d'œuvre, en faisant couvrir les nudités de légères draperies, par Ricciarelli, qui reçut à cette occasion le surnom de *Braghettone*. Daniele reprit ensuite ses travaux de sculpture, et s'occupa de la fonte d'une statue équestre d'Henri II, que Catherine de Médicis avait commandée à Michel-Ange, mais dont cet artiste, à cause de son grand âge, avait refusé de se charger. Le cheval seul fut fondu, et, Ricciarelli succomba épuisé par les fatigues de cette entreprise colossale. Le talent de cet artiste fut plutôt, suivant Vasari, le résultat d'une application continuelle et de l'étude, que de dispositions naturelles. Ses principaux élèves furent : **Michele Degli Alberti** de Florence, **Feliciano da San Vito** de Rome, **Biagio da Cutigliano** de Pistoia, **Giovanni-Paolo Rosetti** de Volterra, **Marco da Siena** et **Giulio Manzoni** de Plaisance.

347. *David tuant Goliath.*

H. 1, 33. — L. 1, 72. — Ardoise. — Fig. de gr. nat.

David a le genou droit appuyé sur Goliath terrassé, et lève le cimeterre pour le frapper.

Gravé par B. Audran en 1716 *et* 1717 *sous le nom de Michel-Ange.* — *Landon, t. 3, pl. 30 et 31.*

Collection de Louis XIV. — Cette composition, peinte sous deux aspects différents, sur les deux côtés d'une ardoise, fut présentée à Louis XIV à Marly, le 25 juillet 1715, comme un ouvrage de Michel-Ange, par le prince de Cellamare, ambassadeur d'Espagne, au nom de son frère, Monsignor del Giudice, alors clerc de la chambre apostolique. On ne tarda pas à restituer ce double tableau à Daniel de Volterre, d'après le témoignage de Vasari, auteur contemporain. En effet, cet historien rapporte que Monsignor Giovanni della Casa, homme très savant, ayant commenté un *Traité sur la Peinture*, et voulant être initié aux ressources du métier, engagea Daniel à modeler en terre un David, puis à peindre les deux faces opposées de cette composition sur les deux côtés d'un tableau. Toutefois, s'il est vrai que le même groupe en terre ait servi pour ces deux tableaux, il est aussi évident que l'artiste ne l'a pas copié exactement et qu'il a introduit des changements notables dans l'une ou l'autre représentation. A la mort de Monsignor della Casa, cet ouvrage passa entre les mains de son neveu, Annibal Rucellai. Depuis, de nouveaux possesseurs, et Bailly, dans son inventaire de 1710, l'attribuèrent à Michel-Ange.

RICCIO (FELICE), *dit* IL BRUSASORCI, *né à Vérone en 1540, mort en 1605.* (École vénitienne.)

Felice fut d'abord élève de son père, **Domenico Riccio,** et se perfectionna ensuite à Florence, sous le Véronais **Jacopo Ligozzi,** peintre du duc. De retour dans sa patrie, il exécuta un grand nombre de travaux pour les églises, dans les palais, et fit des portraits estimés. On croit qu'il mourut empoisonné par sa femme. Alessandro Turchi et **Pasquale Ottini,** ses élèves, finirent les peintures qu'il avait laissées inachevées. Felice imita le style de Titien, et surtout celui de Paul Véronèse. Sa sœur **Cecilia** se distingua comme peintre de portraits, et son frère cadet, **Giambattista,** cultiva également la peinture. — **Domenico Riccio,** père de Felice, surnommé d'abord le *Brusasorci*, parce qu'il avait inventé un piége à prendre les souris; puis, par corruption, appelé *Brusasorci*, naquit à Vérone en 1494, et mourut en 1567. Il fut élève de **Gio.-Franc. Carotto,** suivant Ridolfi, et de **Niccolò Giolfino,** selon Lanzi. Il étudia à Venise les ouvrages de Titien et du Giorgion; il travailla dans cette ville, à Vérone et à Mantoue.

348. *Sainte-Famille.*

H. 0, 87. — L. 0, 97. — T. — Fig. à mi-corps, pet. nat.

La Vierge, assise, tient dans ses bras l'Enfant-Jésus; derrière elle, à droite, est saint Joseph; sainte Ursule, debout de l'autre côté, offre une colombe à l'Enfant-Jésus.

Filhol, t. 10, pl. 638. — Landon, t. 2, pl. 23.

Musée Napoléon. — Ce tableau a été longtemps attribué à Paul Véronèse.

ROBUSTI (JACOPO) *dit* IL TINTORETTO, *né à Venise en 1512, mort le 31 mai 1594.* (École vénitienne.)

Fils d'un teinturier, il montra de bonne heure de grandes dispositions pour la peinture, et entra à l'atelier de Titien, où il fit des progrès si rapides que ce maître ne voulut pas, dit-on, garder longtemps un disciple qui s'annonçait comme un rival redoutable. Congédié de l'école de Titien, Tintoret n'en conserva pas moins une grande admiration pour son coloris, et il s'efforça d'allier à la science de la couleur et du clair-obscur celle du dessin que Michel-Ange, suivant lui, possédait au plus haut degré; aussi écrivit-il sur un mur de son atelier, comme maxime qui résumait le but de ses études : *Le dessin de Michel-Ange et le coloris de Titien.* Doué d'une prodigieuse facilité d'exécution, dont il abusa même souvent, étudiant jour et nuit, désintéressé au point d'aider gratuitement ses confrères ou de travailler pour le déboursé des couleurs, il acquit bientôt une réputation que celle de Titien et de Paul Véronèse pouvait seule balancer. Le nombre des œuvres de Tintoret est immense. — **Marietta Robusti**, née à Venise en 1560, morte en 1590, fut élève de son père et peignit le portrait avec habileté. L'empereur Maximilien et Philippe II, roi d'Espagne, voulurent l'attirer à leur cour, mais elle refusa les offres brillantes de ces souverains pour ne point quitter son père, qui eut la douleur de la voir mourir à la fleur de l'âge. — **Domenico Robusti**, frère de Marietta, né à Venise en 1562, mort en 1637, apprit également la peinture de son père, dont il adopta la manière. Il jouit d'une grande réputation comme portraitiste, et les personnages les plus célèbres de son époque voulurent être représentés par lui. Les autres élèves de Jacopo sont **Paolo Franceschi**, Martin de Vos d'Anvers, qui peignait souvent des paysages dans ses tableaux, et **Odoardo Fialetti**. Il eut aussi pour imitateurs **Cesare dalle Ninfe**, **Flaminio Floriano**, **Melchior Colonna**, et Johan Rottenhammer de Munich.

349. *Suzanne au bain.*

H. 1, 67. — L. 2, 38. — T. — Fig. gr. nat.

Suzanne assise sous des arbres, près d'un bassin, pose le pied gauche sur le genou d'une de ses suivantes, qui lui coupe les ongles ; une autre femme placée derrière elle peigne les cheveux. On aperçoit dans l'éloignement les deux vieillards debout près d'une table. Des grenouilles, des canards, une poule et une foule d'animaux se jouent dans l'herbe et sur l'eau.

Landon, t. 8, pl. 1.

Collection de Louis XIV.

350. *Le Christ mort et deux anges.*

H. 0, 29. — L. 0, 19. — B. — Fig. de 0, 15.

Le Christ, assis sur le bord du sépulcre et à demi-enveloppé de son linceul, est soutenu par un ange. Devant lui, un autre ange, appuyé sur une pierre et tenant un flambeau, essuie ses larmes.

Landon, t. 8, pl. 5.

Ancienne collection.

351. *Le Paradis.*

H. 1, 43. — L. 3, 62. — T. — Fig. 0, 15.

Entouré de la gloire céleste, Jésus-Christ couronne

la Vierge ; de chaque côté sont rangés les apôtres ; puis, dans l'ordre hiérarchique, les évangélistes, les pères et docteurs de l'Église, les vierges, les confesseurs, les martyrs, les ordres de la milice céleste, et tous, les yeux fixés sur Jésus-Christ, chantent ses louanges et le glorifient.

Musée Napoléon. — Cette peinture n'est pas, comme on l'a prétendu, l'esquisse du tableau du Tintoret qui décore le fond de la grande salle du palais Saint-Marc à Venise, et qui a 30 pieds vénitiens de hauteur sur 72 de largeur. L'esquisse de cette composition gigantesque, mieux conservée que le tableau, maintenant fort noirci et très retouché, se voit dans un des palais de la famille Mocenigo.

352. *Portrait du Tintoret.*

H. 0, 61. — L. 0, 51. — T. — Buste gr. nat.

Il s'est peint lui-même dans sa vieillesse, avec les cheveux courts, une longue barbe blanche, et revêtu d'une toge noire bordée de fourrure. On lit au haut du tableau : IACOBVS. TENTORETVS. PICT[OR]. VENT[IVS]. Et plus bas à droite : IPSIVS F.

Filhol, t. 5, pl. 299.

Ancienne collection.

353. *Portrait d'homme.*

H. 1, 14. — L. 0, 90. — T. — Fig. à mi-corps, gr. nat.

Il a la tête chauve et porte une longue barbe ; il est vêtu d'une robe noire, tient de la main gauche un mouchoir et de la droite un bonnet.

Collection de Louis XIV.

ROBUSTI (attribué à).

354. *La Cène.*

H. 0, 80. — L. 1, 22. — T. — Fig. de 0, 36.

Jésus-Christ, à table et entouré de ses disciples, pose la main sur saint Jean couché sur la table, et prononce ces paroles : *Un de vous me trahira.* Les apôtres expriment par leur attitude leur étonnement, et semblent protester de leur innocence. Sur le devant, un disciple agenouillé, tenant une coupe et prenant une bouteille de vin garnie de paille, posée à terre. A gauche, près d'une colonne, un vase. Dans le fond, assise sur un escalier, une femme qui file. A droite, sur un tabouret, une draperie et un livre.

Gravé par Gillés Sadeler. — Landon, t. 8, pl. 2.

Ancienne collection. — Landon et Lépicié disent que cette esquisse a appartenu au prince de Carignan; néanmoins elle ne figure pas sur le catalogue des tableaux de son cabinet, vendu le 18 juin 1743 (cette vente, annoncée pour le 30 juillet 1742, fut remise); mais ce tableau, ainsi que celui de Raphaël, n°376 (*Sommeil de Jésus*), fut sans doute choisi sur l'inventaire MS. et retiré avant la vente. Une composition analogue, peinte par le Tintoret, gravée par Sadeler, existe à Venise, dans l'église de Saint-Gervais-et-Saint-Protais.

ROMANELLI (Giovanni-Francesco), *né à Viterbe en 1610, mort au mois de juillet* 1662. (École romáine.)

Il vint jeune à Rome et reçut les premières leçons de l'**Incarnatini**, son parent, qui, d'après les conseils du Domenichino, le fit ensuite entrer chez Pietro Berettini. Ses rapides progrès et ses heureuses dispositions lui méritèrent le surnom de *Raffaellino* (le petit Raphaël). Le cardinal Francesco Barberini, neveu d'Urbain VIII, le prit sous sa protection et lui fit avoir des travaux considérables. A l'avénement d'Innocent X, le cardinal fut obligé de se retirer en France, et proposa au cardinal Mazarin d'appeler Romanelli à Paris pour exécuter les peintures que ce ministre voulait faire faire dans son palais. Romanelli fut accueilli avec la plus grande bienveillance par Mazarin, qui le présenta à Louis XIV et à la reine-mère. Il ne tarda pas à devenir le peintre favori de la cour. Ayant obtenu un congé, il passa quelque temps en Italie, revint en France et reçut du roi l'ordre de peindre au Louvre les salles de bains de la reine, maintenant salles des Saisons, de la Paix, des Romains et du Centaure (*Musée des Antiques*, au rez-de-chaussée). Il fut récompensé magnifiquement de ce travail, et le roi le nomma chevalier de l'ordre de Saint-Michel. Après deux ans de séjour à Paris, il retourna à Viterbe dans l'intention de ramener sa nombreuse famille en France; mais la mort l'empêcha d'effectuer ce projet. Romanelli a fait peu de tableaux et a surtout peint à fresque. — **Urbano Romanelli**, son fils, né à Viterbe vers 1644 ou 1652, suivant Zani, fut son élève, étudia ensuite chez **Ciro Ferri**, et mourut en 1682.

355. *Vénus versant le dictame sur la blessure d'Énée.*

H. 1, 60. — L. 2, 17. — T. — Fig. pet. nat.

A gauche, Énée assis, appuyé sur sa lance, est secouru par le médecin Japis, agenouillé devant lui. Vénus, couchée sur un nuage, reçoit de deux amours le dictame qu'elle verse sur la blessure de son fils. Au premier plan, devant Énée, une femme agenouillée et pleurant; derrière lui, des guerriers. A droite, deux autres guerriers debout.

Ancienne collection. — Ce tableau était placé autrefois à l'hôtel Lambert, dans le cabinet de l'Amour.

356. *Vénus et Adonis.*

H. 0, 54. — L. 0, 66. — T. — Forme ovale en largeur.

L'Amour montre à Vénus, assise sur un lit de repos, Adonis qui s'approche tenant un chien en laisse.

Gravé par Fontana dans le Musée français.
Ancienne collection.

357. *La manne dans le désert.*

H. 2, 00. — L. 2, 14. — Fig. gr. nat.

Au premier plan, à gauche, une femme couchée par terre, mettant dans un vase la manne qu'un enfant lui apporte. Derrière elle une femme à genoux, recevant la manne dans ses mains, et une autre femme étendant du linge. A droite, Moïse debout, tourné vers un homme qui a les bras étendus dans l'attitude de l'adoration. Devant eux, deux jeunes gens recueillent la manne dans des vases. Dans le fond, d'autres femmes avec des vases.

Ancienne collection.

ROSA (Salvator), *peintre, graveur, poète, musicien, né au village de la Renella, près Naples, le 20 juin 1615; mort à Rome le 15 mars 1673. (École napolitaine.)*

Un de ses oncles, **Paolo Greco,** lui donna les premières leçons de dessin; puis il entra chez **Francesco Fracanzano,** son beau-frère, et élève de Ribera. A 17 ans, Salvator ayant perdu son père et se trouvant sans ressources, se mit à exécuter une quantité de marines, de paysages, de petites compositions historiques, qui, exposées sur la place publique, se vendaient à vil prix. Lanfranc, étonné de la vigueur de ces peintures, en acheta plusieurs, et donna des encouragements au jeune artiste, qui fréquenta l'atelier de Ribera, et ensuite celui d'Aniello Falcone, disciple de ce dernier, dont il copia les batailles et chercha ensuite à imiter la manière. Il resta chez Aniello près de trois ans, gagnant à peine de quoi vivre. Il fit un voyage à Rome, tomba malade et revint à Naples, où il trouva peu d'occupation. Après un séjour de près de deux ans dans cette ville, il repartit pour Rome en 1635, et il obtint, par l'entremise d'un de ses compatriotes, des travaux à Viterbe, dont le cardinal Brancacci était évêque. Vers la fin de 1646, Salvator fit un nouveau voyage à Naples, et, en 1647, lorsqu'éclata la conspiration de Mase Aniello, il entra dans la compagnie de la Mort, commandée par son ami et maître Falcone. Après la défaite de Mase Aniello, Salvator et Falcone, pour échapper à la colère du vice-roi, se réfugièrent à Rome. Falcone passa ensuite en France; mais Salvator se fixa dans cette ville, où ses ouvrages furent alors fort estimés. Il habitait Rome depuis quatre ans, lorsque le grand-duc de Toscane l'appela à Florence. Il fut reçu par le prince avec la plus grande faveur, resta neuf ans à sa cour, partageant son temps entre la peinture, la poésie et la musique; enfin il revint se fixer définitivement à Rome, et peignit une foule d'ouvrages qu'il vendait des prix très élevés. Salvator ambitionna toute sa vie la réputation de peintre d'histoire, sans que cette prétention fût justifiée; car il montra, dans ce genre, moins d'habileté que dans ses marines, ses paysages, ses batailles, où il déploya une énergie et une verve d'exécution vraiment remarquables. Ses principaux élèves ou imitateurs sont : **Marzio Masturzo, Niccolò Vaccaro, Niccolò Massaro** et **Scipione Compagno**.

358. *L'ange Raphaël et le jeune Tobie.*

H. 0, 26. — L. 0, 21. — B.

L'ange, tenant à la main une baguette, ordonne au jeune Tobie de saisir par les ouïes le poisson qui menaçait de le dévorer.

Gravé par Guttemberg dans le Musée français. — Filhol, t. 2, pl. 3. — Landon, t. 7, pl. 43.

Ancienne collection.

359. *Apparition de l'ombre de Samuel à Saül.*

H. 2, 73. — L. 1, 94. — T. — Fig. gr. nat.

L'ombre de Samuel, enveloppée d'une longue draperie blanche, est évoquée par la Pythonisse d'Endor, qui attise le feu d'un trépied. Saül, prosterné à terre, lève les yeux vers Samuel et l'interroge sur l'issue de la guerre entreprise contre David et les Philistins : derrière la Pythonisse, des hiboux et des squelettes aux formes fantastiques; dans le fond, les deux gardes de Saül frappés d'épouvante.

Gravé par Guttemberg dans le Musée français. — Filhol, t. 11, pl. 67. — Landon, t. 7, pl. 29.

Collection de Louis XIV. — Domenici dit que ce tableau fut envoyé en France avec une autre peinture représentant Apollon qui, après son séjour sur la terre chez les pasteurs, remonte au ciel.

360. *Une bataille.*

H. 2, 17. — L. 3, 51. — T. — Fig. de 0, 60.

Des guerriers, vêtus à l'antique, combattent à pied et à cheval près des ruines d'un temple. On aperçoit dans l'éloignement un corps de cavalerie poursuivant des fuyards; au pied d'un massif de rochers et sur un autre point, des vaisseaux embrasés près d'un rivage escarpé. — Ce tableau est signé : SALVATOR ROSA. On remarque en outre sur la cuisse d'un cheval un S et un R enlacés, monogramme de l'artiste.

Collection de Louis XIV. — Ce tableau, exécuté dans l'espace de

quarante jours, en 1652, fut commandé par Monsignor Corsini
nonce du pape, pour en faire hommage à Louis XIV, et fut payé à
l'artiste 200 doubles.

361. *Paysage.*

H. 1, 42. — L. 1, 93. — T. — Fig. de 0, 20.

A droite, un chasseur tue un oiseau d'un coup de
fusil ; des guerriers se reposent sur la cime d'un rocher.

Gravé par Fortier dans le Musée royal.

Collection de Louis XVIII. — Acquis en 1816 de Mme Rigo, pour
4,000 fr.

ROSA (imitation de SALVATOR).

362. *Paysage et marine.*

H. 0, 48. — L. 0, 63. — T. — Fig. de 0, 14.

A gauche, sur une hauteur, des guerriers couverts de
leur armure ; et plus bas, une barque et des mariniers.

Gravé par Niquet dans le Musée français.

Ancienne collection.

363. *Marine.*

H. 0, 48. — L. 0, 72. — T. — Fig. de 0, 08.

Sur le premier plan, un homme debout, un bâton à
la main, s'entretenant avec un autre homme assis devant
lui. Plus loin des pêcheurs et des barques. Dans le fond,
à droite, des rochers.

Collection de Louis XVIII. — Acquis en 1824 de M. Mauco (Musée
européen). — Ce tableau rappelle la manière d'A. Manglard, maître
de Joseph Vernet.

ROSSELLI (Cosimo), *né à Florence en 1430. On ignore
l'année de sa mort ; son testament est daté du 25 novembre 1506. (École florentine.)*

Il fut placé à l'âge de 14 ans sous la direction de **Neri di Bicci**
et y resta trois années. Il travailla pour différentes églises à Florence
et à Lucques. Appelé par Sixte IV à Rome, il exécuta trois grandes
compositions dans la chapelle du Vatican, où peignaient en même
temps que lui Sandro Botticello, Luca da Cortona, **Don Bartolommeo Abbate di San Clemente**, et Pietro Perugino. De retour à
Florence il fit de nouveaux ouvrages avec l'aide de Piero di Cosimo,
son disciple, qu'il avait déjà employé dans les peintures de la chapelle
Sixtine. Il mourut pauvre, ayant dépensé dans les vaines recherches
de l'alchimie tout ce qu'il avait acquis par le travail.

364. *La Vierge et l'Enfant-Jésus.*

H. 1, 89. — L. 1, 77. — B. — Fig. pet. nat.

La Vierge présente son fils à l'adoration des anges, de sainte Marie-Madeleine et de saint Bernard, qui écrit sous l'inspiration divine.

Musée Napoléon. — La notice de 1841 attribuait à tort ce tableau à Piero di Cosimo.

ROSSELLI (Matteo), *né à Florence le 10 août 1578, mort le 18 janvier 1650.* (École florentine.)

Il était arrière-petit-fils d'un frère de Cosimo Rosselli. Il eut pour maître **Gregorio Pagani** et se perfectionna en étudiant les ouvrages d'André del Sarte. A l'âge de 24 ans, il fut appelé par le Passignano, afin de l'aider dans les travaux qu'il exécutait à Rome dans la chapelle Clémentine. Pendant son séjour dans cette ville il étudia les ouvrages de Raphaël. Après la mort du Pagani, en 1605, le Rosselli termina les travaux inachevés de son maître, et fit ensuite un grand nombre de peintures à fresque et à l'huile. Il fut excellent maître et eut beaucoup d'élèves, parmi lesquels on distingue **Giovanni da San Giovanni, Francesco Furino, Gio.-Battista Vanni, Baldassare Volterrano, Lorenzo Lippi, Stefano della Bella,** etc. La famille des Rosselli, pendant plus de quatre siècles et une suite non interrompue de huit à neuf générations, a produit treize peintres.

365. *Le repos en Égypte.*

H. 1, 75. — L. 2, 18. — T. — Fig. gr. nat.

Saint Joseph, assis au pied d'un arbre, tient sur ses genoux l'Enfant-Jésus, auquel la Vierge présente des fruits; à ses pieds sont une gourde et un paquet. Deux anges, dont un est près de la Vierge, offrent des fleurs à l'Enfant-Jésus; deux autres voltigent au-dessus de sa tête et lui jettent les fruits d'un palmier.

Landon, t. 7, pl. 32.

Musée Napoléon. — Acquis sous l'Empire, de M. Fabre, à Florence.

366. *Le triomphe de David.*

H. 2, 35. — L. 2, 95. — T. — Fig. gr. nat.

David, vainqueur de Goliath, tient la tête et l'épée du géant; plusieurs femmes l'accompagnent en jouant de divers instruments. On lit sur ce tableau : OPVS MATTHÆI ROSSELLII FLORENTINI 1630.

Collection de Louis XIV. — Ce tableau était placé dans la chapelle du château de Saint-Germain-en-Laye.

ROSSI (Francesco de'), *dit* il Salviati, *né à Florence en 1510, mort à Rome le 11 novembre 1563.* (École florentine.)

Il est aussi appelé Cecco ou Cecchino del Salviati, du nom du cardinal Salviati, son protecteur. Il fut mis d'abord en apprentissage chez un orfèvre, et entra ensuite à l'atelier de **Giuliano Bugiardini**. C'est alors qu'il se lia intimement avec Vasari, qui étudiait chez Michel-Ange. Les deux amis fréquentèrent successivement les écoles de Bandinelli et de **Rafaello del Brescia**, ou ils étudièrent ensemble pendant deux années ; puis ils entrèrent en 1529 dans celle d'Andrea del Sarto. Le cardinal Salviati désirant s'attacher un jeune peintre, Salviati lui fut proposé : il alla à Rome, gagna les bonnes grâces du cardinal, et exécuta pour lui de nombreux travaux. Il se trouvait dans cette ville en 1535, à l'arrivée de Charles V, revint à Florence au moment du mariage du duc de Cosimo, passa à Bologne, puis à Venise, où il travailla pour le patriarche Grimani, sans toutefois s'y arrêter longtemps, retourna en Lombardie, visita les antiquités de Vérone, les peintures de Jules Romain à Mantoue, et arriva à Rome en 1541 ; mais il y travailla peu. Le grand-duc l'appela à Florence et lui commanda de nombreux travaux. Vers 1548, on le retrouve à Rome, qu'il quitta en 1554 pour venir en France. Son caractère médisant lui suscita de nombreuses tracasseries, et après un séjour de vingt mois, pendant lesquels il travailla pour le cardinal de Lorraine, au château de Dampierre, il repassa les Alpes, revit son ami Vasari à Florence, et obtint de Pie IV des travaux que la mort ne lui permit pas d'achever. Il eut pour élève Giuseppe Porta dit Salviati, **Annibale**, fils du sculpteur Nanni di Baccio Bigio, l'Espagnol **Roviale**, **Francesco del Prato**, peintre, orfèvre, sculpteur, et **Domenico Romano**.

367. *L'incrédulité de saint Thomas.*

H. 2, 75. — L. 2, 32. — T. — Fig. gr. nat.

Le Christ, debout au milieu des apôtres, et ayant près de lui une petite bannière où est peinte une croix, montre ses plaies à saint Thomas, agenouillé devant lui.

Gravé par un anonyme. — Landon, t. 7, pl. 41.

Musée Napoléon. — « Il peignit ensuite un Christ montrant ses plaies à saint Thomas ; ce tableau fut porté en France par Tomaso Guadagni, et placé à Lyon dans la chapelle des Florentins. » (Vasari.) Cette peinture était exécutée sur bois ; mais le panneau ayant été rompu en trois morceaux, elle a été reportée sur toile.

ROSSO DEL ROSSO *ou* **ROSSO DE' ROSSI**, *peintre, architecte, né à Florence en 1496, mort à Paris en 1541.* (École florentine.)

Cet artiste, dans les comptes des bâtiments royaux, est appelé Jean-Baptiste de Roux, ou maître Roux de Roux. On ignore le nom de son maître ; il se forma un style en étudiant le fameux carton de Michel-Ange et les dessins du Parmesan. Après avoir peint plusieurs tableaux dans les églises de Florence, il revint à Rome. Fait prisonnier dans le sac de cette ville, il parvint à s'enfuir à Borgo, puis à

Arezzo et à Volterra; de là il passa à Venise, travaillant dans ces différentes villes et étudiant avec persévérance l'anatomie et l'architecture. Il fut appelé en France par François Ier vers 1530. Il figure sur les comptes des bâtiments royaux pour la première fois en 1532; il a le titre de peintre ordinaire du roi et touchait 14 livres tournois de pension. En 1535 il est cité dans ces comptes comme maître conducteur des ouvrages de stucs et peintures de la grande galerie de François Ier, à Fontainebleau, et son nom y paraît pour la dernière fois en 1540, toujours avec le même titre. Suivant L'abbé Guilbert (t. 1, p. 87), il avait fait pour cette galerie une grande quantité d'émaux qui furent détruits par le Primatice. François Ier le combla de faveurs : outre sa pension, il le gratifia d'un canonicat à la Sainte-Chapelle de Paris. L'arrivée du Primatice en France, en 1531, excita une haine tellement implacable entre les deux artistes et leurs partisans, que François Ier fut obligé d'éloigner momentanément ce dernier en lui donnant mission d'aller chercher des objets d'art en Italie. Rosso termina sa vie par le poison, pour échapper au déshonneur d'avoir accusé injustement de vol Francesco di Pellegrino, son ami, et de l'avoir fait mettre à la torture. Le Primatice lui succéda. Parmi les nombreux élèves du Rosso, fondateur de cette école qu'on appelle en France *école de Fontainebleau*, on cite surtout Domenico Barbiere, qui a gravé d'après son maître. — Il n'existe plus de trace des peintures de Rosso à Fontainebleau que dans la galerie de François Ier, restaurée à plusieurs reprises.

368. *Le Christ au tombeau.*

H. 1, 25. — L. 1, 62. — T. — Fig. pet. nat.

Le corps du Christ, déposé à l'entrée de la grotte sur un coussin, est soutenu par Nicodème; la Madeleine tient ses pieds exhaussés; la Vierge à genoux, les bras étendus, s'évanouit dans les bras d'une des saintes femmes.

Landon, t. 7, pl. 34.

Musée Napoléon. — « Il fit pour le connétable un tableau du Christ mort, chose rare, qui est à son château d'Écouen. » (VASARI).

369. *Le défi des Piérides.*

H. 0, 31. — L. 0, 63. — T. — Fig. de 0, 12.

Apollon, Minerve, Bacchus, Mercure, les nymphes et trois fleuves, placés sur le sommet du Parnasse, président au combat des Muses et des Piérides. Au premier plan, à gauche, sur les bords de l'Hippocrène, qui coule du Parnasse, le groupe des neuf Muses avec leurs attributs caractéristiques; à droite, les neuf Piérides. Une Muse improvise en s'accompagnant de la lyre; l'une des Piérides chante aussi en jouant du tympanon.

Gravé par Enea Vico; par Augustin Vénitien; par Chauveau et par M. Desnoyers. — Filhol, t. 9, pl. 692. — Landon, t. 8, pl. 58 et 59.

Collection de Louis XIV. — « Quoique ce tableau passe pour être de Perrin del Vague, et que la façon dont il est peint ne permette pas même d'en douter, il est cependant vrai qu'il y a une estampe, gravée par Eneas Vicus, qui, certainement, a été exécutée sur un dessin de Rosso, et dont la composition ne diffère en rien de celle du tableau. » (LÉPICIÉ, *Catalogue des tableaux du cabinet du roi.*) Mariette, dans le texte du *Cabinet Crozat*, dit : « Le Parnasse, petit tableau qui est dans le cabinet du roy, que Félibien dit estre de **Pierino del Vaga**, est reconnu par tous les connoisseurs pour estre du Rosso, peintre florentin. » L'opinion de ce célèbre amateur, le nom de Rosso inscrit au bas de la gravure d'Enea Vico, contemporain du peintre, nous ont engagé à changer l'attribution de Pierino del Vaga, à qui il est donné par les précédentes notices. En nous soumettant à ces autorités, nous ferons observer, toutefois, que cette peinture doit être de la première et meilleure manière du Rosso, avant qu'il n'eût adopté ce style décoratif qui fit école à Fontainebleau. Félibien, après avoir dit, à l'article de Pierino, que le roi possède de lui un Parnasse avec les Piérides, rapporte, en parlant de Louis Boulogne, que Jabach fit faire une copie de ce tableau. Voici ce passage : « Il étoit (Boulogne) particulièrement habile à copier les tableaux des anciens peintres. Il y a même eu de ses copies où il a si bien scû imiter les originaux et donner cet air d'antiquité, que bien des gens s'y sont trompez, n'étant pas moins adroit en cela que Pietre de la Corne, que nous avons vû autrefois à Rome, qui passoit pour un grand maître à contrefaire les manières des anciens peintres. Entre autres tableaux que j'ai vûs de Boulogne, il me souvient de celui qu'il copia autrefois pour M. Jabach, où était représenté un Parnasse avec Apollon et les neuf muses. L'original est de Perin del Vague et d'une grandeur fort médiocre; mais il s'étudia si bien à choisir un fond de bois ancien et pareil à celui de l'original, et à donner à ses couleurs des teintes qui eussent un air antique, qu'il étoit presque impossible de discerner l'original de la copie. » (T. IV, p. 309 ; édit. de Trévoux, 1725.) Le tableau du Louvre, transporté d'Italie en Espagne, appartint à Charles Ier. Estimé 100 liv. sterling, il fut vendu 147 liv. (2,925 f.) à Jabach. Il fut ensuite possédé par Mazarin, et acheté par Louis XIV aux héritiers du cardinal. Il était originairement peint sur bois et a été transporté sur toile.

SABBATINI (LORENZO), *dit* LORENZINO DA BOLOGNA, *né à Bologne vers 1533, mort à Rome en 1577.* (École bolonaise.)

On ignore le nom de son maître. Il se forma sur les ouvrages du Parmesan et de Raphaël. Il fut très employé à Rome sous le pontificat de Grégoire XIII, qui le choisit pour présider aux travaux du Vatican. Il eut pour élèves **Denis Calvaert, Felice Pasqualini, Girolamo Mattioli, Giullo Bonasone.**

370. *La Vierge, l'Enfant-Jésus et saint Jean.*

H. 1, 73. — L. 1, 42. — T. — Fig. gr. nat.

Jésus, debout sur son berceau et soutenu par sa mère, montre le ciel au jeune précurseur, qui fléchit le genou devant lui en lui présentant une croix de jonc. On lit sur une dalle, à droite: LAVRENS, SABADIS, PICTOR

BONO, SANTⁱ DÑI, ÑRI GREGORI XiII FECIT ANNO M·D·LXXii.

Landon, t. 7, pl. 36.

Musée Napoléon.

SACCHI DI PAVIA (PIER-FRANCESCO); *peignait dans la Lombardie et à Gênes de 1512 à 1526.* (École lombarde.)

On ignore le nom de son maître; mais sa manière tient beaucoup de celle de l'école milanaise et de **Carlo del Mantegna**, élève d'Andrea Mantegna. Lomazzo dit qu'il travaillait déjà vers 1460; Lanzi pense qu'il y a erreur dans ces dates et qu'elles se rapportent à deux artistes différents. Cependant la biographie des artistes présente assez d'exemples de longévité pour qu'il ne soit pas nécessaire de croire ici, sans preuve certaine, à l'existence de plusieurs Sacchi. Les tableaux de ce maître sont signés en latin, Sacchius. Soprani l'appelle Sacci, qui est probablement son nom italien.

371. *Les docteurs de l'Église avec les symboles des évangélistes.*

H. 1, 98. — L. 1, 67. — B. — Fig. pet. nat.

Sous un portique ouvert, soutenu par des pilastres décorés de riches arabesques, les quatre docteurs de l'Église latine sont assis autour d'une table de marbre blanc; auprès d'eux, on remarque les symboles donnés aux évangélistes : l'aigle est à côté de saint Augustin, évêque d'Hippone; le bœuf, près du pape Grégoire-le-Grand; l'ange, près de saint Jérôme; le lion ailé, près de saint Ambroise, occupé à tailler une plume. Devant lui, une discipline indique sa conduite sévère envers l'empereur Théodose, qui avait puni trop rigoureusement les habitants de Thessalonique. Sur un cartel posé près du pied de la table, on lit : PETRI·FRANCISCI·SACHI· DE·PAPIA , OPVS 1516.

Musée Napoléon.

SALVATOR. *Voir* ROSA.

SALVI DA SASSOFERRATO (GIOVANNI-BATTISTA), *né à Sassoferrato, dans la Marche d'Ancône, le 11 juillet 1605; mort à Rome le 8 avril 1685.* (École romaine.)

Son père, **Tarquino Salvi**, fut son premier maître, et l'on croit qu'il reçut aussi des leçons de **Jacopo Vignali**. Dans sa jeunesse, il visita Rome et Naples, où l'on suppose qu'il fréquenta l'école du Dominiquin. Il se forma en copiant un grand nombre d'ouvrages de l'Albane, du Guide, du Baroche et surtout de Raphaël. Il peignit souvent des Saintes-Familles, et ses peintures avec des demi-figures ou des figures entières sont extrêmement rares.

372. *La Vierge et l'Enfant-Jésus.*

H. 0, 76. — L. 0, 62. — T. — Fig. à mi-corps, gr. nat.

La Vierge assise tient sur ses genoux l'Enfant-Jésus endormi. Dans la partie supérieure, de chaque côté, une tête de chérubin.

Landon, t. 7, pl. 44.

Collection de Louis XVIII. — Acquis de M. l'abbé de Sambucy, le 22 mai 1816, avec un Chasseur tenant une perdrix, attribué à Cuyp, pour 4,500 fr.

373. *L'Assomption de la Vierge.*

H. 1, 43. — L. 0, 85. — T. — Fig. pct. nat.

La Vierge, debout, les mains jointes, les yeux levés vers le ciel, est transportée par des chérubins au céleste séjour.

Ancienne collection.

374. *Tête de Vierge en adoration.*

H. 0, 47. — L. 0, 36. — T. — Fig. gr. nat.

Ancienne collection.

SALVIATI (FRANCESCO). *Voir* **ROSSI** (FRANCESCO DE').

SALVIATI (GIUSEPPE). *Voir* **PORTA.**

SANZIO (RAFFAELLO), *peintre, architecte, né à Urbino le vendredi saint, 28 mars 1483; mort le vendredi saint, 6 avril 1520. (Ecole romaine.)*

Le nom de Sanzio, consacré par l'usage, n'est pas le véritable nom de famille de cet artiste célèbre. Son père s'appelait **Giovanni Santi** ou **Santo**, et de Santius, traduction latine de Sante, on a fait ensuite par corruption, en italien, Sanzio, nom adopté par Vasari et par les autres biographes. Giovanni enseigna les éléments du dessin à son fils, mais il ne put diriger longtemps son éducation, étant mort le 1er août 1494, lorsque Raphaël n'avait que 11 ans et 4 mois. Ses oncles, Simone di Battista Ciarli et Bartolommeo Santi, restèrent chargés de surveiller ses études. On ignore le nom de son premier maître. **Timoteo Viti** et Luca Signorelli, qui peignaient en 1494 et en 1495 dans les églises d'Urbino, lui donnèrent peut-être des leçons avant qu'il entrât à la fin de 1495 ou en 1496 à l'atelier de P. Perugino, artiste célèbre établi alors à Pérouse, et dont l'atelier était fréquenté par de nombreux élèves. Le jeune Raphaël fit des progrès rapides et surpassa bientôt ses condisciples. En 1500, Pérugin s'étant rendu à Florence, Raphaël le quitta, alla à Cittá di Castello, où il peignit plusieurs tableaux, et fit, au commencement de 1504, le célèbre *sposalizio* qu'on admire maintenant à Milan. Il passa ensuite à Urbino, peignit pour le duc Guidobaldo les deux tableaux décrits sous les n°s 380 et 381 de cette Notice, et arriva à Florence en octobre 1504. Vasari, Bottari et Lanzi placent ici un voyage de Raphaël à Sienne, et prétendent qu'il fit pour le Pinturicchio les dessins et les cartons des sujets de l'histoire d'Enea Piccolomini que cet artiste était chargé de peindre dans la bibliothèque du Dôme. Ce voyage à Sienne est probable, mais il n'est pas certain, et quant à la part de Raphaël dans les peintures du dôme, cette question, si controversée, a été examinée dans la biographie du Pinturicchio. Arrivé à Florence, Raphaël étudia les œuvres de **Masaccio**, devint l'ami de Fra Bartolommeo, qui lui donna d'utiles conseils sur la science du coloris et sur l'art d'agencer les draperies. Après avoir passé l'hiver dans cette ville, Raphaël se rendit au printemps de 1505 à Pérouse, où l'appelaient différents travaux, et se trouvait à Florence à la fin de la même année. En 1507, il va à Pérouse, puis revient à Florence. C'est à peu près à cette époque que, par l'intermédiaire d'amis communs et par lettres, il se lia avec le Francia, alors à Bologne, âgé de 56 ans, qui lui envoya son portrait, et lui adressa ce beau sonnet qu'il termine en disant que la nature, vaincue et rendue éloquente par ses artifices, le proclamera seul le peintre des peintres. Vers le milieu de 1508, il quitta cette ville et partit pour Rome, où l'attendaient d'importantes entreprises. L'architecte Bramante, son parent, le présenta au pape Jules II, qui lui donna à décorer la salle *della Segnatura* au Vatican. Sa première fresque fut la dispute du Saint-Sacrement, et elle satisfit tellement le pape qu'il fit détruire presque toutes les peintures exécutées antérieurement. Il peignit ensuite l'école d'Athènes, le Parnasse, la Jurisprudence. Ces immenses travaux étaient terminés en 1511. Raphaël travaillait à la deuxième pièce des quatre salles connues sous le nom *delle Stanze*, lorsque Léon X, succédant à Jules II le 11 mars 1513, prit également l'artiste sous sa protection. La deuxième chambre fut finie en 1514, et, après avoir peint l'incendie du bourg dans la troisième, Raphaël, accablé d'occupations, eut recours aux pinceaux de ses savants élèves pour exécuter les nombreuses compositions qu'il necessait de produire. La dernière salle fut achevée sur ses dessins, après sa mort, par Jules Romain et le Penni. En 1514, il remplaça Bramante comme directeur des constructions du Vatican, et Léon X le chargea de continuer les galeries nommées *les Loges*, qui étaient à peine commencées. C'est pour les voûtes du portique du deuxième étage qu'il composa cinquante-deux sujets tirés de la Bible, peints par ses disciples, à l'exception d'un seul fait par lui comme modèle. Il embellit à peu près à la même époque le vestibule du palais Chigi, appelé maintenant la Farnésine, de fresques représentant l'histoire de l'Amour et de Psyché. En 1515, il eut la conduite des constructions de l'église de Saint-Pierre, et en 1516 il fut nommé surintendant des édifices antiques de Rome et chargé de la surveillance des fouilles qui se poursuivaient avec une extrême activité. Enfin, il peignit en détrempe, pour des tapisseries commandées par Léon X, les fameux cartons placés maintenant à Hampton-Court. Si l'on réfléchit qu'au milieu de ces entreprises colossales il faisait bâtir sur ses dessins, à Rome et à Florence, plusieurs palais, et que le nombre de ses tableaux à l'huile importants, faits de 1517 à 1520, tableaux dispersés dans les Musées de l'Europe, est presque incroyable, on comprendra facilement que cet illustre artiste a pu succomber à 37 ans, victime de son dévouement à l'art plutôt que de l'ignorance d'un médecin et d'excès, qui ne sont rien moins que prouvés, malgré le récit de Vasari. On remarque trois périodes dis-

tinctes dans son style : sa manière péruginesque comprend l'espace
de temps qui s'est écoulé depuis sa sortie de l'atelier du Pérugin
jusqu'à son arrivée à Florence ; sa deuxième manière, dite florentine,
se termina à la dispute du Saint-Sacrement ; à partir de la fresque
de l'école d'Athènes, il entre dans une nouvelle voie, et probablement
il allait encore modifier son style lorsqu'il mourut. Raphaël fut le chef
d'une école fameuse où se formèrent plus de 50 peintres, *tous bons et
habiles*, suivant l'expression de Vasari. Parmi eux il faut surtout distinguer Jules Romain, Polidoro Caldara, **Pierino del Vaga, Andrea Sabattini, Giovanni da Udine**, artistes célèbres qui ne travaillèrent pour leur propre compte et ne consentirent à être gravés
qu'après la mort du maître auquel ils s'étaient entièrement dévoués.
— La destinée de Raphaël est unique dans les fastes de la peinture.
En quelques années, il épuisa les faveurs de la fortune ; sa mort prématurée fut un deuil pour l'art ; et la postérité, équitable cette fois,
s'empressa de diviniser son nom. S'il s'est montré digne de cette apo-
théose, ce n'est point qu'il ait réuni dans ses œuvres, comme on l'a
dit souvent, les diverses qualités qui brillent d'un si vif éclat dans
celles de Léonard, de Titien, de Michel-Ange, du Corrège ; ce n'est
pas, en un mot, parce qu'il est le plus correct et le plus savant
de tous les peintres ; mais c'est parce que seul il est toujours élevé
sans effort, humain sans trivialité, gracieux sans afféterie, passionné
sans exagération ; c'est parce que ses compositions les plus simples
et les plus vastes portent également l'empreinte d'une création spon-
tanée, pleine de vie, de grandeur et de beauté.

375. *La Vierge, l'Enfant-Jésus et le jeune saint Jean ; composition connue sous le nom de* la Belle Jardinière.

H. 1,22. — L. 0,80. — B. — Cintré par le haut. — Fig. pet. nat.

La Vierge assise contemple l'Enfant-Jésus, qui est
debout, appuyé sur elle et la regarde ; le jeune saint
Jean, à genoux devant le Christ, tient une petite croix
de jonc. On aperçoit dans l'éloignement une vaste
campagne et une église. On lit sur le bord de la
robe de la Vierge : RAPHAELLO. VRB., et plus haut,
sur la bordure du vêtement, derrière le coude du bras
gauche : M. D. VII.

*Gravé par Chéreau ; par Audouin dans le Musée français ;
par M. Boucher Desnoyers. (Calc. nat.). — Filhol, t. 6,
pl. 427. — Landon, t. 6, pl. 47.*

Collection de François Ier. — Plusieurs critiques ont pensé que
cette Vierge, de la deuxième manière de Raphaël et de sa période
florentine, pouvait être celle qui lui fut commandée, suivant Vasari
(*Vies de Raphaël et de Ghirlandajo*), par un gentilhomme siennois,
et qu'il laissa, lors de son départ de Florence pour Rome, dans les
mains de Ridolfo Ghirlandajo, afin que ce peintre terminât une draperie bleue. D'autres critiques prétendent au contraire que le tableau
dont Vasari veut parler est celui connu sous le nom de la *Madonna
di Casa Colonna*, et qui se trouve maintenant au Musée de Berlin.
Quoi qu'il en soit, et pour résumer la discussion, nous ferons observer qu'un artiste ne signe pas un ouvrage inachevé, et que le départ

de Raphaël pour Florence n'ayant eu lieu que dans l'été de 1508, Ghirlandajo, en finissant le tableau et en le signant pour Raphaël, l'aurait daté de 1508, et non de 1507, époque à laquelle Raphaël était encore à Florence. La date de 1507 est irrécusable et prouve que la peinture du Louvre n'est pas celle terminée par le Ghirlandajo. Lépicié fait observer que cette Vierge a dû être peinte à Florence, vers le même temps que le Christ porté au tombeau, exécuté par Raphaël dans cette ville pour Atalante Baglione, parce qu'on trouve des études pour ce dernier tableau au verso d'un excellent dessin que M. Mariette possédait du tableau du roi. — Un dessin original à la pierre noire, un peu plus petit que le tableau, se trouve à Holkham, en Angleterre.

376. *La Vierge, l'Enfant-Jésus endormi, le jeune saint Jean.*

H. 0, 68. — L. 0, 44. — B. — Fig. de 0, 60.

L'Enfant-Jésus repose sur un drap et un oreiller placé sur une pierre ; la Vierge, le front ceint d'un diadème et accroupie devant son fils, soulève le voile dont il est couvert pour le montrer au jeune saint Jean à genoux et en adoration. Dans le fond, des édifices en ruines.

Gravé par A. Poilly; par Ingouf dans le Musée français; par M. Desnoyers. — Filhol, t. 4, pl. 217. — Landon, t. 6, pl. 40.

Ancienne collection. — On a désigné cette composition de plusieurs manières. Lépicié dit qu'elle est connue sous le nom du *Silence de la Sainte-Vierge;* d'anciens catalogues lui donnent le nom de *Vierge au Linge;* on l'a appelée aussi la *Vierge au voile, au diadème,* ou le *Sommeil de Jésus.* On sait peu de chose sur l'histoire de ce tableau, qui n'est pas cité par Vasari. Voici ce qu'en dit Germain Brice (*Description de la ville de Paris;* Paris, 1752, t. I, p. 435), en parlant de l'hôtel bâti en 1620 par Raymond Phélypeaux de La Vrillière, secrétaire d'Etat, acquis en 1713 par Louis Alexandre de Bourbon, comte de Toulouse, prince légitimé : « L'on y a vu longtemps une suite d'excellents tableaux des plus grands maîtres que ce grand ministre avait rassemblez, et qui donnaient une grande idée de la justesse de son goût. Un des principaux était un beau tableau de Raphaël, représentant la Sainte-Vierge qui considère l'Enfant-Jésus endormi, lequel a passé, en 1728, dans le cabinet du prince de Carignan, et dont on a une si belle estampe gravée par François Poilly.» Ce tableau fut, dit-on, acheté pour Louis XV à la vente du prince de Carignan; cependant il ne figure pas sur le catalogue imprimé en 1742, ni sur celui de 1743. (La vente, annoncée par le premier catalogue pour le 30 juillet 1742, n'ayant pas eu lieu, fut remise au 18 juin 1743, et l'on publia un nouveau catalogue, fidèle réimpression du premier.) Il y a tout lieu de croire que ce tableau et le Tintoret (n° 354) furent choisis sur l'inventaire manuscrit et retirés avant la vente.

377. *Sainte-Famille.*

H. 2, 07. — L. 1, 40. — T. — Fig. gr. nat.

L'Enfant-Jésus s'élance de son berceau dans les bras

de sa mère ; il est adoré par saint Jean, qui lui est présenté par sainte Elisabeth. Un ange répand des fleurs sur la Vierge ; un autre se prosterne ; saint Joseph est absorbé dans la méditation. On lit sur le bord du manteau de la Vierge : RAPHAEL·VRBINAS·PINGEBAT· I·D·X·VIII·, et plus haut, également sur le bord du manteau : ROMAE.

Gravé par Gérard Edelinck (Calc. nat.); par G. Rousselet; par Richomme dans le Musée royal; par Greger. — Filhol, t. 9, pl. 709. — Landon, t. 6, pl. 44.

Collection de François Ier. — Les historiens disent que François Ier, dans son admiration pour le tableau de saint Michel, que Raphaël lui avait envoyé, récompensa le grand artiste avec une telle munificence, que celui-ci, à son tour, voulut reconnaître la libéralité du monarque en peignant pour lui une Sainte-Famille, qu'il le priait d'accepter à titre d'hommage. François Ier répondit à Raphaël « que les hommes célèbres dans les arts, partageant l'immortalité avec les grands rois, pouvaient traiter avec eux. » Il accepta le tableau, doubla le prix qu'il avait donné à l'artiste pour le saint Michel, et l'invita à venir à sa cour; mais Léon X s'opposa à son départ de Rome. Le père Dan, après avoir rapporté que François Ier paya la Sainte-Famille 24,000 livres, ajoute que, de son temps, un fameux peintre « la considérant exactement, offrit d'en faire 20,000 écus, s'il estait à vendre, » et dit qu'elle fut un présent du pape Clément VII au roi. Malheureusement les faits viennent démentir les anecdotes des historiens et les récits du père Dan, qui aurait dû se rappeler que Léon X mourut en 1524, et que Clément VII n'était pas encore pape en 1518. Voici la traduction d'une correspondance fort curieuse publiée dans le *Carteggio* de Gaye (t. 2, p. 146). Goro Gheri de Pistoia, qui fut pendant quelque temps à la tête du gouvernement de Florence, écrit à Baldassare Turini, de Pescia, chancelier de la cour de Rome, ami de Raphaël et un de ses exécuteurs testamentaires : « Florence, 25 mars 1518. Je ferai part à Son Excellence le duc de ce que vous me dites de la diligence que Raphaël d'Urbin met à travailler aux peintures commandées par Son Excellence. Je sais que le duc l'apprendra avec beaucoup de plaisir. » (Le duc dont parle Gheri est Lorenzo de' Medici, duc d'Urbin, alors en France.) — « 11 avril 1518. Son Excellence le duc rappelle, comme vous l'avez vu par la lettre, qu'on presse Raphaël d'Urbin de terminer le plus tôt possible les ouvrages qu'il fait pour Son Excellence ; et moi, je vous prie de le lui rappeler souvent. » — « 15 avril 1518. J'apprends encore ce que vous me dites touchant ce SAINT MICHEL et la NOTRE-DAME que fait Raphaël d'Urbin; et Son Excellence le duc l'apprendra avec beaucoup de plaisir. » — « 8 mai 1518. Quant au travail de Raphaël d'Urbin, nous croyons qu'il sera bien de l'envoyer par mer jusqu'en Provence, comme c'est votre avis, parce que cela sera plus commode, moins cher et moins embarrassant. De là nous donnerons ensuite des ordres sur ce qu'on doit en faire. » — « 17 mai 1518. Quant aux peintures, j'apprends que notre seigneur veut qu'elles aillent par terre: qu'on fasse donc suivant le plaisir de Sa Sainteté. N'oubliez pas de rappeler à Raphaël qu'il les arrange et prenne les mesures nécessaires pour qu'elles ne puissent pas s'abîmer en route, surtout s'il pleuvait. » — « 3 juin 1518. Quant aux tableaux et peintures faits par Raphaël d'Urbin, j'apprends ce que vous avez arrêté, et je n'ai rien à ajouter à ce sujet. Vous avez bien fait de les adresser aux Barthalini à Lyon, où on trouvera des ordres

sur ce qu'il y aura à faire. » Goro Gheri s'adresse ensuite à Lorenzo
de' Medici, duc d'Urbin (en France) : — « Florence, 8 juin 1518. Les
peintures faites par Raphaël d'Urbin sont à Florence ; demain matin
partiront les muletiers qui les transportent. Raphaël a envoyé avec
elles un homme à lui. » — « 19 juin 1518. Les peintures sont parties pour
Lyon, à l'adresse des Barthalini. » — Il résulte de cette correspondance que c'est le duc d'Urbin qui a commandé à Raphaël la Sainte-
Famille et l'archange saint Michel ; que ces deux peintures ont été
faites à la même époque ; qu'elles sont arrivées ensemble en France,
et qu'il n'y a pas eu assaut de générosité entre l'artiste et le roi. On
trouve dans l'inventaire Bailly (1709-10) cette note : « Peint sur bois
et dans une bordure dorée avec deux volets doublés de velours vert,
peint par dessus d'ornements rehaussés d'or. » Les volets ont dû être
détruits à la Révolution, et le tableau a été depuis transporté sur
toile.

378. *La Vierge, sainte Élisabeth, l'Enfant-Jésus caressant le jeune saint Jean.*

H. 0, 38. — L. 0, 32. — B. — Fig. de 0, 35.

A droite, l'Enfant-Jésus debout, appuyé sur la Vierge
et les pieds posés sur son berceau, prend dans ses deux
mains la tête du jeune saint Jean que sainte Elisabeth,
agenouillée, lui présente. Derrière les figures, un pan de
mur en ruines avec des arbres. A droite et à gauche, fond
de paysage.

Collection de Louis XIV. — On lit dans le Catalogue raisonné du
roi, par Lépicié : « Ce tableau appartenait à M. Loménie de Brienne,
lorsque Louis XIV le fit acheter. M. Félibien croit qu'il vient de la
maison de Boissy, et qu'il a été apporté en France par Adrien Gouffier, cardinal de Boissy, à qui Raphaël l'avait donné en reconnaissance des bons offices que ce prélat lui avait rendus auprès de François Ier. Il ajoute que Mazarin en avait eu un semblable du marquis
de Fontenay-Mareuil, ambassadeur de France auprès d'Urbain VIII,
et que ce ministre, persuadé par le chevalier del Pozzo, l'avait acheté
à Rome comme l'original, d'après lequel le tableau que le roi a pré-
sentement avait été copié par Jules Romain. Félibien prétend avec
raison que Raphaël n'a fait aucun de ces tableaux, et qu'ils ont été peints
l'un et l'autre par des élèves de ce grand peintre, sur ses dessins, mais
que celui du roi a été retouché et fini par Raphaël. » Nous ajouterons, pour compléter ces renseignements, que le même Félibien
dit que ce tableau était couvert d'un volet de bois peint et orné d'une
manière aussi agréable que savante. On ignore le sort de ce volet, qui
a disparu, et n'est plus joint au tableau depuis longtemps. Mariette
(*Recueil d'estampes de Crozat,* t. 1, pl. 9, no 17) croit reconnaître dans
le tableau du Louvre l'exécution du Garofolo, et suppose que cet
élève de Raphaël l'avait peint d'après un dessin de son maître. On
voit, par ce qui précède, que ces critiques sont bien d'accord pour
attribuer cette composition à Raphaël ; mais qu'ils ne sont pas aussi
unanimes sur le nom de l'artiste qui a exécuté la peinture. Enfin il existe
une gravure de Caraglio représentant le même sujet avec des différences ; on y lit ces mots : Raphaël Vrbinas invenit. Cette estampe
paraît faite d'après un dessin. Il n'y a point de paysage. Le mur, placé
derrière les figures, occupe tout le fond ; la Vierge a la tête nue et
tient une main sur l'épaule du petit saint Jean. Le reste est conforme

au tableau du Louvre. Dans une copie de cette gravure, le fond représente une décoration d'architecture. Quoi qu'il en soit, il a dû être exécuté de 1517 à 1518, époque à laquelle Raphaël travaillait pour François Ier, et non en 1511, comme l'a prétendu Florent Lecomte.

379. *Sainte Marguerite.*

H. 1, 78. — L. 1, 22. — T. — Fig. pet. nat.

Sainte Marguerite, debout et tenant une palme, foule du pied un monstre renversé dont on voit la gueule béante.

Gravé par Philippe Thomassin, à Rome, en 1589 (d'après une copie peu exacte) ; par Louis Surugue ; par Gilles Rousselet ; par M. Desnoyers. — Landon, t. 6, pl. 59.

Collection de François Ier. — Suivant Vasari, ce tableau, fait probablement pour François Ier ou sa sœur Marguerite de Valois, fut presque entièrement peint par Jules Romain, d'après le dessin de Raphaël. Les comptes des bâtiments royaux nous fournissent le renseignement suivant : « Donné la somme de onze livres à Francisque Primadice de Boullongne, le peintre, pour avoir vaqué, durant le mois d'octobre 1530, à laver et nettoyer le vernis à quatre grands tableaux appartenant au roy, de la main de Raphaël d'Urbin, à savoir : le saint Michel, la *sainte Marguerite*, sainte Anne (la Sainte-Famille, nᵒ 377), et le portrait de la reine de Naples (Jeanne d'Aragon, nᵒ 384). La sainte Marguerite se trouvait encore à Fontainebleau en 1589. Le père Dan rapporte cependant que celle qu'on y voyait de son temps (1649) avait été donnée par un seigneur florentin à l'église et prieuré de Saint-Martin-des-Champs, et qu'on en fit ensuite présent à Henri IV. Mais cette provenance, qui n'est appuyée sur aucune preuve, s'accorde mal avec les documents cités plus haut, et il y a tout lieu de la croire fausse. La sainte Marguerite, peinte originairement sur bois, transportée ensuite sur toile, a beaucoup souffert des nettoyages et des restaurations. Cette composition a été répétée soit par Raphaël, soit dans son école, avec quelques changements. Suivant le manuscrit anonyme publié par Morelli, Gianantonio Venieri possédait à Venise, en 1528, une sainte Marguerite faite par Raphaël pour un moine de Saint-Benoît, qui s'en dessaisit en faveur de ce seigneur. D'après la description de l'anonyme, le dragon forme un cercle assez spacieux autour de la sainte, qui relève son manteau de la main droite et tient un crucifix de la gauche. Boschini (Carta del Navegar) parle avec grand éloge de ce tableau, qui passa à Bruxelles dans le cabinet de Léopold-Guillaume, archiduc d'Autriche, puis, avec le reste de cette collection, dans la galerie impériale du Belvédère, à Vienne, où elle est encore. Elle a été gravée par Prenner.

380. *Saint Michel.*

H. 0, 31. — L. 0, 27. — B. — Fig. de 0, 18.

L'archange, couvert d'un casque et d'une armure, frappe de son épée un dragon dont la queue s'est enlacée autour de sa jambe. Autour de lui se pressent des monstres fantastiques. On aperçoit dans l'éloignement une ville enflammée, des hommes vêtus d'une chape de plomb, et plusieurs damnés tourmentés par des figures fantastiques.

Gravé par Augustin Vénitien ; par Claude Duflos. — Landon, t. 6, pl. 36.

Collection de Louis XIV.—Ce tableau, qui fait pendant au suivant, a été probablement, ainsi que lui, peint en 1504 pour le duc d'Urbin Guidobaldo de Montefeltro. Ils appartinrent tous deux au cardinal Mazarin, sont estimés sur son inventaire 2,000 livres, et ont été acquis des héritiers du cardinal par le roi. Félibien prétend que le tableau porté sous ce numéro a été exécuté pour François Ier. Il ne donne aucune bonne raison à l'appui de son opinion, que les faits contredisent. En peignant ce tableau, Raphaël paraît avoir eu en vue l'Enfer du Dante, et notamment le passage du 23e chant (*Fratri godenti fummo, etc.*).

381. *Saint Georges.*

H. 0, 32. — L. 0, 27. — B. — Fig. de 0, 16.

Saint Georges, monté sur un cheval blanc et couvert d'une armure, combat avec un cimeterre un dragon qu'il a déjà percé de sa lance dont les débris sont à terre. On aperçoit dans l'éloignement une jeune fille couronnée qui fuit, symbole de la Cappadoce arrachée à l'idolâtrie.

Gravé par Nicolas Larmessin ; par Vorsterman ; par J.-L. Petit dans le Musée français. — Filhol, t. 4, pl. 19. — Landon, t. 6, pl. 64.

Collection de François Ier. — Il est probable que ce tableau est celui cité par Lomazzo (liv. 1, ch. 8, p. 48), exécuté pour Guidobaldo de Montefeltro, duc d'Urbin, lors du voyage de Raphaël à Urbin, en 1504, et peint sur le revers d'un damier. On ne trouve plus de traces de damier sur le panneau, mais il peut très bien avoir été effacé ou noirci, à moins que Lomazzo n'ait confondu le saint Georges avec le saint Michel, son pendant, sur le revers duquel on apercevait encore des traces de damier, il y a quelque temps, avant qu'on n'ait mis une épaisse couche de couleur à l'huile sur l'envers du tableau. Félibien prétend que Raphaël a peint cette composition pour Henri VIII, roi d'Angleterre ; mais il confond le saint Georges du Louvre, vu presque de face, avec un autre saint Georges combattant le dragon, vu presque de dos, décoré de l'ordre de la Jarretière, portant le nom de Raphaël en lettres d'or sur le poitrail du cheval, qui appartint à Henri VIII. On trouve sur l'inventaire, fait après la mort de Charles Ier, un saint Georges combattant le dragon, que le roi avait acquis du comte de Pembrock, en échange d'un recueil de dessins d'Holbein. Il fut estimé 150 liv. sterl. et adjugé à ce prix. Tout porte à croire que ce tableau est celui qui fut la propriété d'Henri VIII. Du temps de Félibien, il était la propriété du comte de Sourdis ; il passa ensuite dans les cabinets Crozat, du baron Thiers, son neveu, et fut vendu à l'impératrice Catherine de Russie avec les autres tableaux de la collection. Il se trouve maintenant à l'Ermitage, à Saint-Pétersbourg.

382. *Saint Michel terrassant le démon.*

H. 2, 68. — L. 1, 60. — T. — Fig. gr. nat.

Au milieu d'un affreux désert, hérissé de rochers dont les fentes laissent échapper les flammes du gouffre infernal, l'archange saint Michel, couvert d'une armure de fer et d'or, soutenu dans les airs par le balancement de ses ailes, vient de renverser Satan en le touchant à peine de son pied, et s'apprête à le frapper de sa lance. On lit sur le bord du vêtement de saint Michel : RAPHAEL VRBINAS. PINGEBAT M. D. XVIII.

> *Gravé par Rousselet (Calc. nat.); par Larmessin; par A. Tardieu dans le Musée français. — Filhol, t. 4, pl. 235. — Landon, t. 6, pl. 35.*

Collection de François Ier. — Vasari dit que ce tableau a été peint pour le roi François Ier; d'autres auteurs prétendent qu'il fut commandé à l'artiste par l'entremise d'Adrien Gouffier, cardinal de Boissy, frère du fameux amiral Bonnivet; enfin, le père Dan (*Trésor des Merveilles de Fontainebleau*) rapporte que Clément VII en fit présent à François Ier. On peut voir dans les notes sur la Sainte-Famille (no 377) combien tous ces récits sont inexacts. Dans cette composition, Raphaël voulut faire allusion à la puissance royale combattant le protestantisme et les factions. Félibien nous apprend (t. 3, p. 83) que Louis XIV avait fait placer ce tableau au-dessus de son trône, et l'on trouve dans l'inventaire de Bailly (1709-10) qu'il avait « deux volets doublés de velours vert, peints par dessus d'ornements rehaussés d'or. » La peinture de Raphaël, exécutée originairement sur bois, fut promptement altérée, et le Primatice la restaura en 1530 (voir le no 379). M. Picault le transporta sur toile en 1753; en 1776, la toile se trouva gâtée, et M. Haquin rentoila ce tableau. Il fut rentoilé pour la troisième fois, en 1800, par M. Picault fils.

383. *Portrait de Balthazar Castiglione.*

H. 0, 82. — L. 0, 67. — T. — Buste, fig. gr. nat.

Il est coiffé d'une toque noire, porte une longue barbe et est vêtu d'une robe garnie de fourrure.

> *Gravé par John Godefroy (Calc. nat.); par Nic. Larmessin; par Baulrois; par Senter; par Nic. Edelinck. — Filhol, t. 5, pl. 359.*

Collection de Louis XIV. — Ce portrait, dont parle Bembo dans une lettre datée de Rome 19 avril 1516, et adressée au cardinal Bernardo Dovizio Bibiena, a été peint par Raphaël au plus tard au commencement de 1516, passa, à ce qu'il y a lieu de croire, dit Lépicié, du cabinet du duc de Mantoue dans celui de Charles Ier, et fut acheté, après la mort de ce prince, par un amateur d'Amsterdam, nommé Lopez. Sandrart le fit graver, à cette époque, par Regnier Persyn; il devint ensuite la propriété de Mazarin, et fut estimé sur son inventaire 3,000 livres. Louis XIV l'acheta des héritiers du cardinal. Il a été peint sur bois et transporté sur toile. — Le célèbre comte Baldassare Castiglione naquit le 6 décembre 1478 à Casatico, maison de campagne possédée par sa famille, dans le Mantouan, et mourut le

2 février 1529. Il est l'auteur d'un livre intitulé *Il Cortegiano*, qui eut beaucoup de réputation, et de poésies italiennes et latines, parmi lesquelles se trouve une pièce sur la mort de Raphaël, son intime ami. Dans une lettre en vers latins, composée par Castiglione sous le nom de sa femme Hippolyte, il la fait parler ainsi, en son absence, de son portrait peint par Raphaël :

> *Sola tuos vultus referens, Raphaelis imago*
> *Picta manu, curas allevat usque meas.*
> *Huic ego delicias facio, arrideoque, jocorque,*
> *Alloquor, et tanquam reddere verba queat.*
> *Assensu nutuque mihi sæpe illa videtur*
> *Dicere velle aliquid, et tua verba loqui.*
> *Agnoscit, balboque patrem puer ore salutat:*
> *Hoc solor longos decipio que dies.*

« Seule, la représentation des traits de ton visage, peinte de la main de Raphaël, allége toujours mes soucis ; je l'accable de douceurs, je lui souris, je me joue avec elle, je lui parle comme si elle pouvait répondre à mes paroles. Souvent ce portrait me semble vouloir exprimer ta volonté ou ton assentiment ; ton enfant le reconnaît et balbutie une parole de respect. Par lui je console et je charme la longueur de mes journées. »

384. *Portrait de Jeanne d'Aragon.*

H. 1, 20. — L. 0, 95. — T. — Fig. à mi-corps, gr. nat.

Cette princesse, fille de Ferdinand d'Aragon, duc de Montalto, petite-fille de Ferdinand Ier, roi de Naples, mariée au prince Ascanio Colonna, connétable de Naples, et morte en 1577, est représentée avec de longs cheveux, coiffée d'une toque de velours rouge ornée de pierres précieuses et vêtue d'une robe de même étoffe. Elle est assise, dans une salle magnifiquement décorée, la main gauche appuyée sur un genou et la droite retenant une fourrure qui couvre son épaule. A gauche, dans le fond, une femme, vue de dos, appuyée sur une balustrade entre deux colonnes, et plus loin un jardin et des salles de verdure.

Gravé par Jacques Chereau ; par Raphaël Morghen dans le Musée royal ; par M. Leroux.

Collection de François Ier. — La tête seule, suivant Vasari, a été peinte par Raphaël ; le reste est de Jules Romain. Lépicié dit que Hippolyte de Médicis fit présent de ce portrait à François Ier; mais c'est une erreur, car Hippolyte n'avait que 9 ans quand Raphaël mourut. Il est plus probable que ce fut le Cardinal Giulio de' Medici, plus tard Clément VII, qui envoya au roi de France le portrait d'une princesse célèbre par sa beauté et par son esprit. On connaît beaucoup de copies de ce tableau, mais l'authenticité de celui du Louvre n'est point contestable. Il était peint originairement sur bois et a été transporté sur toile.

385. *Portrait d'un jeune homme.*

H. 0, 59. — L. 0, 44. — B. — Buste, fig. pet. nat.

Ce jeune homme, âgé de 15 à 16 ans, a les cheveux blonds et porte une toque noire. Il est accoudé sur un appui en pierre et sa tête repose sur sa main droite.

Gravé par Nicolas Edelinck; par Gandolfi dans le Musée français. — Filhol, t. 6, pl. 374.

Collection de Louis XIV. — On lit dans l'inventaire de Bailly (1709-1710) : « Tableau estimé de Raphaël représentant son portrait; il a été rehaussé de 6 pouces et demi et élargi de 3 pouces et demi. » Mariette dit dans la description du cabinet de Crozat : « Parmi quelques uns, il passe pour être le portrait de ce peintre; mais on a peine à se persuader que, dans un âge si peu avancé que l'est le jeune homme représenté dans ce tableau, Raphaël fût déjà aussi éloigné de sa première manière qu'il le paraît dans l'ouvrage dont nous parlons. » En effet, cette peinture, évidemment de la troisième manière du peintre, a dû être exécutée de 1515 à 1520, et ne peut par conséquent représenter ses traits.

386. *Portraits d'hommes.*

H. 0, 99. — L. 0, 83. — T. — Fig. à mi-corps, gr. nat.

Le premier personnage est représenté derrière un mur d'appui, tenant de la main gauche la garde de son épée, étendant la main droite et semblant désigner un objet en dehors du tableau. Il a la tête nue., se tourne vers un homme placé à gauche, au second plan. Celui-ci est vu presque de face, et pose la main gauche sur l'épaule de son compagnon.

Gravé par Audouin dans le Musée français; par Nicolas Larmessin.

Collection de François Ier. — Lépicié (Catalogue des tableaux du roi) regarde ce tableau comme un ouvrage de Raphaël, et dit que ces deux portraits sont ceux du Sanzio et de son maître d'armes. D'autres critiques l'attribuent à Sébastien del Piombo. On ignore quel motif a pu faire donner le titre de maître d'armes à l'une des deux figures, par cela seul qu'elle porte la main sur la garde de son épée. Enfin, le père Dan (Trésor des merveilles de Fontainebleau) prétend que ce tableau est du Pontormo et qu'il représente cet artiste et Raphaël. Mariette, dans son texte du Cabinet Crozat, dit, en parlant de l'opinion du père Dan : « Il y a, dans ce dernier sentiment, quelque apparence de vérité; car, quoiqu'on puisse objecter que ce portrait du Pontormo ressemble peu à celui que le Vasari a donné au commencement de sa vie, il est aisé de concilier cette diversité par la différence d'âge qui se trouve entre l'un et l'autre de ces portraits, et d'ailleurs on n'y reconnaît ni le pinceau de Raphaël, ni sa manière de dessiner, ni sa disposition, ni ses choix de draperies. Les couleurs en sont fort changées, surtout dans l'habillement. » Quoique nous ne pensions pas, ainsi que le savant Mariette, que cette peinture soit de Raphaël ni de Sébastien del Piombo, nous n'y retrouvons pas avec assez de certitude l'exécution et le style du Pontormo ou d'un artiste autre que Raphaël, pour que nous osions changer à présent son attribution. — On voit, par l'inventaire Bailly, que ce tableau a été « rehaussé de 9 pouces et demi et élargi de 11 pouces. »

SANZIO (école de RAFFAELLO).

387. *L'Abondance, modèle pour une fontaine.*

H. 0, 38. — L. 0, 31. — B. — Fig. de 0, 25.

La nymphe, tenant une corne remplie de fruits, est debout dans une niche revêtue de compartiments de marbre de différentes couleurs. Au-dessous, un mascaron, dont une coquille forme la bouche. Cette grisaille est signée : RAPHAEL VRBINAS, mais cette signature semble postérieure à l'époque où ce tableau a été peint.

Landon, t. 6, pl. 18.

Collection de Louis XIV. — Ce tableau est attribué, dans l'inventaire Bailly (1709-10), à Jules Romain. On l'a également attribué à **Giovanni Nanni da Udine**, qui peignit souvent dans les tableaux de Raphaël des arabesques et des ornements; puis à **Francesco Penni** dit il *Fattore*.

388. *Portrait d'homme.*

H. 0, 68. — L. 0, 58. — B. — Buste gr. nat.

Il porte une toque et un vêtement noir. Il est tourné à droite, placé en face d'un pupitre et tient une plume.

Ancienne collection.

SANZIO (d'après RAFFAELLO).

389. *La Vierge, l'Enfant-Jésus et saint Joseph, composition connue sous le nom de la Vierge de la maison Loreto.*

H. 1, 21. — L. 0, 91. — B. — Fig. gr. nat.

La Vierge contemple l'Enfant-Jésus couché sur une table et soulève le voile qui le couvrait; le Sauveur tend les bras à sa mère, derrière laquelle est saint Joseph.

Gravé par Richomme; par Fr. Muller. — Landon, t. 6, pl. 45.

Collection de Louis XVIII. — Le tableau original se trouvait encore en 1575 à Rome, où J. Sandrart le vit dans l'église de Santa-Maria-del-Popolo. On prétend qu'il fut donné en 1717 à la chapelle de

Notre-Dame-de-Lorette par un Romain nommé Geronimo Lottorio.
Enlevé, à l'approche des Français, dans le mois de pluviôse an VI,
par le général Colli, commandant les troupes romaines, il fut transporté à Rome, chez le prince Braschi, neveu de Pie VI, et passa
au Musée Napoléon. Cependant ce tableau, considéré ensuite comme
copie, fut, par autorisation du 27 juin 1820, remis à M. Landon
pour la commune de Morangis; celui que possède le Musée a été
acquis en 1816 par Louis XVIII, et se trouvait compris dans les
100,000 fr. de tableaux achetés à M. de Scitivaux. Une composition
semblable faisait aussi partie de la galerie d'Orléans, au Palais-Royal.
Enfin, en 1847, on exposa rue Pinon, dans le local de l'ancienne
mairie du deuxième arrondissement, une copie supérieure à celle du
Musée.

390. *L'École d'Athènes.*

H. 5, 04. — L. 8, 07. — T. — Fig. plus gr. que nat.

Collection de Louis XIV. — Cette copie et les autres (nos 391, 392
et 393), exécutées d'après les célèbres fresques du Vatican, ont été
commandées par Colbert pour être exécutées en tapisseries.

391. *La messe.*

H. 5, 04. — L. 6, 91. — T. — Fig. plus gr. que nat.
Collection de Louis XIV. — Copie de Bon Boulogne.

392. *La bataille de Constantin.*

H. 4, 35. — L. 10, 30. — T. — Fig. gr. nat.
Collection de Louis XIV. — Copie de Bon Boulogne.

393. *La dispute du Saint-Sacrement.*

H. 5, 80. — L. 8, 10. — T. — Fig. gr. nat.
Ancienne collection. — Copie par Tiersonnier.

394. *Une femme assise posant le pied sur la tête d'un agneau; figure allégorique.*

H. 2, 26. — L. 1, 20. — T. — Fig. plus gr. que nat.
Ancienne collection.

SARTO (ANDREA DEL), *ou* ANDRÉ DEL SARTE. *Voir* VAN-
NUCCHI.

SASSOFERRATO. *Voir* SALVI (GIOVANNI-BATTISTA).

SAVOLDI *ou* **SAVOLDO** (GIOVANNI-GIROLAMO), *né à
Brescia; florissait en* 1540. (École vénitienne.)

On ignore le nom de son maître. On sait seulement qu'il se forma
en étudiant surtout les ouvrages du Giorgion. Appartenant à une

famille noble et riche, il se plaisait à orner gratuitement les églises de ses peintures, qui sont très rares dans les galeries. Ridolfi nous apprend qu'il était connu à Venise sous le nom de *Girolamo Bresciano*, noms qui ont été donnés encore à d'autres artistes, tels que **Girolamo Rumani** ou **Romanino**, contemporains de Savoldi ; **Girolamo Muziani**, élève de **Romanini**. Il y eut aussi **Fra Girolamo da Brescia**, qui peignait en 1519.

395. *Portrait d'homme.*

H. 0, 91. — L. 1, 23. — T. — Fig. à mi-corps, gr. nat.

Il est représenté vêtu de velours rouge, avec une cuirasse, et assis dans un lieu orné de glaces qui réfléchissent son portrait. Ce tableau est signé : *opera di jovanni jeronjmo de Bressa di Sauoldi.*

Collection de François Ier. — On trouve dans le père Dan (*Trésor des merveilles de Fontainebleau*) : « Hierôme de Bresse, dit Saluody, voulant faire paraître l'excellence de la peinture au-dessus de la sculpture, fit un grand portrait de Gaston de Foix à demy couché, lequel est à l'opposite de plusieurs miroirs et ainsi paraît de tous costez ; afin de montrer le mérite de la peinture, qui par cette invention représente comme la sculpture, une figure de toutes parts. Ce tableau en son original est encore une pièce considérable de ce cabinet des peintures. » Ce tableau, cité ensuite par Félibien sous le véritable nom du peintre, a été depuis attribué, sur les inventaires de Bailly, de l'Empire, de la Restauration et dans la Notice de 1841, à Giorgion.

SCHIAVONE (Andrea), *peintre, graveur, né à Sebenico, en Dalmatie, en 1522, mort en 1582. (École vénitienne.)*

Ses parents, qui avaient quitté leur patrie pour s'établir à Venise, étaient fort pauvres et ne purent favoriser ses dispositions en le plaçant chez un maître. Le jeune Andrea apprit à dessiner en copiant les estampes du Parmesan, et à peindre en étudiant les ouvrages du Giorgion et de Titien. Malgré son grand talent et sa prodigieuse facilité, malgré la protection que lui accordait Titien et les éloges que le Tintoret donnait au charme de sa couleur et de son exécution, ce peintre vécut dans la misère, peignant à vil prix, sur des coffres et des meubles, des compositions remarquables par leur élégance et par leur belle couleur. Il mourut sans laisser de quoi se faire enterrer, et ses ouvrages ne furent appréciés qu'après sa mort. Des biographes ont donné au Schiavone le nom de Medulo ou de Medola. Vasari et surtout Ridolfi, qui a écrit sa vie avec détail, n'en font aucune mention. Ses gravures sont signées Andrea Schiaon. D'autres auteurs enfin l'ont appelé Meldolla, confondant ce peintre avec Andrea Meldolla, dessinateur, qui a gravé un assez grand nombre d'estampes, d'après les compositions du Parmesan. Zani et Bartch ont signalé cette erreur. — Il y eut aussi un **Gregorio Schiavone**, que Ridolfi appelle Girolamo, qui florissait, selon Zani, de 1460 à 1490, dont le style participe de celui de Mantègne et de J. Bellin, et enfin un **Luca Schiavone**, peintre habile de décorations, qui, suivant Lomazzo, travaillait à Milan vers 1450.

396. *Buste de saint Jean-Baptiste.*

H. 0, 49. — L. 0, 37. — T. — Forme ov., gr. nat.

Il a les yeux baissés, et est vêtu d'une peau d'agneau.

Ancienne collection.

SCHIDONE ou **SCHEDONE** (BARTOLOMMEO), *né vers 1580 à Modène, mort en 1615.* (École lombarde.)

On sait peu de chose sur la biographie de ce peintre. Quelques auteurs le prétendent élève des Carrache. Rien ne le prouve. Tout porte à croire, au contraire, qu'il se forma par une étude approfondie des ouvrages du Corrège, dont il imita le style avec beaucoup d'habileté dans plusieurs de ses plus importants ouvrages. Le duc Ranuccio de Parme le prit à son service, le nomma son premier peintre et le combla de faveurs. Ses peintures sont fort rares, et c'est surtout le Musée des *Studj* de Naples qui est le plus riche en œuvres de cet artiste. Absorbé par la passion du jeu, il produisit peu, et mourut, âgé d'environ 36 ans, de chagrin d'avoir perdu en une nuit une somme considérable qu'il ne pouvait acquitter.

·397. *La Sainte-Famille.*

H. 1, 05. — L. 0, 88. — T. — Fig. à mi-corps, gr. nat.

La Vierge tient, debout sur une table, l'Enfant-Jésus qui montre du doigt saint Joseph appuyé sur une béquille.

Landon, t. 7, pl. 45.

Musée Napoléon.

398. *Le Christ porté au tombeau.*

H. 0, 36. — L. 0, 29. — B. — Fig. de 0, 30.

Le corps du Christ est soutenu par Nicodème et saint Jean à genoux ; Joseph d'Arimathie est près d'eux. Un ange, tenant un flambeau, les éclaire et les guide.

Filhol, t. 1, pl. 43. — Landon, t. 7, pl. 48.

Collection de Louis XVI. — On trouve imprimé à l'envers sur le panneau : *Ex Collectione Ardi. Piri. Fici. de Châstre de Billy.*

399. *Le Christ au tombeau.*

H. 2, 48. — L. 1, 81. — T. — Fig. gr. nat.

Le corps du Christ, prêt à être enseveli, est posé sur le bord du sépulcre, tandis que saint Jean et Joseph d'Arimathie le prennent par les bras et la partie supérieure du corps ; la Madeleine, agenouillée, soulève les pieds pour aider à le déposer dans le tombeau. La Vierge, accompagnée d'une sainte femme, et Nicodème, placé derrière saint Jean, contemplent ce spectacle avec douleur.

Gravé par Ficher dans le Musée français.—Filhol, t. 8, pl. 517.— Landon, t. 7, pl. 49.

Musée Napoléon.

SEBASTIANO DEL PIOMBO. *Voir* Luciano (Sebastiano di).

SERVANDONI (Giovanni-Geronimo), *architecte, peintre-décorateur, né à Florence le 22 mai 1695, mort à Paris le 19 janvier 1766. (École romaine.)*

Il fut élève de G.-P. Panini, peignit des paysages et des ruines, s'adonna à l'architecture et se livra avec ardeur à l'étude des monuments antiques de Rome. Il alla ensuite en Portugal, y exécuta des décorations pour le théâtre Italien, et pour des fêtes dont il était l'ordonnateur; il reçut l'ordre du Christ, et prit, à partir de ce moment, le titre de chevalier. Il vint en France, se présenta à l'Académie de peinture comme paysagiste, et fut reçu le 26 mai 1731. Le roi le nomma son architecte et lui donna la direction des fêtes de la cour. Décorateur habile, ordonnateur fertile en inventions ingénieuses, il alla, en 1749, exercer ses talents en Allemagne, puis en Angleterre, et revint à Paris, où il s'adonna à des travaux plus sérieux d'architecture. Le portail de l'église de Saint-Sulpice a été élevé sur ses dessins, ainsi que d'autres monuments détruits pour la plupart maintenant.

400. *Ruines de monuments antiques.*

H. 2, 62. — L. 1, 96. — T.—Fig. de 0, 17.

Un arc en ruines laisse apercevoir un obélisque; sur le devant, deux guerriers près d'une femme assise et tenant un enfant. Dans le fond, une colonnade d'ordre dorique et plusieurs cavaliers.

Collection de l'Académie de peinture. — Ce tableau fut peint par Servandoni pour sa réception en 1731.

SGUAZZELLA *ou* **SQUAZZELLA** (Andrea), *florissait en 1519. (École florentine.)*

Sguazzella fut un élève habile d'Andrea del Sarto, et passa en France avec lui lorsqu'il fut appelé à la cour de François 1er. Sguazzella aida beaucoup son maître, resta en France après le départ de celui-ci pour l'Italie, fut attaché au service du cardinal de Tournon, et connut Cellini lorsqu'il vint à Paris en 1537. Il imita si bien le style d'Andrea que les Français se plaignaient que le Sarto refaisait trop souvent les mêmes sujets. Vasari dit qu'il peignit dans un château hors Paris des choses qui furent extrêmement louées. Il y avait au château de Samblançay, près de Troyes, plusieurs tableaux de sa main qui avaient appartenu au seigneur, ancien surintendant des finances sous François Ier.

401. *Le Christ mis au tombeau.*

H. 1, 54. — L. 1, 95. — B. — Fig. pet. nat.

Le corps du Christ, étendu à terre à l'entrée de la grotte, est soulevé par Nicodème. La Vierge, à genoux devant lui, tombe sans connaissance entre les bras de Joseph d'Arimathie, et est secourue par Marie Salomé. Marie-Madeleine, prosternée à terre, lui baise les pieds; saint Jean et une sainte femme à genoux contemplent avec attendrissement sa piété fervente.

Gravé par Ab. Girardet dans le Musée royal. — Filhol, t. 7, pl. 445.

Musée Napoléon. — Cette composition, avec un fond différent, a été gravée par Eneas Vicus, sous le nom de Raphaël, et probablement d'après un dessin que possède le Louvre.

SIGNORELLI, DI GILIO *ou* EGIDIO (LUCA), *dit* LUCA DA CORTONA, *né à Cortona vers 1441, mort après 1524.* (École florentine.)

Son père s'appelait Egidio di Ventura Signorelli. Luca fut élève de **Pietro della Francesca**, que, dans sa jeunesse, il s'efforça d'imiter et de surpasser. Ses célèbres fresques du jugement dernier, dans la chapelle de la Vierge, du dôme d'Orvieto, ses peintures dans la chapelle Sixtine, ses ouvrages dans les églises d'Arezzo, de Pérouse, d'Urbin, de Sienne, de Florence, le placent au rang des artistes les plus éminents de l'école florentine et de ceux qui ont le plus contribué au perfectionnement de l'art. Il fut un des premiers qui se livra, dit-on, à une étude sérieuse de l'anatomie, et Michel-Ange étudia ses ouvrages. — Son fils **Antonio**, mort en 1550, exerça la peinture, ainsi que son neveu **Francesco**.—Il eut pour élèves **Turpino Zaccagni**, qui abandonna son style, et **Arcangelo Barnabei**, qui le suivit.

402. *La naissance de la Vierge.*

H. 0, 33. — L. 0, 70. — B. — Fig. de 0, 23.

Sainte Anne, couchée dans son lit, remet à une femme l'enfant qui vient de naître. Un vieillard, vu de dos, s'appuie sur le pied du lit. Une femme se baisse pour prendre un vase et un bassin. A droite, saint Joachim, assis par terre, écrit sur ses genoux. A gauche, un homme entr'ouvre la porte de l'appartement.

Collection de Louis XVIII. — Acquis de M. Mauco (Musée européen) en 1824.

SOLARI ou SOLARIO (ANDREA DI), *dit* IL GOBBO, *né en 1458, mort après* 1509. (École lombarde.)

Cet artiste, appelé aussi par différents historiens Solario, Solare, Salari, Salario, a été surnommé *il Gobbo* (le bossu), ainsi que son frère Cristoforo, qui était sculpteur. Vasari lui donne le nom d'Andrea del Gobbo ; Zani, celui de il Gobbo da Milano ; Lomazzo et les auteurs qui l'ont copié le disent élève de Gaudenzio Ferrari ; mais comme Gaudenzio est né en 1484 et qu'il existe des peintures de Solari datées de 1507, le renseignement de Lomazzo est évidemment inexact : l'on ne trouve, du reste, aucune trace de l'influence de Gaudenzio dans le style de Solari, qui appartient, par les ouvrages authentiques que l'on connaît de lui, entièrement à l'école de Léonard. Les biographes ne donnant presque aucun détail sur la vie de ce peintre, nous croyons utile d'insérer ici des documents fournis par les comptes manuscrits du château de Gaillon, documents que nous devons à l'obligeance de M. Deville, et dont ce savant antiquaire va faire l'objet d'une publication intéressante. Dans ces comptes, l'artiste est appelé *André de Solario*, quelquefois *Andreas* ou *maître André;* mais jamais le *de* n'est omis devant Solario. Tout porte à croire que l'appellation de Solario n'indique pas un nom de famille, mais provient du lieu de sa naissance ; car, outre Castel-Solaro, bourg du premier district de Milan, il existe encore maintenant dans la Lombardie une dizaine de petites villes ou villages du même nom, dont Andrea pourrait être originaire. Quoi qu'il en soit, Andrea se rendit en Normandie, à la sollicitation de Charles d'Amboise, appelé le grand-maître dans les comptes de Gaillon. L'artiste dut partir de Milan le 6 août 1507, et reçut 70 écus d'or au soleil, qui représentaient 429 livres 10 sous du temps (ou une somme de 3,496 fr. 50 c., à la puissance de l'argent à notre époque). Il fit la route à cheval, accompagné d'un valet ou élève que l'on appelle son homme. Il resta au château de Gaillon jusqu'à la fin de septembre de l'année 1509, et employa ces deux années presque entières à peindre la chapelle du château. Le cardinal d'Amboise lui donna 370 liv. (9,990 fr.) de gages par an, payables par 4 mois, plus 100 liv. (2,700 fr.), également par an, pour sa dépense et celle de son homme. Solari touchait donc 20 sous (27 fr.) par jour, tandis que les autres artistes employés au château, et qui étaient Français, ne recevaient que 4 sous (5 fr. 22 c.) par jour. Les comptes du château ne donnent aucune indication sur les compositions et sur les peintures dont Andrea embellit la chapelle du cardinal d'Amboise. Cette chapelle fut complétement rasée en 1793, et il ne reste plus de traces des travaux de l'élève de Léonard. Comme dernier renseignement, nous ajouterons que, dans un inventaire du mobilier du château de Gaillon dressé en 1550, on trouve la mention d'un tableau d'Andrea, désigné de la manière suivante : « Ung beau tableau de la Nativité de Notre-Seigneur que a faict maistre André de Solario, peintre de Monseigneur. » Nous ignorons ce que ce tableau est devenu. M. le comte de Pourtalès possède une peinture de ce maître, signée et datée de 1507, entièrement analogue par le style et l'exécution à celui du Louvre.

403. *La Vierge allaitant l'Enfant-Jésus.*

H. 0, 60. — L. 0, 50. — B. — Fig. pet. nat.

La Vierge, la tête couverte d'un voile blanc, se penche pour donner le sein à l'Enfant-Jésus, couché sur un coussin recouvert d'une étoffe verte et posé sur une table de marbre. Derrière la Vierge, des arbres, et de chaque côté la campagne. — Ce tableau est signé en caractères gothiques : ANDREAS DE SOLARIO FA.

Gravé par Demeulemeester (Calc. nat.); par C. Ulmer dans le Musée royal; par M. L. Butavand.—Filhol, t. 9, pl. 6. — Landon, t. 7, pl. 55.

Ancienne collection.—On lit dans Félibien : « Marie de Médicis étant à Blois en 1619, et ayant su qu'il y avoit dans le couvent des Cordeliers un tableau de la main d'André Solarion, et qu'on appelle *la Vierge à l'oreiller verd*, pour avoir ce tableau, fit quelques libéralitez à la maison, et leur donna une copie qu'elle fit faire par Mosnier. » Le même auteur dit que Jean Mosnier, né en 1600, avait 16 à 17 ans lorsqu'il fit cette copie, qui lui mérita une pension pour aller travailler en Italie. Le tableau passa ensuite dans la collection du cardinal de Mazarin, puis dans celle du duc, et fut enfin acquis par le prince de Carignan; car l'on trouve sur l'envers du panneau cette singulière inscription autographe : *Tablou dandrea Solario achté de Mr le duc de Masarin par moie Prense de Carignan. ADS./ no 92*. Il ne figure pas dans le catalogue de Lépicié, publié en 1752, mais il apparaît dans un catalogue manuscrit, dressé en 1784, des tableaux du cabinet du roi, placés à Versailles.

SOLARIO (attribué à).

404. *Portrait de Charles d'Amboise.*

H. 0, 75. — L. 0, 52. — B. — Buste gr. nat.

Il est coiffé d'une toque ornée d'une médaille, et porte le collier de l'ordre de Saint–Michel.

Ancienne collection. — Ce portrait, désigné jusqu'ici comme représentant Charles VIII, ne faisait pas partie de la collection du temps de Louis XIV, et n'est la propriété de la Couronne que depuis le milieu du xviiie siècle environ. Il est gravé dans Thevet et dans la chronologie collée, comme étant celui du maréchal de Chaumont (Charles d'Amboise, deuxième du nom), gouverneur du duché de Milan, favori de Louis XII, mort en 1511, à 39 ans. On a attribué cette peinture à Léonard de Vinci, au Pérugin et enfin à Beltraffio. Il nous semble, après un examen attentif, qu'on ne peut la donner à Léonard, et qu'elle est l'œuvre bien caractérisée d'un artiste milanais, appartenant à l'école de ce maître. D'un autre côté, si l'on se rapporte à la biographie de Solario donnée plus haut, on verra qu'il est fort naturel de lui attribuer ce portrait de Charles d'Amboise, qui l'envoya de Milan en France et l'adressa à son frère le cardinal Georges d'Amboise, pour qui il exécuta de nombreux travaux au château de Gaillon.

SOLIMENA (FRANCESCO), *dit l'*ABATE CICCIO, *né à Nocera de' Pagani, dans le territoire de Naples, le 4 octobre 1657, mort à Naples le 3 avril 1747. (École napolitaine.)*

Son père, **Angelo Solimene**, peintre et élève du chevalier Maxime, le destinait d'abord à l'étude des lois; mais le cardinal Orsini, depuis Benoît XIII, ayant vu ses premiers essais, les encouragea, et Francesco put se livrer tout entier à la peinture. Il étudia pendant deux ans sous la direction de son père, vint à Naples en

1674, à l'âge de 17 ans, passa quelque temps dans l'atelier de **Francesco di Maria**, qu'il abandonna pour fréquenter l'académie de **Giacomo del Pò**. Solimène chercha à se faire une manière expéditive en étudiant les ouvrages de Lanfranc, du Calabrèse, de Pietro de Cortone, du Guide et de Carle Maratte. Il essaya aussi d'imiter la couleur de Luca Giordano, dont il était l'ami intime et l'admirateur. Il jouit pendant son temps d'une immense réputation, fut employé par plusieurs papes et par tous les princes de l'Europe. A l'exception d'un court séjour fait à Rome en 1701, il passa le reste de sa vie à Naples, peignant jusqu'à l'âge de 88 ans. Il laissa un nombre considérable de tableaux à fresque et à l'huile, et s'exerça dans tous les genres. Ses élèves principaux furent **Sebastiano Conca** de Gaëte, **Francesco de Mura**, appelé *Franceschiello*, **Niccolò Maria Rossi, Scipione Capella, Giuseppe Bonito, Andrea dell' Asta,** et le comte **Ferdinando San-Felice,** Napolitain.

405. *Adam et Ève dans le paradis terrestre, épiés par Satan.*

H. 0, 54. — L. 0, 44. — C. — Fig. de 0, 32.

Adam, assis sur un rocher, s'entretient avec Ève debout devant lui, le coude appuyé sur une pierre; divers animaux jouent autour d'eux. Plus loin, Satan, sous une forme humaine, les ailes déployées, tient le serpent dont il doit emprunter la figure, et l'introduit dans l'Eden. Dans les airs, plusieurs groupes d'anges.

Landon, t. 7, pl. 57.

Collection de Louis XIV.

406. *Héliodore chassé du temple.*

H. 1, 50. — L. 2, 00. — T. — Fig. de 0, 35.

Malgré les vives représentations du grand-prêtre Onias, Héliodore, pour obéir aux ordres de Séleucus, est entré dans le temple de Jérusalem dans le dessein d'en enlever le trésor; mais ceux qui le suivent sont renversés par une vertu divine. Lui-même, saisi d'une grande frayeur, est foulé aux pieds d'un cheval monté par un guerrier revêtu d'armes éblouissantes, fouetté par deux jeunes gens d'une force et d'une beauté surprenantes, frappé d'aveuglement, chassé du temple, et ne doit le rétablissement de sa santé qu'aux prières d'Onias.

Collection de Louis XVI.

SPADA (Leonello ou Lionello), *né à Bologne en 1576, mort à Parme, le 17 mai 1622.* (École bolonaise.)

Né de parents très pauvres, il commença par broyer les couleurs à l'atelier des Carrache, et devint bientôt un de leurs meilleurs élèves. Il reçut aussi des conseils de **César Baglione** et de **Girolamo Curti,** dit le *Dentone.* Pour se venger d'un sarcasme du Guide, il voulut opposer à la manière délicate et claire de ce dernier une couleur fière et vigoureuse. Il s'attacha à l'Amerighi, l'accompagna à Rome, à Naples, à Malte, et lui servit de modèle. De retour à Bologne, il jouit d'une grande réputation, et exécuta de nombreux travaux à Ferrare, à Modène et à Reggio. La dernière partie de sa vie se passa à Parme, au service du duc Ranuccio, qui fut son protecteur, et auquel il ne survécut pas de beaucoup. La vie dissipée à laquelle il finit par se livrer lui fit négliger son art, et il mourut vieilli avant l'âge, ayant perdu son talent. Il a souvent signé ses tableaux avec une épée (en italien *spada*) et une L placée en croix. On confond quelquefois ses ouvrages avec ceux du Dominiquin, dont il a imité la manière avec beaucoup d'habileté.

407. *Le retour de l'Enfant prodigue.*

H. 1, 60. — L. 1, 19. — T. — Demi-fig. gr. nat.

Couvert de haillons, presque nu, l'Enfant prodigue, appuyé sur un bâton, se présente à son père, qui le couvre de son manteau et lui pardonne.

Gravé par Fossoyeux dans le Musée français; par Morel (Calc. nat.). — Filhol, t. 1, pl. 13. — Landon, t. 7, pl. 59.

Musée Napoléon.

408. *Martyre de saint Christophe.*

H. 3, 10. — L. 2, 00. — T. — Fig. gr. nat.

Saint Christophe, Cananéen de nation et d'une taille gigantesque, est agenouillé, dépouillé de ses vêtements; ses bras sont attachés derrière le dos par une corde que tient un bourreau. Un autre bourreau, la tête couverte d'une toque à plumes, tire l'épée dont il va le frapper ; un soldat romain assiste à ce supplice. Dans les airs, un ange qui apporte au saint la palme du martyre. — On lit au bas du tableau : DECOLATIO SANCTI CHRISTOPHORI, et au-dessous on trouve le monogramme de l'artiste, composé d'une épée (en italien *spada*) traversée par la lettre L.

Filhol, t. 4, pl. 218. — Landon, t. 7, pl. 64.

Musée Napoléon.

409. *Énée et Anchise.*

H. 1, 94. — L. 1, 33. — T. — Fig. gr. nat.

Énée, accompagné du jeune Ascagne, emporte sur ses épaules son père Anchise. Le vieillard reçoit de Creüse, épouse du pieux Énée, les dieux pénates sauvés de l'incendie de Troie.

> *Gravé par Oulkine dans le Musée français, sous le nom du Dominiquin. — Gravé par Gérard Audran (Calc. nat.). — Filhol, t. 2, pl. 85. — Landon, t. 3, pl. 46.*

Collection de Louis XIII. — Le maréchal de Créqui apporta ce tableau lorsqu'il revint de son ambassade de Rome, en juin 1634. Après sa mort, arrivée en 1638, il fut acheté par le cardinal de Richelieu, qui le laissa en mourant à Louis XIII comme un ouvrage précieux de Louis Carrache. A cette époque, on reconnut qu'il ne pouvait pas être de ce maître, et on l'attribua au Dominiquin. Félibien, et plus tard Lépicié, acceptèrent cette attribution, quoique du temps de ce dernier, en 1754, le nom du Carrache y fût inscrit encore. Si l'on compare ce tableau avec le Concert (n° 410), donné longtemps au Dominiquin, et reconnu maintenant pour être de Spada, on se convaincra facilement que ces deux peintures appartiennent au même artiste.

410 *Le concert.*

H. 1, 42. — L. 1, 72. — T. — Fig. à mi-corps, gr. nat.

Quatre jeunes gens, réunis autour d'une table, se préparent à exécuter un morceau de musique. L'un d'eux accorde son luth ; un autre, également debout et ayant un violon, indique avec son archet à un jeune homme assis un cahier de musique que celui-ci tient à la main ; le plus jeune, placé à droite, à l'angle de la table, met un doigt sur sa bouche pour imposer le silence.

> *Gravé par Étienne Picart, sous le nom du Dominiquin (Calc. nat.). — Gravé par Chauveau.*

Collection de Louis XIV. — Lépicié dit, dans son Catalogue des tableaux du roi, que cette peinture fut faite à Rome pour le cardinal Ludovisi et qu'elle devint ensuite la propriété du prince Ludovisi, son neveu. Le prince la vendit à M. de Nogent qui l'apporta en France. Jabach l'ayant achetée de M. Nogent avec la sainte Cécile du Dominiquin, comme un ouvrage du même maître, la céda plus tard à Louis XIV. Ce tableau passa longtemps dans la collection du Louvre pour être du Dominiquin.

SPAGNUOLO (Lo). *Voir* CRESPI.

SQUAZZELLA. *Voir* SGUAZZELLA.

STANZIONI (MASSIMO), *dit* LE CHEVALIER MAXIME, *peintre, architecte, écrivain, né à Naples en 1585, mort en 1656.* (École napolitaine.)

Il fut un des meilleurs élèves de **Gio.-Battista Caracciolo.** Il étudia les ouvrages de Lanfranchi, imita dans ses fresques la manière de **Corenzio,** et dans ses portraits celle de **Santa-Fede.** A Rome, il copia les ouvrages d'Annibal Carrache et se lia avec le Guide, dont il admirait la couleur qu'il tenta de reproduire dans plusieurs de ses ouvrages, d'où lui vient le surnom de *Guido di Napoli.* De retour à Naples, il travailla dans la cathédrale en concurrence avec Lanfranc, Ribera, le Dominiquin, et produisit un nombre considérable de tableaux, répandus dans les édifices publics du royaume et dans les collections particulières. Il eut une nombreuse école.

411. *Saint Sébastien.*

H. 1, 54. — L. 1, 29. — T. — Fig. gr. nat.

Le saint est étendu par terre. Une femme examine ses blessures et lui retire une flèche de l'épaule gauche. Derrière lui, un homme, et dans le fond deux enfants.

Collection de Louis XVIII. — Acquis de M. Mauco (Musée européen) en 1824.

STROZZI *ou* **STROZZA** (BERNARDO), *dit* IL CAPUCINO *ou* IL PRETE GENOVESE, *peintre, graveur, né à Gênes en 1581, mort à Venise le 3 août 1644.* (École génoise.)

Élève de **Pietro Sorri,** peintre siennois. Il entra en religion à l'âge de 17 ans et se fit capucin. Mais, étant déjà profès, il sortit du cloître pour soutenir l'existence de sa mère et de sa jeune sœur. Après la mort de la première et le mariage de la seconde, il refusa de retourner chez les capucins, y fut contraint par la force, et puni d'un emprisonnement de trois mois. Ayant trouvé moyen de s'échapper, il se réfugia à Venise, et y demeura jusqu'à la fin de sa vie sous l'habit de prêtre séculier. Strozzi a fait dans les églises et dans les palais de Gênes des fresques remarquables. Il a peint aussi à Novi, à Voltri et à Venise des tableaux pleins de vigueur.

412. *La Vierge et l'Enfant-Jésus portés sur des nuages.*

H. 2, 24. — L. 1, 32. — T. — Fig. gr. nat.

Au-dessous de la Vierge, un ange montre les attributs de la puissance souveraine : un glaive, un sceptre, une couronne, un livre sur lequel on lit ces mots : SUPREMA LEX ESTO ; à gauche, on voit près de la bordure un faisceau d'armes, et à droite un niveau.

Musée Napoléon. — La couleur de ce tableau a beaucoup d'analogie avec celle de certaines peintures de Murillo. Le maître espagnol n'élait âgé que de 26 ans lorsque Strozzi mourut, et n'avait pu offrir à l'artiste génois des modèles de cette exécution empâtée, ferme et harmonieuse.

413. *Saint Antoine de Padoue et l'Enfant-Jésus.*

H. 0, 98. — L. 0, 77. — T. — Fig. gr. nat.

Le saint, vêtu de l'habit de son ordre, est vu à mi-corps; il tient de la main gauche une branche de lis, et de la droite un livre sur lequel est assis l'Enfant-Jésus qui le caresse.

Ancienne collection.

STROZZI (attribué à).

414. *Joseph expliquant les songes.*

H. 1, 13. — L. 1, 50. — Fig. à mi-corps, gr. nat.

Joseph explique dans la prison, à l'échanson et au pannetier de Pharaon, les songes qu'ils ont eus la nuit précédente.

Collection de Louis-Philippe. — Ce tableau, donné par M. Rey, en 1834, comme un Murillo, est une peinture génoise et très probablement de Strozzi.

415. *Saint Jean-Baptiste enfant.*

H. 0, 76. — L. 0, 61. — T. — Fig. à mi-corps, gr. nat.

Il tient une croix de jonc et pose le bras droit sur un agneau.

Ancienne collection. — Ce tableau, qui est porté sur les inventaires comme une peinture originale de Murillo, nous semble également une peinture de Strozzi.

TIARINI (ALESSANDRO), *né à Bologne le 20 mars 1577, mort dans cette ville le 8 février 1668.* (École bolonaise.)

Après avoir eu pour maître un mauvais peintre nommé **Spinelli**, il entra chez **Prospero Fontana**. Admirateur des ouvrages de Louis Carrache, il voulut fréquenter son école; mais celui-ci ayant refusé de le recevoir, il se mit sous la direction de **Bartolommeo Cesi**. Obligé, à la suite d'une querelle, de quitter Bologne, il se réfugia à Florence, se lia avec le Passignano, dont il fut pendant sept années plutôt le compagnon que l'élève, et l'aida souvent dans ses travaux. Rappelé à Bologne par les instances de Louis Carrache qui, reconnaissant son mérite, devint son ami, il s'établit dans cette ville et y exécuta un grand nombre d'ouvrages remarquables. La réputation dont il jouissait le fit rechercher par plusieurs princes. Il vécut successivement à Reggio, à Parme, à Crémone, à Modène, et peignit jusqu'à la plus extrême vieillesse. Il imita d'abord la manière du Passignano, puis celle de Louis Carrache, qu'il chercha à agrandir.

416. *Le repentir de saint Joseph.*

H. 3, 20. — L. 2, 12. — T. — Fig. gr. nat.

Saint Joseph, rassuré par un songe sur l'innocence de son épouse, est conduit par un ange aux pieds de la Vierge, et lui demande pardon des soupçons qu'il avait conçus sur sa grossesse. La Vierge le relève et lui montre le ciel pour lui faire connaître que ce miracle a été fait par l'opération du Saint-Esprit, et qu'il faut se résigner aux décrets de la Providence. L'ange placé derrière saint Joseph recommande le silence à d'autres anges qui entourent les deux époux et volent sur leurs têtes. Dans le fond, un portique.

Landon, t. 7, pl. 63.

Musée Napoléon. — Louis Carrache, suivant Malvasia, ne pouvait se lasser d'admirer la composition, l'exécution et l'expression de cette peinture.

TINTI (GIOVANNI-BATTISTA), *né à Parme vers 1590, mort avant 1620.* (École lombarde.)

Il fut élève d'**Orazio Sammachini**, à Bologne, et étudia avec ardeur les ouvrages de **Tibaldi**, dont il fut d'abord un habile imitateur. S'étant établi ensuite à Parme, il changea de manière, prit le Corrège pour guide, puis en dernier lieu le Parmesan.

417. *Le mystère de la Passion.*

H. 2, 53. — L. 1, 56. — T. — Fig. gr. nat.

L'Enfant-Jésus, nu et endormi, est couché sur les genoux de la Vierge. Pendant son sommeil, les anges lui présentent les instruments de la Passion : les clous, la couronne d'épines, le calice. Derrière la Vierge, saint Joseph et un saint évêque. Sur le devant du tableau, saint Jean-Baptiste jouant avec un mouton.

Musée Napoléon.

TINTORETTO (IL), **LE TINTORET.** *Voir* ROBUSTI.

TISIO (BENVENUTO), *dit* IL GAROFALO *ou* GAROFOLO, *né à Garofolo, dans le Ferrarais, en 1481, mort le 6 septembre 1559.* (École ferraraise.)

Il fut élève de **Domenico Panetti**, à Ferrare, entra chez le **Boccacino Boccaci**, à Crémone, mais ne resta que dix mois à l'atelier de ce maître, qu'il quitta au mois de janvier 1499, pour se rendre à Rome. Il se mit dans cette ville sous la direction de **Baldini**, jusqu'au 7 avril 1500, vint à Bologne, s'y arrêta deux ans et y trouva Lorenzo Costa, son compatriote, qui l'introduisit à la cour du duc de Mantoue, son protecteur. Rappelé à Ferrare par son père mourant, il retourna ensuite à Rome, étudia les ouvrages de Michel-Ange, de Raphaël, et se lia intimement avec ce dernier. Il revint dans sa patrie après 1511, travailla avec les Dossi, fut chargé d'ouvrages importants pour le duc de Ferrare, décora plusieurs palais, et fit un nombre considérable de peintures pour les églises et les couvents. Il perdit l'usage d'un œil en 1531, devint aveugle en 1550, et survécut à ce malheur pendant neuf années. Benvenuto fut l'ami de Giorgion, de Titien, de Jules Romain, de Michel-Ange, de Raphaël, de Vasari; **Girolamo Carpi** passe pour son meilleur élève. Le changement répété d'écoles influa beaucoup sur les productions de Garofolo, qui, à raison de leur variété, ont pu être attribuées à différents maîtres. Ce peintre mettait quelquefois un œillet dans ses tableaux pour faire allusion au nom qu'il prit de son pays, et qui, en italien, est également celui de cette fleur. Cependant la présence de l'œillet est loin d'être un signe d'authenticité irrécusable, car on le retrouve dans une foule de portraits du xve et du xvie siècle, qui ne sont certainement pas de Garofolo.

418. *La Circoncision.*

H. 0, 35. — L. 0, 49. — B. — Fig. de 0, 28.

Au milieu de la composition, sainte Anne assise ayant sur ses genoux l'Enfant-Jésus, qui paraît effrayé à la vue de l'instrument que tient le grand-prêtre, assis sur un banc orné de sculptures. Derrière le grand-prêtre, à droite, la Vierge, saint Joseph, sainte Élisabeth et deux femmes; de l'autre coté, près de sainte Anne, Zacharie debout, retenant l'Enfant-Jésus par le bras. Il est accompagné de lévites et d'autres personnages, parmi lesquels on remarque, au premier plan, un vieillard à grande barbe, appuyé sur un long bâton, et un enfant qui semble monter et vouloir se réfugier dans ses bras. Dans le fond, le sanctuaire, l'autel des parfums, le chandelier à sept branches et deux prêtres qui s'entretiennent ensemble.

Filhol, t. 5, pl. 313. — Landon, t. 3, pl. 56. — (Donné, dans ces deux ouvrages, à Dosso.)

Collection de Louis XIV. — Ce tableau était donné à Dosso par l'inventaire Bailly (1709-10) et par les précédentes notices.

419. *Sainte-Famille.*

H. 0, 44. — L. 0, 32. — B. cintré par le haut. — Fig. de 0, 32.

La Vierge assise tient l'Enfant-Jésus debout, tandis que saint Joseph, agenouillé à droite, présente au Sau-

veur un agneau que lui amènent sainte Élisabeth et le
petit saint Jean.

Landon, t. 4, pl. 12.
Musée Napoléon.

420. *Sainte-Famille.*

H. 0, 40. — L. 0, 32. — B. — Fig. de 0, 30.

La Vierge assise tient sur ses genoux l'Enfant-Jésus,
qui tend les mains à saint Joseph agenouillé. A gauche,
de l'autre côté, sainte Elisabeth présente le petit saint
Jean, qui apporte un agneau. Dans le fond, entre deux
colonnes dont on n'aperçoit que le piédestal et la base,
une ouverture qui laisse voir une ville et de hautes
montagnes.

Landon, t. 4, pl. 11.

Collection de Louis XIV. — Ce tableau fit partie du cabinet de
Charles Ier, et fut vendu ensuite par Jabach au roi, comme étant de
Raphaël. C'est sous ce nom qu'il est inscrit dans l'inventaire Bailly.
Une note de cet inventaire nous apprend qu'il était de forme carrée
lorsqu'on le vendit, mais que depuis on l'a cintré par le haut. Il a
été rétabli dans son état primitif.

421. *La Vierge et l'Enfant-Jésus.*

H. 0, 52. — L. 0, 40. — B. — Fig. demi nat.

La Vierge, debout, tient un voile des deux mains et
considère l'Enfant-Jésus, entièrement nu et endormi sur
son berceau. Un rideau vert soulevé laisse apercevoir
un fond de paysage.

Landon, t. 5, pl. 59.

Collection de Louis XIV. — Ce tableau est porté, à tort, dans le
catalogue de Lépicié et sur l'inventaire du temps de l'Empire, au
nom de Baldassare Peruzzi.

422. *Le mystère de la Passion.*

H. 0, 58. — L. 0, 45. — B. — Fig. de 0, 30.

Couché à terre sur un pan de la robe de la Vierge,
l'Enfant-Jésus sommeille, tandis que sa mère agenouillée, les mains jointes, l'adore. Vis-à-vis d'elle, à gauche,
un ange, un genou en terre, lui présente le suaire et la
couronne d'épines. Dans une gloire céleste, des anges
tiennent la colonne, la croix, la lance, l'éponge et

les autres instruments de la Passion. Dans le fond, une
fontaine, des ruines avec des colonnes, une ville.

*Gravé par Jean de Poilly. — Filhol, t. 9, pl. 687. — Landon,
t. 4, pl. 10.*

Collection de Louis XIV. — « Ce tableau a été rehaussé et élargi de
2 pouces. » (Bailly.) Il est donné au Dosso par la Notice de l'an VI.—
On en voit dans la galerie de Dresde une répétition plus grande et
avec quelques changements.

TITIEN, TIZIANO. *Voir* VECELLIO.

TREVISANI (FRANCESCO), *né à Capo d'Istria le 10 avril
1656, mort le 30 juillet à Rome en 1746. (École vénitienne.)*

Francesco vint à Venise, où il fut élève d'**Antonio Zanchi**, dont il
abandonna la manière en arrivant à Rome, pour étudier celle de
Carle Maratte. Il eut pour protecteur, dans cette ville, le cardinal
Chigi, qui lui fit faire un nombre considérable de travaux, et le recommanda au pape Clément XI. Les églises et les édifices publics de
Rome sont remplis de ses ouvrages. Il a peint des tableaux d'histoire,
des portraits, des monuments, des paysages, des sujets de nature
morte. Profitant de son habileté à imiter la manière des anciens
maîtres, le duc de Modène l'employa à faire des copies des œuvres du
Corrége, du Parmesan, de Paul Véronèse, et le nomma chevalier. Il
ne faut pas confondre Francesco Trevisani avec **Angelo Trevisani**,
son contemporain, né à Venise, qui ne quitta pas cette ville et
qui resta constamment fidèle à la manière vénitienne. Il vivait encore
en 1753.

423. *Le sommeil de l'Enfant-Jésus.*

H. 1, 31. — L. 1, 26. — T. — Fig. gr. nat.

La Vierge couvre d'une draperie l'Enfant-Jésus endormi dans son berceau ; le jeune saint Jean lui baise
la main ; trois anges debout près du berceau forment un
concert.

Gravé par N. Pigné. — Landon, t. 8, pl. 24.

Collection de Louis XIV.

424. *La Vierge et l'Enfant-Jésus.*

H. 0, 71. — L. 0, 56. — C. — Buste gr. nat.

L'Enfant-Jésus, assis sur une table, montre à sa
mère une grenadille, symbole mystique de la Passion ;
la Vierge, qui le soutient, lui présente une tige de lis.

Landon, t. 8, pl. 23.

Ancienne collection.

TURCHI (Alessandro), *ou* Alexandre **VÉRONÈSE**, *dit* l'Orbetto, *né à Vérone en* 1582, *mort à Rome en* 1648. (École vénitienne.)

Dans son enfance, il servit de guide à son père, qui était aveugle, et c'est pour cela qu'il fut surnommé l'*Orbetto*. Il entra au service du peintre Felice Riccio, dit le *Brusasorci*, qui l'employa d'abord comme broyeur de couleurs; puis, voyant ses dispositions pour la peinture, il lui enseigna les premiers éléments de l'art. Après la mort de Brusasorci, Turchi, âgé de 23 ans, vint à Venise, aida **Carlo Saracini** dans ses travaux, et reçut quelque temps des conseils de **Carletto Caliari**. Il retourna ensuite à Vérone, puis à Rome, en compagnie de deux autres peintres véronais, **Pasquale Ottini** et **Ant. Bassetti**. Il étudia les ouvrages du Corrège, de Raphaël, des Carrache, cherchant à réunir la couleur vénitienne au dessin des écoles romaine et bolonaise. Après un voyage dans sa patrie, où il exécuta plusieurs ouvrages importants, il vint se fixer à Rome, où il travailla en concurrence d'**Andrea Sacchi** et de Pietro da Cortona. Il a exécuté beaucoup de peintures sur le marbre et l'agate. Un grand nombre de copies de **Gio. Ceschini**, son élève, passent pour être des tableaux originaux de Turchi.

425. *Le déluge.*

H. 0, 74. — L. 0, 96. — T. — Fig. de 0, 40.

Les habitants de la terre, pour échapper à l'inondation, cherchent un refuge sur les hauteurs. Un homme fait entrer sa femme et son enfant sous une tente; un autre homme retire une femme des flots; près d'eux est un enfant qui se couvre d'une draperie; plus loin, deux hommes s'accrochent aux branches d'un arbre. Dans le fond, l'arche portée sur les eaux.

Gravé par Gérard Edelinck en 1681 *(Calc. nat.).* — *Filhol, t.* 9, *pl.* 668. — *Landon, t.* 8, *pl.* 28.

Collection de Louis XIV.

426. *Samson et Dalila.*

H. 1, 59. — L. 2, 56. — T. — Fig. gr. nat.

Dalila, assise sur un lit de repos, fait signe à deux soldats philistins de s'emparer de Samson endormi, la tête appuyée sur ses genoux. Un barbier coupe une touffe de la chevelure de Samson; deux enfants tiennent son épée et la mâchoire d'âne qui lui avait servi de massue.

Landon, t. 8, *pl.* 29.

Collection de Louis XIV.

427. *La femme adultère.*

H. 0, 29. — L. 0, 37. — C. — Fig. 0, 28.

A gauche, **Jésus-Christ** baissé, écrit avec son doigt sur la terre. Quatre de ses disciples le suivent, et trois hommes amènent devant lui la femme adultère, qui se tient debout les mains jointes.

Filhol, t. 9, pl. 633.

Ce tableau, indiqué sur les inventaires comme appartenant à l'ancienne collection de la Couronne, n'est cependant pas mentionné dans le catalogue de la collection du roi par Lépicié.

428. *Le mariage mystique de sainte Catherine.*

H. 1, 24. — L. 1, 77. — T. — Fig. à mi-corps, gr. nat.

L'Enfant-Jésus, assis sur les genoux de la Vierge, met un anneau au doigt de sainte Catherine d'Alexandrie, qui appuie la main gauche sur une roue, instrument de son martyre.

Gravé par Scotin en 1679 (Calc. nat.). — Landon, t. 8, pl. 30.

Collection de Louis XIV. — Ce tableau, estimé 75 livres tournois dans l'inventaire du cardinal Mazarin, fut acheté par le roi à ses héritiers.

429. *Mort de Cléopâtre.*

H. 2, 55. — L. 2, 67. — T. — Fig. gr. nat.

Marc-Antoine, que deux soldats viennent de transporter dans le tombeau où s'est réfugiée Cléopâtre, expire étendu sur un lit. La reine se fait mordre le sein par un aspic ; deux de ses femmes la soutiennent ; trois autres sont dans l'attitude de la douleur.

Filhol, t. 1, pl. 31. — Landon, t. 8, pl. 31.

Musée Napoléon.

UCCELLO (PAOLO). *Voir* DONO (PAOLO DI).

UGGIONE *ou* **OGGIONE** (MARCO), *né à Uggione, hameau près de Milan, vers 1480, mort en 1530. (École lombarde.)*

Il est connu aussi sous le nom de Marco Uglone ou da Oggione. Il fut élève de Léonard de Vinci, copia avec beaucoup de fidélité ses principaux ouvrages, et se distingua surtout par son habileté dans l'exécution des fresques. Ses peintures sont rares, surtout hors du Milanais.

430. *Sainte-Famille.*

H. 1, 18. — L. 0, 71. — B. forme cintrée. — Fig. de 0, 55.

Sainte Anne, saint Joachim, la Vierge et saint Joseph sont en adoration devant l'Enfant-Jésus, qui est assis à terre et refuse au jeune saint Jean l'oiseau qu'il tient à la main. Sur un plan plus éloigné, des bergers contemplent avec étonnement trois anges qui célèbrent dans le ciel les louanges du Seigneur, et le pasteur conduisant l'âne et le bœuf, dont l'haleine servit à réchauffer Jésus lorsqu'il vint au monde.

Musée Napoléon. — (V. Beltraffio.)

VACCARO (ANDREA), *né à Naples en* 1598, *mort en* 1670. (École napolitaine.)

Élève de **Girolamo Imparato.** Il imita d'abord le Caravage; puis, suivant les conseils du chevalier Massimo Stanzioni, il prit le Guide pour modèle. Après la mort de Stanzioni, il fut considéré à Naples comme le premier peintre de l'école jusqu'à l'arrivée dans cette ville de Luca Giordano, qui devint pour lui un rival redoutable.—**Niccolò Vaccaro,** fils d'Andrea, né en 1634, mort en 1709, imita la manière de son père, ensuite celle de Salvator Rosa, et peignit enfin des bacchanales dans le goût du Poussin. Plusieurs artistes de la même famille ont vécu à Naples jusqu'au milieu du XVIIe siècle.

431. *Vénus et Adonis.*

H. 2, 05. — L. 2, 64. — T. — Fig. gr. nat.

Vénus laisse éclater sa douleur à la vue d'Adonis, victime de la jalousie du dieu Mars, et blessé à mort par un sanglier.

Musée Napoléon.

VANNI (IL CAVALIERE FRANCESCO), *peintre, graveur, architecte et mécanicien, né à Sienne en* 1563, *mort à Sienne le* 25 *octobre* 1609. (École florentine.)

Francesco appartient à une famille célèbre pendant trois siècles dans l'histoire des beaux-arts. Il apprit à Sienne les premiers éléments du dessin d'**Archangelo Salimbeni,** son beau-père, et entra à l'âge de 12 ans à l'école de **Bartolommeo Passarotti,** à Bologne. A 16 ans, il vint à Rome, fréquenta l'atelier de **Giovanni de' Vecchi,** sous la direction duquel il dessina les statues antiques et étudia les ouvrages des plus grands maîtres. Il visita plusieurs villes de la Lombardie, copia à Parme les peintures du Corrège et du Parmesan, retourna à Sienne, et quitta la manière qu'il avait adoptée jusque là, pour s'attacher surtout à celle du Baroche, qu'il imita avec habileté. Le cardinal Cesare Baronio fut son protecteur, et le recommanda à Clément VIII pour peindre un grand tableau dans l'église de Saint-Pierre. Vanni vint à Rome, s'acquitta de ce travail à la satisfaction du pape, qui le créa chevalier de l'ordre du Christ. Il obtint ensuite, par l'entremise du Guide, son intime ami, des commandes importantes du cardinal Santa-Cecilia. Après un séjour de quelque temps à Rome, Vanni retourna à Sienne, où il jouissait d'une grande réputation, non seulement comme peintre, mais comme architecte et comme mécanicien.— Il eut deux fils : **Michel-Angelo**, l'aîné, élève de son père, inventa un procédé pour colorer le marbre ; **Raffaello**, né à Sienne en 1596, mort vers 1657, fut aussi d'abord élève de son père, puis à Rome d'Antonio Carracci. Il imita la manière de Pietro da Cortona, et fut reçu de l'Académie de Saint-Luc en 1655. Les deux frères furent créés chevaliers. — Francesco Vanni eut pour disciples **Rutilio Manetti** et **Astolfo Petrazzi**. — Il ne faut pas confondre cet artiste avec **Giovanni-Battista Vanni**, né à Florence en 1599, mort en 1660, peintre, graveur, élève successivement, pour la peinture, d'Aurelio Lomi, de Matteo Rosselli, de **Giovanni Billverti**, de Giacomo Empoli, de Cristoforo Allori, et pour l'architecture, de Giulio Parigi.

432. *Le repos de la Sainte-Famille.*

H. 0, 28. — L. 0, 21. — C. — Fig. à mi-corps de 0, 30.

La Vierge, ayant l'Enfant-Jésus emmaillotté dans ses bras, prend des aliments dans un plat que lui présente un ange. Près d'elle, saint Joseph, appuyé sur un rocher, tenant des cerises.

Landon, t. 8, pl. 26.
Ancienne collection.

433. *Le repos en Égypte.*

H. 0, 51. — L. 0, 37. — B. — Fig. de 0, 40.

L'Enfant-Jésus, nu et debout sur les genoux de la Vierge assise, renverse sa tête en arrière pour regarder deux cerises que saint Joseph lui présente ; par terre, un paquet et un petit tonneau.

Landon, t. 8, pl. 25.
Musée Napoléon. — Landon attribue ce tableau à Gio.-Battista Vanni, peintre dont il est parlé dans la notice de Francesco Vanni.

434. *Martyre de sainte Irène.*

H. 0, 51. — L. 0, 37. — B. — Fig. de 0, 40.

Cette vierge, ayant caché les livres saints contre les ordres de l'empereur Dioclétien, fut mise en prison, et, après avoir été percée d'une flèche, brûlée par ordre de Dulcétius. — Un bourreau attache les mains de la sainte agenouillée , qui lève les yeux au ciel et dont le sein est percé d'une flèche.

Ancienne collection.

VANNI (attribué à FRANCESCO).

435. *La Vierge et l'Enfant-Jésus.*

H. 0, 55. — L. 0. 44. — T. — Fig. de 0, 60.

L'Enfant-Jésus debout, appuyé sur les genoux de la Vierge assise, retourne la tête pour regarder saint Joseph placé derrière lui et tenant des fruits dans sa main.

Musée Napoléon.

VANNI (TURINO DI), *né à Pise; florissait en 1340.* (École florentine.)

Le père de Turino Vanni, selon Morrona (*Pisa illustrata*), florissait en 1300. Suivant le même auteur, Turino eut un frère nommé **Nello di Vanni**, qui acheva l'histoire de Job, commencée par Giotto au Campo-Santo de Pise , et un fils nommé aussi **Turino**, dont on connaît un tableau d'autel, aujourd'hui à San-Paolo à Ripa d'Arno, signé : *Turinus Vannis de Riguli depinxit A. D. MCCCXCVII madii.*

436. *La Vierge et l'Enfant-Jésus.*

H. 1, 30. — L. 0, 71. — B. — Fig. pet. nat.

La Vierge, assise sur un trône , tient sur ses genoux l'Enfant-Jésus. Deux anges, agenouillés de chaque côté du trône, jouent, l'un de la viole, l'autre du psaltérion; au dessus d'eux, d'autres esprits célestes en adoration. — On lit dans la partie inférieure de ce tableau : TVRINVS VANNIIS DE PISIS ME PIQSIT.

Musée Napoléon. — Ce tableau est peint sur fond doré.

VANNUCCHI (ANDREA), *dit* ANDREA DEL SARTO, *né à Florence en 1488, mort dans la même ville en 1530.* (École florentine.)

Andrea, surnommé *del Sarto*, à cause de la profession de son père, qui était tailleur, fut mis, à l'âge de 17 ans, en apprentissage chez un orfèvre, qu'il quitta bientôt pour se livrer exclusivement à l'étude du dessin et de la peinture, sous la direction de **Gio. Barile**, peintre médiocre, mais habile sculpteur en bois. Il resta trois ans dans l'atelier de ce maître, entra ensuite dans celui de Pietro di Cosimo, étudia avec ardeur les fresques de Masaccio, de Ghirlandajo, et surtout les fameux cartons de Léonard de Vinci et de Michel-Ange. S'étant lié intimement avec le **Franciabigio**, les deux amis prirent pendant quelque temps un atelier commun et exécutèrent en compagnie de nombreux travaux. Dès l'année 1511, Andrea passait pour un des plus habiles artistes de Florence, et les peintures importantes qu'il fit à fresque et à l'huile, pour la confrérie dello Scalzo, pour l'église de San-Gallo, dans le couvent des Servites, dans le monastère de San-Salvi, et pour une foule de seigneurs qui recherchaient ses ouvrages avec empressement, mirent le sceau à sa réputation. Deux de ses tableaux ayant été apportés en France, François 1er les vit, les admira, et appela Andrea à sa cour. Il arriva en France, accompagné de son élève Andrea Sguazzela, à la fin de mai 1518. Le roi lui fit de riches présents, lui assigna une pension considérable et rétribua magnifiquement ses travaux, qui jusque là, malgré leur immense mérite bien reconnu, n'avaient été que très médiocrement payés. André jouissait à la cour de la fortune la plus brillante, lorsqu'une lettre de sa femme, qu'il aimait passionnément, lui fit prendre la résolution de retourner à Florence. Il demanda un congé au roi, l'obtint, jura sur l'Évangile de revenir sous peu de mois, et partit en 1519, chargé par le monarque de faire des acquisitions d'objets d'art pour une somme assez considérable. Arrivé à Florence, Andrea dissipa en folles dépenses l'argent que le roi lui avait confié, et il n'osa plus revenir à Paris. Retombé dans la gêne, il se mit au travail avec ardeur, agrandit encore sa manière, et à chaque nouvel ouvrage prouva qu'il faisait un nouveau progrès. Florence, assiégée en 1529, ayant été obligée de capituler, l'armée ennemie entra dans la ville, y apporta la peste. Andrea tomba malade et mourut à 42 ans, privé de toute espèce de secours, abandonné de sa femme et des médecins que la peur de la contagion avait fait fuir de sa maison. Vannucchi fut surnommé par ses contemporains le peintre *sans défauts, senza errori.* Sa profonde originalité, l'élégance naturelle et exquise de son style, le charme de son exécution, et non l'absence de tout défaut, qualité négative qui est rarement l'apanage des plus grands génies, lui ont mérité une place glorieuse parmi les plus illustres maîtres de l'art italien. Andrea a signé de différentes manières; voici celles que l'on connaît : Andrea d'Agnolo del Sarto, Andrea di Angiolo del Sarto, Andrea di Michelagnolo Vannucchi, A. V. Andrea Vannucchi, et Andreas Sartus Florentinus. Parmi ses nombreux élèves, on compte surtout Francesco Salviati, Giorgio Vasari, Andrea Sguazella, Giacomo da Pontormo, le **Nannoccio. Domenico Puligo, Marco-Antonio Franciabigio**, furent ses imitateurs et l'aidèrent dans ses travaux.

437. *La Charité.*

H. 1, 85. — L. 1, 37. — T. — Fig. gr. nat.

Elle est représentée par une femme assise sur un tertre, avec deux enfants sur ses genoux; l'un d'eux lui prend le sein avec avidité; l'autre lui montre en souriant un bouquet de noisettes qu'il tient dans la main : à ses pieds un troisième enfant dort la tête appuyée sur une draperie. Fond de paysage. A gauche, par terre, on lit sur un papier : ANDREAS SARTVS FLORENTINVS ME PINXIT MDXVIII.

Gravé par Pierre Audouin dans le Musée royal. — Filhol, t. 8, pl. 515. — Landon, t. 1, pl. 2.

Collection de François 1er. — Ce tableau, un de ceux qu'André del

Sarte peignit en France pour François Ier, fut aussi un des premiers qui, exécutés primitivement sur bois, ait été transporté sur toile. M. Picault, sous la surveillance de C. Coypel, réussit parfaitement dans cette opération toujours délicate, mais dont le succès maintenant ne présente presque plus d'incertitude. Les planches qui avaient servi de fond furent exposées, avec le tableau remis sur toile, dans la galerie du Luxembourg, ouverte pour la première fois le 14 ocbre 4750. Depuis, sous la République, en l'an XI, le tableau fut nettoyé, restauré, et enfin, en 1842, cette première toile ayant été pourrie par l'humidité, la peinture fut transportée de nouveau sur une autre toile. André del Sarte exécuta encore deux autres tableaux de la Charité, que quelques auteurs ont confondus avec celui du Musée. L'un d'eux, fort beau et également avec trois figures d'enfants, fut acheté, après la mort d'André, à Lucrezia Fede, sa femme, par **Domenico Conti**, peintre et son élève, qui le vendit à Niccolò Antinori. L'autre Charité fut peinte pour un mercier, ami d'André, qui avait une boutique à Rome. Il existe une belle répétition ou copie ancienne de cette composition au Musée de Nantes.

438. *Sainte-Famille.*

H. 1, 41. — L. 1, 06. — B. — Fig. gr. nat.

A gauche, la Vierge, assise à terre, tient l'Enfant-Jésus qui tourne la tête vers sainte Elisabeth qui élève la main droite vers le ciel. Le jeune saint Jean, debout, est retenu par sa mère. Deux anges sont derrière la Vierge.

Landon, t. 4, pl. 39.

Collection de François Ier. — Il existe une copie ancienne de cette composition dans la galerie du Belvédère, à Vienne.

439. *Sainte-Famille.*

H. 1, 08. — L. 0, 88. — T. — Forme ovale. — Fig. pet. nat.

La Vierge, à genoux par terre, vue presque de profil et tournée vers la gauche, tient l'Enfant-Jésus ; le jeune saint Jean est près de lui dans les bras de sainte Elisabeth. A droite, derrière la Vierge, saint Joseph appuyé sur un bâton. On lit, à gauche, sur le fond : ANDREA·DEL SARTO·FLORENTINO·FACIEBAT ; vient ensuite le monograme AV.

Gravé au burin par Jacques Callot dans sa jeunesse. — Landon, t. 1, pl. 40.

Ancienne collection. — Lépicié (Catalogue raisonné des tableaux du roy) nous apprend que ce tableau, qu'il indique comme étant peint sur bois et qui se trouve reporté sur toile maintenant, se trouvait placé autrefois dans l'appartement de la reine, à Fontainebleau. Biadi, un des biographes d'Andrea, croit que cette Sainte-Famille est celle citée par Vasari comme ayant été achetée pour un prix très modique

par des marchands qui la vendirent une somme quatre fois plus
élevée à François Ier. Biadi a pris ce renseignement dans une des
notes de Bottari, à son édition de Vasari ; mais, comme Vasari ne
donne aucune description de la composition, que cette peinture ne
figure ni dans l'énumération donnée par le père Dan des tableaux
placés à Fontainebleau, ni sur l'inventaire de 1709, tandis que la
Sainte-Famille, décrite sous le n° 438, y est portée, et qu'elle faisait
partie de la collection de François Ier, il y a tout lieu de croire que
Bottari et Biadi ont commis une erreur, et que c'est cette dernière
Sainte-Famille qui fut vendue au roi par d'heureux spéculateurs.
Quoi qu'il en soit, cette peinture a tellement souffert et a été si re-
touchée, qu'il est presque impossible d'apprécier son originalité.

VANNUCCHI (d'après).

440. *L'Annonciation.*

H. 0, 94. — L. 1, 90. — B. — Forme cintrée, fig. pet. nat.

La Vierge assise, les yeux baissés, écoute, dans l'attitude de la surprise et du recueillement, les paroles de
l'ange agenouillé devant elle et tenant une branche de
lis. Entre les deux figures, un vase de fleurs et un livre
posés sur le bord d'un petit mur.

Gravé par G. D. Picchianti.

Collection de Louis XVIII.—Acquis de M. Scitivaux en 1821, et compris dans le choix de tableaux qui lui furent payés 100,000 fr. La peinture originale d'Andrea, exécutée en 1526 pour Giuliano Scala, avait
été d'abord placée dans une chapelle autour du chœur de l'église des
Pères-Servites, à Florence ; elle fut ensuite remplacée par une copie
d'Alessandro Allori, et transportée au palais Pitti, où elle se trouve
maintenant.

VANNUCCI (Pietro), *dit* Il Perugino *ou* le Pérugin, *né
à Castello della Pieve, près de Pérouse, en 1446, mort
à Castello Fontignano, dans les environs de Pérouse, en
décembre 1524. (École ombrienne.)*

Les auteurs ne sont pas d'accord sur le nom du premier maître du
Pérugin. On n'a aucune preuve certaine que ce fut **Benedetto Bon-
figli**, ou Niccolò Alunno, ou enfin **Florenzo di Lorenzo**, comme
plusieurs biographes l'ont avancé. Vasari se borne à dire que ce
premier maître, qu'il ne nomme pas, était un peintre médiocre de Pérouse et que Pietro vint se perfectionner à Florence, sous la conduite
d'**Andrea del Verocchio**. Il fit de rapides progrès, et bientôt il jouit
d'une telle réputation, que ses tableaux furent recherchés non seulement en Italie, mais encore en France et en Espagne. Il travailla
à Florence, fut appelé à Rome par le pape Sixte IV (1480-1495), exécuta plusieurs compositions dans la chapelle Sixtine, au Vatican, et
fit, surtout à Pérouse, une grande quantité de peintures en détrempe, à l'huile et à fresque. Celles dont il décora la salle du
Cambio, vers 1500, sont surtout célèbres. A partir de cette époque,
le Pérugin adopta trop souvent une manière expéditive, répéta par
négligence les mêmes figures dans différents ouvrages, et ne resta

pas à la hauteur où il s'était maintenu auparavant. Cette décadence a été attribuée à son amour pour le gain. Quoiqu'il n'ait presque jamais peint que des sujets de piété, Vasari l'accuse d'athéisme et de mauvaise foi, ce dont plusieurs auteurs ont cherché à le disculper. Peut-être ne faut-il pas avoir une confiance aveugle dans cette accusation du biographe Arétin, qui, admirateur passionné de Michel-Ange, ne pouvait pardonner à Vannucci de s'être posé, à Florence, comme le rival du Buonarrotti. Le Pérugin eut une école nombreuse ; presque tous ses élèves se firent un nom que celui de Raphaël, leur condisciple, a rendu moins glorieux.

441. *La Nativité de Jésus-Christ.*

H. 1, 80. — L. 1, 36. — B. — Fig. pet. nat.

La Vierge, saint Joseph et trois anges, sont à genoux autour de l'Enfant-Jésus, qui est couché à terre sur un linge blanc, les jambes croisées et portant à sa bouche l'index de la main droite. Derrière saint Joseph, deux bergers : l'un tient un agneau ; l'autre, plus loin, garde son troupeau sur un monticule et écoute la parole d'un ange. On aperçoit dans le fond le cortége des rois mages et la ville de Bethléem. Trois anges placés dans le ciel tiennent une banderole.

Collection de Louis-Philippe. — Ce tableau, offert en 1811 par la ville de Pérouse au baron de Gérando, chargé de la direction des affaires civiles dans les Etats-Romains, a été acquis en 1843 de ses héritiers pour la somme de 25,000 fr. La composition est analogue à celle du tableau connu sous le nom du *Presepe della Spineta*, placé maintenant au Vatican.

442. *La Vierge tenant l'Enfant-Jésus, adoré par deux saintes et deux anges.*

Forme ronde. — Diam. 1, 74. — B. — Fig. pet. nat.

Au milieu d'une cour dallée en marbre, entourée d'un petit mur d'appui, la Vierge assise, les pieds posés sur un escabeau orné d'arabesques, tient l'Enfant-Jésus sur ses genoux. A gauche, debout, sainte Rose portant un vase de cristal et une branche de rosier ; à droite, sainte Catherine tenant une palme et un livre. Au second plan, sur le mur d'appui, de chaque côté de la Vierge, un ange debout, dans l'attitude de l'adoration.

Acquis à la vente de la galerie du roi des Pays-Bas, Guillaume II, faite à La Haye en août 1850, pour la somme de 23,500 florins. (53,302 fr. avec les frais.) Il est dit dans le catalogue de la vente Lapeyrière, où il figura en 1825, qu'il venait du palais *Corini* (probablement *Corsini*).

443. *La Vierge, l'Enfant-Jésus, saint Joseph et sainte Catherine.*

H. 0, 80. — L. 0, 66. — B.— Fig. jusqu'aux genoux, pet. nat.

La Vierge, assise, tient sur ses genoux l'Enfant-Jésus dans l'attitude de bénir. Derrière la Vierge, saint Joseph debout, les mains jointes ; de l'autre côté, sainte Catherine avec une palme.

Landon, t. 5, pl. 58.

Collection de Louis XVIII. — Compris dans les 100,000 fr. de tableaux acquis de M. Scitivaux en 1821. La galerie du Belvédère, à Vienne, possède une répétition de cette composition avec une sainte à la place du saint Joseph, et un fond de ciel. Le tableau est peint à l'huile et signé : Petrus Perusinus. Pinxit.

444. *Saint Paul.*

Forme ronde. — Diam. 1, 02. — T. — Fig. à mi-corps, gr. nat.

Il appuie sa main droite sur une épée.

Musée Napoléon. — L'inventaire attribue seulement cette peinture à l'école du Pérugin. On connait d'autres tableaux de même forme et représentant des figures isolées, savoir: sainte Apolline, saint Barthélemy, destinés sans doute à faire partie d'une même décoration.

445. *Combat de l'Amour et de la Chasteté.*

H. 1, 56. — L. 1, 92. — T. — Fig. de 0, 45.

Des satyres et des amours combattent contre des nymphes dans une prairie dédiée à Vénus, comme l'indique un cartouche attaché à un pieu, sur lequel on lit : VE-NERI. Les amours, armés d'arcs d'or, tirent les femmes par les cheveux ou avec des cordons de soie. La Chasteté brise leurs traits, leurs arcs, et les frappe avec leurs flambeaux. On aperçoit plus loin, au bord d'un fleuve, Europe enlevée par Jupiter métamorphosé en taureau, Daphné changée en laurier, etc., et dans les airs Mercure tenant le caducée.

Ancienne collection. — Ce tableau, peint en détrempe, faisait originairement partie du cabinet d'Isabelle d'Este, duchesse de Mantoue. Il est entré au Louvre avec les tableaux de L. Costa (nos 175 et 176) et les deux Mantègne (nos 251 et 252).— Une lettre rapportée dans le *Carteggio* de Gaye (t. II, p. 68), et adressée à Isabelle d'Este, donne des détails intéressants sur ce tableau. En voici la traduction. «Illme et Excelme seigneurie, Georges, votre envoyé ici présent, m'a remis les

8 ducats, prix convenu du tableau où j'ai employé tous les soins possibles pour satisfaire votre très-haute seigneurie, et mon honneur auquel j'ai toujours sacrifié toute espèce d'avantage. Je supplie Dieu humblement de m'accorder la grâce d'avoir fait quelque chose qui soit agréable à votre très H. S., car mon plus grand désir est de la servir et de lui complaire dans tout ce qui est en mon pouvoir. Aussi je m'offre toujours à votre très H. S. comme un bon serviteur et ami. Le tableau est peint en détrempe, parce que celui d'Andrea Mantegna est fait de même, d'après ce que l'on m'a rapporté. Si je puis quelque autre chose pour votre très H. S., je suis prêt, et je me recommande humblement à V. S. Le Christ vous conserve heureusement ! Fait ce 14 juin, 1505, par votre très-humble serviteur, Pietro Perugino, peintre à Florence. » Les documents sur Pérugin sont rares, et les biographes ignoraient qu'il fût à Florence à cette époque. Nous ferons observer ici que ce tableau, loin d'être *fait avec tout le soin possible* et le fini dont l'artiste était capable, est plutôt une esquisse légère et rapidement exécutée.

VANNUCCI (d'après).

446. *La Vierge et l'Enfant-Jésus.*

H. 0, 50. — L. 0, 38. — B. — Fig. jusqu'aux genoux, dem.-nat.

La Vierge assise tient sur ses genoux l'Enfant-Jésus dans l'attitude de bénir.

Collection de Louis XIV. — Ce tableau, porté sur l'inventaire de Bailly, est attribué par lui à Raphaël « dans sa première manière. » Lépicié dit également à tort qu'il est de l'enfance de Raphaël, lorsqu'il commençait à peindre chez le Pérugin.

VANNUCCI (école de).

447. *Le Christ entre la Vierge et saint Jean.*

H. 0, 36. — L. 0, 79. — T. — Fig. de 0, 35.

Jésus-Christ, couronné d'épines et assis sur le bord de son tombeau, est soutenu par la Vierge et saint Jean.
Musée Napoléon.

448. *Saint François d'Assise recevant les stigmates en présence de frère Léon.*

H. 0, 38. — L. 0, 81. — B. — Fig. de 0, 34.

Ancienne collection. — Ce tableau et le suivant sont portés sur les inventaires aux inconnus de l'école italienne, et figuraient sous ce titre dans la Notice de 1841 (nos 989 et 990).

449. *Saint Jérôme dans le désert.*

H. 0, 38. — L. 0, 76. — B. — Fig. 0, 34.
Ancienne collection. — Porté aux inconnus dans les inventaires.

VANVITELLI *ou* VANVITEL (GASPARE), *dit* DAGLI OC- CHIALI, *né à Utrecht en 1647, mort à Rome en 1736.* (École romaine.)

Le véritable nom de cet artiste est Witel, et quoique né dans les Pays-Bas, il est considéré comme appartenant à l'école italienne. Il a représenté avec beaucoup de précision un grand nombre de vues de Rome et d'autres villes d'Italie. Son fils, Luigi Vanvitelli, fut un architecte distingué.

450. *Vue de Venise.*

H. 0, 46. — L. 0, 93. — T. — Fig. de 0, 03.

La place Saint-Marc, vue du côté des procuraties nouvelles, le Campanile, l'église Saint-Marc; au fond, la Piazzetta; plus loin, Saint-Georges-Majeur.

Ancienne collection.

451. *Vue de l'extrémité de la Piazzetta, prise de la riva degli Schiavoni.*

H. 0, 46. — L. 0, 93. — T. — Fig. de 0, 03.

Le doge, suivi d'une escorte nombreuse, rentrant au palais Saint-Marc après la cérémonie de son mariage avec la mer. A gauche, les barques dorées qui ont accompagné le Bucentaure.

Ancienne collection.

VAROTARI (ALESSANDRO), *dit* IL PADOVANINO *ou* LE PADOUAN, *né à Padoue en 1590, mort en 1650.* (École vénitienne.)

Son père, **Dario Varotari**, peintre et architecte, lui enseigna les éléments de la peinture. Les fresques de Titien à Padoue furent ses premiers modèles. Il vint à Venise en 1614; après avoir copié un grand nombre de peintures de cet artiste célèbre ainsi que plusieurs tableaux de Paul Véronèse, il se fit un style original que l'on ne peut confondre avec celui d'aucun autre peintre vénitien. Il eut une sœur, **Clara Varotari**, qui peignit habilement le portrait. Il fut imité par plusieurs autres peintres et laissa un grand nombre d'élèves, parmi lesquels on distingue **Dario**, son fils, peintre, poète, graveur, médecin; **Bartolommeo Scaligero**, **Giambattista Rossi**, **Giulio Carpioni**, etc.

452. *Vénus et l'Amour.*

H. 1, 20. — L. 1, 69. — T. — Fig. gr. nat.

Vénus, couchée sur un lit de repos, joue avec l'Amour.

Gravé à l'eau-forte par Folo, dans le cabinet de Lucien Bonaparte.

Collection de Charles X. — Acquis de M. Sapey, le 14 janvier 1829,

moyennant 2,000 fr. Ce tableau faisait partie, en 1812, de la galerie
de Lucien Bonaparte.

VASARI (Giorgio), *peintre, architecte, né à Arezzo en
1512, mort à Florence le 27 juin 1574. (École florentine.)*

Il apprit les principes de l'art de **Guillaume de Marseille**, surnommé le *Prete Gallo*, peintre sur verre, Français d'origine. Étant
allé à Florence en 1524, il étudia le dessin sous la direction du
Buonarroti, d'Andrea del Sarto et d'autres artistes. Il commença
par peindre des fresques pour des paysans, et Rosso ayant vu un tableau de lui dans une église d'Arezzo, jugea son auteur digne de recevoir ses conseils. En 1529, pendant le siége de Florence, Giorgio
se retira à Pise, puis à Bologne, à Arezzo, et travailla dans chacune
de ces villes. Le cardinal Ippolito de' Medici l'emmena à Rome, et il
dessina, en compagnie de Francesco Salviati, la voûte de la chapelle
Sixtine, peinte par Michel-Ange, tous les ouvrages de Raphaël, de
Polydore et de **Baldassare Peruzzi**. Le départ pour la Hongrie du
cardinal, son protecteur, le détermina à retourner à Florence, où il
entra au service du duc Alessandro et d'Ottaviano de' Medici. Il serait
impossible d'énumérer ici les principaux ouvrages exécutés par Vasari et de le suivre dans ses nombreux voyages dans toutes les villes
d'Italie. On trouvera ces détails dans son autobiographie. Il suffira
de dire qu'il exécuta d'immenses travaux de peinture et d'architecture pour Clément VII, Paul III, Jules III, Alexandre et Côme de
Médicis, Pie V, Grégoire XIII, et une foule de seigneurs. Enfin il est
peu d'églises ou de monastères en Italie qui ne possèdent de ses
peintures. Vasari a abusé de son extrême facilité, et ses ouvrages se
ressentent trop souvent de la rapidité avec laquelle ils ont été faits.
Il faut le considérer plutôt comme un très habile décorateur que
comme un grand peintre. Il a écrit la vie des artistes italiens, depuis
la renaissance des arts jusqu'à l'époque où il vivait; et, quoiqu'on
puisse reprocher à ce livre de nombreuses erreurs de dates et
beaucoup d'inexactitudes, il n'en sera pas moins le répertoire biographique le plus vaste et le plus précieux que nous possédions jusqu'à ce jour. La première édition, fort rare, est de 1550; la deuxième,
où l'auteur fit de nombreux changements, parut en 1566.

453. *La Salutation angélique.*

H. 2, 16. — L. 1, 67. — B. — Fig. gr. nat.

La Vierge assise près de son lit, les yeux baissés, porte
modestement une main sur sa poitrine, et tient un livre
de l'autre. L'ange Gabriel, à genoux sur des nuages, une
branche de lis à la main, accomplit avec respect son mes-
sage divin. Le Saint-Esprit plane sur leur tête et éclaire
la chambre de ses rayons.

Landon, t. 8, pl. 27.

Musée Napoléon. — Vasari fit présent de ce tableau à des religieuses
d'Arezzo, lorsqu'elles reçurent dans leur communauté l'une de ses
sœurs qui prit le voile et dont il paya la dot.

454. *Saint Pierre marchant sur les eaux.*

H. 1, 38. — L. 1, 04. — B. — Fig. de 0, 75.

Sur le premier plan, Jésus tend la main à saint Pierre qui l'implore. Au fond, la barque.

Musée Napoléon. — Ce tableau vient de l'église de Saint-Louis-des-Français.

455. *La Cène.*

H. 0, 93. — L. 1, 51. — B. — Fig. de 0, 85.

Le Christ et les apôtres sont assis sur des bancs circulaires autour de la table. Au milieu et au premier plan, Judas tenant la bourse. A droite, un bassin avec des vases mis à rafraîchir. A gauche, un vase en or et en argent, un autre en marbre.

Musée Napoléon. — Ce tableau vient de Saint-Louis-des-Français, à Rome.

456. *La Passion de Jésus-Christ.*

H. 0, 61. — L. 0, 51. — B. — Fig. de 0, 15.

Ce tableau est divisé en dix compartiments qui contiennent divers sujets de la Passion. Celui du milieu représente le Christ en croix. On voit dans les neuf autres : J.-C. lavant les pieds aux apôtres, — la Cène, — J.-C. au jardin des Oliviers, — le baiser de Judas, — J.-C. devant Pilate, — la flagellation, — J.-C. montré au peuple, — le chemin du Calvaire, — la mise au tombeau.

Collection de Louis XVIII. — Compris dans le lot de 20,000 f. de tableaux acquis de M. Mauco (Musée européen) en 1824.

VECCHIA (PIETRO DELLA), *né à Venise en 1605, mort dans la même ville en 1678.* (École vénitienne.)

Il fut élève d'Alessandro Varotari, dit *Il Padovanino*, et s'appliqua moins à imiter le style de son maître que celui du Giorgion, de Titien et du Pordenone. Il peignait avec une extrême facilité, souvent sans dessiner, et aimait surtout à représenter des soldats revêtus d'armures, des corps-de-garde, etc. Il copia à l'huile, par ordre du sénat de Venise, toutes les mosaïques de l'église de Saint-Marc, et l'on prétend qu'il reçut le surnom de *della Vecchia*, à cause de son habileté, soit à imiter les peintures anciennes, soit à les restaurer.

457. *Portrait d'homme.*

H. 1, 51. — L. 1, 13. — Fig. à mi-corps, gr. nat.

Il est représenté avec une toque à plume, le costume usité vers le commencement du xvie siècle, et l'épée à moitié sortie du fourreau.

Gravé par Vosterman le jeune. — Filhol, t. 7, pl. 503.

Ancienne collection. — Les inventaires et les notices précédentes disent qu'on *présume* que ce portrait est celui de Bayard, présomption que rien ne justifie. Ce tableau, en outre, était donné à tort à Palme le vieux, sans doute par suite d'une fausse interprétation des mots : P. Vecchio p., placés au bas de la gravure faite par L. Vorsterman le jeune, d'après une répétition ou copie du tableau du Louvre existant dans la galerie du Belvédère à Vienne. Une peinture identique à celle du Musée est signalée, sous le nom de *Georgeon*, dans le catalogue du prince de Carignan, probablement à cause de l'archaïsme du costume qui n'appartient pas au siècle de Pietro, mais à celui du Giorgion, qu'il a souvent cherché à imiter dans les détails de cette nature. Enfin, le Musée possède une petite copie pastiche, par Téniers, du tableau du Belvédère, autrefois faisant partie de la galerie de l'archiduc Léopold, à Bruxelles. C'est d'après des copies analogues qu'ont été faites les gravures du recueil connu sous le nom de Théâtre des peintures de David Téniers, dédié au prince Léopold-Guillaume, etc. (Bruxelles, 1660); recueil qui eut plusieurs éditions.

VECELLIO (Tiziano), *né au bourg de Pieve, chef-lieu de l'ancienne province de Cadore, en 1477, mort de la peste le 27 août 1576.* (École vénitienne.)

Il montra dès son enfance les plus grandes dispositions pour la peinture et apprit, dit-on, les premiers éléments du dessin d'un certain **Antonio Rossi**, peintre de son pays. Vers l'âge de 10 ans, son père l'envoya à Venise, chez un de ses oncles, afin de continuer ses études. Tiziano fut d'abord élève de Sebastiano Zuccato, maître mosaïste, puis de Gentile Bellini, et passa ensuite à l'école de **Giovanni**, frère de Gentile, où il paraît qu'il resta jusqu'à l'âge de 18 à 20 ans. Il imita d'abord son maître et peignit dans cette première manière très terminée un assez grand nombre de tableaux et de portraits. Bientôt, agrandissant son style et prenant pour modèles les ouvrages du Giorgion, son ancien condisciple à l'atelier de Gio. Bellini, il se montra son digne émule dans les peintures qu'il exécuta concurremment avec lui en 1507 sur la façade du Fondaco de' Tedeschi, à Venise. Il travailla ensuite à Vicence et à Padoue, où l'on admire encore les fresques dont il décora la Scuola di San Antonio. Après la mort du Giorgion en 1511, Titien n'ayant plus de rivaux, fut chargé de terminer les peintures laissées inachevées dans le palais Ducal par ce grand artiste. Le 6 décembre 1516, six jours après la mort de Gio. Bellini, il fut mis en possession du bénéfice de 100 ducats de rente annuelle que celui-ci possédait sur la Senseria du Fondaco de' Tedeschi, à charge de peindre dans la salle du grand conseil la bataille des Vénitiens à Cadore. Il travailla ensuite à la cour d'Alphonse Ier, duc de Ferrare. De retour à Venise, il peignit pour l'église de' Frari sa célèbre Assomption, placée sur le maître-autel le 20 mai 1518, et un grand nombre de chefs-d'œuvre, dont plusieurs périrent dans l'incendie du palais Ducal en 1577. Charles V étant venu à Bologne en 1530 pour recevoir des mains du pape Clément VII la couronne impériale, le Vecellio, grâce à la recommandation de l'Arétin, son intime ami, fut appelé à sa cour pour faire son portrait. A partir de cette époque, ses travaux, très peu rétribués, malgré leur immense mérite, furent magnifiquement payés, surtout par l'empereur qui ne cessa de le combler de bienfaits, et le créa, par un diplôme donné le 10 mai à Barcelone, chevalier, comte palatin. Après le départ de Charles de Bologne, Titien revint à Venise, où il trouva le Pordenone en possession de la faveur publique. Mais bientôt il triompha par la supériorité de son génie de son redoutable rival. En 1532, il fut appelé de nouveau à Bologne par Charles V; puis il accompagna Federigo Gonzaga à Mantoue. Après un voyage à Asti, fait par ordre de l'empereur, Titien retournait à Venise vers la fin de la même année et reprenait au palais Ducal ses travaux interrompus. Le pape Paul III se trouvant à Ferrare en 1543, le fit venir pour faire son portrait et l'engagea à l'accompagner à Rome, mais il ne put se rendre immédiatement à cette invitation: ce ne fut qu'en 1545, sur la demande du cardinal Farnèse, qu'il arriva dans cette ville, où on lui fit une réception magnifique. Titien retourna à Venise après avoir passé par Florence, et se trouvait dans sa patrie en 1546. Au commencement de 1548, il dut aller rejoindre l'empereur à Vienne. Il n'y resta que jusqu'au mois de juin, mais il retourna près de Charles, dans cette ville, au mois d'octobre 1550, et l'accompagna à Inspruck, vers le mois de septembre 1555, pendant une des sessions du concile de Trente. A l'exception d'un voyage fait dans le Frioul en 1557 et dans le Cadore en 1565, Titien ne quitta plus Venise et ne cessa de peindre jusqu'à la fin de sa vie. La quantité d'ouvrages éminents qu'il exécuta de 1550 à 1565 pour Philippe II, pour les reines d'Angleterre et de Portugal, pour une foule de seigneurs, et dans les édifices publics de Venise, prouve que, malgré son grand âge, l'illustre vieillard était encore animé d'une ardeur toute juvénile. Quand Henri III, quittant le trône de Pologne et passant à Venise avant de prendre possession de la couronne de France, vint visiter en 1574 Titien dans sa propre maison, il le trouva occupé à peindre le tableau qu'il voulait faire placer au-dessus de son tombeau, tableau achevé par Palme le jeune et exposé maintenant à l'Académie de Venise. Plusieurs écrivains affirment que Titien vint en Espagne : les uns fixent son séjour dans ce pays entre 1532 et 1536, d'autres entre 1548 et 1553. Cette assertion, qui a trouvé quelque crédit, est cependant démentie par les faits. La correspondance de Titien et celle de l'Arétin, son intime ami, prouvent par des dates irrécusables que, pendant les années 1532 à 1543, le grand artiste n'a jamais quitté l'Italie que pour aller à Inspruck ou à Vienne. Titien figure au rang des plus grands coloristes, et son dessin est aussi savant que fin et naturel. Il excella dans le paysage et personne ne l'a surpassé dans l'art de peindre les portraits. Sa longue carrière fut un triomphe qu'aucun revers ne vint attrister. Il eut pour protecteurs tous les princes de son siècle ; pour amis, tous les personnages illustres de son temps. Il peignit jusqu'à sa dernière heure, et, en mourant de la peste à 99 ans, plus épris que jamais de son art, il répétait qu'il commençait à comprendre ce que c'était que la peinture. — **Francesco Vecellio**, né en 1475 à Pieve de Cadore, mort dans le même endroit en 1560, eut les mêmes maîtres que son frère Tiziano, et devint un peintre très habile. Cependant, désespérant de surpasser Titien et le Giorgion, il se fit successivement soldat, marchand, sans toutefois abandonner la peinture, car il produisit un nombre considérable d'ouvrages à fresque et à l'huile. — **Orazio**, fils de Titien, né à Venise entre 1525 et 1530, mort de la peste en 1576, fut élève de son père et fit surtout des portraits dignes de lui. — **Marco Vecellio**, son neveu, eut encore une certaine célébrité. Le nombre des élèves de Titien est considérable. Presque tous les artistes de Venise furent à son école ; des Flamands, tels que Jean Calcart, **Barent**, Lambert Zeustris, imitèrent parfaitement sa manière et multiplièrent ses tableaux par de belles copies qu'il retoucha souvent lui-même.

458. *La Vierge, l'Enfant - Jésus, saint Étienne, saint Ambroise et saint Maurice.*

H. 1, 08. — L. 1, 32. — T. — Fig. à mi-corps, gr. nat.

La Vierge, assise, tient sur ses genoux l'Enfant-Jésus étendu sur un lange et soulève le voile qui lui couvre le sein. Près d'elle, saint Ambroise, évêque de Milan, debout, en robe et en bonnet rouges, un livre ouvert dans les mains ; saint Étienne, diacre et martyr, portant une palme ; et saint Maurice, chef de la légion thébaine en Arménie, couvert de son armure.

Collection de Louis XIV. — Une composition semblable de Titien, avec la seule différence que la tête du saint Ambroise est nue, se trouve dans la galerie de Vienne. Elle a été gravée par Pierre Van Leysebetten, dit Lisebetius, dans le cabinet de l'archiduc Léopold Guillaume, publié en 1660, à Bruxelles, sous la direction de Téniers. Cette collection, transportée dès 1657 à Vienne, fait maintenant partie de la galerie impériale de cette ville.

459. *Sainte-Famille.*

H. 0, 70. — L. 0, 84. — T. — Fig. demi-nat.

La Vierge, assise à terre, pose la main gauche sur un lapin blanc que l'Enfant-Jésus, dans les bras de sainte Catherine, paraît lui demander. A droite, au deuxième plan, saint Joseph, accroupi à terre, caresse une brebis noire ; un troupeau paît autour de lui, et l'on aperçoit dans le fond une vaste campagne. — Ce tableau est signé : *Ticianus F.*

Filhol, t. 7, pl. 493. — Landon, t. 8, pl. 9.

Collection de Louis XIV. — Ce tableau est connu sous le nom de la *Vierge au lapin.*

460. *La Vierge, l'Enfant—Jésus, sainte Agnès et saint Jean.*

H. 1, 57. — L. 1, 60. — T. — Fig. pet. nat.

Prosternée devant la Vierge assise, qui tient l'Enfant-Jésus debout sur ses genoux, sainte Agnès a dans la main gauche une palme et pose la droite sur la tête d'un agneau conduit par le jeune saint Jean.

Landon, t. 8, pl. 17.

Collection de Louis XIV. — Ce tableau a été anciennement agrandi, probablement pour le faire entrer dans une place donnée.

461. *Sainte-Famille.*

H. 0, 81. — L. 1, 08. — T. — Fig. de 0, 37 à 0, 40.

La Vierge, assise, soutient l'Enfant-Jésus, à qui le jeune saint Jean apporte un agneau; saint Joseph est près d'eux. Deux anges portés sur un nuage tiennent une croix.

Collection de Louis XIV. — Ce tableau, estimé 1,500 fr. dans l'inventaire Mazarin, fut acheté par le roi à ses héritiers. Il figure sur les inventaires de Bailly (1709-10) et dans le catalogue de Lépicié (1752). Malgré le mauvais état de ce tableau, dit ce dernier, on y découvre encore de grandes beautés. Dans l'inventaire de 1832, il est cité comme appartenant seulement à l'école du Titien. — Une composition semblable, qui existait dans la galerie du Palais-Royal, a passé à Londres dans la collection de William Wilkins, et se trouve maintenant dans celle de M. Holford; elle a été gravée par Tessier. Une troisième répétition ou copie, plus faible que celle du Louvre, se voit dans la galerie de Berlin; une quatrième est possédée par un amateur de Paris.

462. *Les pèlerins d'Emmaüs.*

H. 1, 69. — L. 2, 44. — T. — Fig. pet. nat.

Jésus-Christ, assis à table entre ses deux disciples, bénit le pain; près de lui, un serviteur debout, les bras nus et les mains passées dans sa ceinture; derrière un des disciples, à gauche, un jeune page apportant un plat; sous la table, un chat et un chien. Signé : TICIAN.

Gravé par Masson (Calc. nat.); l'estampe est connue sous le nom de la Nappe de Masson, *à cause de la perfection avec laquelle cet accessoire est traité; par F. Chauveau, en 1656, avec cette inscription :* IN ÆDIBUS JABACHIIS. — *Landon, t. 8, pl. 13.*

Collection de Louis XIV. — Si l'on en croit la tradition, le pèlerin qui est à droite du Sauveur représente l'empereur Charles V; celui que l'on voit à sa gauche, le cardinal Ximenès; et le page, Philippe II, qui fut roi des Espagnes. — Ce tableau, peint pour l'église de' Pregadi, passa de la collection du duc de Mantoue dans celles de Charles Ier, de Jabach, et fut vendu par ce dernier à Louis XIV.

463. *Le Christ entre un soldat et un bourreau.*

H. 1, 14.—L. 1, 14.—B.—Forme ronde.—Fig. à mi-corps, gr. nat.

Collection de Louis XIV. — On a quelquefois attribué cet ouvrage à Pâris Bordone, et surtout à Schiavone. Le père Dan (*Trésor des merveilles de Fontainebleau*) cite une peinture de Bordone représentant un « Christ avec Pilate et un Juif qui tient Notre-Seigneur lié, » qui pourrait bien être le tableau inscrit sous ce numéro.

464. *Le couronnement d'épines.*

H. 3, 03. — L. 1, 80. — B. — Fig. gr. nat.

Le Christ, un roseau à la main, dépouillé de ses vêtements et couvert d'un manteau écarlate qu'on lui a mis par dérision, est assis sur les degrés du prétoire. Un soldat, placé sur le devant et vu par le dos, lui tient les mains liées ; d'autres soldats lui crachent au visage, le frappent de leurs roseaux et lui font entrer de force sur la tête une couronne d'épines. Le prétoire est d'une architecture rustique à bossages, et au-dessus de la porte de la prison, on voit le buste de Tibère avec cette inscription : TIBERIUS CÆSAR, placée là par le peintre pour indiquer que c'est sous le règne et par l'ordre de cet empereur que Jésus-Christ a été crucifié. — On lit au bas d'une marche : TITIANVS F.

Gravé par Luigi Scaramuccia ; par Valentin Lefebvre ; par Ribault dans le Musée français. — Filhol, t. 7, pl. 457. — Landon, t. 8, pl. 21.

Musée Napoléon. — Ce tableau fut peint vers 1533 par Titien, âgé par conséquent de 76 ans ; Tintoret en possédait l'esquisse.

465. *Le Christ porté au tombeau.*

H. 1, 48. — L. 2, 05. — T. — Fig. gr. nat.

Le corps du Christ, soutenu par Joseph d'Arimathie, Nicodème et un troisième disciple, va être déposé dans le sépulcre ; saint Jean soutient la Vierge accablée de douleur.

Gravé par G. Rousselet (Calc. nat.). — Filhol, t. 9, pl. 619. — Landon, t. 8, pl. 12.

Collection de Louis XIV. — Ce tableau faisait d'abord partie de la collection du duc de Mantoue, et passa ensuite dans celle de Charles Ier. Acquis à la vente faite après la mort de ce prince par Everard Jabach, banquier de Cologne, au prix de 120 liv. sterl. (3,000 f.), il fut ensuite acheté par Louis XIV. La même composition se retrouve dans la galerie du palais Manfrin, à Venise ; mais cette peinture, malgré sa réputation, est bien inférieure à celle du Louvre. Il en existe à l'académie des Beaux-Arts de Vienne une belle esquisse.

466. *Saint Jérôme à genoux devant un crucifix.*

H. 0, 80. — L. 1, 02. — T. — Fig. de 0, 40.

Dans un désert entrecoupé d'arbres et de rochers, le saint, agenouillé devant un crucifix attaché à un tronc d'arbre, se frappe la poitrine avec une pierre ; un chapeau de cardinal est posé devant lui sur un rocher. A droite, le lion qui fut compagnon du saint dans sa solitude.

Landon, t. 8. pl. 19.
Collection de Louis XIV.

467. *Une session du concile de Trente.*

H. 1, 17. — L. 1, 76. — T. — Fig. de 0, 27.

Dans le fond du tableau, les prélats rangés en demi-cercle à la droite et à la gauche du président, et, derrière eux, les chefs d'ordre avec une garde d'officiers et de soldats. A droite, un évêque lisant en chaire, et, dans une espèce de tribune, des prêtres placés devant un pupitre.

Collection de Louis XV. — La première session du concile fut tenue le 13 décembre 1545 ; les seuls ambassadeurs de Ferdinand, roi des Romains, y assistèrent : celui de l'empereur était demeuré malade à Venise ; ceux de François Ier, roi de France, avaient été rappelés à cause du long retardement de l'ouverture du concile. Nous ne savons d'après quel renseignement les inventaires et les anciennes notices disent que cette composition représente la *première session* du célèbre concile. Titien accompagna Charles V, lorsque ce prince se rendit, vers le mois de septembre 1555, à Inspruck, pour être plus rapproché de Trente, où s'ouvrait la douzième session ; et il est plus vraisemblable de croire que c'est l'une de celles tenues en septembre, octobre et novembre, qu'il a voulu retracer plutôt que la première, qui eut lieu en 1545, pendant qu'il était à Rome. Ce tableau fut donné au roi Louis XV par M. de La Châtaigneraye. Quelques critiques l'attribuent à Bonifazio, d'autres à Schiavone, et Lépicié l'appelle une esquisse terminée.

468. *Jupiter et Antiope; composition connue sous le nom de la Vénus del Pardo.*

H. 1, 95. — L. 3, 85. — T. — Fig. gr. nat.

Jupiter, sous la forme d'un satyre, est assis aux pieds d'Antiope endormie sous un arbre, et écarte le voile qui la couvre ; au-dessus d'elle, l'Amour, posé sur une branche, lance un trait contre Jupiter. Plus loin, une femme, des fleurs à la main, est assise auprès d'un satyre, et un chasseur, tenant deux chiens en laisse, montre à son compagnon, qui souffle dans une corne, un cerf forcé par des chiens.

Gravé par Bernard Baron dans le Cabinet Crozat.

Collection de Louis XIV. — Ce tableau, point probablement pour Philippe II., était autrefois en Espagne, dit Mariette dans le texte du *Cabinet Crozat.* Philippe IV en fit présent à Charles Ier, roi d'Angleterre, qui aimait passionnément la peinture, lorsque, n'étant encore que prince de Galles, ce monarque vint à Madrid pour épouser l'Infante. Après la mort tragique de ce prince, le tableau de Titien, estimé 500 liv. sterl. dans son inventaire, fut acheté 600 liv. sterl. (15,000 fr.) par Jabach à la vente qui eut lieu à Londres en 1650-51 par ordre de Cromwell, et passa ensuite dans la collection du cardinal Mazarin. Il fut estimé 10,000 liv. tournois sur l'inventaire du cardinal, et Louis XIV l'acheta de ses héritiers. Ce tableau, que Philippe III estimait à lui seul plus que tous les autres de sa riche galerie, avait échappé aux flammes lorsque le feu prit, en 1608, au palais du Pardo, et dévora une quantité de précieuses peintures; il courut risque d'être encore réduit en cendres dans l'incendie du Vieux-Louvre, en 1661. « Mais, s'il fut sauvé de l'embrasement, ce ne fut que pour éprouver un nouveau désastre. Comme il avait souffert dans le dernier incendie, un peintre, aussi présomptueux qu'ignorant, voulut le nettoyer et le raccommoder, enleva la couleur en plusieurs endroits, et, désespérant de pouvoir remettre le tableau dans son premier état, il se contenta du dommage qu'il y avait causé, et laissa à feu M. Antoine Coypel, premier peintre du roi, le soin de le rétablir et de lui donner sa première vie. » (Mariette.) Depuis, ces anciennes retouches ayant été enlevées, le tableau fut restauré de nouveau, et enfin rentoilé en 1829.

469. *Portrait de François Ier, roi de France.*

H. 1, 09. — L. 0, 89. — T. — Fig. à mi-corps, gr. nat.

Ce prince, vu de profil, est coiffé d'une espèce de toque de velours noir ornée d'une plume blanche et d'un bouton de diamant. Il porte un cordon d'or d'où pend une médaille. Son pourpoint, tailladé de satin rouge, est recouvert d'un habit doublé de fourrure également tailladé. Sa main est posée sur la garde de son épée.

Gravé par Gilles-Edme Petit; par J.-B. Massard dans le Musée français; par M. Leroux. — Filhol, t. 6, pl. 430.

Collection de François Ier. — La date de l'exécution de ce portrait et le lieu où il a été fait ont mis la sagacité de plusieurs érudits à l'épreuve. Vasari dit que le Titien fit un portrait du roi François quand il était jeune, portrait possédé par le duc d'Urbin. Dans un autre endroit de sa biographie on lit : « On doit encore à Titien les admirables portraits de Loredano et du prince Grimani. Peu de temps après, il fit celui de François Ier, lorsque ce roi quitta l'Italie pour retourner en France. » Il est impossible d'établir avec ces renseignements, qui ne s'accordent pas avec les dates fournies par l'histoire, l'époque où le portrait de François Ier fut peint. Ce roi ne vint en Italie que deux fois : la première, en 1515, lorsqu'il eut une conférence à Bologne avec Léon X; il n'avait alors que 21 ans. La deuxième

en 1525 ; mais après la fatale bataille de Pavie, loin de rentrer en
France, il fut fait prisonnier, et passa de Pizzighetone en Espagne. D'un
autre côté, si Titien peignit François Ier peu de temps après le doge
Grimani, il ne put faire ce portrait d'après nature, car Antonio Grimani fut élu doge le 6 juillet 1521 et mourut le 7 mai 1523. Or, François Ier n'était pas en Italie à cette époque. L'âge que le roi paraît
avoir dans ce portrait peut faire présumer qu'il a été exécuté
vers 1530, et la particularité de la tête, vue de profil, rend très vraisemblable la supposition de Mariette, qui, dans le texte du Cabinet
Crozat, dit qu'il pense qu'elle a été peinte d'après une médaille. —
Il existe plusieurs répétitions de ce portrait. Ridolfi en cite une
possédée par la famille Barbarighi de San-Polo, à Venise. — « Un
portrait de François Ier, habillé de noir et de rouge avec une plume
blanche au chapeau (H. 3 pieds 2 pouces, L. 2 pieds 8 pouces) », est
porté sur l'inventaire de Mazarin au nom de Dossi Dosso et estimé
500 livres tournois. Ces dimensions et cette description pourraient
faire croire que celui du Musée est celui cité dans cet inventaire ;
cependant Lépicié dit que ce portrait est conservé dans le Cabinet du
roi depuis François Ier.

470. *Portrait d'Alphonse d'Avalos, marquis de Guast, et d'une jeune femme, accompagnés de trois figures allégoriques.*

H. 1, 21. — L. 1, 07. — T. — Fig. à mi-corps, gr. nat.

Avalos debout, la tête nue, revêtu d'une armure,
pose la main gauche sur le sein d'une jeune femme
assise, qui tient des deux mains sur ses genoux une
boule de verre. A droite, un amour apportant un faisceau de flèches ; une femme vue de profil, la tête couronnée de myrte, la main droite posée sur sa poitrine,
dans une attitude respectueuse ; par derrière, une figure
dont on ne voit que la tête en raccourci et les mains
élevées qui soutiennent une corbeille de fleurs.

Gravé par M. Natalis. — Filhol, t. 10, pl. 674.

Collection de Louis XIV. — Cette composition, suivant la version
adoptée par les notices de l'Empire, représente Alphonse d'Avalos et
sa maîtresse, à qui l'Amour, Flore et Zéphyre rendent hommage.
D'autres personnes, supposant que la femme tenant le globe de verre
est Marie d'Aragon, épouse du célèbre guerrier, ont construit sur
cette hypothèse une allégorie peut-être trop ingénieuse. — Lépicié, en
parlant de cette peinture dans son catalogue des tableaux du roi, ajoute:
« L'explication des sujets allégoriques est si arbitraire, quand l'auteur
lui-même n'en a pas découvert le sens, que dans l'incertitude de ne
pas rencontrer juste, j'aime mieux en laisser le mérite aux curieux ;
je me contenterai donc de leur décrire exactement l'attitude et l'action de chaque figure. » Nous partageons l'opinion de Lépicié et nous
imiterons sa réserve. — Alphonse d'Avalos, marquis de Guast, né à
Naples le 25 mai 1502, mort à Vigevano le 31 mars 1546, se montra
le protecteur éclairé des poètes et des grands artistes de son temps.
Il fut lieutenant-général des armées de l'empereur Charles V en Italie,
et perdit la célèbre bataille de Cerizoles, gagnée par François de Bourbon, comte d'Enghien, le 14 avril 1544.

471. *Portraits d'une jeune femme à sa toilette, et d'un homme tenant deux miroirs.*

H. 0, 96. — L. 0, 76. — T. — Fig. à mi-corps, gr. nat.

La jeune femme debout, sa robe à moitié défaite, tient d'une main ses cheveux et de l'autre une petite fiole de parfum. Un homme, placé derrière elle, lui présente deux miroirs.

Gravé par Forster et par Henri Dancken. — *Filhol, t. 7, pl. 455* — *Landon, t. 8, pl. 24.*

Collection de Louis XIV. — Ce tableau, estimé 4,000 livres sterl. dans l'inventaire de Charles Iᵉʳ, fut acheté à ce prix par Jabach, et cédé ensuite par lui à Louis XIV. — Une répétition de cette composition, mais avec des différences, après avoir appartenu à Christine, reine de Suède, se voyait dans la galerie du duc d'Orléans. En 1815, on trouva à Ferrare un troisième tableau représentant les mêmes figures et la même action, mais encore avec des différences importantes dans les accessoires. Il fut acquis par lord Stevar. — Cette peinture représente, suivant les anciens inventaires et les notices précédentes, *Titien et sa maîtresse.* Rien absolument ne justifie cette dénomination. M. Ticozzi, s'appuyant sur le témoignage de médailles et de portraits authentiques, reconnaît dans ces deux personnages Alphonse Iᵉʳ, duc de Ferrare, et Laura de' Dianti. Il croit que Titien représenta Laura presque nue (c'est ainsi qu'on la voit dans le tableau de Ferrare), quand elle n'était encore que la maîtresse du prince, et que, depuis, il la peignit habillée quand elle fut honorée du titre de son épouse et surnommée *Eustochia* par Alphonse pour désigner l'excellence de son choix. Le récit de Vasari, qui, après avoir parlé dans la vie du Titien des Bacchanales faites par lui pour Alphonse de Ferrare, ajoute : « on lui doit aussi le merveilleux portrait de la signora Laura que le duc épousa plus tard », donne à l'hypothèse de M. Ticozzi une grande valeur. Lucrezia Borgia, première femme du duc, mourut en 1519, et le portrait de Laura dut être exécuté vers 1520. — Lépicié fait observer que le tableau du Louvre, haut de 2 pieds 10 pouces et large de 2 pieds 4 pouces, a été agrandi sur la hauteur de 1 pied et sur la largeur de 1 pied 6 lignes.

472. *Portrait d'homme.*

H. 1, 18. — L. 0, 96. — T. — Fig. à mi-corps, gr. nat.

Il porte barbe et moustaches ; sa main droite est posée sur la hanche, et le pouce de sa main gauche passé dans une écharpe qui lui ceint le corps.

Collection de Louis XIV. — Quelques personnes ont présumé que ce portrait était celui de l'Arétin. Rien n'autorise cependant une pareille présomption, car les portraits et les médailles de l'Arétin offrent des traits entièrement différents de ceux du personnage inscrit sous ce numéro.

473. *Portrait d'un jeune homme.*

H..1, 00. — L. 0, 89. — T. —Fig. à mi-corps, gr. nat.

Il est vêtu de noir et a le coude appuyé sur un socle ; sa main droite est nue, la gauche est gantée. Ce tableau est signé : TICIANVS F.

Collection de Louis XIV. — Ce portrait est connu sous le nom de *l'homme au gant.*

474. *Portrait d'homme.*

H. 0, 99. — L. 0, 82. — T. — Fig. à mi-corps, gr. nat.

Sa tête est découverte et il porte une longue barbe ; il est vêtu d'un pourpoint noir et s'appuie contre un pilastre en posant la main droite sur la garde de son épée.

Filhol, t. 7, pl. 449.

Collection de Louis XIV. — Acquis à Rome de la marquise Sanesi par le cardinal Mazarin, ce tableau, estimé dans son inventaire 200 livres, passa après sa mort dans la collection du roi. C'est à tort que Lépicié indique ce tableau sous le titre de : *Portrait d'un vieillard.* Le personnage représenté par l'artiste n'a pas plus de 45 ans.

475. *Portrait d'un commandeur de l'ordre de Malte.*

H. 0, 60. — L. 0, 51. — T. — Buste gr. nat.

Il porte une barbe longue et rousse ; la croix de Malte est suspendue sur sa poitrine par une chaîne faisant trois tours, et il est vêtu d'une pelisse fourrée.

Ancienne collection.

VECELLIO (attribué à TIZIANO).

476. *Portrait d'homme.*

H. 0, 99. — L. 0, 82. — T. — Fig. à mi-corps, gr. nat.

Il est vêtu d'une robe noire ; il tient la main droite ouverte et la gauche est posée sur son genou ; dans le fond, une colonne avec un piédestal ; sur le devant, une table.

Ancienne collection.

477. *Portrait d'homme.*

H. 0, 90. — L. 0, 73. — T. — Fig. à mi-corps, gr. nat.

Il a la tête nue et porte une robe noire qui laisse voir sa chemise plissée sur la poitrine. Sa main gauche est gantée, la droite tient un autre gant.

Collection de Louis XIV.

VECELLIO (d'après TIZIANO).

478. *Portrait du cardinal Hippolyte de Médicis.*

H. 0, 64. — L. 0, 55. — B. — Buste gr. nat.

Il est coiffé d'une toque rouge à plumes droites et ornée d'une agrafe en pierreries.

Collection de Louis XIV. — On trouve dans l'inventaire Bailly (1709–1710) : « Portrait du cardinal de Médicis, figure de grandeur naturelle, ayant 2 pieds 7 pouces de haut sur 2 pieds 10 pouces de large (H. 0,82, L. 0,91). » Ces dimensions prouvent que le tableau a été diminué depuis. Il ne faut pas confondre ce portrait, qui du reste n'est pas cité dans le catalogue des tableaux du roi par Lépicié (1752), avec un autre portrait de cardinal à mi-corps, qui provenait du palais Pitti et qui a figuré au Musée sous l'Empire. La coiffure était la même dans les deux peintures. — Hippolyte, fils naturel de Julien de Médicis, naquit à Urbin en 1511, fut créé cardinal en 1529 par le pape Clément VII, son cousin, et mourut à Itri, le 10 août 1535, empoisonné par ordre de son cousin Alexandre. Ce prélat guerrier ne portait le costume de cardinal que dans les cérémonies publiques.

479. *La Vierge et l'Enfant–Jésus adoré par deux anges.*

H. 0, 73. — L. 0, 63. — Toile collée sur bois. — Fig. à mi-corps, pet. nat.

La Vierge assise, les mains jointes, tient sur ses genoux l'Enfant–Jésus étendu sur un linge dont un ange soutient un des coins ; près de la Vierge, un autre ange, les mains croisées sur sa poitrine, en adoration.

Landon, t. 8, pl. 8.

Collection de Louis XIV. — L'inventaire de l'Empire attribue ce tableau à un élève de Titien.

VÉRONÈSE (ALEXANDRE). *Voir* TURCHI.

VÉRONÈSE (PAUL). *Voir* CALIARI.

VICENTINO (ANDREA). *Voir* MICHIELI (ANDREA DE').

VINCI (LIONARDO DA), *peintre, sculpteur, architecte.*

ingénieur, physicien, écrivain, musicien, né en 1452 au château de Vinci, dans le val d'Arno, près Florence; mort au château de Clot ou Cloux, près d'Amboise, le 2 mai 1519. (École florentine.)

Fils naturel de Ser Piero d'Antonio, notaire de la seigneurie de Florence, il fut mis de bonne heure en apprentissage chez **Andrea del Verocchio**, sculpteur habile et peintre, qu'il surpassa en peu de temps. Ayant quitté Florence, il vint au plus tard en 1477 à Milan et fonda, vers 1483, dans cette ville, une académie fréquentée par des artistes déjà célèbres, et dont Louis Sforze le nomma directeur. C'est en 1497, à l'âge de 45 ans, qu'il peignait à l'huile, sur les murs du réfectoire du couvent de Sainte-Marie-des-Grâces, la fameuse Cène qui mit le sceau à sa réputation. Il resta à Milan jusqu'en 1499. En 1500, après l'occupation du Milanais par les Français, il retourna à Florence; puis il explora l'Italie, en qualité d'ingénieur de César Borgia, pendant les années 1502-1508. Il fit en 1503, en concurrence avec Michel-Ange, plus jeune que lui de vingt-deux ans, le célèbre carton de la bataille d'Anghiari, et commença au mois d'avril 1504 l'exécution à l'huile, sur mur, de cette composition. Il y travaillait encore au mois d'août 1505; mais il ne termina pas cette peinture, au grand mécontentement du gonfalonier Pietro Soderini, qui la lui avait commandée. Il revint à Milan en 1506, et parcourut ensuite la Toscane, le Milanais et la Romagne. En 1508-9, il était à Milan. Le 24 septembre 1513, il quitta Milan, passa par Florence, et se rendit à Rome, à la suite de Giuliano de' Medici, qui venait assister dans cette ville au couronnement de son frère, Léon X. En 1515, il accompagna François Ier à Bologne, lorsque ce monarque signa le concordat avec Léon X, le 8 décembre. Sur les instances de François Ier, Léonard passa en France en 1516, suivi de ses élèves Salaï et Melzi, emportant avec lui, suivant Vasari, le carton de la Sainte Anne et le portrait de la Mona Lisa. Malade pendant tout son séjour en France, il n'exécuta aucune peinture et ne s'occupa que de projets de canalisation. Il est démontré par les dates que, lorsque Léonard mourut à Cloux, François Ier résidait à Saint-Germain-en-Laye. Ainsi le grand artiste florentin ne put expirer dans les bras du roi de France, comme l'a prétendu Vasari. Le génie de Léonard fut universel; dans les sciences mathématiques et physiques, dans toutes les branches de l'art du dessin, il a devancé son siècle. Son esprit investigateur et méthodique lui a fait deviner les causes de phénomènes dont les lois étaient encore ignorées. Désireux d'embrasser le cercle des connaissances humaines, la peinture ne fut pas son occupation exclusive; néanmoins, épris en tout de la perfection, il est arrivé dans cet art à une hauteur à laquelle peu d'artistes ont pu atteindre. Son dessin savant et fin, son style qui n'a rien emprunté à l'antique, et qui doit toute sa beauté à une profonde connaissance de la nature, une grâce inexprimable qui n'appartient qu'à lui, enfin la puissance de son clair-obscur, répandent sur toutes ses productions un charme mystérieux dont lui seul a connu l'admirable secret. Ses élèves ou imitateurs furent B. Luini, G.-A. Beltraffio, **A. Salaï**, **Melzi**, Credi, **Cesare da Cesto**, Gaudenzio Ferrari, **Bernardino Lanino**, Marco da Oggione, **Paolo Lomazzo**. Les ouvrages authentiques de Léonard sont extrêmement rares, et l'on attribue faussement à ce grand maître des peintures qui sont certainement de ses élèves.

480. *Saint Jean-Baptiste.*

H. 0, 69. — L. 0, 57. — B. — Fig. à mi-corps, pet. nat.

Le saint, vu à mi-corps, tient une croix de roseau

d'une main et de l'autre montre le ciel. Il est vêtu d'une
peau d'agneau qui laisse à découvert la partie supérieure
de son corps.

*Gravé par Boulanger, quand ce tableau appartenait au
sieur Jabach. — Landon, t. 5, pl. 6.*

Collection de François Ier. — Il est probable que ce tableau est le
même que celui cité par le père Dan (*Trésor des Merveilles de Fontainebleau*, 1642), et qui faisait partie de la collection de François Ier.
Louis XIII chargea son chambellan, M. de Lyoncourt, de l'offrir à
Charles Ier, roi d'Angleterre, qui lui donna en retour un portrait
d'Erasme par Holbein, et une Sainte-Famille de Titien. Estimé, à la
mort de Charles Ier, 140 livres sterling (3,500 fr.), il fut vendu à ce
prix au banquier Jabach, qui le céda ensuite à Louis XIV. Il existe une
copie de ce tableau à l'Ambroisienne de Milan.

481. *La Vierge, l'Enfant–Jésus et sainte Anne.*

H. 1, 70. — L. 1, 29. — B. — Fig. gr. nat.

La Vierge, assise sur les genoux de sainte Anne, se
baisse pour prendre l'Enfant–Jésus, qui est à terre et
caresse un agneau. Le fond représente un paysage montueux.

*Gravé par J.-N. Laugier; par Jean Cantini de Florence. —
Landon, t. 5, pl. 3.*

Collection de Louis XIV. — Cette peinture, dont plusieurs parties
ne sont qu'ébauchées, fut rapportée d'Italie par le cardinal de Richelieu, lorsqu'en décembre 1629 il commanda en personne le siége de
Casal, sur les confins du Milanais et du Navarrais. Il orna la galerie de
tableaux du palais Cardinal et ne passa dans la collection du roi que
plusieurs années après la mort de Richelieu. Cependant il ne figure
pas sur l'inventaire de ses meubles. Son authenticité a été contestée
par plusieurs critiques, et il faudrait plusieurs pages pour résumer la
volumineuse polémique auquel il a donné lieu; mais en présence d'un
pareil chef-d'œuvre, l'érudition doit se taire pour faire place à l'admiration. Il suffit d'examiner cette superbe peinture pour acquérir la certitude qu'aucun élève ou imitateur de Léonard n'a pu arriver à cette
puissance, à cette finesse de modelé, et surtout à ce charme dans le
sourire que le peintre de la Mona Lisa a seul exprimé avec autant de
bonheur. On connaît plusieurs copies de cette composition. Une fort
belle et conforme au tableau du Louvre se trouvait dans l'église de
San-Celso, à Milan; elle fut acquise par le prince Eugène, et se voit
maintenant dans la galerie de Leuchtenberg, à Munich. On l'attribue
à Salaino. La peinture du Musée Brera, à Milan, semblable quant à la
disposition des figures, en diffère par le fond qui représente un mur
et une draperie; elle est donnée à Bernardino Lanino. Celle de la
galerie de Florence est, à ce que l'on croit, d'Aurelio Luini. Vasari
rapporte que Léonard fit pour les frères Servites un carton admirable
qui devait servir à exécuter le tableau du maître-autel de l'église de
l'Annunziata. Il est à l'académie des Beaux-Arts de Londres, et présente, quant à la composition, des différences telles qu'il n'a pu servir
pour l'exécution du tableau du Louvre. Ce sont deux œuvres entièrement distinctes. Léonard, esprit chercheur s'il en fût, aura
modifié ce sujet à plusieurs reprises; on en a la preuve par les cro-
quis qui se trouvaient à la vente du feu roi des Pays-Bas en 1850,

et enfin par un carton de sa main, dit-on, possédé encore récemment
par une famille de Plattemberg, en Westphalie, carton conforme au
tableau du Louvre. Vasari rapporte que Léonard ne se servit pas du
carton de l'Annunziata pour en faire une peinture, malgré les solli-
citations de François Ier, ce qui n'implique pas la non-exécution
d'une peinture d'après un carton autre que celui qu'il cite. On
connaît un sonnet publié en 1525 par le Bolonais Jérôme Casio de'
Medici, intitulé : *Per S. Anna che dipense L. Vinci, che tenea la
Maria in brazzo, che non volea il figlio scendessi sopra un agnello.*
Le sujet décrit par ce titre s'applique parfaitement à la composition du
Louvre, et l'ancienneté de l'attribution équivaut presque à une certitude. Enfin on trouve ce passage dans une vie manuscrite de Léonard de
Vinci, écrite en latin par Paul Jove, probablement peu de temps
après la mort du grand artiste, et cité par Bossi dans son ouvrage
sur le cénacle : « Il existe un tableau sur bois de Jésus enfant,
jouant avec la Vierge sa mère et son aïeule sainte Anne, tableau
qui fut acheté par le roi François Ier et qui est placé au nombre des
plus précieux ornements de son cabinet. » Comment le tableau est-il
sorti de la collection du roi de France ? C'est ce que nous ignorons ;
mais tout porte à croire que c'est du tableau du Musée que Paul
Jove a voulu parler.

482. *La Vierge, l'Enfant-Jésus, le jeune saint Jean et un ange.*

H. 1, 99. — L. 1, 22. — T. — Forme cintrée du haut.—Fig.
pet. nat.

L'Enfant-Jésus, assis et soutenu par un ange, donne
sa bénédiction au jeune saint Jean, qui lui est présenté
par la Vierge. Dans le fond, une grotte, un paysage, et
des rochers d'une forme fantastique, qui ont fait donner
au tableau le nom de la *Vierge aux Rochers.*

Landon, t. 5, pl. 5. — Gravé par M. Boucher Desnoyers.

Collection de François 1er. — Plusieurs critiques n'admettent pas
l'authenticité de cette peinture, et pensent qu'elle est une copie de
celle exécutée par Léonard, suivant Lomazzo, pour la chapelle de la
Conception de l'église des Franciscains de Milan. Vendue en 1796 au
peintre Hamilton 30 ducats seulement, parce qu'on la regardait aussi
comme une copie, elle fait partie maintenant de la collection du comte
de Suffolk. Deux anges, d'une grande beauté, qui se trouvaient de
chaque côté du tableau principal, et qui sont à présent dans la galerie
du duc de Melzi, ont pu faire croire que les Franciscains possédaient
une composition originale de Léonard. Nous ne pouvons partager l'o-
pinion des critiques : la fermeté et la finesse du dessin, la vigueur du
modelé de certaines parties, nous semblent évidemment déceler en
beaucoup d'endroits la main du maître, qui n'aura peut-être pas retouché également partout l'ébauche faite par un élève. Il existe plusieurs
répétitions fort belles de ce tableau, entre autres une placée dans
le Musée de Nantes. — Le tableau du Louvre, peint originairement sur
bois, a été remis sur toile depuis la Restauration. — Gault de Saint-
Germain, dans sa vie de Léonard, dit qu'il vient de Versailles, et avait
anciennement appartenu au marquis de Sourdis.

483. *Portrait de femme.*

H. 0, 62. — L. 0, 44. — B. — Buste pet. nat.

La tête est vue de trois quarts ; les cheveux sont lisses, le front est ceint d'une ganse noire retenue par un diamant, son cou est orné d'une cordelière ; elle est vêtue d'une robe rouge ornée de broderies.

Filhol, t. 5, pl. 473. — Landon, t. 5, pl. 8.

Ce superbe portrait, qui faisait probablement partie de la collection de François Ier, est indiqué par le père Dan (*Trésor des merveilles de Fontainebleau*, 1642) comme représentant la duchesse de Mantoue. Il a souvent été gravé sous le nom de *la belle Féronnière*, maîtresse de François Ier. On présume qu'il offre les traits de Lucrezia Crivelli, que Léonard peignit à Milan, vers 1497, lorsqu'après la mort de la duchesse Béatrix, Louis Sforce eut de Lucrezia un fils naturel, nommé Giovanni Paolo.

484. *Portrait de Mona Lisa, connue sous le nom de la Joconde.*

H. 0, 77. — L. 0, 53. — B. — Buste gr. nat.

Elle est vue de face et assise dans un fauteuil ; ses deux mains sont croisées l'une sur l'autre. Derrière et au-delà d'un appui en pierre, on aperçoit une vaste campagne.

Gravé par M. Fauchery. — Filhol, t. 11, pl. 29. — Landon, t. 5, pl. 8.

Collection de François Ier.—Le père Dan rapporte que le roi acheta 12,000 livres, somme énorme pour le temps, cette peinture exécutée vers 1500, pendant le séjour de Léonard à Florence. « Il entreprit de faire pour Francesco del Giocondo le portrait de Mona Lisa, sa femme, et après quatre ans d'un travail assidu il le laissa imparfait. On le voit à présent chez le roi de France à Fontainebleau. Qui veut savoir jusqu'à quel point l'art peut imiter la nature, peut s'en rendre compte facilement en examinant cette tête, car il a représenté les moindres détails avec une extrême finesse. Les yeux ont ce brillant, cette humidité que l'on observe toujours pendant la vie ; ils sont cernés de teintes rougeâtres et plombées d'une vérité parfaite ; les cils qui les bordent sont exécutés avec une excessive délicatesse. Les sourcils, leur insertion dans la chair, leur épaisseur plus ou moins prononcée, leur courbure suivant les pores de la peau ne pouvaient pas être rendus d'une manière plus naturelle. Le nez et ses belles ouvertures d'un rose tendre respire. La bouche, sa fente, ses extrémités qui se lient par le vermillon des lèvres à l'incarnat du visage, ce n'est plus de la couleur, mais c'est vraiment de la chair. Au creux de la gorge, un observateur attentif surprendrait le battement de l'artère ; enfin, il faut avouer que cette figure est d'une exécution à faire trembler et reculer l'artiste le plus habile du monde qui voudrait l'imiter. Madame Lisa était très belle, et pendant qu'il la peignait, Léonard eut soin de l'entourer de musiciens, de chanteurs, de bouffons, qui l'entretenaient dans une douce gaîté, afin d'éviter cet aspect mélancolique que l'on observe dans la plupart des portraits. Aussi remarque-t-on dans celui de Léonard un sourire si agréable, que cette peinture est plutôt une œuvre divine qu'humaine, et qu'on la tenait pour une chose merveilleuse et vivante à l'égal de la nature elle-même. » (Vasari.) On connaît plusieurs copies très belles de ce portrait, avec des différences, à Madrid, en Angleterre, en Russie, etc.

485. *Bacchus.*

H. 1 77. — L. 1, 15. — T. — Fig. pet. nat.

Il est couronné de pampres, assis sur une pierre, et s'appuie sur un thyrse.

Collection de Louis XIV. — L'inventaire de la Restauration donne ce tableau à un élève de Léonard. Il est probable qu'il représentait primitivement un saint Jean-Baptiste dans le désert, et que les pampres et les raisins ont été ajoutés après coup. Une peinture entièrement semblable à celle-ci, sauf la couronne de pampres, et représentant bien un saint Jean-Baptiste, se voit dans l'église Saint-Eustorge, à Milan.

VINCI (d'après LIONARDO DA).

486. *La Cène.*

H. 2, 60. — L. 5, 49. — T. — Fig. gr. nat.
Gravé par Raphaël Morghen; par Jacques Frey. — Landon t. 5, pl. 7.

Ancienne collection. — Léonard peignit à l'huile cette admirable composition, vers 1496, sur le mur du couvent de *Santa-Maria delle Grazie,* à Milan. Cette peinture, qui a 8,60 de large sur 4,51 de haut, et dont les figures ont 2,91, était déjà fort dégradée en 1545, et, après avoir été restaurée plusieurs fois, elle fut repeinte presque entièrement en 1726 et en 1770. On peut dire qu'il ne subsiste presque rien de l'œuvre originale, et que ce qui en reste est peu visible. On connaît plus de quarante copies ou imitations de la Cène de Léonard, exécutées dans des proportions différentes, soit à fresque, soit à l'huile. Nous nous bornerons à citer les plus remarquables peintes sur toile. La plus importante de toutes, à cause de son extrême fidélité, est celle faite par Marco. d'Oggione vers 1510, quand l'original était dans sa beauté primitive ; elle se voyait encore, en 1750, dans le réfectoire de la Chartreuse de Pavie ; un épicier de Milan en devint ensuite propriétaire, et elle passa enfin à l'École des beaux-arts de Londres. Cette copie est la seule qui conserve dans son ensemble et dans ses détails les proportions exactes de l'original. La copie exposée au Louvre sous le présent numéro est d'un tiers moins grande que la précédente, mais d'une exécution identique. On peut donc l'attribuer également à Marco d'Oggione. Cette copie est aussi extrêmement précieuse parce que, sauf la dimension, elle reproduit scrupuleusement la composition de Léonard dans ses moindres détails. Elle fut commandée pour la chapelle du château d'Écouen par le connétable de Montmorency. Une belle copie, huit fois moins grande que l'original, fut transportée du couvent de Saint-Barnabé au palais des Arts et des Sciences de Milan. Enfin, on voyait encore une petite copie remarquable, attribuée à B. Luini, dans la salle des marguilliers à Saint-Germain-l'Auxerrois ; cette copie, entièrement usée, est repeinte maintenant de la manière la plus maladroite.

VINCI (école de LIONARDO DA).

487. *La Vierge, l'Enfant-Jésus, sainte Elisabeth, saint Jean et saint Michel.*

H. 0, 90. — L. 0, 69. — T. — Fig. de 0, 90.

La Vierge assise a sur ses genoux l'Enfant-Jésus, auquel l'archange saint Michel, agenouillé, présente une balance, symbole de la justice éternelle. Près de la Vierge, sainte Elisabeth et le jeune saint Jean, qui est assis et tient un agneau.

Landon, t. 5, pl. 4.

Collection de Louis XIV. — Ce tableau, connu aussi sous le nom de la *Vierge aux Balances*, a été attribué à Marco d'Oggione et à Salaïno. — Gault de Saint-Germain, dans la vie de Léonard (p. 46), dit qu'il était dans le cabinet des Médailles, à Versailles, et qu'il avait appartenu anciennement à M. de Charmois.

488. *Portrait de femme.*

H. 0, 50. — L. 0, 35. — B. — Buste pet. nat.

Elle est vue de profil et porte une coiffure de velours rouge brodée d'or et de perles; un voile noir tombe sur ses épaules; elle est vêtue d'une robe bleue.

Collection de Louis XIV. — Ce portrait, cité dans l'inventaire Bailly et dans le catalogue de Lépicié, était celui nommé communément la *Belle Féronnière* à l'époque où ces inventaires ont été dressés. Ce n'est qu'ensuite que cette désignation a été appliquée avec aussi peu de raison au portrait décrit plus haut sous le n° 483.

VOLTERRE (DANIEL DE). *Voir* RICCIARELLI.

ZAMPIERI (DOMENICO), *dit* IL DOMENICHINO, *peintre, architecte, né le 21 octobre 1581, mort à Naples le 15 avril 1641. (École bolonaise.)*

Il entra d'abord à l'école de **Denis Calvaert**, où il connut le Guide, et passa ensuite, comme lui, à celle des Carrache. Mélancolique et timide par caractère, son mérite ne fut apprécié que lorsque, à la suite d'un concours, sa composition fut jugée unanimement supérieure à celle de ses condisciples. L'Albane lui voua une amitié qui ne se démentit jamais : à peine installé à Rome, il fit venir Domenico, le logea chez lui et pourvut à ses besoins. Annibale Carracci l'employa dans la décoration de la galerie Farnèse et le recommanda à plusieurs cardinaux et prélats, qui lui donnèrent différents travaux. Le grand talent dont il fit preuve dans ces ouvrages, et surtout dans le fameux tableau de la Communion de saint Jérôme, excitèrent la jalousie du Guide, de Lanfranc, de Josépin; il fut obligé de quitter Rome et revint à Bologne le 18 avril 1612. Il ne resta qu'un mois dans cette ville et se retrouvait au mois de mai suivant à Rome, où l'appelaient de

nouveaux travaux. Ceux-ci terminés, il retourna à Bologne et s'y
maria. Le cardinal Ludovisi, élu pape en 1621, sous le nom de Grégoire V, l'appela près de lui, fut son protecteur, et le nomma architecte de la Chambre apostolique. Malheureusement Grégoire mourut
en 1623, et Zampieri retomba dans le besoin. Quelque temps après,
les députés de la chapelle de Saint-Janvier de Naples lui proposèrent
de la décorer et lui firent des offres magnifiques. Quoique le Josépin,
le Guide, le Gessi, persécutés par les peintres napolitains, par Lanfranc et Ribera, eussent été forcés d'abandonner successivement cette
décoration dont ils avaient été chargés avant lui, le Dominiquin
accepta, et les persécutions odieuses qu'il éprouva dans cette entreprise hâtèrent sa mort. Sa femme prétendit toujours qu'il avait été
empoisonné. Les œuvres du Dominiquin se distinguent par un caractère d'individualité fortement tranché. Il copia la nature avec naïveté.
Si son style n'a pas cette élévation qui caractérise les maîtres de premier ordre, si son dessin n'est point exempt de lourdeur, il rachète
ses défauts par une expression vraie et par une simplicité qui n'est
pas sans grandeur. Parmi les imitateurs du Dominiquin, on cite surtout Leonello Spada, dont les ouvrages ont été souvent attribués à
son maître.

489. *Dieu punit Adam et Ève de leur désobéissance.*

H. 0, 95. — L. 0, 75. — C. — Fig. de 0, 40.

Le Père-Éternel, soutenu dans les airs par un groupe
d'anges, reproche à Adam sa désobéissance. Adam,
debout près de l'arbre de la science du bien et du mal,
semble implorer la clémence divine pour Ève, qui à son
tour s'excuse en montrant le serpent. A droite, un
cheval, un lion et un agneau.

*Gravé par Étienne Baudet en 1687; par F. Chéreau. —
Landon, t. 3, pl. 35.*

Collection de Louis XIV. — Donné au roi par André Le Nôtre, en
septembre 1693.

490. *David jouant de la harpe.*

H. 2, 40. — L. 1, 70. — T. — Fig. de gr. nat.

Le roi-prophète, les yeux levés au ciel, s'accompagne
de la harpe, en chantant les louanges du Seigneur. A
gauche, un ange tient ouvert devant lui le livre des
Saintes-Écritures; un autre ange, dans le fond à droite,
transcrit les chants que l'enthousiasme inspire à David,
et tient le glaive qui lui servit dans son enfance à tran-
cher la tête du géant Goliath.

*Gravé par Gilles Rousselet (Calc. nat.). — Filhol, t. 5,
pl. 296. — Landon, t. 3, pl. 36.*

Collection de Louis XIV. — Ce tableau passa dans la collection du
roi après la mort de Mazarin, à qui on l'avait envoyé d'Italie.
Il est estimé 3,000 livres tournois sur l'inventaire du cardinal, et fut
rehaussé de 15 pouces suivant l'inventaire de Bailly (1709-1710).

491. *Sainte-Famille.*

H. 0, 36. — L. 0, 48. — T. — Fig. de 0, 24.

La Vierge, assise à terre près d'une source, reçoit de
l'eau dans une coquille, et tient dans ses bras l'Enfant-
Jésus qui prend un fruit que lui offre le jeune saint Jean.
Derrière eux, saint Joseph ôte la charge de l'âne. Dans
le fond, une rivière et des fabriques.

*Gravé par Muller dans le Musée royal.—Filhol, t. 2, pl. 82.
— Landon, t. 3, pl. 37.*

Collection de Louis XIV. — Ce tableau est aussi connu sous le nom
de *Vierge à la Coquille.* — « Du 22 septembre 1668, reçu de M. Sébas-
tien-François de la Planche 10,486 liv. 13 s. 4 d. pour quatre tableaux
avec leurs cadres que le roy fait achepter, savoir : trois de 3,000 livres
chacun, l'un d'Annibal Carrache, représentant une nopce de village,
un autre de Dominiquin représentant un paysage où il y a des pêcheurs et *une Fuite en Égypte ;* un autre du Guide, représentant le
Christ au Jardin des Oliviers ; et l'autre, de 1,400 livres, de Corneille
Poelembourg, représentant une Diane qui se baigne ; et 86 l. 13 s. 4 d.
pour luxation du Trésor. » (Registres manuscrits des bâtiments, chapitre Recettes.) On trouve à l'art. Dépense la mention que ces deux
tableaux ont été achetés à Gaspart Marsy, sculpteur.

492. *Apparition de la Vierge et de l'Enfant-Jésus à saint Antoine de Padoue.*

H. 0, 43. — L. 0, 36. — C. — Fig. de 0, 40.

La Vierge, assise sur des nuages, entourée d'anges,
le pied posé sur un chérubin, vient de confier l'Enfant-
Jésus à saint Antoine de Padoue, agenouillé, qui le
porte dans ses bras , enveloppé d'une draperie dont
Marie retient l'extrémité.

Landon, t. 3, pl. 41.

Collection de Louis XIV.

493. *Le ravissement de saint Paul.*

H. 0, 50. — L. 0, 37. — C. — Fig. de 0, 40.

Saint Paul, les bras et les yeux élevés vers le ciel,
est enlevé par trois anges.

*Gravé par Gilles Rousselet ; par Massard père dans le Musée
royal ; par Leblond, etc. — Landon, t. 3, pl. 45.*

Collection de Louis XIV. — Ce tableau, exécuté à Rome pour
M. Agucchi, majordome du cardinal Aldobrandini, neveu du pape
Clément VIII, fut transporté en France par M. Lybaut, secrétaire du
roi, qui le donna aux jésuites de la rue Saint-Antoine. Ceux-ci le pla-

cèrent dans leur sacristie, et en firent ensuite présent au roi après l'avoir fait copier par Le Brun.

494. *Sainte Cécile.*

H. 1, 59. — L. 1, 17. — T. — Fig. gr. nat.

Sainte Cécile, debout, vue de face et un peu plus qu'à mi-corps, chante les louanges du Seigneur en s'accompagnant de la basse; un ange debout devant elle tient sur sa tête un livre de musique.

Gravé par Étienne Picart (Calc. nat.); par J. Gottard; par Muller dans le Musée français. — Filhol, t. 5. pl. 332. — Landon, t. 3, pl. 42.

Collection de Louis XIV. — Ce tableau fut peint pour le cardinal Ludovisi et apporté en France par le sieur de Nogent, qui le vendit à Jabach, duquel le roi l'acheta. Malvasia cite une répétition de cette composition faisant partie de la galerie du marquis de Cospi, à Bologne.

495. *Paysage. — Combat d'Hercule et d'Achéloüs.*

H. 1, 21. — L. 1, 49. — T. — Fig. de 0, 20.

Hercule terrasse le fleuve Achéloüs, qui s'est métamorphosé en taureau. Œné, roi de Calydon et père de Déjanire, accompagné d'un de ses officiers, assiste au combat. Deux bergers gardent leurs troupeaux au bord du fleuve, dont le cours est interrompu par des chutes d'eau.

Gravé par Duthenoffer dans le Musée français. — Filhol, t. 2, pl. 94. — Landon, t. 3, pl. 52.

Collection de Louis XIV. — Ce tableau, ainsi que le suivant, était placé autrefois dans la vigne du cardinal Ludovisi, neveu du pape Grégoire XIV, et fut ensuite acheté par Louis XIV.

496. *Paysage. — Hercule et Cacus.*

H. 1, 21. — L. 1, 49. — T. — Fig. de 0, 20.

Hercule, appuyé sur sa massue, tire le corps de Cacus hors de sa caverne; près de lui un homme montre Evandre et Gaunus, qui accourent à son secours; plus loin, les bœufs d'Hercule paissant au bord d'un petit ruisseau. A droite, sur une hauteur boisée, des monuments en ruines.

Gravé par Pillement dans le Musée français. — Filhol, t. 2, pl. 118. — Landon, t. 3, pl. 53.

Collection de Louis XIV. — Ce tableau, pendant du précédent, est rehaussé de 7 pouces et élargi de 3, suivant Bailly (1709-1710).

497. *Timoclée amenée devant Alexandre.*

H. 1, 13. — L. 1, 49. — T. — Forme ovale. — Fig. de 0, 57.

Alexandre, assis sur un trône au pied d'une tente, est environné de ses gardes. Un soldat thrace amène devant lui Timoclée captive, qui, insultée par un de leurs capitaines, l'avait lapidé dans un puits où il était descendu croyant trouver un trésor. Alexandre, surpris de sa noble contenance, la fait mettre en liberté, ainsi que ses enfants que des soldats traînaient à la suite de leur mère. Dans le fond, les troupes du roi vainqueur entrant dans la ville de Thèbes, en Béotie.

Gravé par Delignon dans le Musée français. — Filhol, t. 10, pl. 643. — Landon, t. 3, pl. 47 et 48.

Collection de Louis XIV.

498. *Le triomphe de l'Amour.*

H. 0, 49. — L. 0, 41. — T. — Fig. de 0, 20.

L'Amour, assis sur son char, tient de la main droite son arc, et guide avec l'autre deux colombes attelées; près de lui un enfant ailé répand des fleurs, un second en détache quelques-unes de la couronne qui entoure la figure principale.

Gravé par Claude Randon ; par Potrelle dans le Musée royal. — Filhol, t. 10, pl. 590. — Landon, t. 3, pl. 50.

Collection de Louis XIV. — Ce tableau, placé d'abord dans la villa Ludovisi, à Rome, fit ensuite partie de la collection du roi, après avoir appartenu au duc de Mazarin. — Les fleurs ont été attribuées, tantôt à Daniel Seghers, tantôt à Mario Dai Fiori. Elles nous paraissent d'une main italienne.

499. *Renaud et Armide.*

H. 1, 21. — L. 1, 68. — T. — Fig. demi-nat.

Armide, assise sur un tertre au pied d'un arbre, arrange ses cheveux et se regarde dans le miroir que lui présente Renaud, couché à ses pieds. Un Amour, dans les airs, lance un trait contre Armide; à gauche, deux tourterelles qui se becquettent, deux Amours qui s'embrassent, un autre Amour endormi près de son flambeau renversé; plus loin, du même côté, Ubalde et le chevalier danois, qui viennent chercher Renaud, sont cachés derrière le feuillage ; au fond, le palais d'Armide.

Gravé par Croutelle dans le Musée français. — Landon. t. 3, pl. 84.

Collection de Louis XIV.

500. *Paysage. — Herminie arrive chez le berger.*

H. 1, 23. — L. 1, 81. — T. — Fig. de 0, 27.

Herminie, revêtue de l'armure de Clorinde et s'appuyant sur sa lance, aborde le vieux berger dont les enfants jouent de la flûte et du pipeau. Près de là on voit ses moutons parqués. Un torrent descend des montagnes.

Collection de Louis XIV. — Ce tableau est attribué à Annibal Carrache par l'inventaire de Bailly (1709-1710), par le catalogue de Lépicié (1752) et par l'inventaire de l'Empire.

501. *Paysage.*

H. 1, 65. — L. 2, 12. — T. — Fig. de 0, 15.

Sur les bords d'un torrent produit par une chute d'eau, des pêcheurs retirent leurs filets ; plus loin, des musiciens dans une barque chantent et jouent de divers instruments. Sur le bord opposé, un berger conduit un troupeau de moutons. A droite, une femme montée sur un mulet tient dans ses bras un jeune enfant. Dans le fond, des fabriques et de hautes montagnes.

Collection de Louis XIV. — « Le cardinal de Mazarin avait encore parmi ses meilleurs tableaux, savoir : un grand paysage du Dominiquin, dont M. le duc de Mazarin me fit présent après la mort de S. E. Il y a des pêcheurs sur le devant qui tirent leurs filets d'un lac ; une barque, dans laquelle il y a des musiciens et quelques femmes, flotte doucement sur cette mer pacifique, etc. » (*Mémoires de Brienne*, ch. IX, page 25.)

ZAMPIERI (attribué à).

502. *Saint Augustin lavant les pieds de Jésus, qui se présente à lui sous la figure d'un pèlerin.*

H. 0, 67. — L. 0, 60. — C. — Fig. de 0, 40.

Jésus-Christ est habillé en pèlerin et saint Augustin en religieux. Des livres, une mitre, une tête de mort, sont posés sur une table. Des anges occupent la partie supérieure du tableau.

Collection de Louis XIV.

ARTISTES INCONNUS.

ÉCOLE BYZANTINE.

503. *La Vierge allaitant l'Enfant-Jésus.*

H. 0, 39. — L. 0, 33. — B. — Fig. à mi-corps, demi-nat.

Musée Napoléon. — L'inventaire de l'Empire inscrit ce tableau, sur fond doré, comme une imitation de Van Eyck.

504. *La Vierge embrassant l'Enfant-Jésus.*

H. 0, 56. — L. 0, 44. — Fig. à mi-corps, pet. nat.

En haut, de chaque côté, un ange. Sur la bordure et dans huit médaillons, les évangélistes avec leurs attributs.

Collection de Charles X. — Peinture grecque sur fond doré, trouvée à Aquilée, et acquise en 1828, de M. Sauvinet, pour 1,200 fr.

505. *La Vierge et l'Enfant-Jésus.*

H. 0, 91. — L. 0, 70. — C. — Fig. à mi-corps, gr. nat.

Leur teint est noir.

Ce tableau, qui est porté sur l'inventaire aux inconnus de l'école flamande, est une peinture russe faite sur fond doré, à l'imitation des ouvrages byzantins.

ÉCOLES D'ITALIE.

XIVᵉ SIÈCLE.

506. *La Vierge, l'Enfant-Jésus, saint Jean-Baptiste et saint François.*

H. 0, 34. — L. 0, 30. — B.

La Vierge, assise sur un trône, tient l'Enfant-Jésus

dans ses bras. A droite, saint Jean-Baptiste ayant une banderole sur laquelle on lit : ECCE AGNUS DEI QUI TOLLIT PECCATA MUNDI. A gauche, saint François, un lis dans la main droite, un livre dans la gauche.

Collection de Charles X. — Acquis de M. Revoil en 1828. C'est probablement une peinture toscane sur fond d'or faite à l'imitation des ouvrages byzantins.

507. *Le couronnement de la Vierge.*

H. 1, 13. — L. 0, 66. — B. — Forme cintrée. — Fig. demi-nat.

Jésus-Christ pose sur la tête de la Vierge la couronne de l'immortalité ; dans le bas, deux anges à genoux.

Musée Napoléon. — Ce tableau, peint sur fond doré et gauffré, est donné par les inventaires à **Simone di Martino**, appelé à tort, ordinairement, **Simone Memmi**, émule de Giotto, né à Sienne vers 1285, mort à Avignon au mois de juillet 1344. Cette peinture est trop faible pour être d'un artiste du mérite de Simone, mais appartient à un peintre siennois, probablement de son école.

XVe SIÈCLE.

508. *Portrait de saint Louis, deuxième fils de Charles II, le Boiteux, roi de Naples, de Sicile et de Jérusalem, né à Nocera en février 1275, évêque de Toulouse à l'âge de 19 ans, et mort le 19 août 1298.*

H. 0, 48. — L. 0, 35. — B. — Buste demi-nat.

Il tient un livre de la main droite et une crosse de la main gauche.

Collection de Louis XVIII. — Ce tableau, peint sur fond d'or et gauffré, faisait partie de la collection Revoil, acquise en 1848. Il était attribué à Giotto, mais il est évidemment d'un peintre postérieur à cet artiste. Il rappelle l'exécution et le style de Gentile da Fabriano.

509. *Saint Jérôme.*

H. 0, 35. — L. 0, 15. — B. — Fig. de 0, 30.

Il est debout, vêtu d'une robe de bure noire, et tient un livre ; un chapeau de cardinal est à ses pieds. Sur la bordure on lit en caractères gothiques : SANCTA FIE-SOLA, qui se rapporte évidemment à une figure placée autrefois au-dessus. — Fond doré.

510. *Sainte Claire et saint Louis, roi de France.*

H. 1, 50. — L. 0, 14. — B. — Fig. de 0, 50.

Ces figures, ainsi que celles des trois numéros suivants, sont peintes l'une au-dessus de l'autre dans des niches figurées. — Elles sont toutes les huit portées sur l'inventaire de 1832 à l'école flamande.

511. *Saint Jérôme et saint Jean-Baptiste.*

H. 1, 50. — L. 0, 14. — B. — Fig. de 0, 50.

512. *Saint Roch et saint Jean-Baptiste.*

H. 1, 60. — L. 0, 14. — B. — Fig. de 0, 63.

513. *Saint Jérôme et saint François-d'Assise.*

H. 1. 60. — L. 0, 14. — B. — Fig. de 0, 63.

514. *Rétable divisé en deux parties formant six compartiments.*

Partie inférieure.

1° *Au milieu. — Le Christ apparaissant à la Madeleine.*

H. 1, 26. — L. 0, 71. — B. — Fig. de 1, 00.

2° *A gauche. — Saint Pierre, martyr, et saint François.*

H. 1, 16. — L. 0, 53. — B. — Fig. de 0, 90.

3° *A droite. — Saint Antoine de Padoue et saint Nicolas de Tolentino.*

H. 1, 16. — L. 0, 53. — B. — Fig. de 0, 90.

Partie supérieure.

4° *A droite. — La Vierge à genoux.*

H. 0, 63. — L. 0, 30. — B. — Fig. de 0, 40.

5° *A gauche. — L'ange Gabriel.*

H. 0, 65. — L. 0, 30. — B. — Fig. de 0, 35.

6° *Au milieu. — Le Christ en croix entre la Vierge et saint Jean.*

H. 0, 70. — L. 0, 41. — B. — Fig. de 0, 30.

Ces six ouvrages, peints sur fond doré et gauffré, sont renfermés dans un même cadre, sur la partie inférieure duquel on lit :

Hoc opus fecit fieri nobile dûs xlaz angelus de facis 1477.

Le noble seigneur Nicolas Angelus de Fatius (Angelo de' Fazi, en italien) a fait faire cet ouvrage en 1477.

« A San-Giacomo, à Savone, dans la chapelle des Sacchi, se trouve un tableau à compartiments, peint en détrempe. Le panneau principal représente Notre-Seigneur apparaissant à la Madeleine après sa résurrection. Dans les autres panneaux on voit différents saints, et on lit au-dessous : *Hoc opus fecit fieri nobilis Dominicus (sic) quondam Angelus de Saccis 1477.* » (Ratti pitture, etc., delle due rive dello stato Ligure, p. 39.) Malgré les erreurs de cette inscription, on ne peut douter de l'identité du tableau, dont l'auteur n'est pas connu. Dans la même église de Savone, il existe une peinture de Lodovico Brea de Nice, qui peignit à Gênes et dans les environs, de 1483 à 1513, un tableau signé et daté de 1495, et analogue pour la disposition à celui du Louvre. Le même artiste a peint aussi à Gênes, en 1483, un tableau pour un autre membre de la famille des Fazi. On pourrait conclure de ces faits, qu'il y a beaucoup de probabilité pour que la peinture du Louvre soit de Lodovico Brea.

515. *La Vierge et l'Enfant-Jésus.*

H. 0, 87. — L. 0, 58. — B. — Fig. pet. nat.

La Vierge assise soutient l'Enfant–Jésus posé sur son genou; on voit devant elle, sur un appui en pierre, le Saint-Esprit sous la forme d'une colombe dont la tête est nimbée, et à côté, un livre ouvert dans lequel la Vierge semble lire.

Ce tableau, placé autrefois dans l'église Saint-Louis-des-Français, à Rome, est attribué sur les inventaires de l'Empire et de la Restauration à *Domenico Ghirlandajo.* — Il y a tout lieu de croire qu'il est d'Andrea Verocchio ou de la jeunesse de Lorenzo di Credi.

516. *La naissance de la Vierge.*

H. 0, 24. — L. 0, 46. — B. — Fig. de 0, 13.

Cette composition est divisée en trois parties distinctes : des femmes s'empressent de donner les soins nécessaires à l'enfant qui vient de naître; à travers la porte et les fenêtres, on aperçoit sainte Anne dans son lit, assistée par deux autres femmes; dans une pièce voisine, saint Joachim, accompagné d'un vieillard, écoute un jeune garçon qui lui adresse la parole.

Ancienne collection. — Ce tableau, donné par les inventaires et les notices précédentes à Andrea di Cione, dit *Orcagna*, ne peut être de ce maître, mort déjà en 1376, et appartient à un artiste de la fin du xve siècle, dont le style se rapproche de celui de Fra Lippi ou de Pesello.

XVIᵉ SIÈCLE.

517. *Portrait de femme.*

H. 0, 69. — L. 0, 53. — B. — Buste gr. nat.

Elle tient de la main gauche un collier, et de la droite des gants. Les chiffres formés des lettres C. A. et B.I. sont répétés plusieurs fois sur le bandeau qui retient ses cheveux, et indiquent, sans doute, les initiales de son nom.

Musée Napoléon. — Ce tableau, *attribué* à Carpaccio par l'inventaire de la Restauration, ne nous semble nullement appartenir à ce maître, mais à un artiste vénitien du commencement du xvie siècle.

518. *Portrait d'homme.*

H. 0, 69. — L. 0, 53. — B. — Buste gr. nat.

Sa tête est couverte d'une toque ; il tient de la main droite, qui est gantée, une lettre sur laquelle on lit : *Dono Bernardo di Salla*, et plus bas : *in dlo ; c'est-à-dire : au Seigneur Bernardo di Sala dans sa maison.*

Musée Napoléon. — Ce tableau, sur l'inventaire de la Restauration, est *attribué* à Carpaccio. Il nous semblerait être plutôt de Vincenzo Catena, peintre vénitien, mort en 1530, qui fit surtout des portraits estimés.

519. *Portrait d'un sculpteur.*

H. 0, 92. — L. 0, 68. — T. — Buste gr. nat.

Il est représenté coiffé d'une toque, appuyant la main droite sur une tête de marbre, et le bras gauche sur une plinthe de pierre, où se trouve un ciseau qu'il montre du doigt.

Collection de Louis XIV. — Ce tableau est désigné dans le catalogue de Lépicié comme le portrait de Bandinelli, peint par lui-même. Depuis, on a reconnu que Bandinelli ne pouvait en être l'auteur, et l'on a voulu, sans plus de fondement, que ce portrait fût celui du sculpteur Baccio da Monte Lupo. Cette peinture paraît avoir été exécutée de 1520 à 1530 par un artiste vénitien ou véronais, et fut, suivant l'inventaire de 1709, réduit en forme ronde ou plutôt ovale.

520. *Portrait de César Borgia, cardinal, puis duc de Valentinois.*

H. 0, 95. — L. 0, 77. — T. — Buste gr. nat.

Il est vu de trois quarts, tourné vers la gauche, et porte un vêtement garni de fourrures.

Ancienne collection. — Ce tableau, porté aux inconnus sur l'inventaire de la Restauration, a été attribué à tort dans les catalogues précédents au Giorgion, mais est bien l'ouvrage d'un artiste vénitien.

521. *Portrait d'un vieillard.*

H. 0, 65. — L. 0, 52. — T. — Buste gr. nat.

La tête, vue de face, est couverte d'une toque, et la couleur de la barbe tire sur le roux.

Ancienne collection. — (École vénitienne.)

522. *Tête d'homme portant barbe.*

H. 0, 58. — L. 0, 46. — T. — Buste gr. nat.

Il est vêtu de noir, a la tête nue, et porte barbe et moustaches.

Ancienne collection. — (École vénitienne.)

523. *Tableau de la Vie humaine.*

H. 2, 72. — L. 3, 62. — T. — Fig. de 0,40.

Ce tableau est la réalisation pittoresque d'une allégorie attribuée à Cébès, disciple de Socrate. Comme la description exacte de cette peinture occuperait beaucoup trop de place, nous nous bornerons à donner ici un résumé de l'allégorie du philosophe grec, résumé suffisant pour l'intelligence de la composition. — La foule des humains engendrés par la *Nature* et le *Temps* se presse à l'enceinte de la vie. Le *Génie*, sous les traits d'un vieillard, instruit ceux qui entrent de la route qu'ils doivent suivre. Auprès de la porte, est assise sur un trône l'*Imposture*, qui les enivre en leur faisant boire le breuvage de l'*Ignorance* et de l'*Erreur*. Admis dans l'enceinte, ils sont accueillis par des femmes représentant les *Opinions*, les *Passions*, les *Voluptés*. Elles les séduisent et leur promettent de les conduire au bonheur et à la fortune. Ils rencontrent bientôt cette aveugle déesse, placée sur un globe de verre ; elle dépouille les uns et favorise les autres. Après avoir quitté la Fortune, ils trouvent l'*Intempérance*, la *Débauche*, l'*Avarice*, la *Flatterie*, qui guettent ceux qui en ont reçu quelque don. Elles les flattent, leur promettent une vie exempte de chagrins. Persuadés, ils se livrent à leurs caresses trompeuses ; mais, bientôt ruinés, déshonorés, ils deviennent les esclaves de ces femmes, qui leur font commettre tous les crimes. Alors les coupables sont livrés à la *Peine*, qui a pour satellites la *Tristesse*, la *Douleur*, le *Deuil*, le *Désespoir*. Les infortunés passent ensuite leur vie dans le cachot du *Malheur*, à moins que le *Repentir* ne les délivre en leur indiquant la route de l'*Instruction* qui doit les régénérer. A l'entrée d'une nouvelle enceinte, une femme parée avec art accueille la multitude : c'est la *Fausse Instruction*. Trompés par elle, les poètes, les orateurs, les musiciens, les géomètres, les astrologues, les épicuriens, les critiques, etc., croient avoir trouvé la *Véritable Instruction* et errent dans l'enceinte. Cependant, ceux qui s'aperçoivent enfin qu'ils sont sous le joug de l'*Opinion*, de l'*Erreur*, de l'*Ignorance*, se dirigent vers des hauteurs d'un accès difficile, où deux femmes robustes, la *Modération* et la *Patience*, leur tendent les bras et les encouragent à surmonter les obstacles. Après avoir franchi ces rochers escarpés, ils trouvent une autre enceinte, une autre porte, une prairie, séjour des *Bienheureux*, habité par le *Bonheur* et les *Vertus*. A la porte se tient la *Véritable Instruction*, accompagnée de la *Vérité* et de la *Persuasion*. Elle guérit ses hôtes en leur présentant un breuvage salutaire. Lorsqu'ils sont purifiés, on les introduit dans le séjour de la *Science*, où habitent la *Force*, la *Justice*, l'*Intégrité*, la *Tempérance*, la *Modération*, la *Liberté*, la *Continence*, la *Douceur*. Les *Vertus* présentent les voyageurs à la *Félicité*, dont le temple est bâti sur une élévation qui domine toutes les enceintes. Assise sur un trône, elle couronne les courageux vainqueurs des vices, et ceux-là seuls peuvent parcourir désormais l'enceinte de la vie sans craindre d'être attaqués de nouveau par les séductions et les malheurs qui ont assailli leurs premiers pas dans la carrière. — On lit sur un livre que tient un des personnages de ce tableau : DANIELI OPVS. Daniel est évidemment le nom ou un des noms de l'auteur de cette peinture, dont l'exécution rappelle la manière du Schiavone et de Bonifazio ; mais nous n'avons encore trouvé aucun document qui nous permette de donner des détails biographiques sur cet artiste, que nous avons cru devoir placer provisoirement aux inconnus vénitiens du XVIe siècle.

524. *Repas de dix personnages assis devant une table; fond d'architecture.*

H. 0, 26. — L. 0, 41. — T. — Fig. de 0, 20 à mi-corps.

Ancienne collection. — Esquisse vénitienne portée à tort sur l'inventaire à l'école française et comme représentant un repas chez Simon le Lépreux.

525. *Sainte-Famille.*

H. 1, 50. — L. 2, 37. — T. — Fig. pet. nat.

La Vierge assise à terre, saint Joseph, trois anges et saint Joachim adorent l'Enfant-Jésus ; il est couché à terre sur une draperie et lève les bras pour recevoir une croix que tient le jeune saint Jean et que sainte Elisabeth lui prend des mains.

Ancienne collection. — Ce tableau, donné par les inventaires et par les catalogues précédents à Dosso, n'appartient certainement pas à ce maître. Il est d'un artiste vénitien, et l'influence du Titien se fait évidemment sentir, dans les draperies surtout. Quelques critiques pensent qu'il pourrait être de Lorenzo Lotto.

526. *Portrait de Michel-Ange.*

H. 0, 58. — L. 0, 36. — B. — Tête gr. nat.

Il est vu presque de face et coiffé d'une manière bizarre avec des espèces de bandelettes de linge. On lit dans la partie inférieure du tableau : *Micha. Ange. Bonarottanus. Florentinus sculptor. Optimus. Anno. Ætatis. Suæ 47.*

Ce portrait est probablement de Giulio Bugiardini, contemporain et ami du Buonarroti, dont il a fait plusieurs fois le portrait.

527. *Portrait d'homme.*

H. 0, 62. — L. 0, 52. — T. — Buste fig. gr. nat.

Sa tête est couverte d'une toque noire ; il porte la main droite sur sa poitrine, et tient des gants dans la main gauche.

Ce tableau, qui, dans les notices précédentes, était placé dans l'école vénitienne, fut donné au roi Louis XVIII, en 1819, par lord Sommerville. — On lit sur l'envers du panneau l'inscription suivante :

GREGORIVS PAETHVS
THOMAE. P. F. CVM BONON. ESSET IMAGINEM SVAM
QVAE SE SIBI SVISQ. REFERRET. PING. CVR. NATVS
ANN. XX. ANN. M. DXXVI.

« Gregorius Pæthus, fils de Thomas Pæthus, se trouvant à Bologne, fit faire son portrait pour rappeler ses traits à lui-même et aux siens, dans la vingtième année de son âge, en 1526. »

528. *Bacchanale.*

H. 0, 36. — L. 0, 27. — T. — Fig. de 0, 10.

Vénus est assise entre Bacchus et Cérès. A gauche, un amour couché sur un tonneau, et un autre amour faisant couler du vin de ce tonneau dans une coupe. Près d'eux, un satyre buvant à une outre, et un autre satyre pressant une grappe de raisin.

Collection de Louis XVIII. — Ce tableau monochrome, de l'école romaine, attribué à tort à Jules Romain, était compris dans les tableaux acquis de M. Mauco (Musée européen), le 4 juillet 1824, moyennant une somme de 20,000 fr.

529. *La Vierge, l'Enfant-Jésus et saint Jean-Baptiste.*

H. 0, 74. — L. 0, 58. — B. — Fig. à mi-corps, pet. nat.

Jésus, assis sur un coussin et soutenu par sa mère, reçoit une croix de jonc que saint Jean-Baptiste lui présente.

Ancienne collection. — Ce tableau est donné par les inventaires à Léonard de Vinci. Dans le catalogue de Lépicié, il figure parmi les tableaux de Raphaël. Il n'est certainement ni de l'un ni de l'autre, et appartient probablement à quelque artiste lombard qui s'est inspiré de ces deux maîtres.

530. *Sainte-Famille.*

H. 0, 64. — L. 0, 53. — B. — Fig. demi-nat.

Le jeune saint Jean présente une croix à l'Enfant-Jésus, soutenu par la Vierge. Près d'elle est saint Joseph.

Collection de Louis XIV. — Ce tableau, donné par les inventaires à Allegri, n'est assurément pas de lui. « Le temps et les prétendues restaurations, dit Lépicié, ont si fort endommagé ce tableau, qu'il faut chercher le Corrège dans Corrège même. » Il a été attribué depuis à Pomponio Allegri, fils du Corrège, ou à Girolamo Mazzola. Il nous semble plus prudent de le classer parmi les inconnus de l'école lombarde.

531. *Tête d'ange.*

H. 0, 45. — L. 0, 26. — T. — Forme ovale — Fig. gr. nat.

Ancienne collection. — École lombarde. — Cette peinture rappelle la manière de Procaccini.

532. *Sujet mystique.*

H. 2, 40. — L. 1, 48. — T. — Fig. gr. nat.

En présence de la Vierge, de saint Joseph et de saint Dominique, saint François d'Assise offre à Jésus les roses rouges et les roses blanches produites en janvier par les épines, sur lesquelles il s'était couché pour résister aux tentations de l'esprit malin.

Musée Napoléon. — Ce tableau, porté sur les inventaires à l'école du Corrège, paraît être d'un artiste ferrarais.

533. *Portrait d'un architecte.*

H. 0, 83. — L. 0, 60. — B. — Buste fig. gr. nat.

Il tient d'une main un chapiteau corinthien et de

l'autre un compas. On lit sur le tableau l'inscription suivante : *Ætatis. Suæ*. 30. 15. 1.

Ancienne collection.

534. *L'ange du Seigneur apparaît à saint Pierre dans la prison.*

H. 1, 19. — L. 1, 89. — T. — Fig. gr. nat.

Saint Pierre est couché par terre, ainsi que d'autres prisonniers et un soldat. L'ange agenouillé montre du doigt, à saint Pierre, la porte de la prison.

Ancienne collection. — Tableau d'un élève ou d'un imitateur du Caravage.

535. *L'enlèvement d'Europe.*

H. 1, 90. — L. 1, 17. — T. — Fig. de 0, 40.

Le taureau divin s'est élancé dans la mer, emportant Europe effrayée qui se retient à ses cornes. Sur le rivage, cinq de ses compagnes éplorées, les bras étendus vers la fille d'Agénor. Dans les airs, deux Amours lançant des traits sur Europe, et deux autres tenant des fleurs et une couronne.

Ancienne collection. — Ce tableau est porté sur l'inventaire à l'école de Lodovico Carracci, quoiqu'il ne rappelle guère le style de ce maître.

XVIIe SIÈCLE.

536. *Saint Sébastien secouru par les saintes femmes.*

H. 1, 79. — L. 1, 46. — T. — Fig. gr. nat.

Irène, veuve chrétienne, panse, avec sa suivante, les plaies de saint Sébastien percé de flèches.

Musée Napoléon. — Ce tableau, dans les inventaires, est inscrit[t] comme peinture dans le genre d'Alexandre Véronèse.

537. *Mort d'une jeune femme.*

H. 2, 00. — L. 2, 60. — T. — Fig. gr. nat.

Une jeune femme qui vient d'accoucher est étendue expirante sur son lit; à gauche, son époux debout, un

bras appuyé sur l'oreiller, la contemple en versant des
larmes. Au pied du lit, la nourrice tenant le nouveau-
né ; à gauche, deux enfants en pleurs ; à droite, au fond,
une femme chauffant des langes.

Ancienne collection.—Ce tableau, porté sur les inventaires comme
attribué à Alexandre Véronèse, n'est peut-être même pas une peinture italienne.

538. *Paysanne de la Sabine.*

H. 0, 98. — L. 0, 74. — T. — Buste gr. nat.

Elle tient un panier de fleurs.

Collection de Charles X. — Acquis de M. Giraud en 1819, *comme
attribué à Michel-Ange* (de Caravage.)

539. *Vue perspective de la ville de Rome vers 1660.*

H. 1, 21. — L. 2, 21. — T.

On distingue le dôme de Saint-Pierre et le château
Saint-Ange. A gauche, un homme, une femme et un
enfant habillés en pèlerins.

Ancienne collection.

540. *Paysage.*

H. 0, 86. — L. 1, 30. — Fig. de 0, 20.

A droite, saint François à genoux, les bras étendus ;
à peu de distance de lui, son compagnon assis à terre,
et tenant un livre. A gauche, un cerf près d'un ruisseau, et deux canards dans l'eau. Au fond, de hautes
montagnes, et à gauche un monastère avec un clocher.

Ancienne collection. — École bolonaise.

541. *Paysage.*

H. 1, 47. — L. 2, 22. — T. — Fig. de 0, 25.

Sur le bord d'une route serpentant au pied de montagnes boisées, une paysanne assise s'appuie sur un
jeune homme ; près d'eux une femme debout, tenant un
enfant dans ses bras, les regarde ; plus loin, sur la même
route, un homme et une femme conduisant un enfant.
Dans le fond à gauche, un couvent près duquel sont
deux moines.

Ancienne collection. — Ce tableau et le n° 542 étaient donnés à tort,
dans les catalogues précédents, à Gaspre Dughet. Ils pourraient être du

Tempestino, beau-frère et élève de Pierre Molyn dit *Tempesta*, peintre sur lequel on n'a aucun détail biographique, et dont les ouvrages, souvent attribués à Gaspre, offrent un mélange du style de ce maître et de celui de Salvator Rosa.

542. *Paysage.*

H. 1, 47. — L. 2, 22. — T. — Fig. de 0, 25.

Dans une forêt entrecoupée de rochers, un chasseur tire un coup de fusil et son chien s'élance à la poursuite du gibier; près de lui, un homme assis et un autre homme debout appuyé sur un bâton. A droite, une femme montée sur un mulet, accompagnée d'un jeune garçon qui joue de la musette. On aperçoit dans l'éloignement un couvent, et à l'horizon de hautes montagnes.

Ancienne collection (voir la note du tableau précédent).

543. *Danse à la porte d'une hôtellerie.*

H. 0, 47. — L. 0, 66. — T. — Fig. de 0, 15.

Au milieu du tableau, un paysan, vêtu d'une peau de chèvre, danse avec une paysanne, qu'il tient par la main. A droite, deux musiciens, l'un jouant du flageolet, l'autre de la musette; un homme à cheval, appuyé sur un panier, une femme filant à la porte de l'auberge, des enfants, des chèvres; à gauche, dans le fond, une charrette attelée de deux bœufs.

ÉCOLE ESPAGNOLE.

ÉCOLE ESPAGNOLE.

COLLANTES (Francesco), *né à Madrid en 1599, mort en 1656.*

Il fut élève de Vincenzo Carducci. Quoiqu'il ait fait des tableaux d'histoire justement estimés, il est principalement célèbre comme peintre de paysages, de fleurs et de fruits.

544. *Le buisson ardent.*

H. 1, 16. — L. 1, 62. — T. — Fig. de 0, 35.

Sur le mont Horeb, au milieu d'une flamme qui sort d'un buisson sans le consumer, le Seigneur apparaît à Moïse ; il lui annonce qu'il l'a choisi pour délivrer les Hébreux de la tyrannie des Egyptiens.

Collection de Louis XIV. — Dans l'inventaire de Bailly, ce tableau est donné à un peintre italien de l'école lombarde, nommé *Coliandre,* nom inconnu et évidemment estropié. Lépicié l'attribue à Féti.

ESPAGNOLET. *Voir* Ribera.

ESTEBAN. *Voir* Murillo.

MORALES (Luis de), *né à Badajoz vers 1509, mort dans cette ville en 1586.*

On ignore le nom de son maître, car c'est à tort qu'on le dit disciple de **Pietro Campana,** qui ne vint en Espagne que vers 1548, tandis que, suivant Bermudez, on connaît de Morales à Badajoz des tableaux datés de 1546. Les Espagnols lui ont donné le surnom de *Divino,* parce qu'il peignit surtout des sujets de sainteté, entre autres le Christ mort dans les bras de la Vierge, des Notre-Dame-des-Douleurs, etc.; néanmoins il ne faut pas lui attribuer cette quantité d'Ecce Homo et de Vierges maigres et décharnées que l'on rencontre si souvent dans les galeries avec le nom de Morales. La plupart de ces affreuses peintures sont de ses élèves ou imitateurs qui ont exagéré ses défauts. Les tableaux incontestables de Morales sont rares , peints sur cuivre ou sur bois, et généralement de petites dimensions ; ils ne représentent qu'une tête , un buste, une figure à mi-corps. La Vierge soutenant le Christ mort était un de ses sujets de prédilection. Il eut pour élève **Juan Labrador,** qui a excellé dans la peinture des fleurs, des fruits et de la nature morte.

545. *Jésus-Christ portant sa croix.*

H. 0, 93. — L. 0, 70. — B. — A mi-corps, gr. nat.

Collection de Louis XVIII.—Ce tableau a été acquis, comme étant de Morales, de M. Mauco (*Musée européen*) en 1824 , avec le S. Boticelli (no 196), le chevalier Maxime (no 411), le Salvator (no 363), le Signorelli (no 402), le Vasari (no 456), le Jordaens (no.....), le Lingelbach (no.....), une grisaille (no 528) représentant Vénus entre Bacchus et Cérès, et un tableau de M. Le Blanc, intérieur de l'église de Saint-Paul de Rome, moyennant la somme de 20,000 fr.

MURILLO (Bartolomé Estéban), *né à Séville en 1618; mort dans cette ville le 3 avril 1682.*

Le nom d'Estéban est considéré par les historiens comme faisant partie du nom de famille de Murillo, car tous ses ancêtres l'ont porté. Palomino dit qu'il naquit à Pilar, à cinq lieues de Séville; il est certain cependant qu'il fut baptisé, le 1er janvier 1618, dans la paroisse de Sainte-Marie-Madeleine de Séville. Il étudia d'abord dans cette ville à l'école de Juan del Castillo, son parent éloigné. En 1643, il vint à Madrid, se mit sous la direction de Velazquez, premier peintre du roi, qui lui facilita les moyens de copier les chefs-d'œuvre des collections de l'Escorial et des autres résidences royales. Titien, Rubens, Van Dyck, Ribera, Velazquez furent ses modèles de prédilection. Après deux ans d'absence, il retourna à Séville en 1645. Depuis cette époque jusqu'à sa mort, c'est-à-dire pendant 37 ans, il produisit une quantité innombrable d'ouvrages qui lui valurent une immense réputation et une grande fortune. C'est de 1670 à 1680 (à l'âge de 52 à 60 ans) qu'il peignit ses plus beaux tableaux. Il fonda une académie de dessin, qui ouvrit le 11 janvier 1660. Appelé à Cadix en 1681, pour peindre au-dessus du maître-autel d'un couvent, il tomba du haut d'un échafaud, revint à Séville, et mourut des suites de cette chute. Murillo est un des peintres les plus féconds qui aient jamais existé. Contrairement à Velazquez, qui s'appliqua surtout à la représentation des scènes de la vie humaine, à la recherche de la vérité, Murillo, aussi épris de l'idéal que de la réalité, affectionnait les sujets religieux, les compositions mystiques, les extases des saints, les apparitions célestes. Il eut trois manières, caractérisées par les Espagnols sous les dénominations de froide, chaude et vaporeuse. Ces manières ne furent pas successives comme chez la plupart des peintres : il les employa alternativement, suivant la convenance du sujet, et quelquefois même elles se retrouvent toutes trois dans le même tableau. Murillo a excellé dans tous les genres ; et si, dans les sujets mystiques, il est l'égal des plus grands maîtres, il ne montra pas une moins grande habileté dans la représentation des mendiants et des scènes familières, qu'il a retracées avec une verve inimitable. Parmi ses élèves, on cite **Antolinez, Villavicencio, D. Alonso Miguel,** surtout **Sébastien Gomez** dit le *Mulâtre de Murillo,* et **Menésès Osorio. Tobar,** né en 1678, quatre ans avant la mort d'Estéban, fut un de ses plus habiles imitateurs. Enfin **Laurenzo Quiros,** mort en 1789, et

Joachim Joseph Cano, mort en 1784, et disciple de **Dom Marti-
nez**, le prirent aussi pour modèle.

546. *Le mystère de la conception de la Vierge Marie.*

H. 1, 72. — L. 2, 85. — T. — Fig. gr. nat.

Elle est debout, portée sur les nuages, les mains
jointes, les pieds posés sur un croissant entouré de chérubins. A gauche, un groupe de cinq figures vues à mi-
corps. A droite, dans les airs, deux anges tenant une
banderole sur laquelle on lit : IN PRINCIPIO DILEXIT
EAM.

Filhol, t. 11, pl. 43.

Collection de Louis XVIII. — Acquis en 1817 de M. Lom pour 6,000 f.
— Ce tableau est probablement un *ex-voto*.

547. *La Vierge et l'Enfant-Jésus.*

H. 1, 66. — L. 1, 25. — T. — Fig. gr. nat.

La Vierge, assise sur un banc de pierre, tient sur ses
genoux l'Enfant-Jésus, qui joue avec un chapelet.

*Gravé par Henriquez dans le Musée français. — Landon ,
t. 5, pl. 37.*

Ancienne collection. — Ce tableau est connu sous le nom de *la
Vierge au Chapelet.*

548. *La Sainte-Famille.*

H. 2, 40. — L. 1, 90. — T. — Fig. gr. nat.

La Vierge, assise sur un tertre, tient sur ses genoux
l'Enfant-Jésus debout, qui reçoit une croix de jonc que
lui présente le jeune saint Jean, soutenu par sainte Élisabeth. Le Père-Éternel, entouré d'une gloire d'anges,
contemple l'Enfant-Jésus, sur la tête duquel plane le
Saint-Esprit sous la figure d'une colombe. — Ce tableau
est signé : *Bartholom. de Murillo F. Hispan.*

Landon, t. 5, pl. 34.

Collection de Louis XVI.

549. *Jésus sur la montagne des Oliviers.*

H. 0, 36. — L. 0, 28. — Marbre. — Fig. de 0, 28.

Un ange présente à Jésus-Christ agenouillé le calice

et la croix; dans le lointain, à droite, on aperçoit les apôtres endormis au pied d'un arbre, et plus loin un groupe de soldats qui viennent pour s'emparer de Jésus.

Filhol, t. 1, pl. 50. — Landon, t. 5, pl. 36.
Collection de Louis XVI.

550. *Le Christ à la Colonne et saint Pierre.*

H. 0, 36. — L. 0, 28. — Marbre. — Fig. de 0, 25.

A gauche, saint Pierre est à genoux devant le Christ, dont les deux mains, liées derrière le dos, sont attachées à une colonne. Les clefs de l'Eglise et un livre sont posés à terre devant lui.

Landon, t. 5, pl. 37.

Collection de Louis XVI. — Pendant du tableau précédent.

551. *Le jeune mendiant.*

H. 1, 37. — L. 1, 15. — T. — Fig. gr. nat.

Un petit mendiant, assis près d'une fenêtre et vivement éclairé par un rayon de soleil, est occupé à s'épouiller; une cruche et un panier de fruits sont à terre près de lui.

Gravé par Boutrois dans le Musée français. — Filhol, t. 3, pl. 155. — Landon, t. 5, pl. 61.

Collection de Louis XVI. — Ce tableau faisait partie du cabinet Gaignat, à la vente duquel il fut payé, en 1668, 1,544 livres. Il est désigné ainsi sur le catalogue : *Un jeune garçon, assis sur une natte, cherchant à détruire ce qui l'incommode.* Le roi l'acquit à la vente du cabinet de Sainte-Foix, en 1782, pour 3,600 livres.

MURILLO (d'après).

552. *Saint Augustin en méditation.*

H. 1, 04. — L. 1, 84. — T. — Fig. à mi-corps, gr. nat.

Assis dans un fauteuil et devant une table sur laquelle sont posés des livres, le saint tourne la tête vers le ciel. On aperçoit le Père-Eternel et Jésus-Christ assis sur des nuages.

Gravé à l'eau-forte par Pistrucci, dans la galerie de Lucien Bonaparte.

Collection de Charles X. — Ce tableau, acquis de M. Sapey en 1829 pour la somme de 4,000 f., faisait partie de la galerie de Lucien Bonaparte et était donné à Murillo, dont il parait être une copie.

RIBERA (le chevalier JOSEF *ou* JUSEPE DE), *dit* L'ESPA-GNOLET, *peintre et graveur, né le 12 janvier 1588 à Jútiva, aujourd'hui San-Felipe, près de Valence, mort à Naples en 1656.*

Il étudia en Espagne sous **Francisco Ribalta** et à Rome sous Michel-Ange de Caravage. Après la mort de ce dernier maître, arrivée en 1609, Ribera, qui n'avait que 20 ans, alla copier les ouvrages du Corrège à Parme. De retour à Rome, où sa nouvelle manière, plus gracieuse et plus douce, formée par l'étude des ouvrages de l'Allegri, n'eut pas de succès, il revint à ses sujets sombres et terribles, reprit son exécution vigoureuse, et partit pour Naples. La fortune dans cette ville cessa de lui être contraire ; il épousa la fille d'un marchand de tableaux qui se chargea de le faire connaître. Après avoir éprouvé jusque là les horreurs de l'indigence, il finit, à force de travail, par acquérir une immense réputation et de grandes richesses dont il fit un noble usage. Favori du vice-roi qui était Espagnol, il fut comblé d'honneurs et de distinctions. L'Académie de Saint-Luc à Rome le reçut au nombre de ses membres en 1630, et le pape le décora de l'ordre du Christ en 1644. Jaloux de conserver le titre de premier peintre de Naples, il se mit à la tête de la faction qui chassa les grands artistes appelés de toute l'Italie pour décorer avec lui le dôme de Saint-Janvier, et ses persécutions surtout contre le timide Dominiquin sont une tache qu'une gloire méritée n'a pu effacer. Des biographes, qui n'ont trouvé que trop de copistes, ont prétendu que le deuxième don Juan d'Autriche ayant enlevé la fille de Ribera, ce peintre s'était mis à la poursuite du ravisseur et avait disparu sans qu'on sût de quelle manière il avait péri. Cette anecdote n'a rien de vrai. La fille unique de Ribera épousa un gentilhomme espagnol qui devint ministre de la vice-royauté de Naples, et quant à Ribera, il mourut à Naples à l'âge de 68 ans. Le nombre de ses tableaux est considérable ; on en trouve dans toutes les galeries de l'Europe, quoique pourtant la plus grande partie ait été envoyée en Espagne. Ce peintre est classé parmi les artistes natura-listes les plus vigoureux. Il copia la nature avec une énergique pré-cision et aucun détail ne lui échappa. Il affectionnait surtout la représentation des martyrs et des figures de vieillards, qu'il repro-duisait avec une effrayante vérité. Il a formé de nombreux élèves. parmi lesquels Luca Giordano doit être placé au premier rang. Il y eut aussi d'autres peintres du nom de Ribera, mais qui ne sont pas de la même famille. **Ribera Luigi Antonio** de Séville est presqu'in-connu ; **Ribera Juan Vicente** de Madrid a laissé quelques ouvrages estimables.

553. *L'adoration des bergers.*

H. 2, 38. — L. 1, 79. — T. — Fig. plus gr. que nat.

La Vierge, les mains jointes, est prosternée devant l'Enfant-Jésus couché sur une crèche de bois remplie de paille. Trois bergers et une femme l'entourent et sont en adoration ; l'un d'eux a déposé au pied de la crèche un jeune chevreau. On aperçoit dans l'éloignement un ange qui apparaît à des bergers gardant leurs troupeaux sur une hauteur. — Ce tableau est signé : *Jusepe Ribera, espanol Academico Romano F.* 1650.

Gravé par Ingouf le jeune dans le Musée français. — Landon, t. 3, pl. 60. — Filhol, t. 3, pl. 163.

Musée Napoléon. — Ce tableau fut acquis du duc della Regina, par le roi de Naples, pour la somme de 3,000 ducats, et donné par lui au gouvernement français en remplacement de tableaux qui avaient été enlevés de l'église Saint-Louis-des-Français, à Rome, par les troupes napolitaines. Peint sur bois dans l'origine, le panneau ayant été entièrement dévoré par les vers, il fut transporté sur toile en 1850. Ribera peignit plusieurs fois ce sujet; une répétition ou une copie, suivant Lebrun (*Recueil de gravures au trait*, t. 2, p. 48), existait à l'Escorial; une autre se voit, dit-on, à Cordoue, dans la sacristie du couvent des Augustins.

RIBERA (école de).

554. *Hercule au repos.*

H. 2, 16. — L. 1, 58. — T. — Fig. plus gr. que nat.

Il est assis et s'appuie sur sa massue.

Ancienne collection. — Ce tableau est porté, sur les inventaires, aux inconnus.

VELAZQUEZ (DON DIEGO RODRIGUEZ DE SILVA Y), *né le 6 juin* 1599 *à Séville, mort à Madrid le 7 août* 1660.

Il fut d'abord élève de **Herrera le Vieux**, puis de **Francisco Pacheco**. Il étudia les peintures italiennes et flamandes qui commençaient à parvenir à Séville, et surtout les ouvrages de **Luis Tristan de Tolède**, dont le style n'avait rien de la sécheresse et de la froideur de ses premiers maîtres. En 1622, il arriva à Madrid, copia les chefs-d'œuvre du palais de l'Escorial, et le 6 avril 1623 Philippe IV l'attacha à son service. Le roi fut si charmé de son talent, que bientôt il le nomma successivement son peintre, huissier de sa chambre, grand maréchal-des-logis, et fixa ses appointements à 1,000 ducats par an, sans compter le prix de ses ouvrages. Rubens étant venu à Madrid en 1628, engagea Velazquez à ne pas se borner au seul genre du portrait, lui conseilla d'aborder les grands sujets et d'aller visiter l'Italie. Velazquez se rendit à ce conseil, partit en 1629, alla d'abord à Venise, étudia les coloristes, vint à Rome, copia une grande partie du Jugement dernier de Michel-Ange, de l'école d'Athènes et du Parnasse de Raphaël, visita Naples, et revint à Madrid en 1631. A partir de cette époque, il fut regardé comme le premier peintre de l'Espagne. Sauf deux excursions en Aragon en 1642 et en 1644, Velazquez resta pendant dix-sept ans à Madrid, vivant dans la familiarité du roi. En 1648, il fut chargé d'aller en Italie acheter des objets d'art destinés à une académie de peinture que Philippe IV voulait fonder. Ce fut pendant ce voyage qu'il peignit le portrait du pape Innocent X, si admiré. Il visita Bologne, Florence, Parme, Gênes, et voulait venir à

Paris, lorsque la guerre survenue entre la France et l'Espagne le força de renoncer à ce projet. Il revint à Madrid et y resta jusqu'en 1660. Au mois de mars de la même année, il accompagna à Irun Philippe IV et sa fille Marie-Thérèse, fiancée de Louis XIV, prépara dans l'île des Faisans le pavillon où se fit l'entrevue des deux rois, et mourut à son retour à Madrid, à l'âge de 64 ans.—Velazquez a peint des fruits, des fleurs, des animaux, des intérieurs, des paysages, des portraits, des sujets d'histoire, et a excellé dans tous ces genres. Ses portraits seuls suffiraient pour rendre son nom illustre. Dessinateur savant, coloriste puissant et harmonieux, il montre dans chaque ouvrage une rare connaissance des effets de la nature, qu'il reproduit toujours d'une manière large et élevée. Il est peut-être le seul des peintres espagnols qui n'ait presque jamais représenté des sujets religieux ou mystiques. — Trois artistes plus modernes ont porté le nom de **Gonzalez Velazquez.**

555. *Portrait de l'infante Marguerite-Thérèse.*

H. 0, 70. — L. 0, 59. — T. — Buste gr. nat.

Elle était fille de Philippe IV, roi d'Espagne, et de Marie-Anne d'Autriche, son épouse. Elle naquit le 12 juillet 1631, fut mariée à l'empereur Léopold en 1666, et mourut le 11 mars 1673. — On lit dans la partie supérieure du tableau : LINFANTE MARGVERITE.

Ancienne collection.

556. *Portrait à mi-corps de don Pedro Moscoso de Altamira, doyen de la chapelle royale de Tolède, depuis cardinal.*

H. 0, 92. — L. 0, 73. — Buste gr. nat.

Il a la tête nue, est vêtu de noir et tient à la main droite un petit livre d'heures. — On lit sur le fond, à gauche, Æ 51 suivi d'un D ou d'un B enlacé avec une N ; à droite, 1633.

Ce portrait, qui faisait partie de la collection de Mme la marquise de Guardia Real, à Grenade, fut acheté en 1846 par M. Couturier, et passa ensuite entre les mains de M. Callery, qui l'a cédé au Musée en 1849 pour la somme de 4,500 fr. — Il avait été donné en 169. par l'archevêque de Tolède au marquis de Guardia Real, et resta dans la succession du majorat de cette famille pendant 150 ans.

557. *Réunions de portraits.*

H. 0, 47. — L. 0, 77. — T. — Fig. de 0, 32.

Les personnages, au nombre de treize, représentés dans ce tableau passent pour être des artistes célèbres,

contemporains de Velazquez. Il s'est représenté à gau—
che vêtu de noir, et Murillo, dont on n'aperçoit guère
que la tête, est près de lui.

Ce tableau, qui faisait partie de la collection de M. le marquis de
Forbin-Janson, a été acquis en 1851 de M. Ferdinand Laneuville
pour 6,500 fr.

INCONNU.

558. *Vue du palais de l'Escorial.*

H. 1, 66. — L. 2, 38.

Ce tableau, porté d'abord sur les inventaires aux inconnus de l'école
française, fut attribué ensuite à Velazquez.

TABLES.

TABLE CHRONOLOGIQUE

DES

ARTISTES ITALIENS ET ESPAGNOLS

DONT LES OUVRAGES SONT DÉCRITS DANS LA PREMIÈRE
PARTIE DE LA NOTICE DES TABLEAUX EXPOSÉS
DANS LES GALERIES DU LOUVRE.

———

Lanzi, dans son histoire de la peinture en Italie, admet l'existence de quatorze écoles principales. Ces subdivisions multipliées, introduites évidemment dans un intérêt national et pour jeter un certain éclat sur des localités peu fécondes en artistes éminents, nous ont paru plus fictives que réelles. Nous fondant sur des analogies de style, de principe et d'exécution, nous avons cru qu'il serait plus simple et plus vrai de réduire à neuf les écoles d'Italie, en faisant observer que ce chiffre même pourrait être encore restreint.

CLASSIFICATION DE LANZI.	CLASSIFICATION DE LA NOTICE.
École florentine... — siennoise ... }	École florentine.
— romaine.........	— ombrienne (n'existe pas dans Lanzi). — romaine.
— vénitienne.......	— vénitienne.
— de Mantoue. — de Modène.. — de Parme... } .... — de Crémone. — de Milan....	— lombarde.
— ferraraise........	— ferraraise.
— bolonaise........	— bolonaise.
— piémontaise. — génoise..... }	— génoise.
— napolitaine.......	— napolitaine.

Dans la table suivante, on a d'abord inscrit les artistes dont les dates de naissance et de mort sont certaines ou à peu près connues;

on a placé ensuite, et à part, ceux pour qui ces dates sont ignorées, mais qui vivaient dans le même siècle.

Il n'est pas inutile de rappeler ici que si ces dates, fournies par des documents italiens, sont indiquées le plus ordinairement suivant l'usage romain, elles sont exprimées cependant, pour les peintres toscans, conformément à l'usage en vigueur à l'époque où ces artistes vivaient. La Toscane n'adopta l'ère commune qu'en 1750 : auparavant on comptait les années à partir de l'Annonciation, ou *ab Incarnatione*. L'ignorance de cet usage abandonné, repris, changé, selon les temps et les villes de la Toscane, peut donner lieu à beaucoup de méprises, qu'on évitera facilement en consultant l'ouvrage de Filippo Brunetti, où cette matière assez obscure est traitée de façon à ne rien laisser à désirer.

TABLE CHRONOLOGIQUE.

XIIIe SIÈCLE.

	Naissance.	Mort.
Cimabue ou Gualtieri (Giovanni). — (Ec. Flor.).............	1240	après 1302
Giotto di Bondone. — (Ec. Flor.)...........................	1276	1336

XIVe SIÈCLE.

	Naissance.	Mort.
Taddi (Taddeo) ou Taddeo di Gaddo Gaddi.—(Ec. Flor.). Vers	1300	1368
Bartolo (Taddeo di). — (Ec. Flor.)........................	1363	1422
Gentile da Fabriano. — (Ec. Ombr.)................. Vers	1370	1450
Giovanni (Fra) da Fiesole, *dit* l'Angelico. — (Ec. Flor.).......	1387	1455
Dono (Paolo di), *dit* Paolo Uccello.—(Ec. Flor.) Né entre 1396 et 1402	vers	1479
Vanni (Turino di). — (Ec. Flor.)............... Florissait en		1340

XVe SIÈCLE.

	Naissance.	Mort.
Lippi (Fra Filippo). — (Ec. Flor.)................... Vers	1412	1469
Bellini (Gentile). — (Ec. Vénit.)........................	1421	1507
Benozzo di Lese Gozzoli. — (Ec. Flor.)....................	1424	après 1485
Pesello (Francesco) ou Pesello Peselli, *dit* il Pesellino. — (Ec. Flor.)...	1426	1457
Rosselli (Cosimo). — (Ec. Flor.)........................	1430	après 1506
Mantegna (Andrea). — (Ec. Vénit.)......................	1431	1506
Rosselli (Piero di Cosimo). — (Ec. Flor.).................	1441	1521
Signorelli di Gilio ou Egidio (Luca), *dit* Luca da Cortona. — (Ec. Flor.).. Vers	1441	après 1524
Vannucci (Pietro), *dit* il Perugino. — (Ec. Ombr.)..........	1446	1524
Bianchi (Francesco), *dit* il Frari. — (Ec. Lomb.)............	1447	1510
Filipepi (Alessandro), *dit* Sandro Botticelli. — (Ec. Flor.)...	1447	1515
Ghirlandajo ou Grillandajo (Domenico). — (Ec. Flor.)........	1449	vers 1498
Carpaccio (Vittore.) — (Ec. Vénit.)................... Vers	1450	après 1522
Raibolini (Francesco), *dit* il Francia. — (Ec. Bolon.)... 1450 à	1453	1517
Vinci (Lionardo da). — (Ec. Flor.)......................	1452	1519
Credi (Lorenzo di). — (Ec. Flor.).......................	1453	après 1536
Pinturicchio (Bernardino di Benedetto, *dit* il). — (Ec. Ombr.)	1454	1513
Ghirlandajo ou Grillandajo (Benedetto). — (Ec. Flor.).......	1458	vers 1499
Solari ou Solario (Andrea di). — (Ec. Lomb.)...............	1458	après 1509
Cima (Giovanni-Battista) da Conegliano. — (Ec. Vénit.)... Vers	1460	après 1517
Luini ou Lovini da Luino (Bernardino). — (Ec. Lomb.)... Vers	1460	après 1530
Costa (Lorenzo). — (Ec. Ferrar.).......................	1460	1535
Garbo (Raffaello del), *dit* il Raffaellino. — (Ec. Flor.).... Vers	1466	1524

	Naissance.	Mort.
Albertinelli (Mariotto). — (Ec. Flor.)..................	Vers 1467	vers 1520
Beltraffio (Giovanni-Antonio). — (Ec. Lomb.)...............	1467	1516
Bartolommeo (Fra) del Fattorino, *dit* Baccio della Porta ou il Frate. — (Ec. Flor.).....................	1469	1517
Andrea Luigi di Assisi, *dit* l'Ingegno. — (Ec. Ombr.)....	Vers 1470	vers 1556
Barbarelli (Giorgio), *dit* il Giorgione. — (Ec. Vénit.)..........	1477	1511
Vecellio (Tiziano). — (Ec. Vénit.).................	1477	1576
Dossi (Dosso). — (Ec. Ferrar.).................	Vers 1479	après 1560
Uggione ou Oggione (Marco). — (Ec. Lomb.)............	Vers 1480	1530
Palma (Jacopo), *dit* il Vecchio. — (Ec. Vénit.)...........	Vers 1480	vers 1548
Lotto (Lorenzo). — (Ec. Vénit.).................	Vers 1480	après 1555
Mazzolini (Lodovico). — (Ec. Ferrar.)................	Vers 1481	vers 1530
Tisio (Benvenuto), *dit* il Garofalo ou Garafolo. — (Ec. Ferrar.)	1481	1559
Ghirlandajo (Ridolfo). — (Ec. Flor.)................	1482	vers 1557
Sanzio (Raffaello). — (Ec. Rom.).................	1483	1520
Ramenghi (Bartolommeo), *dit* il Bagnacavallo. — (Ec. Rom.)	1484	1542
Ferrari (Gaudenzio). — (Ec. Lomb.)................	1484	1549
Mecharino ou Micharino (Domenico), *dit* Beccafumi. — (Ec. Flor.).................	1484	1549
Luciano (Sebastiano di), *dit* Fra Bastiano del Piombo. — (Ec. Vénit.).................	1485	1547
Vannucchi (Andrea), *dit* Andrea del Sarto. — (Ec. Flor.)....	1488	1530
Anselmi (Michel-Angelo). — (Ec. Lomb.)................	1491	après 1554
Carrucci (Jacopo), *dit* il Pontormo. — (Ec. Flor.)............	1493	1558
Allegri (Antonio), *dit* il Correggio. — (Ec. Lomb.)............	1494	1534
Caldara (Polidoro), *dit* Polidore de Caravage. — (Ec. Rom.) Vers	1495	1543
Rosso del Rosso ou Rosso de' Rossi. — (Ec. Flor.)..........	1496	1541
Calcar (Johan-Stephan Van). — (Ec. Vénit.)................	1499	1546
Pippi (Giulio), *dit* Giulio Romano — (Ec. Rom.)............	1499	1546

Alunno (Niccolò) di Foligno. — (Ec. Ombr.)..... Peignait de 1458	à	1500
Machiavelli (Zenobio de'). — (Ec. Flor.).......... Florissait en	1474	
Andria (Tuccio ou Tuzio di). — (Ec. Gén.).......... Vivait en	1487	
Massone (Giovanni) d'Alexandrie. — (Ec. Gén.)..... Vivait en	1490	
Perugino (Bernardino). — (Ec. Ombr.).......... Travaillait de 1498	à	1524

XVIᵉ SIÈCLE.

	Naissance.	Mort.
Bonvicino (Alessandro), *dit* il Moretto da Brescia. — (Ecole Vénit.).................	Vers 1500	vers 1560
Bonifazio. — (Ec. Vénit.).................	Vers 1500	1562
Bordone (Pâris). — (Ec. Vénit.).................	1500	1570
Bronzino (Angiolo). — (Ec. Flor.).................	Vers 1502	1572
Mazzola (Francesco), *dit* il Parmigianino ou le Parmesan. — (Ec. Lomb.).................	1503	1540

	Naissance.	Mort.
Primaticcio (Francesco). — (Ec. Bolon.)	1504	1570
Ricciarelli ou Riciarelli (Daniello), *dit* Daniele da Volterra.— (Ec. Flor.)	1509	1566
Feti (Domenico). — (Ec. Rom.)	1599	1624
Rossi (Francesco de'), *dit* il Salviati. — (Ec. Flor.)	1510	1563
Alfani (Orazio di Domenico). — (Ec. Rom.)	Vers 1510	1583
Ponte (Jacopo da), *dit* il Bassano ou Jacques Bassan. — (Ec. Vénit.)	1510	1592
Vasari (Giorgio). — (Ec. Flor.)	1512	1574
Robusti (Jacopo), *dit* il Tintoretto. — (Ec. Vénit.)	1512	1594
Porta (Guiseppe), *dit* il Salviati. — (Ec. Vénit.)	1520	après 1572
Schiavone (Andrea). — (Ec. Vénit.)	1522	1582
Campi (Bernardino). — (Ec. Lomb.)	1522	1590
Caliari (Paolo), *dit* Paolo Veronese. — (Ec. Vénit.)	1528	1588
Barocci (Federigo). — (Ec. Rom.)	1528	1612
Muziano (Girolamo). — (Ec. Vénit.)	1530	1590
Sabbatini (Lorenzo), *dit* Lorenzino da Bologna. — (Ecole Bol.)	Vers 1533	1577
Michieli (Andrea de'), *dit* il Vicentino. (Ec. Vénit.)	1539	1614
Riccio (Felice), *dit* il Brusasorci. — (Ec. Vénit.)	1540	1605
Andreasi (Ippolito), *dit* l'Andreasino	1548	1608
Ponte (Francesco da), *dit* il Bassano. — (Ec. Vénit.)	1550	1592
Chimenti (Jacopo) da Empoli. — (Ec. Flor.)	1554	1640
Carracci (Lodovico). — (Ec. Bolon.)	1555	1619
Cresti (Domenico) da Passignano. — (Ec. Flor.)	Vers 1558	1638
Cardi (Lodovico) da Cigoli. — (Ec. Flor.)	1559	1613
Carracci (Annibale). — (Ec. Bolon.)	1560	1609
Cesari (Giuseppe), *dit* il Cavaliere d'Arpino ou le Josépin.— (Ec. Rom.)	1560 ou 1568	1640
Lomi (Orazio) Gentileschi ou de' Gentileschi. — (Ec. Flor.)	1562	1646
Vanni (il Cavaliere Francesco). — (Ec. Flor.)	1563	1609
Amerighi (Michel-Angiolo), *dit* il Caravaggio. — (Ec. Rom.)	1569	1609
Reni (Guido). — (Ec. Bolon.)	1575	1642
Donducci (Giovanni-Andrea), *dit* le Masteletta. — (Ec. Bolon.)	1575	1655
Spada (Leonello ou Lionello). — (Ec. Bolon.)	1576	1622
Allori (Cristofano). — (Ec. Flor.)	1577	1621
Cavedone (Jacopo). — (Ec. Bolon.)	1577	1660
Tiarini (Alessandro). — (Ec. Bolon.)	1577	1668
Rosselli (Matteo). — (Ec. Flor.)	1578	1650
Albani (Francesco). — (Ec. Bolon.)	1578	1660
Schidone ou Schedone (Bartolommeo). — (Ec. Lomb.)	Vers 1580	1615
Manfredi (Bartolommeo). — (Ec. Rom.)	1580	1617
Bonzi (Pietro-Paolo), *dit* il Gobbo de' Carracci. — (Ecole Bolon.)	Vers 1580	vers 1640

	Naissance.	Mort.
Lanfranchi ou Lanfranco (il Cavaliere Giovanni di Stefano). — (Ec. Lomb.)	1580 à 1582	1647
Zampieri (Domenico), *dit* il Domenichino. — (Ec. Bolon.)	1581	1641
Strozzi ou Strozza (Bernardo), *dit* il Capucino ou il Prete Genovese. — (Ec. Gén.)	1581	1644
Turchi (Alessandro), *dit* Alessandro Veronese). — (Ec. Vénit.)	1582	1648
Carracci (Antonio-Marziale). — (Ec. Bolon.)	1583	1618
Stanzioni (Massimo), *dit* le Chevalier Maxime. — (Ec. Napol.)	1585	1656
Tinti (Giovanni-Battista). — (Ec. Lomb.)	Vers 1590	avant 1620
Varotari (Alessandro), *dit* il Padovanino. — (Ec. Vénit.)	1590	1650
Barbieri (Giovanni-Francesco), *dit* il Guercino. — (Ec. Bolon.)	1591	1666
Berrettini (Pietro) da Cortona, *dit* Pietre de Cortone. — (Ec. Rom.)	1596	1669
Vaccaro (Andrea). — (Ec. Napol.)	1598	1670

Andrea de Milan. — (Ec. Lomb.)	Florissait en	1502
Bartolommeo di Gentile da Urbino. — (Ec. Rom.)	»	après 1508
Sacchi di Pavia (Pier-Francesco). — (Ec. Lomb.)	Peignait de 1512 à 1526	
Lorenzo di Pavia. — (Ec. Gén.)	Vivait en	1513
Fassolo (Bernardino). — (Ec. Lomb.)	Vivait en	1518
Sguazzella ou Squazzella (Andrea).—(Ec. Flor.)	Florissait en	1519
Boselli (Antonio). — (Ec. Vénit.)	»	après 1527
Dossi (Battista). — (Ec. Bolon.)	»	1545
Savoldi ou Savoldo (Giovanni-Girolamo). — (Ecole Vénitienne.)	Florissait en	1540
Mazzola ou Mazzolino (Girolamo). — (Ec. Lomb.)	»	après 1566
Procaccini (Giulio-Cesare). — (Ec. Lomb.) Florissait vers la fin du	XVIe siècle.	

XVIIᵉ SIÈCLE.

	Naissance.	Mort.
Angeli (Filippo d'), *dit* il Napolitano. — (Ec. Rom.)	Vers 1600	1660
Falcone (Aniello). — (Ec. Napol.)	1600	1665
Cerquozzi (Michel-Angelo), *dit* Michel-Angelo dalle Battaglie. — (Ec. Rom.)	1600 ou 1602	1660
Canlassi (Guido), *dit* Cagnacci. — (Ec. Bolon.)	1601	1681
Vecchia (Pietro della). — (Ec. Vénit.)	1605	1678
Salvi da Sassoferrato (Giovanni-Battista).—(Ec. Rom.)	1605	1685
Grimaldi (Gio.-Francesco), *dit* il Bolognese. — (Ec. Bolon.)	1606	1680
Romanelli (Giovanni-Francesco). — (Ec. Rom.)	1610	1662
Cantarini (Simone) da Pesaro, *dit* le Pésarèse. — (Ec. Bolon.)	1612	1648
Dughet (Gaspre ou Guaspre), *dit* Gasparo Poussin.—(Ec. Rom.)	1613	1675
Preti (Mattia), *dit* il Calabrese. — (Ec. Napol.)	1613	1699
Rosa (Salvator). — (Ec. Napol.)	1615	1673

	Naissance.	Mort.
Castiglione (Giovanni-Benedetto), *dit* il Grechetto ou le Bene-dette. — (Ec. Gén.)	1616	1670
Boschi (Francesco). — (Ec. Flor.)	1619	1675
Lauri (Filippo). — (Ec. Rom.)	1623	1694
Maratta (Carlo). — (Ec. Rom.)	1625	1713
Giordano (Luca). — (Ec. Napol.)	1632	1705
Gennari (Cesare). — (Ec. Bolon.)	1641	1688
Vanvitelli (Gasparo), *dit* Dagli Occhiali. — (Ec. Rom.)	1647	1736
Mola (Pietro-Francesco). — (Ec. Bolon.)	1652	1668
Trevisani (Francesco). — (Ec. Vénit.)	1656	1746
Solimena (Francesco), *dit* l'Abate Ciccio. — (Ec. Napol.)	1657	1747
Ricci ou Rizzi (Sebastiano). — (Ec. Vénit.)	1662	1734
Crespi (Giuseppe-Maria), *dit* lo Spagnuolo. — (Ec. Bolon.)	1665	1747
Luti (Benedetto). — (Ec. Flor.)	1666	1724
Creti (Donato). — (Ec. Bolon.)	1671	1749
Pellegrini (Antonio). — (Ec. Vénit.)	1675	1741
Servandoni (Giovanni-Geronimo). — (Ec. Rom.)	1695	1766
Panini (Giovanni-Paolo). — (Ec. Rom.)	1695	1768
Canal (Antonio da), *dit* Canaletti. — (Ec. Vénit.)	1697	1768
Bonini (Girolamo), *dit* l'Anconitano. — (Ec. Bolon.) Florissait vers	1660	
Dolci (Agnese). — (Ec. Flor.)	»	après 1686

XVIIIᵉ SIÈCLE.

	Naissance.	Mort.
Battoni (il cavaliere Pompeo Girolamo). — (Ec. Rom.)	1708	1787
Guardi (Francesco). — (Ec. Vénit.)	1712	1793
Angeli (Giuseppe). — (Ec. Vénit.)	Vers 1745	après 1793
Foschi (Ferdinando)	Vivait dans le XVIIIᵉ siècle.	

ÉCOLE ESPAGNOLE.

XVIᵉ SIÈCLE.

	Naissance.	Mort.
Morales (Luis de)	Vers 1509	1586
Ribera (le chevalier Josef ou Jusepe de), *dit* l'Espagnolet	1588	1656
Collantes (Francesco)	1599	1656
Velazquez (Don Diego Rodriguez de Silva y)	1599	1660

XVIIᵉ SIÈCLE.

	Naissance.	Mort.
Murillo (Bartholomé-Estéban)	1618	1682

TABLE ALPHABÉTIQUE

des

ARTISTES DONT LE MUSÉE NE POSSÈDE PAS D'OUVRAGES,

MAIS QUI SONT CITÉS DANS LES NOTICES BIOGRAPHIQUES
ET DANS LES RENSEIGNEMENTS HISTORIQUES.